兰州大学“双一流”建设项目经费资助

国家科技支撑计划国家文化科技创新工程项目
“丝绸之路文化主题创意关键技术研究”
（2013BAH40F01）

2020年度兰州大学“中央高校基本科研
业务费专项资金”资助项目
（2020JBKYJD002）

2010年国家社会科学基金项目“龟兹石窟
佛陀造像思想研究”（10XZJ002）结项成果

敦煌与丝绸之路石窟艺术丛书·第二辑

郑炳林 主编
苗利辉 著

图像及其意义：龟兹石窟佛像画研究

读者出版传媒股份有限公司
甘肃教育出版社

图书在版编目（CIP）数据

图像及其意义 ：龟兹石窟佛像画研究 / 郑炳林主编 ；苗利辉著. -- 兰州 ：甘肃教育出版社，2021.12
(敦煌与丝绸之路石窟艺术丛书 / 郑炳林主编. 第二辑)
ISBN 978-7-5423-5241-5

Ⅰ. ①图… Ⅱ. ①郑… ②苗… Ⅲ. ①龟兹－石窟－佛像－壁画－研究 Ⅳ. ①K879.414

中国版本图书馆CIP数据核字(2021)第240441号

图像及其意义：龟兹石窟佛像画研究
郑炳林　主编　苗利辉　著

策　　划　薛英昭　孙宝岩
项目负责　孙宝岩
责任编辑　张　静
封面设计　张小乐

出　版　甘肃教育出版社
社　址　兰州市读者大道 568 号　730030
网　址　www.gseph.cn　　E-mail　gseph@duzhe.cn
电　话　0931-8439931（编辑部）　0931-8773056（发行部）
传　真　0931-8773056
淘宝官方旗舰店　http://shop111038270.taobao.com

发　行　甘肃教育出版社　　印　刷　兰州新华印刷厂
开　本　880 毫米×1230 毫米　1/16　印　张　30　插　页　2　字　数　436 千
版　次　2021 年 12 月第 1 版
印　次　2021 年 12 月第 1 次印刷
印　数　1~2 000
书　号　ISBN 978-7-5423-5241-5　　定　价　98.00 元

总　序

丝绸之路是中西文明交流的永恒通途，也是连接中外的一条艺术之路。西域地区的音乐舞蹈、佛教艺术都是通过这条道路传入中国的。隋代“九部乐”、唐代“十部乐”中的西凉、高昌、龟兹、疏勒、康国、安国、天竺等风格的乐舞都来自于西域地区，也都是通过这条路线进入中原地区的，特别是《西凉乐》，就是《龟兹乐》与传入河西的中原古乐融合之后形成的一种乐舞。佛教壁画艺术和雕塑艺术通过丝绸之路进入中原，形成自己特色后又回传到河西、敦煌及西域地区。丝绸之路石窟众多，各有特色，著名的有麦积山石窟、北石窟、南石窟、大像山石窟、水帘洞石窟、炳灵寺石窟、天梯山石窟、马蹄寺石窟、金塔寺石窟、文殊山石窟、榆林窟、莫高窟、西千佛洞等。祆教艺术通过粟特人的墓葬石刻被保留了下来，沿着丝绸之路和粟特人聚落分布于古代天水、长安等商贸城市。体现中原文化特色的墓葬壁画艺术，也分布于丝绸之路上的河西走廊沿线和吐鲁番地区。文化的交融和碰撞通过艺术内容和风格充分体现出来，所以将丝绸之路称为艺术之路一点也不为过，反而更能体现出它的特色。

丝绸之路沿线星罗棋布地分散着大大小小的石窟殿堂，让人叹为观

目 录

绪 论

一、龟兹佛教基本情况

佛教大约产生于公元前6世纪的印度。[①]公元前二百多年的阿育王时期，佛教向印度四周传播。[②]约在公元2世纪时，佛教传入龟兹。[③]3、4世纪之际，龟兹佛教逐渐进入其发展的繁盛期。一方面，已有较多的龟兹佛教徒来内地译经[④]，建寺造像风行[⑤]；另一方面，僧人众多，葱岭东西王侯妇女咸来于此，大师云集，律法严谨[⑥]。龟兹是当时西域佛教一中心。

---

①[英]渥德尔著，王世安译《印度佛教史》，北京：商务印书馆，1987年，第33页；任继愈《中国佛教史》，北京：中国社会科学院出版社，1981年，第1页。

②[英]渥德尔著，王世安译《印度佛教史》，北京：商务印书馆，1987年，第235—244页。

③荣新江《陆路还是海路——佛教传入汉代中国的途径与流行区域研究述评》，《北大史学》第9辑，2003年，第335页；任继愈主编，《国际汉学》第2辑，郑州：大象出版社，1998年，第308页。

④《出三藏记集》卷七《首楞严后记第十一》："咸和三年岁在癸酉，凉州刺史张天锡在州出此《首楞严经》。……时译者归慈王世子帛延善晋胡音。延博解群籍内外兼综。受者常侍。"《大正藏》第55册，第49页。

⑤《出三藏记集》卷十一《比丘尼戒本所出本末序》："拘夷国寺甚多。修饰至丽。王宫雕镂立佛形像与寺无异。"《大正藏》第55册，第79页。

⑥《出三藏记集》卷十四《鸠摩罗什传》："时龟兹僧众一万余人。"《大正藏》第55册，第100页。

公元4、5世纪,龟兹佛教继续发展,并且大乘一度占据上风。《高僧传》卷二《晋长安鸠摩罗什传》记:罗什"广诵大乘经论,洞其秘奥,龟兹王为造金师(狮)子座,以大秦锦褥铺之,令什升而说法",[①]受到龟兹王白纯的特殊礼遇。又记当时"西域诸国咸伏什神俊,每至讲说,诸王皆长跪座侧,令什践而登焉,其见重如此"。[②]

罗什离去后,龟兹佛教史载不详,唯公元585年,南天竺沙门达摩笈多途经龟兹,被当地笃好大乘的国王所挽留,停住两年,为僧众讲说《说(念)破论》《如实论》。说明此时大乘在龟兹地区仍有影响。

进入隋唐时期,龟兹地区佛教继续发展,《大唐西域记》卷一载:"伽蓝百余所,僧徒五千余人,习学小乘教说一切有部。经教律仪,取则印度,其习读者,即本文矣。尚拘渐教,食杂三净。"[③]可以看出这时的龟兹佛教保持前一阶段的发展态势,但是大乘势力削弱,较为保守的小乘说一切有部重新占据统治地位。

公元7世纪中叶以后,随着唐中央政府对该地控制的日益增强,这里开始出现本地佛教与汉地佛教共同发展的局面,"此龟兹国足寺足僧,行小乘法,食肉及葱韭等也。汉僧行大乘法"。[④]尽管吐蕃势力两度进入这一地区,但是由于吐蕃人笃信佛教,此地佛教仍很兴盛,并有一些精通多国语言的高僧,如莲花精进,"语通四镇,梵汉兼明"[⑤],在龟兹国西门外莲花寺译出梵文《十力经》[⑥]。龟兹国僧若那曾在长安"口问笔缀",将《佛顶尊胜陀罗尼别法》授予崇福寺僧普能。"因即流布先画像。凡欲受持此咒者。先

①《高僧传》,《大正藏》第50册,第331页。

②同上。

③《大唐西域记》,《大正藏》第51册,第870页。

④《游方记抄》《往五天竺国传》,《大正藏》第51册,第979页。

⑤〔北宋〕司马光《资治通鉴》,北京:中华书局,2013年,第6564、6690、7741页。

⑥同④,第980页。

须画像。”[①]

公元9世纪中叶，原建立于蒙古高原的回鹘政权瓦解，部众四散，其中一支迁入龟兹，[②]他们后来成为高昌回鹘的一部分。[③]回鹘人本来信仰摩尼教，但进入这一地区后，受当地深厚的佛教文化影响，改信佛教。[④]回鹘人在这里改建和新建了一些洞窟，特别是库木吐喇石窟，一半以上的礼拜窟中都保存有回鹘时期的壁画。龟兹地区仍然是西域地区重要的佛教中心之一。文献记载：“乾兴元年五月，龟兹国僧华严自西天至，以佛骨舍利、梵夹为献”。[⑤]公元10世纪，信仰伊斯兰教的喀喇汗王朝兴起，不断向东发动宗教战争，11世纪初，征服于阗。随后，继续东进，与信仰佛教的龟兹发生激烈冲突，经过长期的征战，伊斯兰教最终成为这里的主流宗教，[⑥]龟兹地区的佛教就逐渐绝迹了。

---

①《佛顶尊胜陀罗尼别法》，《大正藏》第19册，第396页。

②［北宋］司马光等《资治通鉴》，北京：中华书局，2013年，第8173页。

③［元］脱脱等《宋史》，北京：中华书局，2013年，第14123页。

④关于龟兹地区回鹘人改信佛教的时间，史无明载。但据学者研究，高昌回鹘王国的回鹘人在公元十世纪初就已经开始信仰佛教，（张广达、荣新江《有关回鹘西州的一篇敦煌汉文文献》，《北京大学学报（哲学社会科学版）》1989年第2期，第24—36页）在其统治疆域内的龟兹地区的回鹘人改信佛教大致也应该在这个时候。

⑤［清］徐松辑，刘琳等点校《宋会要辑稿》，上海古籍出版社，2014年，第9775页。

⑥佚名《额什丁和卓传》，新疆社会科学院宗教研究所《新疆宗教研究资料》第16集，第32页。李进新《伊斯兰传入库车辨析》，《世界宗教研究》2003年第1期，第87—91页。

二、研究史与研究意义

龟兹佛教文化被世人重新发现、研究肇始于18世纪中叶我国清代的一些文人官吏。在他们的一些著作、游记中，对当时保存在古龟兹地区的一些佛教遗址，尤其是石窟寺有所记载。①

清末、民国初年（19世纪末20世纪初），斯坦因、勒柯克、大谷光瑞等外国考古探险家在古代龟兹地区大规模地挖掘盗取文物，劫走大批精美的塑像和壁画，由此也开始了对龟兹石窟的科学研究，并取得了丰厚的成果。迄今为止，对于龟兹佛教的研究大致可以分为两个阶段。

第一阶段是从清朝末年、民国初年至中华人民共和国成立。这个阶段主要是对龟兹地区一些佛教遗址的考察和一些专题研究。在这一时期，对

①宿白《克孜尔部分洞窟阶段划分与年代等问题的初步探索》注1，新疆龟兹石窟研究所《龟兹佛教文化论集》，乌鲁木齐：新疆美术摄影出版社，1993年，第92—93页。

龟兹佛教的研究主要是由国外探险家及研究者完成的。[①]

这些考察和研究,除由我国学者进行的外,都在一定程度上对龟兹地区的佛教遗址造成了破坏,但是它们使外界对龟兹地区的古代佛教文化有所了解,并为后来的进一步研究奠定了基础。

第二阶段是从中华人民共和国成立至今。这一阶段对龟兹佛教的研究工作主要由我国的学者完成,国外的学者也在一些方面取得了新的进展。

一方面,对这一地区石窟、文物遗址的考察工作全面展开,不仅克孜尔石窟、库木吐喇石窟、森木塞姆石窟、克孜尔尕哈石窟、玛扎伯哈石窟、台台尔石窟、温巴什石窟、托乎拉克艾肯石窟、苏巴什等著名石窟、佛寺遗址得到了较为全面的考察,发表了相关的报告;而且一些中小型石窟寺、佛寺及过去未被发现的佛教遗址也被发现和研究,学者发表和出版了相

①[日]上原芳太郎《新西域記》上下卷,東京:有光社,1937年;STEIN,Aurel M.,1928,Innermost Asia:Detailed Report of Explorations in Central Asia,Kan-Su and Eastern Iran.Vol.II,Oxford:Clarendon Press;GRÜNWEDEL,Albert,1912,Altbuddhistische Kultstätten in Chinesisch-Turkistan,Königlich Preussische Turfan Expeditionen,Berlin:Reimer;LE COQ Albert von,1907,Bericht über Reisen und Arbeiten in Chinesisch Turkistan,in:Zeitschrift für Ethnologie 39,pp. 509—524.

关的考察报告。①

另一方面,对龟兹佛教遗址的研究也进入一个新阶段,在遗址断代研究、壁画风格、特色研究、历史考古研究、壁画题材研究、佛学思想研究、与其他石窟的比较研究、乐舞研究等方面都取得了长足的进展,使我们对龟

①黄文弼《塔里木盆地考古记》,北京:科学出版社,1958 年。武伯纶《新疆天山南路的文物调查》,《文物参考资料》1954 年第 10 期,第 76—77 页。阎文儒《新疆天山以南的石窟》,《文物》,1962 年第 7、8 期,第 41—53 页。常书鸿《新疆石窟艺术》,北京:中共中央党校出版社,1996 年。新疆龟兹石窟研究所《克孜尔石窟内容总录》,乌鲁木齐:新疆美术摄影出版社,2000 年。北京大学考古学系、克孜尔千佛洞文物保管所《新疆克孜尔石窟考古报告》,北京:文物出版社,1997 年。许宛音《克孜尔新 1 窟试论》,《文物》1984 第 12 期,第 4—13 页。新疆文化厅文物保护维修办公室《1989 年克孜尔千佛洞窟前清理简报》,《新疆文物》1991 年第 3 期,第 1—35 页。新疆文物考古研究所《1990 年克孜尔石窟窟前清理报告》,《新疆文物》1992 年第 3 期,第 13—60 页。新疆龟兹石窟研究所 《克孜尔石窟后山区 220—229 窟勘察报告》,《新疆文物》1997 年第 3 期,第 18—32 页。新疆龟兹石窟研究所《库木吐喇石窟内容总录》,北京:文物出版社,2008 年。新疆龟兹石窟研究所《森木塞姆石窟内容总录》,北京:文物出版社,2008 年。新疆龟兹石窟研究所《克孜尔尕哈石窟内容总录》,北京:文物出版社,2009 年。李丽《龟兹地区中小型石窟调查》,巫鸿《汉唐之间的宗教艺术与考古》,北京:文物出版社,2000 年,第 163—182 页。新疆龟兹研究院《库车玛扎伯哈石窟调查简报》,《吐鲁番学研究》2010 年第 1 期,第 21—36 页。新疆龟兹研究院《台台尔石窟调查简报》,《吐鲁番学研究》2010 年第 1 期,第 6—20 页。

兹佛教的认识日益深刻。[①]

本书的研究正是在这一个世纪的研究成果的基础上进行的。

尽管龟兹佛教的研究已获得了长足的发展，但仍有许多问题有待解

①新疆维吾尔自治区文物管理委员会、拜城县克孜尔千佛洞文物保管所、北京大学考古系编:《中国石窟·克孜尔石窟》,北京:文物出版社,1989—1997 年。新疆维吾尔自治区文物管理委员会、库车县文物保管所、北京大学考古系编:《中国石窟·库木吐喇石窟》,北京:文物出版社,1992 年。中国壁画全集编辑委员会:《中国美术分类全集·中国新疆壁画全集·克孜尔》三卷本,天津:天津美术出版社,乌鲁木齐:新疆美术摄影出版社,1995 年。中国壁画全集编辑委员会:《中国美术分类全集·中国新疆壁画全集·库木吐喇》,沈阳:辽宁美术出版社、乌鲁木齐:新疆美术摄影出版社,1995 年。季羡林《鸠摩罗什时代及其前后龟兹和焉耆两地的佛教信仰》,《孔子研究》2005 年第 6 期。荣新江《唐代西域的汉化佛寺系统》,《丝绸之路与东西文化交流》,北京:北京大学出版社,2015 年,第 153—160 页。李崇峰《中印佛教石窟寺的比较研究·以塔庙窟为中心》,北京:北京大学出版社,2003 年。魏正中《区段与组合——龟兹石窟寺院遗址的考古学探索》,上海:上海古籍出版社,2013 年。姚士宏《克孜尔石窟探秘》,乌鲁木齐:新疆美术摄影出版社,1996 年。贾应逸、祁小山《印度到中国新疆的佛教艺术》,兰州:甘肃教育出版社,2002 年。冯斐《龟兹佛窟人体艺术》,乌鲁木齐:新疆美术摄影出版社,1992 年。金维诺《龟兹艺术的风格与成就》,《西域研究》1997 年第 3 期,第 1—9 页。谭树桐《丹青斑驳·尚存金壁——龟兹石窟壁画的欣赏》,《龟兹佛教文化论集》,乌鲁木齐:新疆美术摄影出版社,第 101—125 页。霍旭初《龟兹艺术研究》,乌鲁木齐:新疆人民出版社,1994 年。霍旭初《滴泉集》,乌鲁木齐:新疆美术摄影出版社,2008 年。PINAULT,Georges -Jean,1993 -94,Une nouvelle inscription koutchéenne de Qumtura:Légende de scènes bouddhiques de Pranidhi,in:Bulletin d´études indiennes 11—12,pp. 171—220. HOWARD,Angela F.,1991,In Support of a New Chronology for the Kizil Mural Paintings,in:Archives of Asian Art 44,pp. 68—83. Leung,Andrew K.Y.,2007,The Architecture of Central-Pillar Cave in China and Central Asia:A Typological Study,Ann Arbor:UMI Dissertation Service. YALDIZ,Marianne,1992,On the Interpretation of a Buddhist Mural from Qizil,Chinese Central Asia,in:Eastern Approaches,Essays on Asian Art and Archaeology,ed. T.S. Maxwell,Delhi:Oxford University Press,pp.45—52. ZIN,Monika,2005,The Identification of the Kizil Paintings I（1. Yaśa,2. Mākandika),in:Indo-Asiatische Zeitschrift 9,pp. 23—36（=Sanskrit on the Silk Route,ed. Shashibala,New Delhi:Bharatiya Vidya Bhavan,pp. 199—215).[日] 宮治昭著:《中国·新疆ウイグル自治区　キジル石窟-石窟構造·壁画様式·図像構成の関連》,《仏教芸術》179 号,東京:毎日新聞社,1988 年,1、10、43—69 页;[日]中川原育子:《キジル第 76 窟(孔雀窟)の復元的考察》,名古屋大学文学部美学美術史学研究室编《美学美術史研究論集》第 15 号,1997 年,71—94 页;[日]中川原育子《クムトラGK 第一七窟の復元的研究》,《汎アジアの仏教美術》,東京:中央公論美術出版,2007 年,224—253 页。

决，其中有两个突出的方面就是对于两个基本问题——龟兹佛教艺术的功能和其反映的佛学思想的研究不够。由于本书的目的是对龟兹佛学的一个重要方面——佛陀观加以探讨，因而对于表现其的佛教艺术功能只能加以简单的探讨。

佛教美术在佛教教义中属于“有相”的范畴。相,即形象或状态之意,乃相对于性质、本体等而言者,即指诸法的形象状态。说一切有部认为,有相是一切有为法的特点,它们是本质和现象的关系。《大智度论》卷三十一载:

> 一切法有二种相:总相,别相。是二相空,故名为相空。问曰:何等是总相?何等是别相?答曰:总相者,如无常等;别相者,诸法虽皆无常,而各有别相,如地为坚相,火为热相。[①]

《大毗婆沙论》卷三十九等称:

> 问:若尔,云何一法有四相耶?答:一法四相,亦无有失。如一色法,有多种相。所谓如病如痈如箭,乃至广说百四十相。然此自相,非如四大种坚湿暖动相;但一一法,各各别有生住异灭;故名自相。[②]

法体是无相的,认识并了解它,必须借助于有相的形象。故必须通过有相之境,以佛教的智慧加以观照,才能了知无相之境。有相是众生认知无相的媒介。

---

①《大智度论》,《大正藏》第25册,第293页。

②《大毗婆沙论》,《大正藏》第27册,第200页。

众生机感,义如呼唤,如来示化,事同响应,故名为应。[①]

众生在了知法体的基础上,要和它契合,必须奉行四谛八正道。说一切有部认为,释迦牟尼过去今生的修行故事是成佛的必由之路,是过去诸佛奉行四谛八正道,追求涅槃的样板。它是追求解脱的求真之路、完美人生之路的理想典范和信徒皈依之源。一方面,它能使众生了解法体的本质,在佛陀的事迹中,深刻阐释了佛教的四谛三法印的真理;另一方面,它又为众生实现提供了可资借鉴的模式,众生只要遵循八正道,就一定能实现,最终解脱。这种情况,在龟兹石窟绘制的壁画中有所反映。

龟兹石窟中的龟兹风洞窟的造像主要绘塑于中心柱、大像窟和方形窟中,除天相图、佛像、菩萨像、讲经高僧、飞雁外,绝大部分题材和内容是与释迦牟尼有关的本生故事、因缘故事和佛传故事,其中又以表现释迦成佛后的因缘譬喻故事为主。

可以看出,洞窟中的壁画内容绝大部分都是围绕释迦牟尼的过去今生展开的。其中的本生因缘譬喻故事中,深刻揭示了诸行无常、诸法无我、因果相应的道理。佛传故事则主要是围绕着释迦牟尼成道和涅槃展开。释迦成道后的事迹一般绘制于主室内,尤其是佛陀游化各地说法的故事大量绘制于主室的左右侧壁上,表现的是遵从八正道、处于"有余"境界的佛陀。说一切有部认为,释迦降魔成道后,已经进入了涅槃的境界,但因为还有肉体的存在,所以,这种境界还不够彻底;释迦涅槃前后的事迹则被绘制于后甬道或后室(一些洞窟内绘制佛塔、供养人等)。这不仅是佛一生的自然发展,也展现了小乘说一切有部强调的另一种境界——"无余"。[②]

①《大乘义章》,《大正藏》第44册,第837页。

②说一切有部认为,有余是指取得阿罗汉果的修行者,虽然烦恼永远断除掉,但生命还存在。四大(即地、水、火、风)元素产生的肉体还在,五根(眼、耳、鼻、舌、身)之身未灭,心亦能够续转。以佛陀的一生来说,是指降魔成道之后,涅槃之前的这个阶段;无余则不仅是烦恼永远断除了,而且四大、五根消失了,心念不再流转,对应于佛传则是指佛涅槃前后的事迹。

具体说来，龟兹石窟佛教美术具有以下几个功能：

（一）提供修行礼拜的观想对象

佛教美术首要功能是为修行者提供进行礼拜观想的对象，龟兹佛教美术也不例外。这种观想的对象具有多方面的内容。

首先是对佛像的观想。我们可以从当时这里流行的一些禅观经典中看到这一点。鸠摩罗什在其编译的《坐禅三昧经》中有详细的记载：

> 若初习行人，将至佛像所，或教令自往，谛观佛像相好。相相明了，一心取持。还至静处，心眼观佛像，令意不转。系念在像，不令他念。他念摄之，令常在像……是时便得心眼，见佛像相光明，如眼所见，无有异也。如是心住，是名初习行者思惟……初降神时震动天地，有三十二相大人相。①

其次是对佛陀“生身”和“法身”的观想。

> 生身观者，既已观像，心想成就，捡意入定，即便得见，当因于像以念生身。观佛坐于菩提树下，光明显照相好奇特；或如鹿野苑中坐，为五比丘说四谛法时；或如耆阇崛山放大光明，为诸大众说波若时。如是随用一处，系念在缘不令外散，心想得住即便见佛，举身快乐乐彻骨髓。譬如热得凉池、寒得温室，世间之乐无以为喻也。②
>
> 法身观者，已于空中见佛生身，当因生身观内法身，十力、四无所畏、大慈大悲无量善业。……大力大苦大怖大畏无过死贼，

①《坐禅三昧经》，《大正藏》第15册，第276页。

②《坐禅三昧经》，《大正藏》第15册，第229页。

唯佛一人力能救拔,能与种种人天涅槃之乐。复次,一切诸佛,世世常为一切众生故不惜身命。如释迦牟尼佛昔为太子时,出游道见癞人,敕医令治。医言:“当须不瞋人血饮之,以髓涂之,乃可得差。”太子念言:“是人难得,设使有者复不可尔。”即便以身与之令治。若为一切众生,亦复如是……①

龟兹石窟中有一类洞窟组合,即中心柱窟与僧房窟的组合。中心柱窟的主室正壁内开龛,龛内原有佛像,是用于观想的佛像,正壁外绘天众。两侧壁各绘两栏因缘佛传。前壁绘释迦菩萨于兜率天宫说法。券顶中脊绘天相图。两侧券腹各绘菱格本生或因缘故事。后室各壁绘佛塔或与涅槃有关事迹。这些都是用于对佛陀生身和法身进行观想的内容。与中心柱窟相邻的僧房窟中没有壁画,但有禅床和壁炉等生活设施,应是用于冥想的场所。其功能组合恰与上述的经文一致,反映出佛教美术提供礼拜观想对象的功能。(图1)

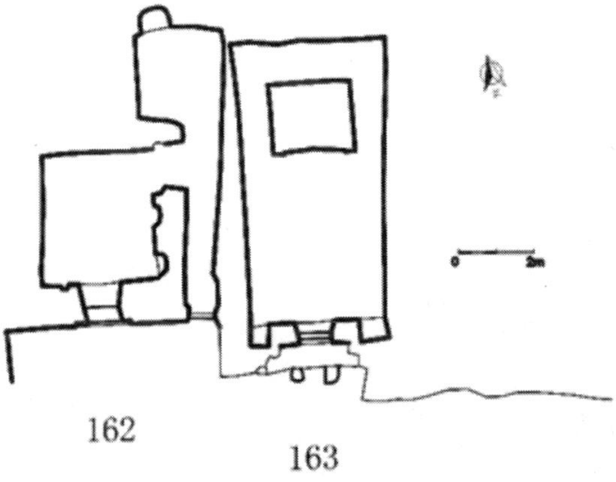

图1 克孜尔石窟第162—163窟平面图

①《坐禅三昧经》,《大正藏》第15册,第229页。

(二)宣教功能

佛教的涅槃境界是不可言说的,但是要让广大信众了解并信仰它,则需要采用包括佛教美术在内的各种方便之道以教化众生。

佛典中即记载了一则佛在世时,以佛陀画像来宣传佛教、吸收信众的故事。佛在王舍城向大众说法,引用了一个故事,讲述的是胜音城的仙道王向王舍城的影胜王赠送了一身宝甲,影胜王十分喜爱却发愁没有相当的礼物可以酬谢回赠给仙道王,于是大臣就给他出主意,说现今佛在王舍城,可画一幅佛像作为回礼。因而影胜王就来见佛禀白此事,征求佛的意见,得到佛同意后,制作了佛的画像,送给了仙道王,并对观看佛像的具体方法进行了介绍,要求仙道王按照上述要求实行。

图2 克孜尔石窟第38窟主室券顶波塞奇画佛

佛言:“大王,善哉妙意!可画一铺佛像送与彼王。”其画像法:先画像已,于其像下书三皈依……次书五学处……次书十二缘生流转还灭……皆广书之。复于像上边书其二颂曰:“汝当求出离,于佛教勤精;降伏生死军,如象催草舍。于此法律中,常修不放逸;能竭烦恼海,当尽苦边际,如是画讫,授与使人……”时影胜王奉佛教已,欢喜顶受,礼足而去。王即画像,上下具书其事。

以种种妙香遍熏尊像,然后细卷内金函中、次以金函内银函中、次以银函内铜函中。复以上妙香叠密裹此函,置香象上。严整衢路,幢幡道从,出王舍城。时影胜王并作策书报仙道王曰:"虽未相见,使至览书,蒙赠宝甲,世所希有。令画世尊形像,三界最尊,令使持将,冀申供养。既至彼已,可去王城,有两驿半。平治道路,严饰城隍,躬领四兵,幢幡花盖;于广博处,张设尊仪,殷勤供养,获大福德。"既封书已,持付使人,策曰:"如我所嘱,当须忆念,尽可为之。"[①]

没想到的是,仙道王看了影胜王的信后非常生气,在大臣的劝说下才勉强按信上交代的做了,当他们在街衢之中打开画像时,产生了戏剧性的一幕:

王开画像瞻仰,而住于时。中国商人共来观像,咸皆合掌,异口同音,俱出大声。唱言:"南谟佛陀也!南谟佛陀也!"其仙道王既睹尊仪,闻佛陀号,见所未见,闻所未闻,遍体身毛悉皆惊竖。[②]

一幅佛像,竟然收到这么好的劝化效果,可见僧人们"设像行道"是有经典渊源的。与影胜王画佛旨趣相似的佛教故事还有波塞奇画佛[③](图 2)。表现这个故事的图像在克孜尔石窟第 8、34、38、175、192、196 等窟都有保存。

龟兹石窟中绘制了大量以释迦牟尼为中心的佛教故事。这类故事包

---

①《根本说一切有部毗奈耶》,《大正藏》第 23 册,第 874 页。

②《根本说一切有部毗奈耶》,《大正藏》第 23 册,第 874 页。

③《贤愚经》卷三,《大正藏》第 4 册,第 368 页。

括本生故事、因缘故事和佛传故事。本生故事、因缘故事和佛传故事画绝大部分是佛教徒吸收了流行于古印度的民间寓言故事改编而成的，这些充满智慧与进取精神的故事中包含着深奥的佛教哲理，再与神奇的法术相配合,能够吸引信众,从而扩大了佛教在信众中的影响,满足广泛宣传佛教的需要。

此外,佛经还记载了佛陀安排僧众在寺门下绘生死轮回图并讲解,使人信从佛教的故事。

> 如佛所教,于门屋下应作生死轮者,时诸苾刍奉教而作。诸有敬信婆罗门居士等,见画轮像,问言:“圣者!此之画轮欲表何事?”苾刍答曰:“我亦不知何所表示?”诸人报曰:“若不解者何因图画?”时诸苾刍默无所对,即以此缘具白世尊。世尊告曰:“应差苾刍于门屋下坐,为来往诸人婆罗门等,指示生死轮转因缘。”如佛所教令指示者,时诸苾刍遂不简择,令无识解者开导其事,不生物信更招讥丑。佛言:“令知解者指示诸人。”时王舍城有一长者,娶妻未久便诞一男,颜容端正人所乐见,告其妻曰:“贤首!我今有子,多有费用,宜入大海经求珍货。”妻告言:“善。”长者即便持诸杂物入大海中,因风破舶往而不返。其妻辛苦,或假宗亲、或以自力长养小儿,以孤贫养育名曰贫生。时贫生童子既渐长大,付师受业,遂与同学往竹林园。至寺门下见画五趣生死之轮,问言:“圣者!此名何物?”苾刍报曰:“此是五趣生死之轮……更作何业当得生天?”答曰:“若以饮食供佛及僧，由此福因当生天上。”圣者!可用几物得为饮食供佛及僧?”答曰:“可用五百金钱。”圣者!此事可办。”即从座起礼足而去。[1]

---

①《根本说一切有部毗奈耶》,《大正藏》第23册,第811页。

生死轮回图使得俗众愿做供养之事，像教之功用可见一斑。克孜尔石窟中也有五趣轮回的图像，其功用应该与上述故事相同。（图 3）

图 3 克孜尔石窟第 175 窟左甬道内侧壁五趣轮回图

形象往往比文字更有魅力，更富于感人的力量，尤其是对文化水平有限的普通百姓来说，更能直接打动他们的心灵。佛教美术在僧伽的宣教过程中越是应用地广泛，佛教的教义也就越容易得到理解并为广大信众所接受。

（三）日常修行中的认识功能和教育功能

说一切有部经律中对于僧侣的服饰和修行场所的装饰都有戒律限制。如《十诵律》中记载的一段因服饰中的图案而引发的官司，佛陀因此增加了一条有关制衣的戒律。舍卫国的掘多比丘尼请迦留陀夷为其制衣，掘多比丘尼将衣料交给迦留陀夷后离去，而迦留陀夷在衣服上缝制反映男女情事的图案，影响禅修，佛陀因而制定相关戒律。

迦留陀夷即取，舒展割截簪刺，当衣脊中作男女合像，缝已

> 卷牒着本处。掘多比丘尼来问:“大德!与我割截作衣竟未?”答言:“已作,此是汝衣,持去。莫此间舒,还比丘尼寺中可舒。”即取持去,于诸比丘尼前言:“看我师与我作是衣好不?”诸比丘尼言:“好,谁为汝作?”答言:“大德迦留陀夷。”“可舒看”,即为舒看,当中条有男女和合像。中有年少比丘尼喜调戏笑者,见已语言:“是衣好,自非迦留陀夷,谁能为汝作如是衣?”时有长者比丘尼乐持戒者,作是言:“云何名比丘故污比丘,尼衣?”……种种因缘诃已,语诸比丘:“以十利故与比丘结戒。从今是戒应如是说:若比丘与非亲里比丘尼作衣,波逸提。”[①]

这条与衣服图案有关的戒律其实是与佛教色戒相联系的,佛教戒律中的不邪行就包括“见画妇女、不念不观、无不善念”。[②]比丘是不能画妇女像或观看其画的。

佛像之于佛教具有神圣的意义,是有生命内涵的,是佛的体现,因而供奉在佛像前的物品也是不能随意处理的,比如:

> 若苾刍尼,知与此佛像物,回与余佛像……得恶作罪。[③]

原始佛教中的一些戒律中还详细介绍了佛祖对寺中各处分别应当画什么题材内容的规定。如《根本说一切有部毗奈耶杂事》中讲述给孤独长者布施园林给佛作寺,向佛请示寺中各处当作何种画,佛给出了详细的指示。

---

①《十诵律》,《大正藏》第23册,第84页。

②《正法念处经》,《大正藏》第17册,第231页。

③《根本说一切有部苾刍尼毗奈耶》,《大正藏》第23册,第962页。

佛言:"长者!于门两颊应作执杖药叉,次傍一面作大神通变,又于一面画作五趣生死之轮,檐下画作本生事。佛殿门傍画持鬘药叉,于讲堂处画老宿苾刍宣扬法要,于食堂处画持饼药叉,于库门傍画执宝药叉,安水堂处画龙持水瓶,著妙璎珞。浴室火堂,依天使经法式画之;并画少多地狱变于瞻病堂,画如来像躬自看病。大小行处,画作死尸,形容可畏。若于房内应画白骨髑髅。"是时,长者从佛闻已,礼足而去,依教画饰。①

此外,《根本说一切有部毗奈耶杂事》还对可能会破坏损毁壁画的行为做了限制:

既并画已时,有不作意苾刍,随处然火,烟熏损画。苾刍白佛,佛言:"我听苾刍作然火堂。若有须者于此然火,非于余处,作者得越法罪。"时有病人要须然火,于房檐下不敢辄然。佛言:"可寺外或寺中庭然,待烟尽方持火入。"……苏刍于檐下洗浴湿损壁画,佛言:"不应尔,可于寺内近一角头,面向佛像而为澡浴,或可别作洗浴之室。"室中有泥,佛言:"安砖应为水窦,若有不净时时洗决,或近水渠为澡浴事。"②

佛祖考虑得非常周到,各处所画都是具有一定的指示意义。

佛祖要求在门旁作五趣生死轮回图是让大众了解五趣轮回观念,从而认识到人生无常的道理。其他如在讲堂画讲法高僧、在食堂画持饼药叉、在仓库画持宝药叉、水堂画龙持水瓶,则指明了不同的宗教场所的不

---

①《根本说一切有部毗奈耶杂事》,《大正藏》第24册,第283页。

②《根本说一切有部毗奈耶杂事》,《大正藏》第24册,第283页。

同功能,为入寺礼佛的信众及游客提供了方便。在寺中诊所还要画上佛亲自坐堂看病的情景,既让病人感受到慰藉,也使得佛陀医治众生的形象深入人心。在僧舍中画白骨髑髅是帮助僧伽修不净观,让僧伽在寝室内也不忘三法印,精进修行。寺庙壁画与修行佛法紧密结合,在僧伽的日常生活中时刻起到提示和教育的作用。克孜尔石窟的一些方形窟中也绘有高僧、白骨和死尸,应具有相同的功用。(图 4)

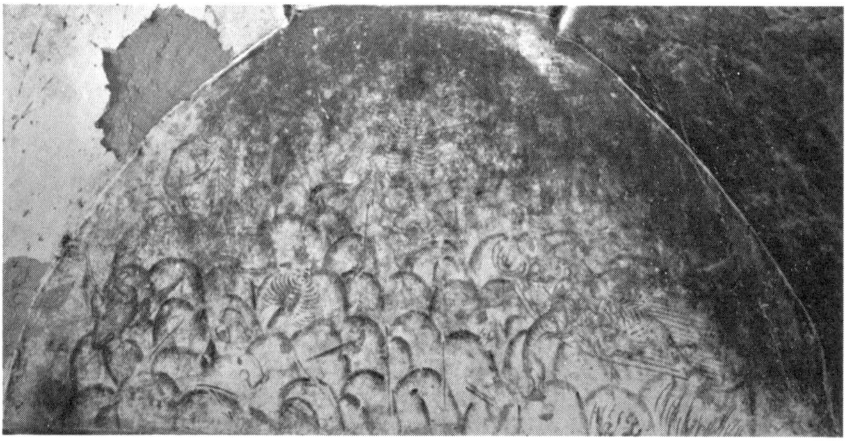

图 4　克孜尔石窟第 116 窟主室券顶左端壁禅观图

关于不准僧伽破坏壁画的戒律有很多,如《十诵律》卷三十九中说:

有一比丘,不着衬身衣,倚新画壁立,彩画剥落。是事白佛,佛言:“从今比丘不着衬身衣倚画壁者,突吉罗。”①

还有对修补脱色壁画的规定。如《根本说一切有部目得迦》卷八记载:

①《十诵律》,《大正藏》第 23 册,第 282 页。

诸彩画壁不分明者,苾刍生疑,不敢重画。佛言:"应可拂除更为新画。"[①]

有一时,诸比丘在僧房中,新涂治彩画,为寒故烟熏,彩色皆坏。佛闻之不听,若寒者,教露地燃火自炙。诸比丘后时白世尊,露地燃火自炙,炙前后寒,炙后前寒,不能令温。佛闻之,听房中燃火自炙,但使无烟。[②]

由上述论述可以看出佛教造像的普遍使用和在僧伽日常生活中的重要性。在僧伽的日常生活中，佛教美术充分发挥了其认识功能与教育功能,具有很重要的实用性。

(四)供养、祈福和发愿

龟兹石窟中的佛教造像除具有上述功用外，还有为世俗信众提供供养对象的作用。玄奘《大唐西域记》卷五载:

初,如来成正觉已,上升天宫,为母说法,三月不还。其(邬陀衍那)王思慕,愿图形象。乃请尊者没特伽罗子,以神通力,接工人上天宫,亲观妙相,雕刻栴檀。如来自天宫还也,刻檀之像起迎世尊,世尊慰曰:"教化劳也?开导末世,实此为冀!"[③]

所成之像即是所谓的优填王像或旃檀佛像，后作为一种标准造像为佛教信徒反复翻摹。在佛教看来,佛陀造像原本并非为了艺术,而是具有佛陀化身的意义,在佛祖离世时代替佛祖教化开导世人。不但佛像如此,

---

①《根本说一切有部目得迦》,《大正藏》第 24 册,第 445 页。

②《根本说一切有部目得迦》,《大正藏》第 24 册,第 837 页。

③《大唐西域记》,《大正藏》第 51 册,第 898 页。

别的佛教造像同样如此,首先是其膜拜体系的一部分,然后才是别的。石窟中的壁画一方面是为了表现佛国世界的美;一方面也作为一种对佛陀的供养与赞叹。人们在这样的供养行为中,希望佛陀能听到自己的祈福和发愿,期许得到功德利益。一些佛经中的宣扬促进了人们的这种信仰。

> 答:如来昔于三无数劫修菩萨行时,若见有情身分缺坏,便起深悲方便救济,要令圆满。若见佛像菩萨像圣僧像,灵龛制多僧伽蓝等彫落破坏,方便修治,要令如本。由此业故,今得如是相好庄严无疮穴等。①
>
> 若有人先世破他身,截其头,斩其手足,破种种身分;或破坏佛像,毁佛像鼻,及诸贤圣像;或破父母像。以是罪故,受形多不具足。②

佛陀因为过去修菩萨道时修治佛像、制多和伽蓝,所以今得相好庄严,而身体残疾的人就是因为过去毁坏了佛像,这充分反映了果报的作用。

壁画中还绘有供养人的画像。克孜尔石窟中的供养人画像,主要有王侯贵族、世俗供养人和僧侣供养人三类。在早期的洞窟中并非重大题材,一般画在主要壁画下方,非常矮小,排列成行,少则几身,多则十数身。后来逐渐占据洞窟的前壁和左右甬道等位置,体型逐渐与真人同大。供养人的旁边常能发现其姓名。这些供养人将自己的画像放在洞窟中,也是由于佛经的宣传造成的。《观佛三昧海经》中云:

①《阿毗达摩大毗婆沙论》,《大正藏》第27册,第621页。

②《大智度论》,《大正藏》第25册,第120页。

> 若有众生，于佛灭后，造主形像，幡、花、众香持用供养，是人来世必得念佛清静三昧。①

由此可知为何很多的信众愿意出资造像，将自己的姓名或是往生的亲人的姓名绘制于所供养的佛像左右。其目的无非是让佛陀可以了解自己的虔诚心愿，使自己可以得到功德利益。(图 5)

图 5 克孜尔石窟第 205 窟主室前壁龟兹国王托提卡及王后像

总之，说一切有部认为佛教美术是用于阐释佛法的形式，在实际的运用中，它具有提供观想对象、宣教、认识、教育以及供养、祈福和发愿的功能。

而龟兹佛教艺术的特点则是由龟兹佛学的思想观念决定的。

释迦牟尼逝世后百余年，佛教发生分裂，首先分裂为“上座部”与“大众部”两大派。之后两大派继续分裂，出现了复杂纷繁的局面，佛教进入了所谓的部派佛教时期。部派佛教时期，不同的部派对于佛教的许多基本问题都依据自己的理解提出了自己的看法并以此开宗立派，这些基本问题包括佛教的宇宙观、解脱观、佛陀观、业力说、轮回说、修道论等诸多方面，

① 《观佛三昧海经》，《大正藏》第 15 册，第 678 页。

从而促进了佛教的发展,建立起了佛教庞大而缜密的哲学体系。这些差异不仅保存于各派的经典中,也在世界各地遗留至今的佛教遗址中有所体现。龟兹石窟中就保留了大量反映这一时期的佛教思想的造像,为我们了解当时的龟兹佛教哲学思想提供了可靠的图像材料。

龟兹佛学思想的内容涵盖了佛教哲学的全部基本问题。囿于篇幅和笔者的能力,本书将仅对它的佛陀观进行探讨,希望能对了解龟兹佛学思想有所裨益。

佛陀观向来是佛教的中心命题,因为成佛是每一个佛教徒所想要追求以及达到的目标。因此什么是佛,就是佛教徒首先要了解的问题。部派佛教时期,讨论的焦点主要包括以下几个方面的问题:“法身”与“生身”;“有漏”与“无漏”;佛语“了义”与“不了义”;佛意“遍知”与“不遍知”;佛与声闻、缘觉的区别,大乘佛教兴起后,还包括佛与菩萨的区别。

“法身”与“生身”属于佛身论的范畴。释迦入灭后,其弟子认为佛陀不仅仅是个“觉悟”者,还应具备多种理想的品质,包括能亲证、能显现诸法实相的智慧、佛陀所说教法和所制律仪和累世修行获得的福德等为佛身。

此后至部派佛教时期,各部派对佛身提出了不同的见解。分别论者与大众部主张佛身无漏之说,其寿量、威力皆具有无限性;佛说皆为真理;佛以一种语言可令一切众生明白;佛是无所不知,无所不了的,而且对诸法的了知,在同一刹那当中,就可遍知一切法了。回答问题不需要经过思“惟”,随时处于定的状态。此佛身指佛之肉身(即生身)而言[①]。

---

①《异部宗轮论》载:“大众部、一说部、说出世部、鸡胤部本宗同义者,谓四部同说:诸佛世尊皆是出世,一切如来无有漏法。诸如来语皆转法轮,佛以一音说一切法,世尊所说无不如义,如来色身实无边际。”《大正藏》第 49 册,第 15 页。

然有部提出异论，主张佛之生身亦为烦恼之果，故仍属有漏，[①]也不是不灭的；身长并不比常人超出太多，也有老化、睡眠，佛的寿量和威力是有限的；并非佛说的一切均为真理；佛不能以一种语言可令一切众生明白；佛尽智、无生智不能同时俱起，同时活动。佛陀有时也会进入"无记心"状态，回答问题须要经过思惟。

但有部承认佛所成就之十力、四无畏等功德法，或佛陀传下的佛法及保存佛法的经藏[②]，他们尽属无漏，此称为法身，此为法体，法体是不灭的。如此之法身与生身合称为二身。说一切有部也把戒、定、慧、解脱、解脱知见等称为五分法身[③]。佛身遂分为生身和法身两个层面。

大乘佛教兴起后，佛身论随之急速开展。先是法身内容之变化，把法性真如称为法身。更进而称生身为应身，并在两者之间又提出了报身的观念[④]。

佛身理论的实质是如何评价成佛的意义，佛教思想的发展史也是佛

---

①漏，梵语 āsrava，流水泄漏之意，烦恼之异称。人因烦恼所产生的过失、苦果，使人在迷茫的世界流转不停，难以脱离生死苦海，故称为有漏法。若达到断灭烦恼的境界，如"涅槃""菩提""能断除三界一切烦恼"之法，称为无漏法。《阿毗达摩大毗婆沙论》卷一七三载："云何知佛生身是有漏法？……不为世（间八）法之所染污；非谓生身是无漏故，说为不染。……虽自身中诸漏永断，而能增长他身漏故，又从先时诸漏生故，说为有漏。"《大正藏》第 27 册，第 871—872 页。

②在原始佛教除了弟子所见的如来肉身之外，也有"法身"（dharmakaya）一词的出现。如在《增一阿含经》卷一载："释师出世寿极短，肉体虽逝法身在。当令法本不断绝，阿难勿辞时说法。"（《大正藏》，第 2 册，第 549 页。）以及在舍利弗入灭时，阿难伤心难过，所引出的"五分法身"之说。（《大正藏》，第 2 册，第 176 页。）"法本"–是指修多罗（经），从经法的结集宏传，即是释尊的法身长在，这是从"法"（梵语 dharma、巴利语 dhamma）的立场，也就是指依于佛陀的教法而说的。此外《佛垂般涅槃略说教诫经》中载："诸弟子辗转行之，则是如来法身常在而不灭也。"（《大正藏》，第 12 册，第 1112 页。）

③《杂阿含经》卷二四载："云何。阿难。彼舍利弗，持所受戒身涅槃耶？定身、慧身、解脱身、解脱知见身涅槃耶？ 阿难白佛言，不也。世尊。"《大正藏》第 2 册，第 176 页。

④《十地经论》，《大正藏》第 26 册，第 138 页。

身论的发展史。本书将着重讨论龟兹地区的佛身理论,佛与弟子的区别因与佛教的菩萨观念有关,涉及范围较广,本书将会概要地加以讨论。

龟兹石窟中蕴藏了丰富的部派及大乘佛陀思想,一些学者已经注意到了这个问题,这些学者包括美国的何恩之先生,日本的宫治昭先生、松本荣一先生、吉村怜先生,台湾的赖鹏举先生、赖文英博士,中国大陆的李静杰先生、霍旭初先生、彭杰和李瑞哲博士。下面对他们的有关研究做一回顾。

松本荣一、吉村怜、李静杰、彭杰等讨论了克孜尔石窟第17窟甬道外侧壁的立佛,认为它表现的是华严教主卢舍那佛①,而何恩之、宫治昭等则认为表现的是宇宙主释迦佛②;吉村怜与宫治昭均认为第123窟的头光、身光中绘小立佛的立佛为宇宙主释迦佛③;李瑞哲认为克孜尔石窟第17、123窟所绘立佛表现的是小乘佛教的法身思想④。此外,李静杰、彭杰对整个龟兹地区存在的卢舍那佛图像进行了讨论,并对其源流进行了探讨。⑤赖文英则在《论新疆阿艾石窟中的卢舍那佛》一文中对阿艾石窟中卢舍那

---

①[日]松本荣一《敦煌画の研究:华严教主卢舍那仏图》,东方文化学院,东京研究所,1937年。[日]吉村怜著,卞立强、赵琼译《天人诞生图研究——东亚佛教美术史论文集》,北京:中国文联出版社,2002年,第9页。李静杰《卢舍那法界图像研究》,《佛教文化》增刊,1999年,第1—51页。彭杰《关于克孜尔17窟卢舍那佛像的补证》,《新疆师范大学学报》2006年第2期,第18—23页。

②A.F.Howard,The Imagery of the Cosmological Buddha,Leiden,1986。[日]宫治昭著,贺小萍译《宇宙主释迦佛》,《敦煌研究》2003年第1期,第25—32页。

③[日]吉村怜著,卞立强译《天人诞生图研究——东亚佛教美术史论文集》,北京:中国文联出版社,2002年,第330页。宫治昭著,贺小萍译《宇宙主释迦佛》,《敦煌研究》,2003年第1期,第30页。

④李瑞哲《克孜尔石窟第17、123窟中出现的化佛现象—兼谈小乘佛教的法身问题》,《敦煌研究》2009年第2期,第37—44页。

⑤李静杰《卢舍那法界图像研究》,《佛教文化》增刊,1999年,第1—51页。彭杰《关于克孜尔17窟卢舍那佛像的补证》,《新疆师范大学学报》2006年第2期,第18—23页。

佛的图像来源、佛学意义及其影响进行了探讨，认为它影响了榆林窟第25窟卢舍那佛与八大菩萨曼陀罗组合的出现[①]，这些认识都有其文献及佛理依据，但由于仅限于个别图像的考究，且往往并没有将图像考证与龟兹的佛教历史背景、图像所在石窟乃至石窟组合整体特点联系起来或联系不够，因而对于全面认识龟兹地区佛陀观的特点是远远不够的。对龟兹地区佛教佛陀观念进行比较深入研究的是霍旭初和赖鹏举两位先生。

霍旭初先生涉及龟兹地区佛陀观问题的文章有三篇，第一篇是《鸠摩罗什大乘思想的发展及其对龟兹石窟的影响》，在这篇文章中，霍旭初先生对反映鸠摩罗什时代及其以后龟兹地区的大乘佛教思想的考古与文献材料进行了梳理，并对其反映的大乘法身思想、多佛思想进行了探讨[②]。另一篇文章是《龟兹石窟"佛受九罪报"壁画及相关问题研究》，在这篇文章中，霍先生对龟兹石窟中出现的"佛受九罪报"相关故事进行了考证，指出其反映了早期佛教的业报思想，是小乘说一切有部佛身有漏思想的反映[③]。最后一篇文章是《从龟兹壁画看说一切有部佛陀生身"有漏"思想》，在这篇文章中，霍先生对其前篇文章中涉及的小乘说一切有部关于佛陀生身有漏的思想展开了系统的阐述，他认为"说一切有部关于佛身问题，就有了比较能圆通的结论：佛生身是'有漏'的，而佛的法身是'无漏'的"，并进一步指出说一切有部的根本观念总括起来就是"三世实有，法体恒有"。这

---

①赖文英《论新疆阿艾石窟的卢舍那佛》，《圆光佛学学报》2010年第16期，第149—187页。

②霍旭初《鸠摩罗什大乘思想的发展及其对龟兹石窟的影响》，《考证与辨析——西域佛教文化论稿》，乌鲁木齐：新疆美术摄影出版社，2002年，第1—24页。《敦煌研究》，1997年第3期，第49—58页。

③霍旭初《龟兹石窟"佛受九罪报"壁画及相关问题研究》，《敦煌研究》，2006年第6期，第54—63页，《滴泉集》，乌鲁木齐：新疆美术摄影出版社，2008年6月第171—189页。

个根本命题是“宿缘”“业报轮回”和佛陀“有漏法”的思想理论基础。[①]

霍先生的贡献是十分重要的,这不仅在于他认为龟兹石窟“主要就是说一切有部思想的图解”,而且为解读这部“图书”做出了尝试。他这种将考古材料与文献结合,并参照当时龟兹佛教历史背景的方法证明在龟兹地区佛学思想的研究中是非常有效的。

赖鹏举先生在长期的佛教研究中,形成了以佛教经典义学与禅法相结合研究石窟造像的方法。在《丝路佛教的图像与禅法》一书中,他将龟兹石窟放入中亚禅法这个大背景下进行考察,广征博引,对龟兹地区当时的佛学思想进行了颇富创意的探索,其中有多处涉及龟兹石窟的佛陀观问题,包括第六章对龟兹地区华严义学和卢舍那造像的探讨,第九章对龟兹石窟中大乘慈悲观的理解,尤以第七章对龟兹石窟中的大乘法身思想集中进行了深入的论述。[②]赖鹏举先生的突出之处,不仅在于他以禅法的视角看待龟兹石窟中的造像,而且在于他将图像学和佛学的研究方法引入这一问题的研究,无疑对于这一地区此问题的解决注入了新的动力。

---

①霍旭初《从龟兹壁画看说一切有部佛陀生身“有漏”思想》,《敦煌研究》2009 年第 4 期,第 61—69 页。

②赖鹏举《丝路佛教的图像与禅》,中坜:财团法人圆光佛学研究所,第 76—93、94—102、151 页。

三、研究范围与方法

本书的研究范围包括龟兹地区现存的石窟寺。但由于每个洞窟的保存情况不同,而且它们的年代断定至今仍是一个尚未解决的问题,因而本书主要的研究对象是龟兹石窟中保存较好且年代依据比较明确的洞窟,而对那些上述两方面尤其是年代不能确定的洞窟,则一般不作考虑。

尽管本书研究的材料主要来自龟兹地区的石窟遗址,但也收集了龟兹地区主要佛寺遗址的材料。对这些材料加以系统整理,发现它们对我们了解龟兹地区佛陀观的情况能提供有益的线索。另外,由于龟兹地区本土文献资料反映佛陀观的材料并不多见,且由于语言的问题,对其的利用存在一定的难度。因此主要利用了汉文文献(主要是佛经文献)、国内学者的有关该地出土文书的研究成果及印度中亚及其他地区的已有明确定名和年代的造像材料作为题材比定的依据。

由于选定的洞窟中有些题材内容存在一定的相似性,故对其的分析着重于其随着时间推移所产生的新特点及其可能蕴涵的佛教义理的变化,仅仅交代其反映的佛教思想,不再对洞窟的全部造像题材做逐一的分析。

本书主要是运用文献学、思想史、考古学和图像学相结合的方法进行研究。

在对石窟中的图像进行题材断定时,由于非汉文文献的缺乏,尽管笔者利用了已发表的大部分龟兹文、梵文佛经文献,但主要的比定依据是汉文佛经文献,主要采用了《大正新修大藏经》中说一切有部的文献,兼及其他文献。由于佛教仪轨的统一性,石窟中存在大量题材内容相同的图像,为了了解其所属系统及发展变化,笔者采用考古类型学的方法对其加以梳理,同时结合其所在洞窟的年代及已发表有明确纪年的同类题材图像,对其进行相对年代和绝对年代的考证。

在对图像学的思想背景进行探讨时,笔者注意将个别造像置于整个石窟中,注意它与其他造像的整体组合关系和功用,并考虑当时特定的历史及宗教背景,尽可能准确完整地揭示其蕴含的佛学思想。

四、资料的来源

本书是在以往学者研究成果的基础上完成的。尽管在参考书目中没有将所有的书目列出，但笔者已经认真研读了与龟兹佛陀观有关的主要文章和著作,并作为调查和研究的背景知识加以运用。

近十几年在古代龟兹地区的田野工作，使笔者完成了对龟兹地区主要佛教遗址尤其是龟兹石窟中有关造像资料的系统收集与整理。得益于工作的便利，相关造像考古材料除流失国外者，基本上都来自笔者的收集,一些造像材料的详细情况是第一次公布于世。

五、篇章结构

本书以时间为序，试图阐明公元3—14世纪龟兹地区佛陀观的发展变化,具体章节安排如下:第一章阐述公元3—4世纪龟兹地区的佛陀信仰。第二章阐述公元4—5世纪龟兹地区佛陀信仰。第三章阐述公元5—7世纪龟兹地区的佛陀信仰。第四章阐述公元7—9世纪龟兹地区的佛陀信仰。第五章阐述公元9—14世纪龟兹地区的佛陀信仰。

第一章

公元 3—4 世纪龟兹地区的佛陀观

4世纪早中期及其以前的龟兹地区流行的佛教部派是小乘说一切有部的佛陀信仰①，该派认为佛陀与声闻、缘觉是不同的，其不同不仅在于佛的相好、智慧远超声闻、缘觉；而且声闻、缘觉唯求自我解脱，而佛陀具备十八不共法，以自在而从事度化众生为其特征。

说一切有部认为，佛身可分为生身和法身，生身为父母所生，仍然是烦恼之果，仍然会灭尽。而佛所成就的十力、四无畏等功德法或佛陀之教法及保存佛法的法藏为佛的法身，法身是不灭的。过去有过去六佛，现在有释迦佛，未来有弥勒降世为佛。

---

①近来有些学者提出龟兹地区可能有法藏部的存在，（李崇峰《克孜尔部分中心柱窟与〈长阿含经〉等佛典》，李崇峰《佛教考古——从印度到中国》，上海：上海古籍出版社，2014年，第212—223页。）笔者也不否认这种可能性是存在的，但由于关于龟兹法藏部研究现状，无论是其教义思想的研究，还是其造像的研究，目前还都是远远不够的，因而在本书中将不涉及这一问题，关于对其的探讨将另文研究。

第一节　历史及佛教概况

考古资料证明，在古代龟兹所在的土地上，就发现了许多距今三千多年左右青铜器时代的遗址和遗物。阿克苏地区拜城的克孜尔水库墓地和多岗墓地都出土了青铜器时代的青铜器和彩陶，时代上限为距今 3000 多年。[①]库车河、渭干河流域是龟兹文明的摇篮。两条河源于天山哈里克和木孜塔格山，灌溉着古代龟兹的广袤大地（范围包括今库车、拜城、新和、沙雅等县）。两汉时期（公元前 206—公元 220 年），龟兹发展成为西域诸城邦国中经济繁荣、文化昌盛、交通发达的举足轻重的大国，并一直在中原、西域和东西方文化交流历史中扮演着活跃而重要的角色。

佛教产生于公元前 6 至前 5 世纪的古印度。公元前 3 世纪以后，在阿育王的大力倡导下，佛教向印度周边传播。大约公元前 1 世纪越过葱岭（帕米尔），经过西域，向中国内地传播。

根据汉文文献的记载以及 20 世纪以来新疆陆续发现的考古材料来

①阮成文、刘景元《拜城克孜尔水库墓地年代测定报告》，《新疆文物》1999 年第 3、4 期，第 114—115 页。

看，公元2世纪前后，佛教由贵霜帝国传入龟兹。①

贵霜帝国为公元1至3世纪称雄于古代中亚地区的游牧国家，其影响势力在迦腻色迦在位时期达到了顶峰，这个时期，帝国范围内的佛教得到了空前的发展，其治下的犍陀罗地区为重要的佛教艺术中心。由于迦腻色迦的大力推行，佛教开始向东传播。随着贵霜势力的东进，犍陀罗佛像艺术传入龟兹地区，自然是顺理成章的事。②

公元3世纪起，由于内乱以及与周边政权的持续战争，贵霜帝国走向衰落，分裂为若干小的公国。一部分失意的贵霜贵族率领部众便进入了塔里木盆地的西缘和南缘③。

公元4世纪，东印度的笈多帝国兴起后，再次统一北印度。公元425年贵霜为兴起于东亚北方草原的嚈哒（白匈奴）所灭。

由于笈多王朝皇帝多信仰印度教，加上嚈哒王对印度中亚地区佛教的压迫和经济剥削，大量的佛教僧侣向东流亡，有些到达龟兹地区并定居下来。④

龟兹地区与古代的犍陀罗地区长期保持密切交流，也可以从许多高

---

①霍旭初等《龟兹石窟与佛教历史》，乌鲁木齐：新疆人民出版社，2016年，第437—443页

②［刘宋］范晔《后汉书》，北京：中华书局，1965年，第1580页。另见《大唐西域记》卷一记载："大城东三四里北山下有大伽蓝，（中略）迦腻色迦王既得质子，特加礼命，寒暑改馆，冬居印度诸国，夏还迦毕试国，春秋止健驮逻国，故质子三时住处各建伽蓝。今此伽蓝，即夏居之所建也。（中略）其后得还本国，心存故居，虽阻山川，不替供养。"［唐］玄奘撰，季羡林等校注《大唐西域记校注》，北京：中华书局，1985年，第138—139页。

③这一情况已为新疆地区出土的几百枚佉卢文铜钱及有关汉文文献所证实，详见王炳华《贵霜王朝与古代新疆》，王炳华《丝绸之路考古研究》，乌鲁木齐：新疆人民出版社，2010年，第317—321页。

④对于上述情况，尽管汉文文献中记载较少，但根据《高僧传》和《续高僧传》记载的这一时期入华高僧数量之多可以想见。此外，这一时期，也有许多印度其他地区的僧侣来到龟兹，如鸠摩罗什父亲鸠摩炎即为印度东来高僧。

僧的求学经历中看到。如龟兹高僧鸠摩罗什年轻时曾与母亲前往罽宾求学,木叉鞠多曾在印度学习诸经20余年①。凡此种种,都必然使犍陀罗佛教对龟兹佛教产生深刻的影响。

至公元3世纪,龟兹已经发展成"丝绸之路"北道的佛教中心。根据历史文献记载,公元3世纪后期,龟兹佛教已相当繁荣,《晋书·四夷传》载:

> 龟兹国西去洛阳八千二百八十里,俗有城郭,其城三重,中有佛塔庙千所。

《出三藏记集》卷十一《比丘尼戒本所出本末序》载:

> 拘夷(龟兹)国寺甚多,修饰至丽,王宫雕镂,立佛形象,与寺无异。②

该序还记载了龟兹诸寺的盛况。公元3世纪末至4世纪中,已有龟兹僧人和居士多人到中国内地翻译佛经,如居士帛元信参校《正法华经》的翻译、帛延参与《首楞严经》等的翻译。4世纪时龟兹已有僧一万余人。③

目前学界一般认为早期龟兹地区流行小乘说一切有部④,其依据如下:

---

①[梁]释慧皎《高僧传》,北京:中华书局,1992年,第46页;[唐]慧立,彦悰著,孙毓棠,谢方点校《大慈恩寺三藏法师传》,北京:中华书局,2000年,第26页。

②[唐]房玄龄等《晋书》,北京:中华书局,2012年,第2543页。

③[梁]释僧祐《出三藏记集》,北京:中华书局,1995年,第100页。

④文献记载,此时期,也有龟兹人前往中原汉地传播或翻译大乘经典,但一方面我们从保存至今的此时期的龟兹石窟及龟兹地区其他佛教寺院遗址中没有发现大乘佛学的因素,另一方面佛教的传播是一个比较复杂的过程,说此地流行说一切有部,并不否认其他派别的佛学思想也在此地有所传播,况且上述材料中的龟兹人均不是僧侣,其所传播的思想的代表性是远远不够的。

从文献材料看，前引《出三藏记集》卷十一《比丘尼戒本所出本末序》中说龟兹佛寺都是由阿含学者佛图舌弥所统领的，比丘尼都跟随他受此法戒。《比丘尼戒本》亦即《十诵比丘尼戒》，为小乘说一切有部戒律《十诵律》的一部分。龟兹高僧鸠摩罗什早期的求学经历也说明了一点。鸠摩罗什幼年出家，以诵《毗昙》为主[①]。9岁随母亲渡辛头河至罽宾，师事盘头达多，习小乘学，诵《杂藏》《中阿含经》《长阿含经》[②]。12岁又随母亲自罽宾经月氏北山至沙勒，从佛陀耶舍学《阿毗昙六足论》。[③]由沙勒回归龟兹，复从罽宾僧卑摩罗叉学小乘《十诵律》。鸠摩罗什及其母亲均为龟兹王室，他们所遵从及学习者均为说一切有部之学，也说明了当时小乘说一切有部在龟兹的流行。由此推测，鸠摩罗什以前的龟兹地区亦应流行该派佛教。

从考古材料看，吐火罗语《十诵律》残片已在克孜尔石窟发现[④]。此外，经过一百多年的对古代龟兹地区佛教遗址的调查研究，学者们对这一地区的佛教遗址有了一些基本认识：其一，这一地区众多佛寺、石窟遗址中多小型的禅室、禅窟、僧房窟，体现出原始佛教乃至部派佛教重禅修的特点；其二，古代龟兹石窟群中最引人注目的满绘壁画的中心柱窟和大像窟，一般都分成前后两部分，前部分表现释迦前生施舍和现世被供养的事迹，后部分则表现释迦涅槃和焚棺、分舍利，体现出"唯礼释迦"的特点，与小乘说一切有部的教义多有吻合。以上材料均说明说一切有部在当时的龟兹是非常流行的。

有鉴于此，在对这一时期龟兹石窟中反映的佛陀观进行探讨时，我们的范围仅限于小乘说一切有部，其主要观点如下：

---

①《出三藏记集》，《大正藏》第55册，第100页。

②《出三藏记集》，《大正藏》第55册，第100页。

③《出三藏记集》，《大正藏》第55册，第100页。

④［日］羽田亨著，耿世民译《西域文化史》，北京：华文出版社，2017年，第58页。

说一切有部认为,佛身可分为生身和法身,生身为父母所生,仍然是烦恼之果,仍然会灭尽。而佛所成就的十力、四无畏等功德法或佛陀之教法及保存佛法的法藏为佛的法身,法身是不灭的。过去有过去六佛,现在有释迦佛,未来有弥勒降世为佛。

佛陀与声闻、缘觉是不同的,其不同不仅在于佛的相好、智慧远超声闻、缘觉;而且声闻、缘觉唯求自我解脱,而佛陀具备十八不共法,以自在而度化众生为其特征。

第二节　说一切有部的生身观

生身，是指释迦牟尼经过累世修行，今生托生于父母，依其成道并度化众生的，具备三十二相八十种好的肉身。

佛的生身，根据《三十二相经》记载，佛陀生身庄严无比，具三十二相，八十种好，功德巍巍，而一一相好都是百福庄严的，而且依据说一切有部的观点，他是菩萨在百劫中专门修行获得的，既是修行的果报，也是度化众生的要求。

> 问："菩萨于身为有爱慢而庄严耶？"答："不尔"。问："云何？"答："菩萨为欲降伏世间恃色憍慢不受化者，令受化故，以诸相好而庄严身。"复次，为显佛所有法皆殊胜故。谓色力、族姓、眷属、名誉、财富、自在、智见、功德皆悉殊胜。若不尔者，则所说法无人信受。是故菩萨庄严其身。复次，欲与阿耨多罗三藐三菩提作所依器故。所以者何？殊胜功德决定依止殊胜之身。彼未来阿耨多罗三藐三菩提义语菩萨言："汝欲令我在身中者，先令汝身清净、殊胜，以诸相好而庄严之；若不尔者，我亦不能于汝身生。"譬如

有人欲娉王女迎至室宅，彼密遣使而语之言:“汝欲令我至舍宅者,先应洒扫,除去鄙秽,悬缯幡盖,烧香散花,种种庄严,吾乃可往,若不尔者,我亦不能至汝舍宅。”是故菩萨庄严其身。”①

说一切有部认为,佛的三十二相是他在百劫修行时,从事种种造福众生的事业,从而在今生得到的肉身特征。三十二相的每一相,都以百福成就为前提,这样佛的三十二相就需要无量无边的善行方能成熟。佛在三十二相成熟后的阶段,称为一生补处菩萨,安住兜率天宫为诸天说法。②

佛的三十二相,包括:

一,足善住相。谓佛足下平满,不凹不凸,于践蹑时等按触地,是故唯佛迹相分明,恶心欲去,终不能灭。诸在家者若有此相,必为人王,宾伏率土;诸出家者若有此相,必为法王,化导一切。二者,千辐轮相。谓佛于双足下有文如轮,千辐具足,毂辋圆满,分明巧妙,妙业天子虽极作意不能拟之而别化作。所以者何?妙业天子所化作事是无覆无记智所引,此相是纯净业所引故。复次,彼天所作是生得智所引,此相是增上加行智所引故。复次,彼天所作是一生所习智所引,此相是无量生所习智所引故。三者,指纤长相。谓佛其指纤长,佣而渐锐,节不麁现,并时无隙,安布得中,光泽圆满。四者,足跟圆长相。谓佛足跟圆长,端严广直。五者,手足细软相。谓佛手足细软如妬罗绵。六者,手足网缦相。谓佛手足指间皆有网缦,犹如鹅王指。若合时,网即不现而无皱缓;

①《阿毗达磨大毗婆沙论》,《大正藏》第27册,第889页。
②《阿毗达磨大毗婆沙论》,《大正藏》第27册,第892页。

开时,便现而无挛急。七者,足趺端厚相。谓佛足趺圆厚,向指佣写,两边端直,与跟相称,蹑时不广。足下如红莲华色,网内边如彩树文,爪甲如赤铜叶色,网外边作真金色,细毛绀润如吠琉璃故。佛双足犹如宝履,众宝庄严,光明微妙。八者,翳泥耶相。谓佛胫圆直,渐下佣细如翳泥耶鹿王。九者,势峯藏密相。谓佛势峯藏密犹如马王。若尔,云何所化得见?有说:"世尊愍所化故,方便示之。"有说:"世尊化作象马,阴藏殊妙。"告所化言:"如彼,我亦尔。"十者,身分圆满相。谓佛身分圆满如诺瞿陀树。如从脐至顶,如是从脐至足,上下相称。十一者,身毛上靡相。十二者,孔生一毛相。十三者,身毛右旋相。谓佛身诸毛孔各生一毛,如吠琉璃,其色绀润,宛转右旋,毛端上靡。所以一一毛孔唯一毛者,以菩萨时不乱说法故。十四者,身真金色相,谓佛身真金色,映夺世间一切金光,令不复现。……十五者,常光一寻相。谓佛身分周匝常有光明,面各一寻,昼夜恒照。十六者,皮肤细滑相。谓佛皮肤细滑,尘水不住,如吠琉璃及莲华叶。设佛以足蹈于尘山,吠岚婆风于中击坌,欲令佛身及佛足下一尘染着,无有是处。十七者,七处充满相。谓佛七处充满,于余身分,此为少增。两手、两足、两肩及项,是为七处。十八者,身广洪直相。谓佛身广洪直,不偃不偻,亦不傍敧,端雅充实。十九者,师子上身相。谓佛胸臆分齐,方广威肃,如师子王上半身分。二十者,肩髆圆满相。谓佛肩髆圆满,非诸揄力、姝壮力士之所能及。二十一者,立手摩膝相。谓佛平立舒手摩自膝轮。二十二者,师子颔轮相。谓佛颔轮广好如师子王。二十三者,具四十齿相。二十四者,齿齐平密相。二十五者,牙齿鲜白有光明相。谓佛具四十齿,皆悉齐平,中无间隙如毛发许,其色鲜白,光明皎映,如雪山王。……二十六者,得最上味相。……二十七者,广长舌相。谓佛舌相薄软,广长出时,覆面至耳发际,若还入口,而于口中无所妨碍。二十八者,目绀青相。谓佛眼目修广,其色绀净如苏阇多青莲花叶。二十九者,牛王睫相。谓佛眼睫安布善好,犹如牛王。三十者,乌瑟腻沙相。谓佛顶髻骨肉合成,量如覆拳,青圆殊妙。三十一者,眉间白毫相。谓佛眉间白毫长半寻量,右旋宛转光明清彻。三十二者,得梵音声相。谓佛于喉藏中有妙大种,能发悦意和雅梵音如羯罗频迦鸟,及发深远雷震之声如帝释鼓。如是音声具八功德:一者,深远。二者,和雅。三者,分明。四者,悦耳。五者,入心。六者,发喜。七者,易了。八者,无厌。①

除三十二相外,佛还具有八十种随好。②八十种好是在三十二相基础上,对佛身好的更精细化的描绘。

问:"八十随好为在何处?"答:"在诸相间,随诸相转,庄严佛身,令极妙好。"问:"相与随好不相障夺耶?"答:"不尔。"相与随好更相显发,如林中花显发诸树,佛身如是相好庄严。又如金山,众宝杂饰,如是佛身威光奇特。以如来身极鉴净故,诸祥瑞物皆现其中,如至那镜极磨莹已,随物远近,影像皆现,佛身亦尔。是故一切诸魔外道怀恶心者至佛处时,无不瞻仰,覩之无厌,右绕而去。③

龟兹石窟绘制的佛像并没有将佛的三十二相全部绘出,仅仅绘出了

①《阿毗达磨大毗婆沙论》,《大正藏》第 27 册,第 888—889 页。

②因八十种随好在壁画中没有表现,故此处从略。

③《阿毗达磨大毗婆沙论》,《大正藏》第 27 册,第 889 页。

其中的几个方面：如头有肉髻，眉间有白毫，十指纤长，指间有蹼，身金色（由于原绘于壁画上的金粉大多被盗剥，现基本上难见金色），有头光身光。佛具每一相，都有修行的因缘，现上述壁画中出现的相好，依据佛经解说它的因缘。

顶有肉髻，是佛在修行菩萨道时，自受持十善法，又教人受持，看到修行者就欢喜赞叹。心生大悲，怜悯众生，并发愿追求佛法而感得的妙相。（图 6）

眉间的白毛，则是佛在修行菩萨道时，见众生修三学，称赞其美而不毁訾，有谤者则遮制守护而感得的妙相。

佛的十指纤长，乃佛在修行菩萨道，恭敬礼拜诸师长，合掌起立常令生欢喜，不贪不杀不盗，破憍慢而感得的妙相。（图 7）

手足指间有网，是佛在修行菩萨道，不贪不杀不盗，破憍慢，常修四摄法而感得的妙相，恰如水鸟出没，或陆或水，自在无碍，佛常出没于三界流转之爱河，摄取五道众生，令离烦恼恶业之浪，至无为彼岸。

身体金色，光芒一丈，是佛在修行菩萨道时，施与令人欣喜的饮食、骑

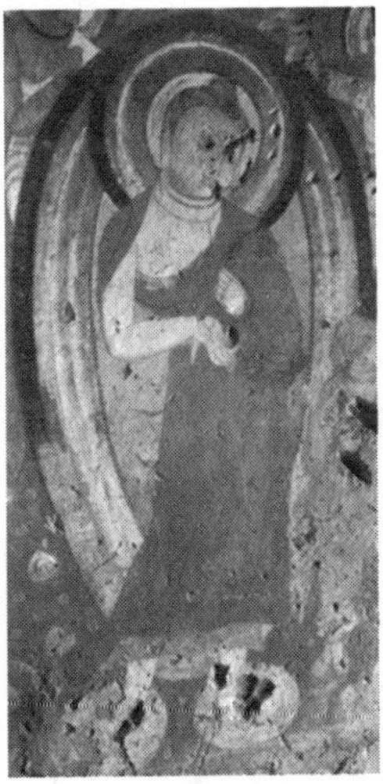

图 6　克孜尔石窟第 163 窟左甬道外侧壁立佛

图 7　克孜尔石窟第 179 窟前室右侧壁佛手

乘、衣服、庄严具等资身杂物,离诸忿恚,以慈眼视众生所感得的妙相。①

但是佛肉身还是有许多限制,如佛身高。依据广律,佛制比丘,所穿衣服长度不能和佛衣相等,或超过佛衣长度。这表示了当时佛陀和弟子的身高,差距并非很大。有部认为:佛身的高度,如经中说"丈六金身",决不能到无边无际,不可限量的地步。即佛世时,常人身高八尺,佛陀高一倍,等于丈六。如《萨婆多毗尼毗婆沙》云:

佛身丈六,常人半之。②

龟兹石窟壁画中大部分龟兹风洞窟中的佛陀形象与其他人物形象相比略大(一般人物约为佛陀的三分之二或一半大小),不似犍陀罗后期及大乘艺术中特别突出佛陀的表现方法,正是对佛陀生身的现实描绘。

关于佛的身力,《增一阿含经》记载:世尊以父母所生之力,单手把长百二十步、宽六十步之大石,往虚空抛掷,即到达梵天。佛言:

设复有人往梵天上,取此石投阎浮地者,十二年乃到,然今如来威神所感,正尔当还。③

于是世尊舒手遥接之。世尊神足、智慧力,无与伦比,纵使神足第一的目犍连、智慧第一的舍利弗,遍满三千大千刹土无空缺处,欲比如来之神力、智慧力,百倍千倍巨亿万倍,也是无法相提并论的。

佛陀有如此惊人的身力,这身力是父母所生的,经论形容这身力是那

---

①《阿毗达磨大毗婆沙论》,《大正藏》第 27 册,第 888—889 页。

②《萨婆多毗尼毗婆沙》,《大正藏》第 23 册,第 561 页。

③《增一阿含经》,《大正藏》第 2 册,第 749 页。

罗延力。[①]克孜尔石窟第 110 窟右侧壁佛传图则描绘了释迦菩萨与提婆达多比武的场景，显示了其优于常人的力量。（图 8）

图 8　克孜尔石窟第 110 窟主室右侧壁太子试艺

然而尽管佛陀有如此的身力、神通力、智慧力，亦难敌“无常力”。如佛告力士：

> 谓我父母生身之力，若神通力，及胜解力，今日中夜，皆为无常力之坏灭。[②]

因为：

> 如来法身虽无衰退，而生身力必有退减，诸异熟果有衰退故。[③]

是故尊者邬陀夷言：

①《阿毗达磨大毗婆沙论》，《大正藏》第 27 册，第 155 页。

②《阿毗达磨大毗婆沙论》，《大正藏》第 27 册，第 156 页。

③《阿毗达磨大毗婆沙论》，《大正藏》第 27 册，第 156 页。

今见世尊色力衰减,诸根变异,谓五色根。[①]

因为佛肉身依然受制于无常,所以佛有老化现象,《增一阿含经》记载:阿难触摸如来足,发现如来身体松缓,不如过去丰腴,而惊问世尊原因。世尊云:

今如来身,皮肉已缓,今日之体,不如本故。所以然者,夫受形体,为病所逼,若应病众生,为病所困,应死众生,为死所逼。今日如来,年已衰微,年过八十。[②]

佛的寿命也是有限的。有部认为:佛陀八十岁入灭,是历史的事实。佛陀与常人一样有生有死,唯一与众不同的是舍寿、留寿行。佛陀入灭的前三月,在毗舍离游行,于遮婆罗塔休憩,告阿难曰:

诸有修四神足,多修习行,常念不忘,在意所欲,可得不死一劫有余。阿难!佛四神足已多修习行,专念不忘,在意所欲,如来可止一劫有余,为世除冥,多所饶益,天人获安。……吾已老矣,年且八十。譬如故车,方便修治,得有所至;吾身亦然,以方便力,得少留寿。[③]

世尊有四神足成就,寿应过一劫,然佛陀只"以方便力,得少留寿",三个月后,在拘尸那入灭。这是说:世尊寿命也是有限的,唯一与众不同的是:佛可以自己决定是否舍寿或留寿。

---

①《阿毗达磨大毗婆沙论》,《大正藏》第27册,第156页。
②《增一阿含经》,《大正藏》第2册,第637页。
③《长阿含经》,《大正藏》第1册,第15页。

此外，说一切有部认为：如来威力可遍至十方世界，但必须加以作意，若不加作意，只能及于三千世界。如：

声闻天眼，不作加行，见小千界，若作加行，见中千界；独觉天眼，不作加行，见中千界，若作加行，见大千界；世尊天眼，不作加行，见大千界，若作加行，能见无量无边世界。①

龟兹石窟壁画中的佛像均绘有头光和身光，其范围仅在佛身周围，正是对这一情况的表现。

此外，说一切有部严格区分佛陀所说法为如义和不如义。“世尊亦有不如义言。”佛教开展阿毗达磨就是为了解释诸经，阐述其中的真义。

阿毗达磨诸论师言：不应辄回此经文句。过去无量诸大论师，利根多闻过于大德，尚不敢回此经文句。况今大德而可辄回，但应寻求此经意趣。②

对佛经文句的解释是不能歪曲改变的，但应该追寻它的内涵和意趣。不能僵止于佛经的文句。从这点看，佛所说的是不如义的。

说一切有部还严格区分佛的言语，如佛陀说应关门、衣服与钵要放置在竹架上，以及问天下不下雨、问园中为何大声喧哗都是“无记”，就是没有教化的内容，既不是“善”，也不是“不善”，属于不产生“因果”的语言，故不能说是“转法轮”。③

在佛说法时使用的语言问题上，说一切有部认为，佛陀通晓各种印度

---

①《阿毗达磨大毗婆沙论》，《大正藏》第 27 册，第 767 页。

②《阿毗达磨大毗婆沙论》，《大正藏》第 27 册，第 411 页。

③“如世尊说，门应关闭，衣钵应置竹架龙牙，如是等言皆无记故。佛教若为所化说应知是善，若为余事说是则无记，如世尊告阿难陀言：汝往观天为雨不雨，园中何故高声大声，如是等言皆无记故。”《阿毗达磨大毗婆沙论》，《大正藏》第 27 册，第 659 页。

语言,说法时针对不同对象,用不同语言。《十诵律》中记载佛陀大弟子亿耳用阿盘地语诵经的事迹:

> 佛从坐起向自房,到坐处敷尼师檀结跏趺坐。亿耳向佛房,到已头面礼佛足,坐处敷尼师檀结跏趺坐。是二人夜多坐禅默然,中夜过至后夜,佛语亿耳:“汝比丘呗。”亿耳发细声,诵波罗延萨遮陀舍修妒路竟。佛赞言:“善哉比丘,汝善赞法,汝能以阿盘地语声赞诵,了了清净尽易解,比丘汝好学好诵。”①

此记载表明佛陀通多种语言,从一个侧面反映佛教传法时,使用当地语言。此事例证明佛陀并非一音说法。

说一切有部还认为,佛陀必须进行思惟,根据不同根机者采取不同方式进行说法。

> 谓佛过去无量劫前应得灭度,所以经于三无数劫修习,百千难行苦行,但为利他。夫利他者,必于名身、句身、文身皆得善巧,以善巧故,能为他说蕴、界、处等,令得涅槃,究竟饶益,是名大果……佛善达名句文身,能为众生说法无尽。②

说一切有部坚持人间佛陀观,因而受其影响的龟兹石窟中表现的释迦牟尼是历史上存在的具有崇高道德和智慧的导师形象。龟兹石窟中说法图表现的完全是世间讲法、听法和论法的情景。画面中除表现佛陀的慈悲和智慧之外,对其本身并没有采取过分神化的表现,如佛陀的身量与天

---

①《十诵律》,《大正藏》第 23 册,第 181 页。

②《阿毗达磨大毗婆沙论》,《大正藏》第 27 册,第 70 页。

图 9 克孜尔石窟第 163 窟主室右侧壁说法图

人、弟子等并没有悬殊的差异，一般多作侧身，面向画面内，而非面向画外的信众；它周边闻法的众生神态各异，有的虔诚供养，有的似有所悟，有的窃窃私语。（图 9）

龟兹石窟礼拜窟的布局设计，除主室正壁龛中的主尊外，其余的壁面绘制了大量的佛教故事。这些故事尽管也有很多的神话色彩，但是展现在信众面前的佛陀，基本上还是一个具有理想人格，可供效仿的典范。它指引众生追求佛法，但最终的解脱，必须由众生自己去努力，佛陀也是无能为力的。

龟兹石窟的大部分中心柱窟后甬道或后室描绘了释迦涅槃的场景，则深刻阐释了佛陀生身寿命有限的思想。这些图像内容丰富、形象众多，各个洞窟图像都不重复，各有特色。但均是根据说一切有部的思想而绘制。总体看，涅槃图像包括：佛像上方有双树、佛右胁而卧于“七宝床”上、卧佛上方有梵天帝释和四身力士、卧佛脚后有佛众弟子、卧佛前跪一穿白衣者。（图 10）

以上是基本内容与布局，但各个图像有人物的选择和位置的变化。龟兹石窟的大像窟和较大的中心柱窟后室像均为大型泥塑，遗憾的是大都已毁，唯克孜尔石窟新 1 窟还保存一躯比较完好的塑像。（图 11）

关于佛涅槃的情况，《佛般泥洹经》记载：

佛起正坐，深思道原，弃是善恶，都及三界，年亦自至七十有

图10 克孜尔石窟第38窟后甬道正壁佛涅槃

图11 克孜尔石窟新1窟后室正壁佛涅槃

九，惟断生死回流之渊。思惟深观，从四天王上至不想入，从不想转还身中，自惟身中四大恶露,无一可珍，北首枕手猗右胁卧，屈膝累脚,便般泥粲。天地大动,诸天散花香,悲哭呼冤:“法王灭度，吾等依谁?”国王十四万众,躄身呼佛:“众生长衰,当奈痛何?”或有绝而复苏者。第二帝释告诸天曰:“佛常云生无不死者，尔等当念非常苦空非身之谛,莫复啼哭。”第七天王亦奔下曰:“佛光以冥,佛尚弃身,尔曹何望?啼哭躄身者,宁可复得乎?”诸比丘有宛转地,啼哭且云:“三界眼灭,何其疾乎!自今之后,世为长衰。”有住哭者,息绝尸视者,中有深思:“佛在常云:无生不死。啼哭为身,何益明法哉?”……理家及民,举佛金床,还入王城。诸天以名宝盖,覆佛床上,幢幡导从,花香杂宝,其下如雪,十二种乐,皆从后作,天人龙鬼,莫不举哀。……帝释前以手持床右面前足,梵王持床右面后足,阿难持床左面前足,国王持床左面后足,逝心理家以缯缚床前两足，天人哀恸，共挽金床，诸天龙鬼神，散花杂宝名香伎乐幢幡华盖，各皆导从，王及黎民，供具亦尔。天人挽歌叹德于上，黎民绍之哀歌于下，天神鬼龙，帝王黎民，同时哀恸，捶心呼佛灭度如之，众生何怙？……迦叶与四辈弟子各五百人俱来，于道止息。……大迦叶敕诸比丘："使急就道。"四辈弟子，天人无数，悲哭且行，俱到佛所，绕殿三匝头面着地，跄面奄土，吐血而绝者。迦叶熟视佛黄金棺，意自念曰："吾来晚矣，不及吾师，不知世尊头足所在。"佛便应声，双出两足。迦叶即以头面着佛足，陈佛功德……迦叶赞毕，天神鬼龙，帝王黎民，皆礼佛足，众礼讫毕，足还入棺。天人鬼龙，见足还没，逾为哽噎，同时悲哭。哭毕，迦叶与诸比丘，更相吊唁。①

佛教认为，人生苦的根源在于欲求无法得到满足。因为作为有为法的世间万物包括人类自身都是因缘和合的产物，而人类本性却希望无常的世界能够永恒，这种世界本质与人类欲求的矛盾性导致了人的痛苦。这种痛苦之一就是人类无法获得永生，摆脱疾病、衰老和死去的痛苦。改变这种状况的方法就是认清世界的本质，按照佛教的修行方法，追求解脱，获得涅槃。小乘说一切有部认为，涅槃属于无为法，是永恒存在的实体，修行就是证入这种实体。这种证入分为两种，即"有余涅槃"与"无余涅槃"。

涅槃，梵语为 nirvana，原意是"吹灭""清凉""平静"。佛教扩大其内涵与外缘，还有"断爱""止贪""寂灭""离苦""宁静"等都是其同义词。关于它的内容和定义《杂阿含经》说："涅槃者，贪欲永尽，瞋恚永尽，愚痴永尽，一切烦恼永尽，是名涅槃。"②是佛教最根本的三法门"诸行无常、诸法无我、

①《佛般泥洹经》，《大正藏》第 5 册，第 172—173 页。

②《杂阿含经》，《大正藏》第 2 册，第 126 页。

寂静涅槃”之一,原始佛教追求的途径是修行“八正道”。概括就是“戒定慧”三学。原始佛教与部派佛教都主张有两种涅槃——有余涅槃(也称有余依涅槃)和无余涅槃(无余依涅槃)。说一切有部对这两种涅槃有深入的论述,《阿毗达磨发智论》曰:

> 如《契经》说:“有二界,谓有余依界,及无余依界。”云:“何有余依界?”答:“若阿罗汉,诸漏永尽,寿命犹存,大种造色,相续未断,依五根身,心相续转,有余依故。诸结永尽,得获触证,名有余依界。”云:“何无余依界?”答:“即阿罗汉,诸漏永尽,寿命已灭。大种造色相续已断,依五根身,心不复转,无余依故,诸结永尽,名无余依界。”①

为《发智论》做诠释的《阿毗达磨大毗婆沙论》对“有余涅槃”“无余涅槃”有更深入的论述:

> 如《契经》说:“有二涅槃界。谓有余依涅槃界,及无余依涅槃界,乃至广说。”问:“何故作此论?”答:“为广分别契经义故。谓契经说:“有二涅槃界:一有余依涅槃界。二无余依涅槃界。”契经虽作是说而不广辨。云何有余依涅槃界?云何无余依涅槃界?彼是此论所依根本,彼所不分别者今皆应分别之。复次,前说:云何择灭?谓诸灭是离系,此离系是涅槃。然涅槃有二种:一有余依。二无余依。今欲分别此二差别。复次,为止他宗显正义故。谓或有执,有余依涅槃界有自性,无余依涅槃界无自性;为遮彼执显二种涅槃界皆有自性。或复有执,有余依涅槃界是有漏,无余依

①《阿毗达磨发智论》,《大正藏》第26册,第923页。

涅槃界是无漏;为遮彼执显二种涅槃界皆是无漏。或复有执,有余依涅槃界是有为,无余依涅槃界是无为;为遮彼执显二种涅槃界皆是无为。或复有执,有余依涅槃界是善,无余依涅槃界是无记;为遮彼执显二种涅槃界皆是善性。或复有执,有余依涅槃界是道非道果,无余依涅槃界是道果非道;为遮彼执显二种涅槃界皆是道果。或复有执,有余依涅槃界是道果,无余依涅槃界非道果;为遮彼执显二种涅槃界俱是道果。或复有执,有余依涅槃界是谛摄,无余依涅槃界非谛摄;为遮彼执显二种涅槃界皆是谛摄。或复有执,有余依涅槃界是无学,无余依涅槃界非学非无学;为遮彼执显二种涅槃界皆非学非无学。由此所说种种因缘故作斯论。

云:"何有余依涅槃界?"答:"若阿罗汉诸漏永尽,寿命犹存,大种造色相续未断,依五根身心相续转;有余依故,诸结永尽得获触证名有余依涅槃界。此中寿命者,谓命根。"问:"何故不说众同分耶?"答:"是作论者意欲尔故,乃至广说。复次,应说而不说者,当知此义有余。复次,以命根众同分俱是牵引业果,命根一向是异熟故,此中偏说。依此有余色心等转,于中大种是所依故,最初说之。依此大种所造色生,依所造色心心所起,心是主故,此中偏说。大种造色者总显色身,依五根身心相续者显心心所;亦有生等不相应行,难了知故属前法故,不别显说。如是诸法相续未断所得诸结永尽,名有余依涅槃界。"有作是说:"大种造色是身,五根是根,心相续是觉。此身、根、觉相续未断,诸结永尽名有余依涅槃界。"如《契经》说:"身、根、觉未断名有余依涅槃。有余依故者,依有二种:一烦恼依。二生身依。此阿罗汉虽无烦恼依而有生身依。复次,依有二种:一染污依。二不染污依。此阿罗汉虽无染污依,而有不染污依故,所得诸结永尽名有余依涅槃界。得获触证,文字虽别同显一义。”

云:“何无余依界?”答:“即阿罗汉诸漏永尽,寿命已灭,大种造色相续已断,依五根身心不复转;无余依故,诸结永尽名无余依涅槃界。”此中寿命已灭者,显命根及众同分已灭,俱是牵引业果故,且举命根,当知亦即说众同分。大种造色相续已断者,总显色身相续已断;依五根身心不复转者,显心心所不复相续。不说生等义如前说。有作是说:“大种造色者显身;五根身者显根;心相续者显觉。”如是色身、心、心所法,或身、根、觉相续已断,诸结永尽名无余依涅槃界。谓阿罗汉将般涅槃,身中风起令不调适,不调适故内火羸劣,火羸劣故所食不消,食不消故不起食欲,无食欲故不复饮食,不饮食故大种损减,大损减故造色诸根亦随损减,根损减故心心所法无所依止不复相续,心心所法不相续故,命根等断,命等断故名入涅槃。无余依故者,无二种依:一无烦恼依。二无生身依。复次,一无染污依。二无不染污依。无余依故诸结永尽,名无余依涅槃界。

问:“此中何故不说得获触证言耶?”答:“依现在得说得等言,现在得断是故不说。复次,依补特伽罗故施设得获触证,此中无有补特伽罗唯有法性,是故不说。”“颇有阿罗汉不住有余依涅槃界,及无余依界耶?”答:“理虽无有而依此中所说亦有,谓此中说具有三事者名有余依涅槃界,三事皆无者名无余依涅槃界。”生无色界阿罗汉,无色身故非住有余依涅槃界,有心转故非住无余依涅槃界。生有色界阿罗汉入灭尽定,已无心转故非住有余依涅槃界,有色身故非住无余依涅槃界。生欲界不具根阿罗汉,不具五根故非住有余依涅槃界,有色身故非住无余依涅槃界。[1]

①《大正藏》第27册,第167、168页。

总之，有余涅槃是指取得阿罗汉果者，诸漏（烦恼）永远断除掉，但生命还存在。“大种”（即地、水、火、风）元素产生的肉体还在，五根（眼、耳、鼻、舌、身）之身未灭，心亦能够续转，所依之体尚在。诸烦恼已断结，但可以体验到。

无余涅槃是寿命已灭，四大元素不能相续，五根之身消失，心不复运转，没有所依之体。简单地说，说一切有部的有余涅槃是：烦恼已尽，肉身犹存。无余涅槃是：烦恼与肉身皆灭。也可以如此说：生命熄灭前的为有余涅槃，生命熄灭后的为无余涅槃。当然它的奥义远不是如此简单的定义，涅槃的究竟义是难以表述、不可思议的。

可以看出，最终的涅槃乃是肉身的逝去。因为肉身的存在依然会被已证得有余的圣者体悟到，并非最终的解脱。只有最终的涅槃才是究竟的。龟兹石窟对佛陀涅槃的前后事迹给予了大量的表现，旨在说明生身有灭，法身不灭的道理，引导信众继续佛法的传播和弘扬。佛陀也必须断灭肉身，才能获得最终解脱，这充分说明了佛陀的肉身是有漏的。

佛生身有漏的另一个方面是佛的肉身与众生一样不能摆脱世间八法的影响。

“世间法”指被业力支配的三界有情、非情等一切法，此等诸法皆为有漏无常。

“业力”是佛教重要的基本观念之一，是佛教的教义核心之一。“业报轮回”是专门论说有情众生的身、口、意之善恶业在业力作用下所导致的苦乐果报。小乘说一切有部认为：内心欲行某事的意志，称为“意业”；以身体行动表现意志，称为“身业”；以语言表示意志，称为“口业”。身、口、意也就是人的一切身心活动。

“世间法”有八种表现，被称为世间八法，它们是：利、衰、毁、誉、称、讥、苦、乐。《阿毗达磨大毗婆沙论》对其内涵及事例有所论述：

八世法者,一利二无利三誉四非誉五赞六毁七乐八苦。……复次,如来离世八法,故言不染非谓无漏。问:"如来亦有世八法何故言离。有利者,如邬揭罗长者,于一日中以三百千衣服施佛,时缚迦医王等八十人于一日中,各奉佛百千双憍舍耶衣。无利者,如佛一时着衣持钵,入娑罗婆罗门村乞食,空钵而入空钵而出。有誉者,佛初生时名至他化自在天。得阿耨多罗三藐三菩提时,名至色究竟天。转法轮时名至梵天。非誉者,如佛一日遭战遮婆罗门女诽谤。又于一时因孙陀利女恶声闻于十六大国。有毁者,如跋罗惰阇恶口婆罗门,以五百颂现前骂佛。有赞者,如即彼婆罗门,以佛容色不异故便生净信,复以五百颂现前赞佛。尊者舍利子以众多颂,现前赞佛无上功德。尊者阿难陀以众多颂,现前赞佛希有妙法。如是邬波离婆者奢尼罗部底等诸大论师,皆以百千伽他现前赞佛。有乐者,佛有殊胜身心受乐及轻安乐,一切有情所不能及。有苦者,世尊亦有背痛头痛揭他罗刺伤足,及迸石伤指出血。如是等法世尊皆有,何故言离?"答:"彼皆不能令佛生染故名为离。"①

可以看出,所谓世间八法,就是对有情众生个体而言,有利于或不利于、称赞或诋毁讥讽、使它痛苦或快乐的所有事物或事件。

《阿毗达磨大毗婆沙论》中谈到了和佛陀有关的世间八法:

1. 对佛有利的人和事

佛在世时曾得到别人丰厚的布施,如富豪邬揭罗,一天就布施给佛陀一亿件衣服;缚迦医王等八十人一天向佛布施一亿蚕丝衣。

---

①《阿毗达磨大毗婆沙论》,《大正藏》第27册,第871页。

2. 对佛不利的人和事

佛在世时，曾经去娑罗婆罗门村乞食，结果没有得到布施。

3. 佛曾经获得过极高的声誉

比如，佛初生的时候，他的声名连他化自在天的天人都知道。第一次鹿野苑初转法轮时，名声传到了梵天，而他降魔成道时，色究竟天的天众闻晓了他的美名。他化自在天是佛教欲界的最高天、梵天是色界初禅三天、色究竟天是色界最高天。无色界诸天因为无形无相，无所谓名声。可以说佛陀已经达到了最高的声誉。

4. 佛陀名誉也曾遭到诋毁

如佛一日说法，外道战遮婆罗门女系盂于腹，以衣覆盖，在大众面前宣扬是佛使她怀孕的。外道群起攻击佛陀。虽然帝释天化作老鼠，将系盂之绳咬断，木盂脱落，战遮婆罗门女阴谋败露，但佛陀终究名誉遭人诽谤。（图12）另外，外道先指使妓女孙陀利女去听佛说法，后又杀了她，并四处宣扬是佛与孙陀利私通，怕被人知道所以杀了她。

图12　克孜尔石窟第80窟主室券顶战遮婆罗门女谤佛缘

5. 诋毁佛陀的事件

如跋罗惰阇婆罗门用五百颂辱骂佛陀。

6. 赞誉佛陀的人

如婆罗门，看到佛陀虽然遭受跋罗惰阇婆罗门的辱骂，却不为所动的状态后,受到极大震撼,进而产生了对佛的净信,也用五百颂在佛前赞颂佛陀。佛的诸大弟子尊者舍利子、阿难陀、邬波离、婆耆奢、尼罗部底都用众多的偈颂称赞佛陀的无上功德。同为大骂佛陀的跋罗惰阇婆罗门,因佛被骂时"容色不异"而倍受感动,顿生净心,随之改口大赞佛陀,成为赞佛者。

7. 佛陀感受到了世间的各种快乐

佛具有十力四无畏三念住大慈十八不共法,享受了最高的世间身心安乐。

8. 佛陀感受到了世间的各种苦痛

如毗楼璃王屠杀释迦族人时,佛就受头痛之苦。(图 13)

此外,佛在罗阅祇城乞食时,有一木枪(用朅他罗木制)将佛足刺伤。佛的堂弟提婆达多举巨石砸佛,山神以手挡石,小块碎石将佛脚砸伤。[①](图 14)

图 13 克孜尔石窟第 80 窟主室左侧壁毗楼璃王屠杀释迦族

图 14 克孜尔石窟第 188 窟主室券顶提婆达多以石砸佛

①《阿毗达磨大毗婆沙论》,《大正藏》第 27 册,第 871 页。

通过以上在佛陀身上的种种事件，证明"世间八法"在佛生身上同样存在，佛身是有漏的。

属于佛陀"世间八法"内容的图像，在龟兹石窟可以找到一些：

1. 遭战遮婆罗门女诽谤

此故事在龟兹石窟中出现较多，克孜尔石窟第8、34、80、163窟，森木塞姆石窟第24窟有描绘。故事均绘在券顶菱形格内，画面是佛居中央，结跏趺坐在金刚座上。佛左侧一女性装束者坐于地上，其腹圆鼓，腹前落一倾斜的木盆，盆下有一白色小鼠。佛面向女人，作说法印，在向其女讲述因缘。故事内容见于《菩萨从兜术天降神母说广普经》：

> 时有旃遮摩那耆女（战遮婆罗门女别译），是阿阇罗翅舍钦婆罗弟子，受师明教日来佛所。外现清信女法，内受邪师教，来往周旋欲令人见。以草作腹如渐令大，后以木盂系腹，状如临产妇女。时邪师问言："汝那得此娠？"报言："我日往瞿昙沙门所，故有此娠。"师便瞋言："诳我弟子垂当生梵天，毁辱我弟子乃至于此。"时邪师将诸弟子并此女人，往至佛所。当于尔时，如来与无央数众而为说法。梵志至佛所高声唱言："此沙门瞿昙，犯于淫欲，实不得道自称言得道，所作变化皆是幻术，非真实道。"指此女人言："众人皆见不也，爱我此女使令有娠。"发此语已，时天帝释化作一黄鼠，在女裙里啮盂绳索令盂坠地，众人皆见，呵责骂言："汝等师徒诽谤圣人，促出国去。"①

2. 落石伤指出血

此故事在龟兹石窟图像中亦是多见的题材。故事是佛陀与提婆达多

①《菩萨从兜术天降神母说广普经》，《大正藏》第12册，第1055页。

的斗争中提婆达多加害于佛的“恶行”之一。克孜尔石窟第32、92、163、171、175、188、224窟及库木吐喇石窟第23窟，森木塞姆石窟第41窟图像中均有描绘。画面均是佛居中央,坐在方形金刚座上,佛一侧是提婆达多举巨石砸向佛陀。故事见于《增一阿含经》:

尔时,世尊在耆阇崛山一小山侧。尔时,提婆达兜(多)到耆阇崛山,手擎大石长三十肘,广十五肘而掷世尊。是时,山神金毘罗鬼恒住彼山,见提婆达兜抱石打佛,实时申手接着余处。尔时,石碎一小片石,着如来足,实时出血。尔时,世尊见已,语提婆达兜曰:“汝今复兴意欲害如来,此是第二五逆之罪。”①

3. 佛陀头痛

佛陀一生特别是晚年,经常有头痛、肩痛的疾病,造成佛陀头痛的一个原因是“毗楼璃王兴兵杀诸释子”。在克孜尔石窟第80窟、库木吐喇石窟第23窟、森木塞姆石窟第45窟尚有残存。画面是佛一侧上方是城墙建筑,象征迦毗罗卫城。城上有一男一女,代表迦毗罗卫城释迦族。下方一着国王装的毗楼璃王拉弓射箭。克孜尔石窟第80窟绘出一人从城上跌下,表示释迦族人被诛的情景。《增一阿含经》卷二十六载:

是时,流离王(毗楼璃王)渐渐前进向彼释种。是时,诸释退入城中。时,流离王在城外而告之曰:“汝等速开城门,若不尔者,尽当取汝杀之。”……是时,流离王复至门中语彼人曰:“速开城门,不须稽留。”是时,诸释自相谓言:“可与开门,为不可乎?”……是时,诸释即与开城门。是时,流离王即告群臣曰:“今此释众人

①《增一阿含经》,《大正藏》第2册,第803页。

民极多，非刀剑所能害尽，尽取埋脚地中，然后使暴象蹈杀。"尔时，群臣受王教敕，即以象蹈杀之。①

属于遭遇不利的事，龟兹石窟壁画中还可见受阿者达多婆罗门请而食马麦和入婆罗门聚落乞食不得空钵而返这两个故事。

受阿者达多婆罗门请而食马麦

见于克孜尔石窟第 175 窟主室券顶菱形格里。画面是佛坐在金刚座上，右侧为手执金刚杵和拂尘的金刚力士，左侧一跪姿的比丘。比丘下方是立于水池旁的一匹马。（图 15）

图 15　克孜尔石窟第 175 窟主室券顶佛食马麦故事

其故事见载于《菩萨从都术天降神母胎说广普经》：

时有长者名尸利掘，请我供养，我即受请，将阿难一人寻从我行。彼长者舍有七重门，门各有守者，过去、未来，现在诸佛常法，默然受请不受余请。凡我弟子出家为道行亦应尔。我至彼门，尸利掘长者，于内作倡伎乐自态，忘我在外已经日夜。佛语阿难：

①《增一阿含经》，《大正藏》第 2 册，第 691 页。

图16 克孜尔石窟第34窟主室券顶入婆罗门聚落乞食不得

"汝行乞食我住此处。"时马将从佛边过,佛从乞食。马将言:"我无食唯有熟麦当持相与。"即持熟麦施与佛,佛即受食之。时彼马将谓为佛食。尔时有天子名日练精,即接食去。诸人见者谓为佛食。然佛不食,为度彼故,故现受食。如是九十日在门里住,阿难亦九十日乞食。①

入婆罗门聚落乞食不得空钵而返见于克孜尔石窟第34窟券顶菱形格中。画面是:佛居中央坐在金刚座上,佛左侧有两人,上方为一着女装者手捧一大钵,女者下方是面向佛跪着的男人,其前地上放一大钵。(图16)其内容见于《根本说一切有部毗奈耶药事》:

复告诸苾刍:乃往古昔,波罗痆斯大城之中,有一摩纳婆。佛不在世,即有独觉,哀愍贫穷,住闲静处,世间唯有此一福田。于时有一独觉,名曰乐寂,出现世间,在波罗痆斯施鹿林中仙人堕

①《菩萨从都术天降神母胎说广普经》,《大正藏》第12册,1055页。

处。晨朝着衣持钵，入城乞食。于时摩纳婆，亦于城中长者家乞，空无所获。其时乐寂独觉，亦来入此长者家乞。其摩纳婆念曰："可少伺察，观彼出家，有何所获？"即随后入，屏立门侧。时长者妻，见其独觉身心端寂，情生净信，即持种种精妙饮食满钵持行，奉施独觉，受此食已，而欲出门。其摩纳婆报言："出家者，我欲乐观仁所得食。"然而独觉，常法如是，若不观察，不知前意，即以钵食，令其观见。由彼怀嫉，起憎妒心，以手打钵。钵便落地，饮食倾弃，复以脚踏。独觉问曰："贤首，何意散坏此食？仁若须之，我当奉与。"其摩纳婆复出种种粗恶言词，而住一边。时此大人而不得食，以自调顺，诣鹿林中。汝等苾刍，于意云何？往古昔时摩纳婆者，岂异人乎？我今即是。我因怀嫉妒之心，令其独觉不得饮食。由斯业报，经于多岁、百岁、千岁、百千岁中，常生地狱，受诸楚苦。残业报力，虽成正觉，后入娑罗村乞食，空钵而还。①

当然，依据佛教的业力果报理论，佛在此世受此"世间八法"，其原因则是他的前世宿缘。

如受各种有利之事、赞誉和殊胜身心之乐，系往世修行善业的结果，而遭受各种不利之事、诋毁诽谤和苦，则是往世恶业的果报。

佛生身有漏还表现在它会"所缘随增"，引发他人烦恼。

"缘"是依赖、依靠、攀缘的意思，表示心识不是独自生起，而是必须攀缘外境才能产生作用。

"所缘"是心与心所法执彼而起，彼于心等，名为所缘。是指心识攀缘寄托的境界本身，如眼识缘于色，耳识缘于声等，因此心与心所被称为是有所缘者，而心识以外之物本身则被称为无所缘者，因为这些东西只能被

①《根本说一切有部毗奈耶药事》，《大正藏》第24册，第94页。

心识攀缘,却不能自己攀缘。

“所缘境”既是心与心所法生起之因,同时也是心与心所法所指向的对象。《俱舍论》里所缘之境是指色、声、香、味、触、法这六境,即眼识以色境,耳识以声境,鼻识以香境,舌识以味境,身识以触境,意识以六境之诸法为其各自之所缘。①

所以“所缘随增”就是烦恼和所缘的环境随顺增长,也就是依靠所缘境以爱、见执为我所,从而增长贪心等所有烦恼。《阿毗达磨大毗婆沙论》中专门论述了佛陀的生身因为是产生贪、瞋、痴和慢的所缘境,故而有漏的道理。

> 问:“云何知佛生身是有漏法?”答:“如契经说:‘苾刍!当知!无明所覆,爱结所系,愚夫感得有识之身,聪明者亦然,佛生身既是无明、爱果,故知非无漏法。又契经说:‘十处、二少分是有漏。’由此故知佛生身定是有漏。若佛生身是无漏者,无比女不应生贪;央掘利魔罗不应生瞋;邬卢频螺迦叶波不应生痴;傲慢婆罗门不应生慢。以佛生身生他贪、瞋、痴、慢、故知定是有漏。”②

这段经文以反证的方法论证了佛身是有漏的。“若佛生身是无漏者,无比女不应生贪,央掘利魔罗不应生瞋,邬卢频螺迦叶波不应生痴,傲慢婆罗门不应生慢。以佛生身生他贪、瞋、痴、慢,故知定是有漏。”即佛的生身使其他人产生了烦恼,故而佛生身是有漏的。

关于反映上述这种思想的故事多见于龟兹壁画中:

---

①《阿毗达磨俱舍论》,《大正藏》第 29 册,第 13 页。

②《阿毗达磨大毗婆沙论》,《大正藏》第 27 册,第 871 页。

1. 无比女人生贪

是说古代印度磨沙国外道婆罗门无忧之女，名无比，见佛容仪不凡，想与他为夫妇。佛陀委婉地拒绝了要求。无忧婆罗门与无比女领悟了佛陀的意旨安然而去。克孜尔石窟第 14、80 窟主室右壁的“说法图”中可以找到该故事。画面是：中央为坐在方形金刚座上高大的佛陀；佛面向右，注视右下方的人物；佛左右上方是天人与伎乐，右下方绘出一婆罗门形老人，其身后为一着龟兹世俗女性服装的少女；老婆罗门右手抓少女右手；老婆罗门面向佛作述说状；少女头向右倾，神态羞涩（图 17）。《根本说一切有部毗奈耶》载：

> 时有外道婆罗门，是磨沙国人，名曰无忧。妇名舍利。后生一女，色貌端严人所爱乐，因名无比。年渐长大自作是念：“若人与我容仪相似者，当与为妻。”尔时世尊，到憍闪毗次行乞还本处，

图 17 克孜尔石窟第 14 窟主室左侧壁无比女因缘

> 饭食讫住闲林中。时无忧外道来至佛所。观佛容仪无能比者,遂作是念:"今此丈夫仪容殊特,得与我女为婚对者,岂不乐哉。"…… 作是语已,便以妙衣诸璎珞具庄严其女,父母随从送向佛所。便于路中见佛足迹千辐轮相。……作是语已便共相将往至佛所。无忧即便说伽他曰:"仁当观此女,美貌具庄严,须妻我见授,颜容妙相似,犹如十五夜,星月共相辉。"世尊闻已便作是念:"若我与此无比女人作慈愍言者,此女必当别我去时,情生顾恋因此命终。我今宜应现瞋忿相共其父语。"作是念已,即向无忧说伽他曰:"魔王奉三女,端正世无双,璎珞盛庄严,我不生欲意,况此卑贱身,不净遍充满,令我足指近,亦无如是事。"时无比女闻是语已心生忿恼,观父低头。于时无忧瞻仰尊颜,而说颂曰:"我女容华盛,端严无与比,仁今何所为,无心相爱念。"世尊报曰:"世间愚痴人,于境生爱著,若观斯美女,遂使心迷倒,我是第七佛,获得无上果,如莲出水中,不被欲尘污。"尔时无忧婆罗门及无比女,闻是语已舍佛而去。①

2. 央掘利魔罗生瞋

央掘利魔罗,又作鸯掘魔罗、鸯掘魔、鸯崛髻等。意译指鬘。原为印度室罗伐悉底城一恶人,取他人手指做鬘。央掘利魔罗杀至九百九十九人时,欲杀其母以成千数。佛陀遥知其恶行,遂前往度化。央掘利魔罗见佛前来,欲用剑杀害佛陀,佛即向央掘利魔罗宣说正法,央掘利魔罗受其感化,出家受戒,成为佛的弟子。在克孜尔石窟第8、32、80、84、163、171、175、188、196、224窟,森木塞姆石窟第1、44窟还保存有此题材的图像。故事

---

①《根本说一切有部毗奈耶》,《大正藏》第24册,第886页。

均绘在洞窟券顶菱形格内,画面是:佛坐于金刚座上，其左侧一婆罗门装者手举长剑向佛陀砍去(图18)。龟兹石窟菱形格一般均是选最有典型性的片段，一目了然地表达出故事的主题。此题材图像突出央掘利魔罗欲杀佛的情节。《贤愚经》记载了这个故事:

图18　克孜尔石窟第171窟主室券顶鸯掘鬘因缘

于时国王名波斯匿。王有辅相,聪明巨富,其妇怀妊,生一男儿,形貌端正,容体殊绝。……相师言曰:"此是儿志,当为立字,号阿豐贼奇,晋言无恼。"……于是国中,有一婆罗门,聪明博达,多闻广识,有五百弟子,追逐随学。尔时辅相,即将其子,往嘱及之,令其学问。婆罗门可之,受持教授。阿豐贼奇,夙夜勤业,一日咨受,胜余终年,学未经久,普悉通达。婆罗门师,异常待遇,行来进止,每与是俱,及诸同学,倾意瞻敬。

尔时婆罗门师妇,见其端正才姿挺邈过逾人表,怀情色着,爱不去意。然诸弟子,与共周回,行止不独,无缘与语,有心不遂,常以叹悒。会有檀越,来请其师及诸弟子,三月一时。……时婆罗门,即敕无恼:"我今赴彼檀越之请,后事总多,须人料理。卿着才能,为吾营后。"无恼受教,即住不行,师及徒众,引导而去。其妇怡悦欣喜无量,极自庄饰,多作姿媚,与共谈语,娆动其意。无恼志固,无心相从。……于时师妇,望重违心,惭愧瞋愤,复作密计。……时婆罗门师徒俱到,师即入内,见妇色状,即问其故……妇啼而言:"……阿矍贼奇,自汝去后,常见侵凌,我适不从,曳裂我衣,坏我身首。汝畜弟子,云何乃尔?"婆罗门闻,甚怀恚忿,……诠谋是已,往见无恼,……答言:"若持七日之中,斩千人首,而取一指,凡得千指,以为鬘饰。尔时梵天,便自来下,命终之后,定生梵天。"无恼闻此情怀犹豫,复白师言:"此事不应,杀害众生,便生梵天。"师又告言:"汝我弟子,岂不信我至要之言?若汝不信则为义绝,随尔道径莫复此住。"又更作呪,竖刀在地。说呪已讫恶心转生。师知其意,即授与刀。受刀走外,得人便杀,取指为鬘,人见便号鸯仇魔罗,晋言指鬘。周行斩害到七日头,方得九百九十九指,唯少一指,残杀一人,指数便满。……儿遥见母,走趣欲杀。……于时世尊具遥睹见,知其可度,化作比丘,行于彼边。鸯仇摩罗已见比丘,舍母腾跃,走趣规杀。佛见其来,徐行舍去。指鬘极力走不能及,便遥唤言:"比丘小住。"佛遥答言:"我常自住,但汝不住。'"指鬘复问:"云何汝住我不住耶?"佛即答言:"我诸根寂定,而得自在;汝从恶师,禀受邪倒,变易汝心,不得定住,昼夜杀害,造无边罪。"指鬘闻此意欻开悟,投刀远弃,遥礼自归。于时如来尔乃待之,还现佛身,光明朗日,三十二相,昺着奇妙。指鬘见佛光相威仪,以身投地,悔过自责。佛粗说法,得法眼净,心遂纯信,求索出家。佛即可之。"善来比丘!"须发自落,法衣著身,随彼所应,重为说法,心垢都尽,得罗汉道。佛即将其,还祇陀林。①

①《贤愚经》,《大正藏》第4册,第23—424页。

3. 邬卢频螺迦叶波生痴

邬卢频螺迦叶波，梵名又作优楼频螺迦叶，与那提迦叶、伽耶迦叶为著名的迦叶三兄弟，是佛成道后较早皈依佛教的拜火教徒。降伏三迦叶是佛度化事业中的重大事件，因为在当时印度摩揭陀国中，外道势力强大，邬卢频螺迦叶波三兄弟在摩揭陀国是外道的代表，很有影响。降伏三迦叶后，佛教在摩揭陀就站稳了脚跟。龟兹石窟图像描绘迦叶三兄弟，有特殊的造型，即将三人合为一体，用一身三头或四头表示迦叶三兄弟皈依佛教，三迦叶的须发都涂为石青色，十分醒目。（图 19）克孜尔石窟第 8、98、178、224 等窟保存了较好的图像。这个故事见载于《别译杂阿含经》：

> 一时，佛游摩竭提国，与千比丘俱。先是婆罗门耆旧有德，获阿罗汉，诸漏已尽，尽诸有结，所作已办，舍于重担，逮得己利。如来往至善住天寺祠祀林中，频婆娑罗王闻佛到彼祠祀林间，时频婆娑罗王即将骑队，有万八千辇舆，车乘万有二千，婆罗门居士

图 19　克孜尔石窟第 98 窟主室右侧壁迦叶皈依

数千亿万,前后围绕,往诣佛所。至佛所已,舍象马车,释其容饰,往至佛所,长跪合掌,白佛言:“世尊,我是摩竭提王频婆娑罗。”三自称说。佛言:“如是,如是,摩竭提王频婆娑罗。”时频婆娑罗礼佛足已,在一面坐。摩竭提国诸婆罗门,及以长者,礼佛足已,各前就坐。时此坐中,或有举手,或默然坐。尔时优楼频螺迦叶坐于佛所,摩竭提人咸生疑惑,而作是念:“为佛是师,为优楼迦叶是师?”尔时,世尊知摩竭提人深心所念,即以偈问迦叶曰:

“汝于优楼所,久修事火法,今以何因缘,卒得离斯业?”

优楼频螺迦叶以偈答曰:

“我先事火时,贪嗜于美味,及以五欲色,
此皆是垢秽,以是故弃舍,事火祠火法。”

尔时,世尊复说偈言:

“我知汝不乐,五欲及色味,汝今所信乐,当为人天说。”

尊者优楼频螺迦叶复说偈言:

“我先甚愚痴,不识至真法,祠祀火苦行,谓为解脱因。
譬如生盲者,不见解脱道,今遇大人龙,示我正见法。
今日始睹见,无为正真迹,利益于一切,调御令解脱。
佛出现于世,开示于真谛,令诸含生类,咸得睹慧光。”

尔时,世尊复说偈言:

“汝今为善来,所求事已得,汝有善思力,能别最胜法。
汝今应观察,大众之深心,为其现神变,使彼生敬信。”

尊者优楼频螺迦叶实时入定,起诸神通,身升虚空,坐卧经行,即于东方,行住坐卧,现四威仪。身上出水,身下出火。身下出水,身上出火。入火光三昧,出种种色光,于其东方,现其神变,南西北方,亦复如是。现神足已,在佛前住,顶礼佛足,合掌而言:“大圣世尊是我之师,我于今者是佛之子。”佛言:“如是如是,汝从我学，是我弟子。”佛复命言：“还就汝坐。”时摩竭提频婆娑罗王闻佛所说，欢喜奉行。①

4. 傲慢婆罗门不应生慢

婆罗门是印度四种姓中的最高者，在佛教中一般与沙门、梵志同义。佛陀一生与婆罗门关系紧密，许多事迹都与婆罗门分不开。此段可能是泛指佛陀弘法生涯中所遇婆罗门凌辱佛和佛教的种种遭遇。

对以上四个事例，说一切有部没有对加害于佛的一方的恶行作过分的谴责，而是强调佛陀生身“有漏法”的作用。“以佛生身生他贪、瞋、痴、慢，故知定是有漏。”这里把这些烦恼归责于佛陀，是因佛生身有这些“漏”，才有“业感因缘”的作用，而引发他人发生这些行为。

①《别译杂阿含经》，《大正藏》第 2 册，第 377 页。

第三节　说一切有部的法身观

龟兹石窟中反映出来说一切有部认为的佛法身的概念有四层含义：即五分法身、佛经与律、包括观诸法空等佛法和佛陀的十八不共法。这些内涵我们都可以在石窟建筑和图像中找到对应的内容。下面分别加以论述：

（一）五分法身指的是佛教实践解脱方法和此实践的结果，即佛和弟子修行中逐渐获得的戒身、定身、慧身、解脱身、解脱知见身

五分法身，又作无漏五蕴、无等五蕴，此中“法”指佛教对于世界和人生的看法，以及如何实现佛教理想人生的方法。“身”是聚集的意思。其中戒身指佛和阿罗汉按照佛教戒律，保持行为和语言正确，不受到贪欲、怨恨和愚痴等影响。定身指阿罗汉通过修行所达到的空、无相和无愿的境界，其中，空指体征到一切事物、现象都是由于因缘聚合在一起，都是虚幻不实的；无相则是进入离却一切执着的境界；无愿指断绝了造作的念头。慧身指获得佛教智慧，了知一切。解脱法身，指身心解脱一切的系缚，已入涅槃。解脱知见法身，指知道自己已经解脱。[1]此五分法身次第有序，由戒

①《阿毗达磨大毗婆沙论》，《大正藏》第 27 册，第 172 页。

生定，由定生慧，由慧而（趋）解脱，由解脱而有解脱知见。

佛教认为，构成世界所有事物和现象的一切最终都会消失，但是佛教修行者修行所得的五分法身，不会消灭。佛经记载，佛的大弟子舍利弗入灭后，他的弟子纯陀沙弥带着舍利弗的舍利（遗骨）、衣钵，来王舍城将这个事情告诉了佛。阿难听到了舍利弗入涅槃的消息，心里非常苦恼。于是，佛安慰阿难说：

> 云何？阿难！彼舍利弗持所受戒身耶？定身、慧身、解脱身、解脱知见身耶？阿难白佛言："不也，世尊！"①

古代佛弟子的念佛，就是系念这五分法身，这才是真正的佛，佛虽已入涅槃，皈依了佛的这五项无漏功德，就是皈依了佛。《阿毗达磨大毗婆沙论》说：

> 今显此身父母生长，是有漏法，非所归依。所归依者，谓佛无学成菩提法，即是法身。②

对五分法身的信仰不仅有有部文献的记载，而且可以找到实际的遗物。公元前 3 世纪，印度阿育王提倡佛教，他在印度大量兴建寺院的同时，又在摩揭陀国特意修建五个高大的佛塔，用来表现如来的五分法身。玄奘前往巡礼时还见到了五塔，五塔的情况在《大唐西域记》中有所记载：

> 山西南有五窣堵波，崇基已陷，余址尚高，远而望之，郁若山

①《杂阿含经》，《大正藏》第 2 册，第 176 页。

②《阿毗达磨大毗婆沙论》，《大正藏》第 27 册，第 177 页。

阜,面各数百步,后人于上重更修建小窣堵波。[①]

《大唐西域记》转引《印度记》曰:

昔无忧王建八万四千窣堵波已,尚余五斗舍利,故别崇建五窣堵波,制奇诸处,灵异间起,以表如来五分法身。薄信之徒窃相评议,云是昔者难陀王建此藏,以储七宝。其后有王,不甚淳信,闻先疑议,肆其贪求,兴动军师,躬临发掘,地震山倾,云昏日翳,窣堵波中大声雷震,士卒僵仆,象马惊奔。自兹已降,无敢觊觎。或曰:"众议虽多,未为确论;循古所记,信得其实。"[②]

这种对五分法身的信仰在克孜尔石窟中也可以看到。北京大学晁华山教授依据相互间有无建筑上的关联、有无自然或人为的界线、类别组成上有无某种体制等内容在克孜尔石窟找到了七组五佛堂的石窟组合,认为是沿袭印度五塔崇拜的传统。[③]尽管目前对这个问题还有许多争论。但笔者认为,依据古代龟兹地区的佛教思想特点,以及实地的洞窟调查,晁华山指出的上述七组洞窟组合中的部分组合应该属于五塔崇拜的反映。首先,克孜尔石窟中的第97—101窟,第175—180窟和第195—199窟,这三组洞窟均由五个中心柱窟组成(除第177窟为一个未开凿完的窟);建筑上部和彼此间有相连的建筑痕迹;相对独立,与周边其他洞窟有着自然的界线。其次,佛教传入新疆后,礼佛场所已转变为佛堂,在克孜尔石窟中,则主要是大像窟和中心柱窟,礼拜中心为后室中部的塔柱及安置其上

①《大唐西域记》,《大正藏》第51册,第912页。

②《大唐西域记》,《大正藏》第51册,第912页。

③晁华山《克孜尔石窟的洞窟分类与石窟寺院的组成》,北京大学考古系编《纪念北京大学考古专业三十周年论文集(1952—1982)》,北京:文物出版社,1990年,第341—370页。

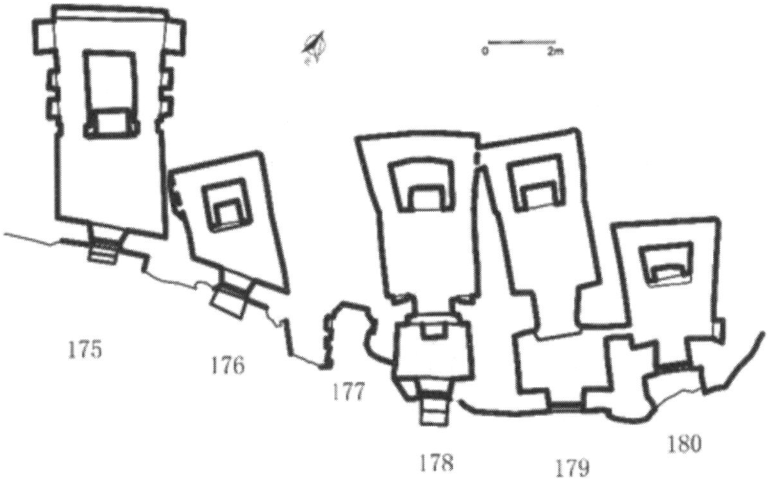

图 20　克孜尔石窟第 175—180 窟联合平面图

的佛像。这样，礼拜建造在一起的五座中心柱窟，其宗教意义与印度礼拜五塔应该是一致的。（图 20）

（二）小乘部派一般认为佛遗留下来的经和律，即佛教记录戒律、禅定、智能、解脱、解脱知见的三藏经典即为法身

如《增一阿含经》说：

> 释师出世寿极短，肉体虽逝法身在。当令法本不断绝，阿难勿辞时说法。①

此外，如《大般涅槃经》说：

> 是故我不久，当入般涅槃。我所说诸法，则是汝等师。②

①《增一阿含经》，《大正藏》第 2 册，第 549 页。
②《长阿含经》，《大正藏》第 1 册，第 193 页。

以经与律为法身,等于面见大师,有所依止,有所秉承。

依佛法奉行即是与佛同在,这个观念在早期教团中即已出现,如《经集》[①]中,代表早期经典的《彼岸道品》里描述一位叫巴婆利的婆罗门派遣了十六位学生向佛陀求教,最后他们都依着佛陀的教示超越了生死彼岸。其中一位学生宾吉耶说到他的看法:“他教给我这个无与伦比的法门,它可以直接亲证,达到灭寂贪爱。我日日夜夜勤奋努力,用我的心,如同用我的眼看着他,在崇敬中度过夜晚,因此,我认为我没有离开他……一旦我年迈体衰,我的身体到不了他那里,我的思想也会永远努力到他那里。婆罗门啊!因为我的心与他相连。”[②]

同样的传说在原始佛教的代表经典《义足经》中也有提到,[③]唯《义足经》中并未提到该比丘是何人,也未提出“法身”二字。虽然《义足经》的描述不如后期经论完备,但是从该经的地位看来,应该可以确定佛世时期已有“实践佛陀的教法即与佛同在”的观念存在。

说一切有部对此观点也持赞成态度。如根本说一切有部律典,《根本说一切有部毗奈耶杂事》记载:

> 汝等苾刍!我涅槃后,作如是念:我于今日无有大师。汝等不应起如是见!我令汝等每于半月说波罗底木叉,当知此则是汝大师,是汝依处,若我住世,无有异也。[④]

---

①《佛光大辞典》载:“经集属南方上座部经藏(小部)之巴利语经典。……由杂多之经所集成,故称经集。……内容分为蛇品、小品、大品、义品、彼岸道品等五章,系原始佛教圣典中最古老之作品。尤其是义品、彼岸道品两章乃是最早独立流通者,故可谓为佛教最古老之圣典。”摘自佛光山宗务委员会监制《佛光大辞典》(光盘版),第5555—5556页。

②郭良鋆译《巴利文佛教经典——经集》,北京:中国社会科学出版社,2011年,第187页。

③《经集》中的《义品》相当于北传之《义足经》。

④《根本说一切有部毗奈耶杂事》,《大正藏》第23册,第398—399页。

这种思想可以从在克孜尔石窟第114、178、219和224窟的甬道内绘制的第一次结集的故事中看出。

第178和224窟都是中心柱窟，均由前室、主室和后室组成，主室正壁开龛，前室和主室侧壁均绘说法图，主室券顶绘本生故事或因缘故事，甬道或后室内绘涅槃前后佛传故事，第一次结集绘于左甬道外侧壁。第114窟中，该故事绘于后甬道正壁左侧，画面均由三个情节组成，即迦叶召集众僧、迦叶呵责阿难和阿难讲法。（图21）

这个故事见于《根本说一切有部毗奈耶杂事》和《大智度论》等，《根本说一切有部毗奈耶杂事》记载：

> 时大迦摄波知彼天意，告诸苾刍："汝等当知！具寿舍利子、具寿大目连，各与众多大苾刍众，不忍见佛入大涅槃，并悉于前已归圆寂。而今世尊复与一万八千苾刍同般涅槃。然有无量劫长寿诸天，皆起叹惜复生讥议：'何不结集三藏圣教，岂令如来甚深妙法成灰烬耶？'咸皆报知可共结集斯为大事。"众皆言："善！我

图21　克孜尔石窟第224窟左甬道外侧壁第一次结集

等随作。”时迦摄波白僧伽曰:“于此众中谁为最小?”报曰:“具寿圆满。”时大迦摄波告言:“圆满!汝鸣揵稚令僧伽尽集。”圆满闻已便于静处入第四禅,随其定力系念思察。既观察已从定而起即鸣揵稚,当有四百九十九大阿罗汉,从诸方来云集于此就座而坐。……是时具寿大迦摄波,与五百苾刍共立制曰:“……佛日既沈,恐法随没,今欲同聚,结集法藏。……此具寿阿难陀苾刍比亲侍佛,所有法藏,普能受持,……然毕钵罗岩下堪为结集,然无卧具。……时迦摄波即便观察:“此阿难陀为是慰喻调伏?为须呵责调伏?”见彼乃是以呵责言方可调伏,即于众中唤阿难陀:“汝宜出去!今此胜众不应共尔同为结集。”时阿难陀闻是语已,如箭射心举身战惧,……“是故我等宜于食前先集摄略伽他事相应者,食后可集经律及论。”……各共同请大迦摄波升师子座,尊者登座告阿难陀曰:“具寿!颇能简择结集如来所说经不?”答曰:“能。”尊者即便作白。……时阿难陀四边顾望,于诸有情发悲愍念,于正法中极生尊重,于梵行者起敬仰心,右绕高座低头申敬,于上座前依法敬礼作无常想,以手按座正身端坐,……时阿难陀以清澈音答言:“世尊亦于婆罗痆斯。”“为谁说耶?”“为五苾刍。”“所说云何?”答言:“作如是说:“汝等苾刍当知有四圣谛。”①

文献记载与壁画内容大体一致,但画面中大迦叶揵稚的情景不见于上述记载,而在《大智度论》中有所记载:

是时,大迦叶作是语竟,住须弥山顶,挝铜揵稚。②

①《根本说一切有部毗奈耶杂事》,《大正藏》第24册,第402页。
②《大智度论》,《大正藏》第25册,第67页。

可能画师在绘制该壁画时，参照了《大智度论》这一记载。

在龟兹石窟中，第一次结集通常绘于左甬道的外侧壁，即整个故事的最后一个环节。这体现出对佛法结集的重视，同时也是其佛法即法身思想的反映。

（三）四圣谛为佛法身

如上所述，说一切有部承认教法即佛陀的法身，如《阿毗达磨大毗婆沙论》所说：

> 今显此身父母生长，是有漏法，非所归依。所归依者，谓佛无学成菩提法，即是法身。①

但他们并不认为所有结集的佛经都是佛法。

> 世尊亦有不如义言，佛所说经皆非了义，佛自说有不了义经。②

他们认为首先结集的经典本身是言语文字相，而佛法是无法言表的，所以言语能说的都是不了义；其次，佛陀讲法时，常常根据众生的品性，而应机加以教化，因而不适用于所有人。佛法的真义是以三法印四圣谛为核心的胜义真理。“若能辗转修习正行，于四圣谛起真净觉，当知即是学佛法身。”③这种法身思想在克孜尔石窟壁画中也有反映，其中最有代表性的是佛传故事——下三道宝阶。

---

①《阿毗达磨大毗婆沙论》，《大正藏》第27册，第177页。

②《异部宗轮论》，《大正藏》第49册，第16页。

③《阿毗达磨大毗婆沙论》，《大正藏》第27册，第342页。

图22 克孜尔石窟第189窟主室前壁下三道宝阶

下三道宝阶的故事讲述佛在忉利天为母说法完毕后,回到人间,信众及诸弟子前往朝贺闻法的情景。这一题材的壁画在克孜尔石窟第47、178和189等窟均有绘制。第189窟为方形窟,壁画绘制于主室前壁。正中绘一立佛,其左侧上部残存两排人物;下面一排为一身双手合十供养的天人;上面一排里侧为一身天人,手托花盘作供养状;外侧为一立姿武士,两人似在议论;立佛右侧下部绘一跪姿天人,双手捧一佛像作供奉状。(图22)

有关该壁画的题材内容见载于《根本说一切有部毗奈耶》《大智度论》和《大唐西域记》等许多的佛教文献中,其中《根本说一切有部毗奈耶》记载:

> 是时如来为三十三天众,说当机法示教利喜已,即于此没,……如是向下乃至三十三天。是时帝释白佛言:"世尊!今欲诣赡部洲?"答言:"我去。"白言:"为作神通?为以足步?"答言:"足步。"帝释即命巧匠天子曰:"汝应化作三道宝阶,黄金、吠琉璃、苏颇胝迦。"答言:"大善!"即便化作三种宝阶。世尊处中蹑琉璃道,索诃世界主大梵天王于其右边蹈黄金道,手执微妙白拂价值百千两金,并色界诸天而为侍从。天帝释于其左边蹈颇胝迦道,手擎百支伞盖价值百千两金而覆世尊,并欲界诸天而为侍

从。……尔时具寿须菩提，在一树下昼日闲居，遥见世尊诸天大众恭敬围绕，威德尊重从三十三天而来至此，便作是念："所有此等大德诸天，悉皆辞佛当往天处，此诸人众百年之中，并皆身死。佛化缘尽亦复涅槃，斯等威严无不磨灭。善哉世尊！处处殷懃作如是语：'诸行无常，体恒变易。生灭之法是可恶事。'我今于此深起厌心，于五取蕴观察无常苦空无我。"如是知已，以智金刚杵摧二十种有身见山，获预流果得不坏信，即便速疾舍加趺坐，右膝着地合掌恭敬，遥礼世尊瞻仰而住。①

无常是因为世间一切皆是因缘和合的结果，因而作为个体的我也是如此，去执着于因缘和合而成，没有常性的世间万事万象，只能是水中捞月，必然的结果是不可得，随之而来的只能是悲苦。须菩提在树下悟到的内容正是一切有部视为佛法身的四圣谛。在克孜尔石窟中，将这一故事绘制于甬道侧壁，一方面是因为须菩提想到"佛化缘尽亦复"，暗示了佛涅槃的即将到来；另一方面，也反映了以佛法为佛法身的观念。

（四）十八不共法

有部认为佛初成道时所修得的十八种法，是佛独有的，包括十力、四无所畏、三念住和大悲。"三法身等，谓如一佛成就十力四无所畏大悲三念住，十八不共法等无边功德，余佛亦尔故名平等。"②

所谓"十力"，是指佛陀证得法身实相后，具有的十种智力，能说法度众，摧伏邪见，圆满完成各种事情，自在无碍。

具体说来，1. 处非处智力。处，谓道理，指佛陀遍知一切因缘果报定相。如果有情众生作了善业，佛知道他一定会得到善报，称为知是处；如果

①《根本说一切有部毗奈耶》，《大正藏》第24册，第347页。

②《阿毗达磨大毗婆沙论》，《大正藏》第27册，第85页。

作恶业,一定不会得到善报,称为知非处。2. 业异熟智力,指佛陀遍知一切众生三世因缘果报。3. 静虑解脱等持等至发起杂染清净智力,指佛陀遍知一切禅定的深浅次第。4. 种种界智力,指佛陀遍知一切众生根性胜劣,得果大小。5. 种种胜解智力,指佛陀遍知一切众生欲乐善恶的差异。6. 根胜劣,指佛陀遍知种种世间的性相。谓如来于世间众生种种界分不同,如实遍知。7. 遍趣行智力,指佛陀遍知一切善道、恶道、圣道所至处。8. 宿住随念智力,又作知宿命无漏智力、宿命智力、宿命力。指佛陀遍知众生过去世种种事。9. 死生智力,指佛陀以天眼了知众生死生之时,以及未来受生之处。10. 漏尽智力,指佛陀遍知一切众生漏尽与否。①

可以看出,所谓佛的十力,可以归纳为佛尽知一切有情众生的过去、现在和未来,或者说佛陀了知万物的一切因缘。万事万物皆是因缘和合的产物,佛了知一切众生的因缘,则能应机度化众生。龟兹石窟壁画对佛的十力多有宣扬,其中尤以各种佛教故事体现最为明显,特别是佛传和因缘譬喻故事。根据学者的研究,目前龟兹石窟中可以比对出的因缘譬喻故事和佛传故事有100多种,在许多故事中,佛陀谈到了这些故事的发生与过去因缘,最为著名的是佛陀与提婆达多斗争的因缘,在说一切有部的经典中涉及40多个相关的故事;此外,还有大量的佛度化过去与佛陀结有善缘众生的因缘。兹举两例以说明。

1. 提婆达多砸佛

《佛说兴起行经》卷上记载:

---

①《阿毗达磨大毗婆沙论》卷三十记载,"彼云云何为十? 一、处非处智力,二、业法集智力,三、静虑解脱等持等至发起杂染清净智力,四、种种界智力,五、种种胜解智力,六、根胜劣智力,七、遍趣行智力,八、宿住随念智力,九、死生智力,十、漏尽智力。……问:何故名力? 力、是何义? 答:不可屈义,是力义。不可伏义,不可摧义,不可害义,不可转义,不可覆义,能遍觉义,能荷担义,坚固义,最胜义,能制他义是力义。"见《大正藏》第27册,第14—19页。

佛语舍利弗："汝知尔时长者须檀者不？则今父王真净是也；尔时子须摩提者，则我身是；弟修耶舍者，则今地婆达兜是。"佛语舍利弗："我尔时贪财、害弟，以是罪故，无数千岁，在地狱中烧煮、为铁山所塠。尔时残缘，今虽得阿惟三佛，故不能免此宿对。我于耆阇崛山经行，为地婆达兜举崖石，长六丈、广三丈，以掷佛头。耆阇崛山神，名金埤罗，以手接石，石边小片，迸堕中佛脚拇指，即破血出。"①

龟兹石窟有此题材的图像洞窟是：克孜尔石窟第 32、92、171、175、188、224 窟，库木吐喇石窟第 23 窟，森木塞姆石窟第 41 窟。其中克孜尔石窟第 175 窟为绘塑结合的形式。

画面形式一般是佛居于画面正中作说法状，提婆达多则位于佛一旁，作投石状。（图 23）

图 23　克孜尔石窟第 32 窟主室券顶提婆达多砸佛

2. 贫女难陀以灯供养

《贤愚经》卷三载：

一时佛在舍卫国祇树给孤独园。尔时国中，有一女人名曰难陀，贫穷孤独，乞匃自活。见诸国王

①《佛说兴起行经》，《大正藏》第 4 册，第 170 页。

臣民大小,各各供养佛及众僧,心自思惟:“我之宿罪,生处贫贱,虽遭福田,无有种子。”酸切感伤,深自咎悔,便行乞丐,以俟微供。竟日不休,唯得一钱,持诣油家,欲用买油。油家问曰:“一钱买油,少无所逮,用作何等?”难陀具以所怀语之。油主怜愍,增倍与油。得已欢喜,足作一灯,担向精舍,奉上世尊,置于佛前众灯之中,自立誓愿:“我今贫穷,用是小灯,供养于佛。以此功德,令我来世得智慧照,灭除一切众生垢暗。”作是誓已,礼佛而去。乃至夜竟,诸灯尽灭,唯此独燃。是时目连,次当日直,察天已晓,收灯摒挡,见此一灯,独燃明好,膏炷未损,如新燃灯,心便生念:“白日燃灯,无益时用。”欲取灭之,暮规还燃。即时举手,扇灭此灯,灯焰如故,无有亏灭;复以衣扇,灯明不损。佛见目连欲灭此灯,语目连曰:“今此灯者,非汝声闻所能倾动,正使汝注四大海水,以用灌之,随岚风吹,亦不能灭。所以尔者?此是广济,发大心人所施之物。”佛说是已,难陀女人,复来诣佛头面作礼,于时世尊,即授其记:“汝于来世二阿僧祇百劫之中,当得作佛,名曰灯光,十号具足。”于是难陀,得记欢喜,长跪白佛,求索出家。佛即听之,作比丘尼。①

克孜尔石窟第38、188、193、196和224窟,库木吐喇石窟第43和50窟,森木塞姆石窟第44窟保存有此图像。一般绘于中心柱窟主室券顶,佛居于画面正中作说法状,一侧跪一女子,手捧一灯。(图24)

“四无所畏”又称四无畏,指佛陀具有四种临众无畏的信心,无论说法、问答、论难,从容而安详,勇猛而安稳,无恐惧之相,故名无所畏。

具体说来,四无畏包括:

---

①《贤愚经》,《大正藏》第4册,第370页。

正等觉无畏：佛陀觉知诸法，住于正见，无所怖畏。漏永尽无畏：佛陀自信断尽一切烦恼，而无外难怖畏。说障法无畏：佛陀阐释修行障碍之法，对任何非难皆无所怖畏。说出道无畏：佛陀宣说出离之道而无所怖畏。①

图 24　克孜尔石窟第 188 窟主室券顶难陀施灯

佛陀四无畏主要体现在教化众生的事迹中，反映出佛对佛法的正确性和自己度化众生的能力的自信。克孜尔石窟中的佛陀教化的事迹重要的有鹿野苑说法、迦叶皈依、降伏火龙、教化五百苦修仙人、频婆娑罗王迎佛、度舍利弗和大目犍连、舍卫城神变、罗怙罗命名、度善爱乾闼婆等。佛陀的无畏精神我们在鹿野苑说法的事迹中可见一斑。这个故事在克孜尔石窟的第 43、69、76、80、92、98、110、189、193、205、207 和 224 等窟均有绘制：画面正中佛作说法状，佛座前正中绘一法轮，法轮两侧各绘一卧鹿。佛一侧绘三身比丘，一侧绘两身比丘，比丘上方绘梵天帝释及诸天人。（图 25）

具体内容见《根本说一切有部毗奈耶》记载：

①《阿毗达磨大毗婆沙论》三十一卷："已说佛十力，当说四无畏。云何为四？一、正等觉无畏。如契经说：我是诸法正等觉者。……二、漏永尽无畏。如契经说：我于诸漏已得永尽。……三、说障法无畏。如契经说：我为弟子说能障法，染必为障。……四、说出道无畏。如契经说：我为弟子说能出道，修必出苦。若有世间沙门、梵志、天、魔、梵等依法立难，或令忆念修如是道不能出苦，无有是处。"《大正藏》第 27 册，第 158 页。

图25 克孜尔石窟189窟主室右侧壁鹿野苑初转法轮

是时五人在彼林中,遥见世尊,各相谓言:"共立一制,……我等不应起迎顶礼,亦莫唤坐,……彼若坐时亦任远坐。"……世尊作是念:"此愚痴人!共立章制而便自犯。"作是念已就座而坐。五人供养,未知世尊得成正觉,心生轻慢,所有言说皆唤如来在俗名号,……五人报曰:"具寿乔答摩!……一无苦行,如何乃言得成正觉?"世尊报曰:"汝愚痴人!不见如来前后相貌诸根差别。"五人报曰:"具寿乔答摩!如是相貌,我见差别。"尔时世尊告五人曰:"……此二邪法,出家之人当须远离。我有处中之法,习行之者,当得清净之眼及大智慧,成等正觉寂静涅槃。何为处中法?所谓八圣道。云何为八?所谓正见、正思惟、正语、正业、正命、正精进、正念、正定。"尔时世尊而为五人以决定心说如是教。……唯佛世尊不非时食。尔时世尊告五人曰:"……我自修习此四圣谛三转十二种,证已即生净眼智明,了达正觉。尔时我便超过人、天、魔、梵界及世沙门婆罗门,于天人阿苏罗解脱,出离心所颠倒。我得于正智无上正觉。"世尊说此法时,具寿憍陈如证于无垢无尘法中得法眼净,……尔时世尊复告四人曰:"有四圣谛。……应修习八正道。……世尊说此四谛法时,阿若憍陈如证诸漏尽心得解脱。……尔时世尊复告四人曰:"汝等当知!色无我,若色有我,……尔时

> 世尊说此法时。彼四人等闻此法已，心得解脱证阿罗汉果。是时世间有六阿罗汉，佛为第一。①

陈如等人对于佛的态度，经历由轻视怠慢转而恭敬信从的过程。佛没有畏难，从容而安详，循循善诱，最终破除他们心中的疑惑，引导他们走上了正道，正是对四无畏的充分展现。

"三念住"，指佛陀以大悲教化众生，恒常保持正念正知的心境，即使在三种情况之下，都没有欢喜忧戚之情。第一种情况：当众生热心闻法、奉行佛法时，佛不生喜心，常安住于正念正知。第二种情况：众生不敬信佛法时，佛亦不生忧心，常安住于正念正知。第三种情况：众生中有信与不信佛法者，佛不生喜心，也不生忧心，常安住于正念正知。

佛陀的这种能力，我们在克孜尔石窟绘制的因缘和佛传故事中都可以看到。较为典型的事件就是舍卫城神变的故事。《根本说一切有部毗奈耶》载：

> 尔时薄伽梵在王舍城羯阑铎迦池竹林园住，于时国王、大臣、婆罗门、长者、居士、城邑、聚落所有人民商主之类，皆共尊重恭敬供养。大师世尊及苾刍众，多获利养饮食衣服，卧具医药资身之物。然诸外道不蒙王臣婆罗门等之所恭敬，不获饮食乃至资身之物。……时彼六师诣影胜王所，咒愿王已作如是语："大王当知！我等具大神通有大智慧，沙门乔答摩亦复自称具大神通有大智慧，愿王听许以智慧者共智慧人捔量神变上人之法。……"……时王即往至世尊所，礼双足已在一面坐，合掌恭敬请世尊

①《根本说一切有部毗奈耶》，《大正藏》第 24 册，第 127—128 页。

曰:“外道六师欲以神通上人之法命召世尊挎量道德,唯愿慈悲降伏外道庆悦人天,令信心者欢喜踊跃,其不信者灭罪恶源。”大师闻已告胜光王曰:“大王当知!我于声闻弟子作如是说:‘汝等苾刍!勿于来往沙门、婆罗门、长者、居士等前现其神变作上人法。’然我于诸弟子说如是法:‘汝等苾刍!’于胜善法应须掩覆,……”时胜光王如是再三劝请世尊,世尊再三还如是答。……尔时世尊复作是念:“古昔诸佛皆于何处现大神通?”见在室罗伐城。……如是知已告胜光王曰:“王今应去,观机应会我当作之。”王曰:“欲在何时?”佛言:“待七日后。”……时王即起偏露右肩合掌向佛白言:“世尊!我今请佛共诸外道现其神变上人之法,降伏外道庆悦人天,令敬信者倍复增长,其未信者作信因缘,令于未来沙门婆罗门人天大众,皆蒙利益长夜安乐。”佛受王请默然而住,王知受已复座而坐。……时金刚手大药叉主作如是念:“此六痴物久恼世尊,须作方便令其改往,更不敢然悉皆逃窜。”作是念已即放猛风雨雹交注,彼神通舍随处崩摧,外道邪徒并皆离散,……尔时世尊观诸大众根性差别随眠各异为其说法,令彼闻已,无量百千亿数大众得殊胜解,或得初果、二果、三果、阿罗果,……佛现如是大神变已,人天大众悉皆欢喜。①

“舍卫城神变”图像保存在克孜尔石窟第63、80、97、114窟。佛陀居画面中央说法;佛右侧绘频婆沙罗王及其家属,其上方绘帝释天及天人。头上方一列七身坐佛;佛陀左侧为六师外道,六师上方一金刚力士举金刚杵从天而降;佛陀脚下绘出一饿鬼和一在火上烧煮人头的大釜。(图26)

从上面的故事中可以看出,佛陀在王舍城传道时,有人信服,有人不

①《根本说一切有部毗奈耶》,《大正藏》第24册,第329—333页。

图26　克孜尔石窟第80窟主室正壁舍卫城神变

信，有人半信半疑，还有外道屡屡挑衅，佛陀始终秉承中道，胜不骄败不馁，保持正念正知的心境。

“大悲”乃佛陀恒常系念救度众生的悲悯心，因此示教利喜，引导众生接受和信服佛教的理论。

大悲。悲，意为拔苦。《阿毗达磨大毗婆沙论》三十一卷第五页载：

> 问：何故名大悲？大悲是何义？答：拔济有情增上苦难，故名大悲。谓从地狱傍生鬼趣大苦难中，拔济令出；安置人天喜乐等处。复次拔众生出增上淤泥，故名大悲。谓有情类、没在烦恼大淤泥中；授正法手，拔之令出，安置圣道及道果中。复次授诸有情增上义利，故名大悲。谓教众生断三恶行，修三妙行；种植尊贵富乐种子，感得尊贵大富乐果。形色美妙，众所乐见；肤体细软，光明清净。或为轮王，或作帝释，或为魔主，或作梵王；展转乃至或生有顶。或复种植三乘种子，引得三乘菩提。如是皆由大悲威力。复次大价所得，故名大悲。谓一切时，于一切处，舍施一切所爱身财及妻子等；济诸众生匮乏苦难。具足受持清净禁戒；宁舍身命，终

无毁犯。打骂坎辱割截身支,乃至断命,曾无嗔忿。精进苦行,未尝暂息。恒居寂静,专修静虑。为胜慧故,求法无怠。如是福德智慧资粮大价圆满,乃得如是救众苦难清净大悲。非如二乘,或施一食,持一宿戒,乃至思惟一四句颂,便得彼果。复次大加行得,故名大悲。谓必经三无数大劫,修习百千难行苦行;方得如是无限大悲。非如声闻极利根者,经六十劫,修习加行,便得菩提。非如独觉极利根者,唯经百劫,修诸加行,便得菩提。复次依大身起,故名大悲。谓此大悲决定依止三十二种大丈夫相所庄严身,八十随好间饰肢体,身真金色,常光一寻,无能见顶;众生遇者,无不获益。大悲依止如是胜身,非如二乘所获功德,依止矬陋支体不具诸根缺减无威德身,亦能现起。复次舍大安乐,救大苦难;故名大悲。谓佛世尊、弃舍殊胜增上炽盛无量无边不共佛法大安乐事,逾越百千俱胝大海轮围山等诸险难处,游历十方,救众生苦,作安乐事;如是皆由大悲威力。复次为度无量难化有情,造作难为大劬劳事;故名大悲。谓佛虽居极尊贵位;为众生故;或作陶师,或作商人,或作力士,或作猎主,或作俳优,或贩花鬘,或赁船筏;作如是等诸猥杂类,拔济种种所化有情。或将阿难,游历五趣;昼夜无间,饶益有情。或为指鬘得度脱故;延促地界,时远时近,令其调伏;然后化之。虽复成就增上惭愧;而为有情现阴藏相。令彼见已;诽谤止息。无量有情,闻皆从化。虽复久断轻躁调戏;而为有情现广长舌,乃至发际;遍覆面轮。令诸有情,因受佛化。如是等事,无量无边,一切皆由大悲威力。复次倾动大舍,故名大悲。谓佛成就二种大法。一者,大舍。二者,大悲。若佛安住大舍法时;假使十方诸有情类,一时吹击大角大鼓,或现雷震掣电霹雳,诸山大地,倾覆动摇;不能令佛举心视听。若佛现起大悲法时,击大舍山,令其振动;亦令无量那罗延力所合成身,如大猛风,吹小草叶,处处飘转,作诸有情利乐胜事。由斯等义,故名大悲。①

从上引经文中可以看出,佛陀不忍众生受苦而欲拔济之,其心称大悲,乃佛为救度众生痛苦之悲悯心,它是佛陀得以修成佛的源动力。之所以称为大悲,因为它是佛陀在过去世的大福德和智慧上产生的;它能将众生从三种悲苦的境地中拔除出来,种植三乘种子,证得三乘菩提;佛陀依止三十二种大丈夫相所庄严身,八十随好间饰肢体,舍弃大安乐,为一切难为之事,救大苦难,安住大舍之法,以大悲法使一切众生得度。

克孜尔石窟的本生故事、因缘故事和佛传故事中,都有表现佛陀大悲思想的内容。

本生故事包括四度所有的内容,表现了佛陀以大悲之心,践行菩萨道,积累大福德智慧的事迹。

其中又以四满相最具代表,所谓满相,即最圆满、最殊胜的状况或情况。按照说一切有部的理论,这四满相分别是:

1. 尸毗王割肉贸鸽为布施的满相

关于这个故事,《贤愚经》卷一载:

过去久远阿僧祇劫,于阎浮提,作大国王,名曰尸毗……毗首羯摩自化为鸽,帝释作鹰,急追鸽后,临欲捉食。时鸽惶怖,飞趣大王,入王腋下,归命于王。鹰寻后至……即取利刀,自割股肉,持用与鹰,贸此鸽命。鹰报王曰:"王为施主,等视一切,我虽小鸟,理无偏枉,若欲以肉贸此鸽者,宜称使停。王敕左右:疾取称来……"以钩钩中,两头施盘,即时取鸽,安着一头,所割身肉,

①《阿毗达磨大毗婆沙论》,《大正藏》第27册,第159页。

以着一头，割股肉尽，故轻于鸽。复割两臂两胁，身肉都尽，故不等鸽。尔时大王举身自起，欲上称盘，气力不接，失跨堕地，闷无所觉。①

此题材在克孜尔石窟图像中占有突出的位置，克孜尔石窟第17、38、114、178等窟都存有鲜明的形象。画面为尸毗王位于画面一侧高座上，其左侧有一人正在尸毗王的腿上割肉，尸毗王身后绘一天人，尸毗王上部绘一老鹰正在追逐一只鸽子。（图27）

图27 克孜尔石窟第17窟主室券顶尸毗王割肉贸鸽

2. 须陀素弥王诚而有信为持戒的满相

《贤愚经》卷十载：

值须陀素弥，将诸婇女，晨欲出城至园洗浴，道见婆罗门，从其乞丐。王语婆罗门："待我洗还，当相布施。"王既到园，入池中洗。时罗刹王，飞空来取，担到山中。须陀素弥……白罗刹王："我不爱身贪惜寿命，但

①《贤愚经》，《大正藏》第4册，第351页。

念生来未曾妄语，朝出宫行，见一道士，当车驾前，从我乞丐。我许洗还，当相施与。出值大王担我至此，念今妄语违失诚信，是以故愁，非惜身也。愿见哀愍，假我七日，施彼道士，当归就死。"驳足闻是，而语之言："汝今得去，宁当自还来就死耶？"即复问言："正使不还，我自能得。寻放令去。王还到国，道士犹在，欢喜供养，施婆罗门……"王告诸臣并诸人民："夫人生世，诚信为本……宁就信死，不妄语生。……王起出城，一切皆送……时驳足王，自思惟言："须陀素弥，今日应来。"坐于山顶，遥候望之，见其顺道径来越已……驳足欢喜敬戴为礼，承用其教，无复害心，即放诸王，各还本国。须陀素弥，即收兵众，还将驳足安置本国，前仙人誓，十二年满，自是已后，更不噉人，遂还覇王，治民如旧。①

克孜尔石窟第13、17、38、69、110、157、171、198窟以及克孜尔尕哈石窟第11窟保存有此图像：画面下方绘两身在池塘中洗澡的宫女，上方则绘一夜叉抱住须陀素弥王在飞行。（图28）

3. 精进的满相

释迦一足翘起，七天七夜不眨眼赞颂底砂佛。《阿毗达磨大毗婆沙论》卷一百七十七载：

如契经说，过去有佛号曰底砂，或曰补砂。彼佛有二菩萨弟子勤修梵行：一名释迦牟尼，二名梅怛俪药。尔时彼佛观二弟子谁先根熟，即如实知慈氏先熟，能寂（即释迦）后熟。复观二士所化有情谁根先熟，又如实知释迦所化应先根熟。知已即念，我今云何令彼机感相会遇耶？然令一人速熟则易，非令多人。作是念

①《贤愚经》，《大正藏》第4册，第426页。

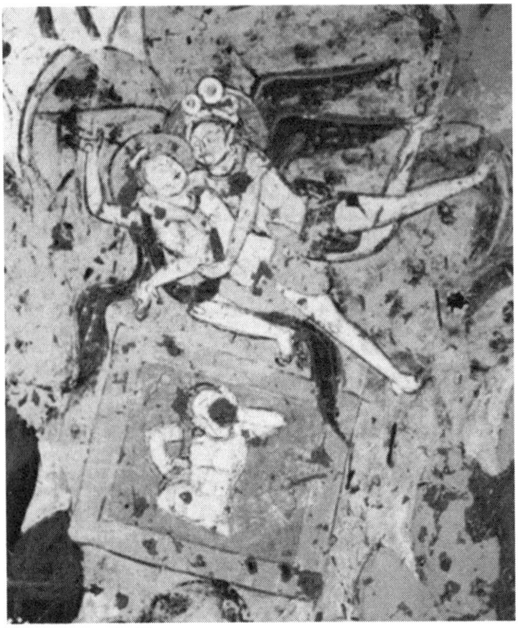
图28 克孜尔石窟第38窟主室券顶须陀素弥王诚而有信

已,便告释迦:"吾欲游山,汝可随去?"尔时彼佛取尼师檀,随路先往既至山上,入吠琉璃龛,敷尼师檀,结跏趺坐,入火界定。经七昼夜,受妙喜乐,威光炽然。释迦须臾亦往山上处处寻佛,如犊求母。展转遇至彼龛室前,欻然见佛威仪端肃光明照曜,专诚恳发喜叹不堪,于行无间忘下一足,瞻仰尊颜目不暂舍。经七昼夜,以一伽他赞彼佛曰:

天地此界多闻室,逝宫天处十方无。
丈夫牛王大沙门,寻地山林遍无等。
如是赞已便超九劫,于慈氏前得无上觉。①

克孜尔石窟第32、163、171、176窟,库木吐喇石窟第46窟,森木塞姆石窟第1、30窟的菱形格"因缘故事"中,都有此故事画面。画面是:一佛结跏趺坐于金刚座或莲花座上,一侧是释迦菩萨一腿后翘,双手合十,注目

①《阿毗达磨大毗婆沙论》,《大正藏》第27册,第890页。

佛陀。此画面最显著的形象特征是释迦菩萨一只脚后翘的形象,一目了然显示出故事的主题。(图29)

更引人注目的是克孜尔石窟第187窟,是专门表现此题材内容的洞窟。该洞窟虽然不大,但内容突出,主题鲜明。翘足的释迦菩萨造型隽秀,神态虔诚,精进不懈的神态跃然壁上。

图29　克孜尔石窟第171窟主室券顶释迦超越九劫

4. 般若的满相

猴王智斗水妖故事的内容如下:

相传,过去有座大森林,那时,菩萨是只长得像小红鹿一般的猴王,率领八万只猴子,住在森林里。

一天,他们来到一个过去没有来过的地方,游荡了大半天,想找点水喝。它们看见一个莲花池,但都没有下去,坐着等待菩萨到来。菩萨沿着莲花池走了一圈,仔细察看脚印,发现只有下去的脚印,没有上来的脚印。它思忖道:“毫无疑问,这个莲花池是水妖霸占的。”接着又说道:“孩子们,你们没有喝水,这事做得对。这个池子里有水妖。”水妖见它们没有下来,就跃出水面,露出黑肚皮、白嘴巴、红手脚的可憎模样。水妖回答说:“是的,我捕捉。只要进入这个池子,哪怕一只小鸟我都不会放过。我也要把你们全部吃掉。”群猴回答说:“你以为我们必须进入池子里才能喝到水吗？你想错了，我们不用进入池子，八万只猴子各拿一根芦苇秆，就像用莲花梗吮水那样，吮你这莲花池里的水。这样，你就不能吃掉我们了。菩萨围绕莲花池走了一圈，命令道："这里所有的芦苇秆都自己穿孔吧！"由于菩萨益世济众的伟大德行，这个命令得以生效。从此以后，这个莲花池周围的所有芦苇都长成了空心的。

菩萨这样命令后，拿了一根芦苇秆坐下。八万只猴子也各拿一根芦苇秆围着莲花池坐下。

菩萨用芦苇秆吸水，坐在池边的猴子们也吸水。它们用这种方法喝水，水妖抓不到一只猴子，只得垂头丧气地回到自己住处，菩萨也带领众猴回到森林。①

克孜尔石窟第17、63、91、99、101、178、188、192、206窟绘有这个故事。画面正中为一池塘，池塘正中绘出一水妖头，池塘周边绘出群猴，正在用芦管吸水。(图30)

龟兹石窟中的因缘故事则主要表现佛陀舍弃大安乐，为一切难为之事，救大苦难，安住大舍之法，以大悲法将众生从三种悲苦的境地中拔除出来，种植三乘种子，证得三乘菩提的事迹。

典型的有降伏火龙、佛度恶牛和度化善爱乾达婆王等故事。

降伏火龙的故事见载于《根本说一切有部毗奈耶》：

尔时世尊于初夜分洗手足已，便入火室，如常敷草结跏而坐，正念不动。时彼毒龙，遥见世尊心生嗔怒，便吐毒烟。时佛世

①郭良鋆，黄宝生《佛本生故事选》，北京：人民文学出版社，1985年，第13—14页。

尊，以神通力从口出烟遮彼毒烟。时彼毒龙见佛出烟，嗔心猛炽遍身出火。尔时世尊为欲调伏彼毒龙故，入火光三昧遍身出火，于其石室猛火炽然。时迦摄波……遥见石室火焰炽然。便作是念：大沙门乔答摩颜貌端政。苦哉苦哉不用我语。今被毒龙火烧成灰。告诸弟子："汝等各各将水灭火救大沙门……"时彼毒龙见种种火，心生怖畏来诣佛所。便入钵中盘身而住，世尊知龙调伏……世尊告曰：此是毒龙汝所畏者，我已调伏在此钵中。①

克孜尔石窟第 80、192、196 和 205 窟，森木塞姆石窟第 20 窟，克孜尔尕哈石窟第 14 窟保存有此图像，画面正中佛作禅定姿势，身绕一龙，另一侧，有的婆罗门正在运水，有的手扶一杖面向佛。（图 31）

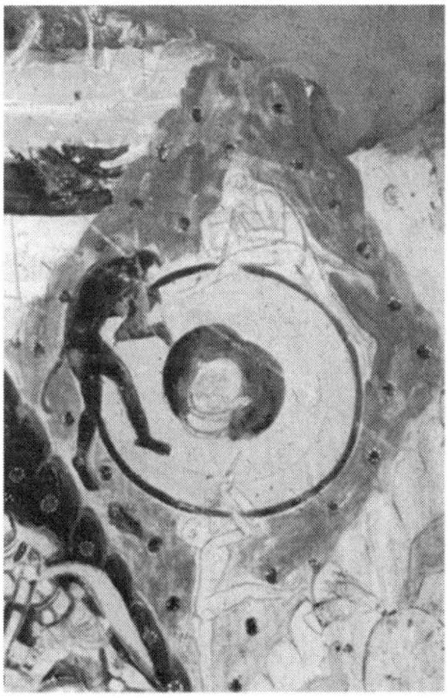

图 30　克孜尔石窟第 17 窟主室券顶猴王智斗水妖

图 31　克孜尔石窟第 196 窟主室券顶降伏火龙

①《根本说一切有部毗奈耶》，《大正藏》第 24 册，第 131 页。

佛度恶牛缘的故事见《撰集百缘经》卷六载:

佛在骄萨罗国,将诸比丘,欲诣勒那树下。至一泽中,有五百水牛,甚大凶恶。复有百放牛之人,遥见佛来,将诸比丘,从此道行,高声叫唤:唯愿世尊莫此道行!此牛群中,有大恶牛,觝突伤人,难可得过。尔时佛告放牛人言:汝等今者!莫大忧怖!彼水牛者,设来觝我,吾自知时。比语言之顷,恶牛卒来,翘尾低角刨地吼唤,跳踯直前。尔时如来,于五指端,化五师子,在佛左右,四面周匝,有大火坑。时彼水牛,甚大惶怖,四向驰走,无有去处。唯佛足前有少许地晏然清凉,驰奔趣向,心意泰然,无复怖畏,长跪伏首,舐世尊足,复更仰头,视佛如来,喜不自胜。尔时世尊,知彼恶牛心已调伏,即便为牛,而说偈言:盛心兴恶意,欲来伤害我,归诚望得胜,返来舐我足。时彼水牛,闻佛世尊说是偈已,深生惭愧,欻然悟解,盖障云除,知在先身在人道中所作恶业,倍生惭愧,不食水草,即便命终。生忉利天,忽然长大,如八岁儿,便自念言:我修何福,生此天上?寻自观察,知在世间,受水牛身,蒙佛化度,得来生天。我今当还,报佛之恩。作是念已,顶戴天冠,着诸璎珞,庄严其身,赍持香花,来诣佛所,光明赫奕,照佛世尊,前礼佛足,却坐一面。佛即为其说四谛法,心开意解,得须陀洹果,绕佛三匝,还于天宫。[①]

克孜尔石窟第32、34、163、179和205窟,森木塞姆石窟第1和第44窟保存有此图像:画面正中佛作说法状,另一侧绘一牛。(图32)

---

①《撰集百缘经》,《大正藏》第4册,第232页。

图32　克孜尔石窟第163窟主室券顶佛度恶牛

度化善爱乾闼婆王的故事见载于《根本说一切有部毗奈耶杂事》：帝释天在释迦菩萨于兜率天观察世间五事时、释迦菩萨化白象投胎时、释迦菩萨降生时、释迦王子游戏时、释迦观世间生老病死时、释迦苦行受乳糜恢复体力时、释迦降伏魔军成道时、佛陀转法轮普度众生时均告知善爱乾达婆前去护卫。但善爱均称："大天可去，我且于此奏诸音乐。"现佛陀即将涅槃，帝释天特告诉善爱应去供养，善爱回答如前。佛陀觉得苏跋陀罗都已降伏，现在应该降伏善爱，于是佛对善爱乾达婆王进行度化。

作是念已，即便入定，由定力故最后卧处化作一身。又复化作千弦瑠璃箜篌，于卧处没自持箜篌，诣三十三天，至善爱健闼婆王宫门而住。……时守门者即入具报，其王高慢报曰："除我更有健闼婆耶？"答曰："更有，今在门外。"善爱闻已情怀不忍，即自出门告言："丈夫！汝是健闼婆耶？"佛言："我今实是健闼婆王。""若尔，可来对奏音乐。"报言："大仙！甚善，我能共作。"佛即对彼共弹箜篌，佛断一弦彼亦断一，然二音声并无阙处。佛又断二彼亦断二，然其音韵一种相似。佛又断三断四彼亦如是，乃至各留一弦然音声不异。佛便总断彼亦断之，佛于空中张手弹击，然其雅韵倍胜于常，彼便不能，情生希有降伏傲慢，知彼音乐超胜于我。世尊观已,即便隐彼健闼婆身复本形相。时彼乐神见佛世尊,身真金色,三十二相、八十种好周匝庄严,赫奕光明超逾千日,如宝山王观者忘倦,见已欣悦深生敬仰,礼佛足下坐听法要。尔时世尊,观彼根性,随机为说四圣谛法令得开悟,彼即能以智金刚杵,摧二十种身见邪山,证预流果既见谛已,深自庆幸而白佛言:"……我今归依佛法僧宝为邬波索迦,始从今日乃至尽形,不杀生乃至不饮酒,受三归依并五学处。"①

图33 克孜尔石窟第171窟后甬道右端壁度化善爱乾达婆王

克孜尔石窟第7、80、163、171、172、175、178、224窟均绘有此题材图像。画面是:善爱乾达婆王与眷属于佛像头一侧,眷属女弹奏弓形箜篌,善爱吟唱,二人舞姿翩翩,造型优美。(图33)

在十八不共法中,十力是十八不共法的基础,四无畏、三念住以及大悲皆从十力中发展而来。佛陀因为遍知一切因缘果报,所以众生对佛教的信仰有不同,分别无有欢喜忧戚之情;②因为遍知一切因缘、遍知一切众生三世因缘果报、遍知一切善道、恶道、圣道所至处和遍知一

①《根本说一切有部毗奈耶杂事》,《大正藏》第24册,第395页。

②《阿毗达磨大毗婆沙论》卷三十一:"已说佛大悲;当说三念住……如是三种不共念住,应知亦摄在处非处智力。广分别义,如理应思。"《大正藏》第27册,第159页。

切众生漏尽与否，所以，无论说法、问答、论难，都从容而安详，勇猛而安稳；[①]因为佛陀遍知一切因缘果报，所以恒常系念救度众生的悲悯心，示教利喜，引导众生入佛知见。[②]

说一切有部认为，十八不共法是佛所独具的能力和功德，罗汉、辟支佛和菩萨均不具备，是佛的法身。以此为基础，该部派发展出了相应的观法身禅法。“法身观者，已于空中见佛生身，当因生身观内法身，十力、四无所畏、大慈大悲无量善业。”[③]龟兹石窟绘制的反映具有十八不共法思想的壁画，既是这种观念的图像化表现，也起着为修行法身观的禅修僧侣提供观想对象的作用。

---

①《阿毗达磨大毗婆沙论》卷三十一：“问：此四无畏以何为自性？答：“亦以智为自性。所以者何?初无畏即初力，第二无畏即第十力，第三无畏即第二力，第四无畏即第七力故。已说自性，所以今当说。问：何故名无畏？无畏是何义？答：不怯弱义，是无畏义，不倾动义，勇猛义，安隐义，清净义，鲜白义，不惊怖义。是无畏义，如彼卷一页至五页广说。如是三种不共念住，应知亦摄在处非处智力。广分别义，如理应思。问大悲以何为自性。答以智为自性。”《大正藏》第 27 册，第 158 页。

②《阿毗达磨大毗婆沙论》卷三十一：“已说无畏；当说大悲。问：大悲，以何为自性?答：以智为自性。有说：大悲、别有自性；非智所摄。如是说者，大悲、是智；无别有体。知药病等而救疗故。”《大正藏》第 27 册，第 159 页。

③《思惟略要法》，《大正藏》第 15 册，第 299 页。

第四节　佛陀与声闻、缘觉和菩萨

声闻,又称阿罗汉,指佛在世时,亲耳听佛陀的教导,领悟四谛所揭示的世间真理,并断尽烦恼,证入涅槃的佛弟子。在佛教早期经典中,凡亲耳闻听释迦说法的弟子,不论在家与否,都被称为声闻。但随着佛教的发展,只有出家弟子才被称为声闻。《阿毗达磨大毗婆沙论》云:

何故名阿罗汉?答:应受世间胜供养故;名阿罗汉。谓世无有清净命缘,非阿罗汉所应受者。复次阿罗者、谓一切烦恼。汉、名能害。用利慧刀,害烦恼贼,令无余故;名阿罗汉。复次罗汉、名生,阿、是无义。以无生故;名阿罗汉。彼于诸界诸趣诸生生死法中,不复生故。复次汉、名一切恶不善法。言阿罗者、是远离义。远离诸恶不善法故;名阿罗汉。此中恶者、谓不善业。不善者、谓一切烦恼。障善法故,说为不善。是违善义。如有颂言:远离恶不善,安住胜义中;应受世上供,故名阿罗汉。①

①《阿毗达磨大毗婆沙论》,《大正藏》第27册,第487页。

缘觉，又名独觉，或辟支佛，在有佛的时代，因为听佛讲说十二因缘而证入涅槃的修行者，被称为缘觉；而在无佛的时代，凭借自身观察思考，领悟了诸法生灭的因缘而入涅槃的人，被称为独觉。按照说一切有部的观点，独觉又可分为两种：部行独觉和麟角喻独觉。部行独觉指，因为亲闻佛说法，领悟四谛并已证入不还果，随后因为各种因缘，无法继续获得佛陀的指导，自己修行并获得阿罗汉果的修行者；麟角喻独觉指一直没有得到佛的教导，独居修行一百大劫，而亲证智慧并证入阿罗汉的修行者。

然诸独觉有二种殊：一者部行，二麟角喻。部行独觉先是声闻，得胜果时转名独胜。有余说彼先是异生，曾修声闻顺决择分，今自证道得独胜名。……麟角喻者，谓必独居。二独觉中麟角喻者，要百大劫修菩提资粮，然后方成麟角喻独觉。言独觉者，谓现身中离禀至教唯自悟道，以能自调不调他故。何缘独觉言不调他？非彼无能演说正法，以彼亦得无碍解故，又能忆念过去所闻诸佛所宣圣教理故。又不可说彼无慈悲，为摄有情现神通故。又不可说无受法机，尔时有情亦有能起世间离欲对治道故。虽有此理，由彼宿习少欣乐胜解无说希望故。又知有情难受深法，以顺流既久难令逆流故。又避摄众故，不为他宣说正法，怖宣杂故。①

与佛陀相比，声闻、缘觉都领悟了四谛十二因缘的“法印”，并已经证入涅槃。就如同论中所言：

谓若有人弃舍家法净信出家，即名初入诸佛法海。若尽诸漏

①《阿毗达磨俱舍论》，《大正藏》第29册，第64页。

证般涅槃,名究竟入诸佛法海。①

缘觉还有一点和佛是相同的，即他也是通过自身观察和亲证获得了智慧,而不像声闻,需依靠佛的教导。

缘觉具有佛“三觉”中的“自觉”,从这点来看。也可以了解一切诸佛,也都是先由自己本身开显觉性,生大悲之心,然后才能觉悟他人。再由从觉悟他人的利他行中再自觉,如此不断往复提升,以达福慧双修、悲智双运、尽善尽美,也就是成就自利利他、觉行圆满。②

但是佛毕竟和声闻、缘觉还是有很多差异。

《阿毗达磨大毗婆沙论》言,“佛”之所以为佛,并不仅仅是因为他能够通过修行,自己觉悟一切法;更重要的是他能够使其他人觉悟。独觉虽能自己觉悟十二因缘,但不是一切法都能证悟。声闻则必须获得佛的帮助,才能觉悟,佛的殊胜和伟大之处在于他的度化众生。关于佛不共于声闻和独觉的品质,《大毗婆沙论》中详尽地列出了许多方面。③详见下表:

序号	举例	佛者	独觉者	声闻者
1	尔焰(境界)	自觉、遍觉、无错谬觉。	独觉虽能自觉,无余二种。	声闻俱无
2	于诸缘	能自然觉，一切种觉说名为佛。	独觉虽有自然觉,而无一切种觉。	声闻俱无
3	智于能觉所觉、行相所缘、根根义、有境境、尔焰中、能遍明觉	智于能觉所觉、行相所缘、根根义、有境境、尔焰中、能遍明觉说名为佛	二乘不尔	二乘不尔

①《阿毗达磨大毗婆沙论》,《大正藏》第 27 册,第 342 页。

②佛修行过程参考了张瑞良在《“佛”概念之研究与深思》中所绘的图。见张瑞良《“佛”概念之研究与深思》,《台大哲学论评》第 5 期,1982 年,第 155—176 页。

③《阿毗达磨大毗婆沙论》,《大正藏》第 27 册,第 735 页。

续表

序号	举例	佛者	独觉者	声闻者
4	闻而不舍	有闻而不舍，说名为佛	二乘不尔	二乘不尔
5	相续	相续中，永伏一切非理习气	二乘不尔	二乘不尔
6	甚深缘起	于甚深缘起河能尽源底	二乘不尔	二乘不尔
7	染、不染	断二种无知，谓染、不染、说名为佛	唯能断染，不断不染	唯能断染，不断不染
8	事、随眠	断二种疑惑，谓事随眠。说名为佛	虽断随眠而不断事	虽断随眠而不断事
9	烦恼障、解脱障	尽智时二障俱断心，得解脱谓烦恼障及解脱障	或先脱烦恼障，后解脱障。或先断解脱障，后烦恼障，无俱脱者	或先脱烦恼障，后解脱障。或先断解脱障，后烦恼障，无俱脱者
10	于诸有情，能依所依圆满	具二圆满者，说名为佛。谓所依能依诸余有情	或所依圆满非能依，如转轮王。或能依圆满非所依	或所依圆满非能依，如转轮王。或能依圆满非所依
11	色、族、辩	三事圆满说名为佛	二乘不尔	二乘不尔
12	立誓果成恣问	三事圆满说名为佛。谓立誓果成恣问	二乘不尔	二乘不尔
13	三不护，三不共念住	具三不护，三不共念住说名为佛	二乘不尔	二乘不尔
14	辩才无竭。所记无谬。	所言无二，辩才无竭、所记无谬	二乘不尔	二乘不尔
15	因智、时智、相智、说智	具四智说名为佛。谓因智时智相智说智	二乘不尔	二乘不尔
16	无着智、无碍智、无谬智、不退智	具四智说名为佛	二乘不尔	二乘不尔
17	具种种因觉、种种果觉、种种相续觉种种对治觉	具种种因觉、种种果觉、种种相续觉、种种对治觉、说名为佛	二乘不尔	二乘不尔

续表

序号	举例	佛者	独觉者	声闻者
18	世八法所不能染、功德彼岸无能逮者，一切危厄堪能拔济	若世八法所不能染，功德彼岸无能逮者，一切危厄堪能拔济	二乘不尔	二乘不尔
19	十八不共佛法、十力、四无所畏、大悲、三不共念住	具十八不共佛法、十力、四无所畏、大悲、三不共念住	二乘不尔	二乘不尔
20	深远者、微细者遍行者、平等者	有深远、微细、遍行，平等大悲心	二乘不尔	二乘不尔

对于上述种种不同，基本上可以划入三个层次：智能、断烦恼和功德。关于其具体归属可见下表：

	1	2	3	4	5	6	7	8	9	10	11	12	13	14	15	16	17	18	19	20
智慧	✓	✓	✓	✓		✓							✓	✓	✓	✓				✓
烦恼					✓		✓	✓	✓								✓	✓		
功德										✓	✓	✓						✓	✓	✓

即使是三者共有的品质，佛和声闻、缘觉也存在着差异。

如《阿毗昙毗婆沙论》记载，声闻、缘觉虽然获得了觉悟，但其肉身并非诸根具足的，他们依然有烦恼。而佛却不再受肉身的烦恼。

若身有三十二大人相、庄严八十随形好、身光一寻，观无厌足。问曰："谁有此白发耶。"答曰："凡夫圣人俱有。圣人从须陀洹至辟支佛，唯除世尊。所以者何？佛世尊无发白渐落皮缓面皱音声破坏，死时无解支节痛，心不错乱、根不渐灭，一时而灭。此是佛身之法。"问曰："以何等故佛世尊无白发渐落皮缓面皱耶？"

答曰："此是恶色，佛世尊永离恶色故。"问曰："佛作何业无如是报耶？"答曰："佛世尊本为菩萨时，修行善法信心坚固未曾衰退。以行相似因故，受如是相似果。以是事故，无白发渐落皮缓面皱。"①

当然关于佛是否有老化现象，论师间存在不同的看法。上文中，我们谈到佛的生身的有限性及其在壁画中的反映，就是明证。但无论怎样，佛的生身在各个方面与声闻和缘觉存在差异，则是为所有的论师所接受的。《杂阿含经》也有关于佛不同于声闻和缘觉的品质。

比丘于色厌、离欲、灭、不起、解脱。是名如来应等正觉。如是受想行识厌、离欲、灭、不起、解脱，是名如来应等正觉。比丘，亦于色厌、离欲、灭名阿罗汉慧解脱。如是受想行识厌、离欲、灭名阿罗汉慧解脱。比丘，如来应等正觉，阿罗汉慧解脱，有何差别。……如来应等正觉，未曾闻法，能自觉法，通达无上菩提。于未来世，开觉声闻，而为说法。谓四念处、四正勤……比丘，是名如来应等正觉，未得而得，未利而利。知道、分别道，说道、通道。复能成就诸声闻，教授教诫。如是说正顺欣乐善法，是名如来罗汉差别。②

如来应等正觉者，先未闻法，能自觉知，现法自知，得三菩提。于未来世，能说正法觉诸声闻。所谓四念处、四正断、四如意足、五根、五力、七觉分、八圣道分，是名如来应等正觉，所未得法能得，未制梵行能制，能善知道，善说道，为众将导。然后声闻成

①《阿毘昙毗婆沙论》，《大正藏》第28册，第151页。

②《杂阿含经》，《大正藏》第2册，第19页。

> 就随法随道,乐奉大师教诫教授,善于正法,是名如来应等正觉,阿罗汉慧解脱,种种别异。复次,五学力,如来十力。何等为学力?谓信力、精进力、念力、定力、慧力。何等为如来十力?谓……①

由上述记载来看,佛是自悟自觉者。就悟而言,只是悟的先后有别,缘觉也是自悟者。就说法渡生、教授教诫来说,其实佛弟子也是具有几分的能力,只是不如佛的圆满。但是如来的十力、四无所畏、十八不共法等,却是佛与声闻缘觉真正的差别之处了。

我们知道,神通是佛、缘觉、阿罗汉都有的能力。说一切有部认为,五神通为佛与弟子共有,但佛更为殊胜。如化佛的神通,佛所化诸佛,其所作行为可与佛不同;但是无论是阿罗汉还是缘觉,他们的化身行为只能与主尊保持一致。

> 彼复翻说:佛于一时化作化佛,身真金色相好庄严,世尊语时所化便默,所化语时世尊便默。弟子一时作化弟子,剃除须发着僧伽胝,弟子语时所化亦语,所化语时弟子亦语。问:"诸大声闻亦能如是,世尊于此有何不共?"答:"佛于心定俱得自在,入出速疾不舍所缘,能以一心发于二语,谓自及化。于中欲令语者便语,不令语者便默。声闻心定非极自在,入出迟缓数舍所缘,虽能一心发于二语,谓自及化。然于其中欲令一语第二亦语,欲令一默第二亦默,不能令其一默一语。又佛世尊于诸智境皆得自在,非诸声闻,故佛此中亦有不共。"②

---

①《杂阿含经》,《大正藏》第 2 册,第 186 页。

②《阿毗达磨大毗婆沙论》,《大正藏》第 27 册,第 699 页。

佛所具有的天耳、天眼、他心通和看透过去、现在、未来的能力也远远超过声闻和缘觉，佛是遍知一切和度化一切有情众生的，而声闻和缘觉都是有欠缺的，无论是在智慧上，还是度化众生的能力上。而且佛所具有的一切智慧和能力是恒常具备的，随时示现。而声闻和缘觉只有在进入禅定等特殊状态下才可以实现。[①]此外，相对于声闻和缘觉，漏尽通是佛陀独有的，不同于声闻和缘觉。[②]佛具有大悲也与声闻和缘觉的慈悲不同。声闻和缘觉的慈悲，只是想象到众生的痛苦心生怜悯，也想给众生快乐，但是他们事实上不能真正使众生解脱痛苦。而佛的大悲不仅仅是心理上的怜悯和想给众生快乐，而且实际上也真能使众生解脱并带去快乐。[③]之所以会产生佛所具有上述不共声闻和缘觉的能力，归根结底是佛陀累世修行积累的功德。

菩萨，是“菩提萨埵”之略称。菩提，觉、智、道之意；萨埵，众生、有情之意。菩提萨埵，梵语 bodhi-sattva，巴利语 bodhi-satta。意译为道众生、觉有情、大觉有情、道心众生。意即求道求大觉之人、求道之大心人。指以智上求无上菩提，以悲下化众生，修诸波罗密行，于未来成就佛果之修行者。菩萨修行的目的就是成佛，菩萨是因位正在修行的圣者，佛是果位已经圆满的圣者，两者是因果的关系。随着大乘佛教的兴起，有部也逐渐认同了菩萨作为成佛的中间阶段这一观念。但是《阿毗达磨大毗婆沙论》对于菩萨资格的认定，有非常严苛的立场。从中也可以看出佛的殊胜之处。如论中言：

齐何名菩萨，乃至广说。……复次为断实非菩萨起菩萨增上

①《大智度论》，《大正藏》第 25 册，第 235—247 页。

②《阿毗达磨大毗婆沙论》，《大正藏》第 27 册，第 383 页、699 页。

③《大智度论》，《大正藏》第 25 册，第 256 页。

慢故而作斯论。所以者何?有诸有情,以一食施、或以一衣……或一摄心观不净等。便师子吼作如是言,我因此故定当作佛,为断如是增上慢故。显虽经于三无数劫具修种种难行苦行,若未修习妙相业者犹未应言我是菩萨,况彼极劣增上慢者。是故菩萨乃至初无数劫满时,虽具修种种难行苦行,而未能决定自知作佛。第二无数劫满时,虽能决定自知作佛,而犹未敢发无畏言我当作佛。第三无数劫满已修妙相业时,亦决定知我当作佛,亦发无畏师子吼言,我当作佛。

问:若诸有情发阿耨多罗三藐三菩提心能不退转,从此便应说为菩萨。何故乃至造作增长相异熟业方名菩萨耶?答:若于菩提决定及趣决定乃名真实菩萨。从初发心乃至未修妙相业来,虽于菩提决定。而趣未决定,未得名为真实菩萨。要至修习妙相业时,乃于菩提决定,趣亦决定,是故齐此方名菩萨。①

从有部对菩萨所做的定义,菩萨需经历三无数劫修行满、修妙相业发菩提决定,才可名为"菩萨"。此外,菩萨修"相异熟业"时,具有"舍诸恶趣恒生善趣""舍下劣家恒生贵家"等五种妙相胜事。由修行菩萨道的不易、修行中的殊胜果报,可见佛的特殊之处。②

在龟兹石窟壁画中,比丘、缘觉、菩萨和佛陀造像有着各自的特征。

一般来说,比丘、缘觉和佛陀均着僧衣。

比丘与佛陀的发际线是不同的,佛陀的发际线比较圆滑平整,或者在

---

①《阿毗达磨大毗婆沙论》,《大正藏》第27册,第886页。

②《阿毗达磨大毗婆沙论》,《大正藏》第27册,第887页。"一舍诸恶趣恒生善趣。二舍下劣家恒生贵家。三舍非男身恒得男身。四舍不具根恒具诸根。五舍有忘失念恒得自性生念。由此得名真实菩萨。未修妙相业时与此相违。是故不名真实菩萨。"

额间略有下凹的弧度或小弯折，但比丘发际线的弯折幅度却很明显（图 34）。尽管也存在少数佛的发际线在额间弯折弧度稍大的情况（如第 172 窟侧道坐佛以及第 175 窟左甬道内侧壁坐佛等），但纵观龟兹诸石窟，这种发际线的区分还是比较普遍的。

在龟兹传统风格的壁画中，比丘的发际线很多是呈倒 Ω 形，即在两边有一个小弯曲或变成一个小尖（半侧面像有时只画一个），特征明显。在克孜尔石窟第 38 窟，后甬道涅槃经变中也绘一身有肉髻的年轻比丘，他正在礼拜佛足。（图 34）[①]仔细观察这些比丘与佛的头部描画，发际线的差别是显而易见的。

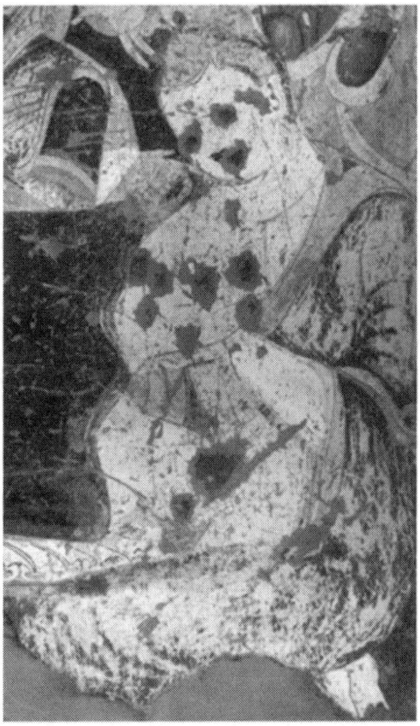
图 34　克孜尔石窟第 38 窟后甬道正壁比丘

龟兹壁画中的佛陀之肉髻，变化形式较多，或饱满，或扁圆，或隆起较陡，或为较浅的圆形突起等。而比丘（除个别如阿难、梵摩那），一般没有肉髻。

龟兹石窟壁画中的绝大多数比丘像并不绘头光，绘出头光的比丘，在克孜尔石窟只有少数例子，如克孜尔石窟第 163 窟主室券顶的菱形格故事画中，佛陀身边有一位双手持布帛的比丘，他有肉髻，也绘出头

①《中国新疆壁画艺术》编辑委员会编《中国新疆壁画艺术》第一卷，乌鲁木齐：新疆美术摄影出版社，2009 年，图版一二六，第 143 页；《中国新疆壁画艺术》第四卷，乌鲁木齐：新疆美术摄影出版社，2009 年，图版二七二，第 285 页。有的学者认为此年轻比丘应为阿难。

光[①],第163窟主室左侧壁也有此故事画。

缘觉一般有肉髻,发式特征大都为发际线在额间向内转折弧度较大,类似比丘像的倒Ω形发式,还有的肉髻独特不似佛陀,除克孜尔石窟第171窟外多不绘身光而仅有头光。尽管肉髻变化较多,有时与佛陀没有明显差别,但这种倒Ω式的发际线却相对稳定,这在龟兹石窟中通常是比丘的特征。另外在森木塞姆石窟、克孜尔尕哈石窟甬道顶部中也发现了相似的造像。缘觉的形象似乎是从比丘到佛陀的一种过渡,与其在"三乘"中的位置相符。佛陀或为头光与身光具足,或为不绘身光但头部与同窟佛像并无差别,发际线多数较为平缓,肉髻整体上看也比缘觉、比丘更圆。[②]

缘觉表情平静,除了肉髻稍小之外,俨然与佛无异,大约因缘觉之境界仅次于佛的缘故,而罗汉像却变化更为丰富,胖瘦高矮、动静喜怒皆可。

异样的肉髻或者不及佛陀圆整的发际线都表明其神圣性不如佛陀。从无头光的比丘像,到类似佛陀但又不如佛陀圆满的缘觉,最后到光明圆满的佛像,形象的变化也对应于三者神圣性的递进。

在龟兹石窟,我们还发现了比丘、缘觉和佛陀并列的壁画。

库木吐喇石窟第50窟主室券顶的天相图颇为奇特[③],残存的画面为比丘乘车(比丘似有"双头",形象罕见)驶向一座城,具三角形城垛,城墙之中绘三身坐像,中间为佛陀,其右侧人物顶有肉髻,有头光而不具身光,左侧人物无肉髻,身份应为比丘。(图35)

①《中国新疆壁画艺术》编辑委员会编《中国新疆壁画艺术》第二卷,乌鲁木齐:新疆美术摄影出版社,2009年,图版一一七,第129页。

②肉髻的变化比较多样,不能一概而论,有时与佛的差别是不明显的,比丘及作者推断为缘觉的形象,其肉髻甚至也有较饱满的例子。但将壁画遗存中的形象总体比较,佛的肉髻要更圆一些。

③《中国新疆壁画艺术》编辑委员会编《中国新疆壁画艺术》第四卷,乌鲁木齐:新疆美术摄影出版社,2009年,图版一二二,第125页。

图35 库木吐喇石窟第50窟主室券顶中脊三圣

笔者推测此城应为“涅槃城”[①]，城内人物为代表漏尽解脱的声闻、缘觉、佛三乘，比丘所乘之车，为承载其达到生死解脱的工具。该图城墙内所绘三身人物，形象各异，两身坐像围绕着中央的佛陀，应为代表龟兹流行之佛教信仰中的声闻、缘觉和佛三乘。

三种圣者并列的场景，也见于库木吐喇石窟第28窟券顶中脊。从左向右依次绘兔子(？)、奔马、大象，天人，飞行比丘(身出水火、无头光)，飞行立像(同样显示“双神变”，具头光而不绘身光)，飞行立佛(绘出头光与身光)，四身变现“多头”的禅定比丘像。此画左侧部分同样表现了声闻、缘觉、佛三乘。

菩萨与前述三圣造像的差异很大。身光在龟兹画师心中也是更为高贵的象征，一般仅佛陀和菩萨绘出。两者的区别在于佛陀具备三十二相，而菩萨为天人相。由此反映出两者间的差别，即佛陀为修行圆满的完美相；菩萨则是已具菩提心和极高的修行境界，尚未圆满，还在六道中修行，

①“涅槃城”一词常见于佛经，譬喻之语，因为涅槃系证得不生不灭，到达安乐解脱之圣者所居，所以用城作喻。《大智度论》，《大正藏》第25册，第206页。

尽管其形象为天人,已为六道中的最高道。龟兹地区壁画中的菩萨形象出现不多。具体说来大致有以下几种情况:

第一类指修行中的释迦牟尼,主要反映在本生故事壁画中。如克孜尔石窟主室乃至其他部位上绘本生故事中的释迦菩萨。(图 36)

第二类指现在以补处菩萨身份在兜率天宫说法的弥勒菩萨。(图 37)

第三类是作为过去佛的前世,菩萨为因位,佛为果位。如克孜尔石窟第 123 窟、库木吐喇石窟新 1 窟等窟的主室窟顶。(图 38)

图 36　克孜尔石窟第 17 窟主室券顶本生故事

图 37　克孜尔石窟第 17 窟主室前壁门道上方菩萨兜率天说法

图38　库木吐喇石窟新1窟主室窟顶佛与菩萨

当然，这一时期，龟兹地区应该也存在大乘佛陀观念的。有关文献的记载透露了这一信息。《出三藏记集》卷七《阿维越遮致经记》载：

太康五年十月十四日，菩萨沙门（竺）法护，于敦煌从龟兹副使美子侯，得此梵书不退转法轮经，口敷晋言，授沙门法乘使流布。一切咸悉闻知。①

《出三藏记集》卷八《正法华经记》载：

太康七年八月十日。敦煌月支菩萨沙门法护。手执胡经口宣出正法华经二十七品，授优婆塞聂承远、张仕明、张仲政。共笔

①［梁］释僧祐《出三藏记集》，北京：中华书局，1995年，第274页。

受……九月二日讫。天竺沙门竺力龟兹居士帛元信,共参校。元年二月六日重复。[①]

龟兹居士来中原参与大乘佛经的翻译，说明了大乘信仰在龟兹地区的流行,尽管我们不能就此对龟兹地区此种信仰的流行程度做出评估,但大乘佛陀观念在此地存在当为不争之实。

①[梁]释僧祐《出三藏记集》,北京:中华书局,1995年,第304页。

第二章

公元 4—5 世纪龟兹佛陀信仰

公元 4—5 世纪是龟兹地区佛陀观发生重大变化的时期，这一时期由于鸠摩罗什大力推广大乘思想，大乘佛教的佛陀观念在龟兹地区得以传播，这些思想不仅体现于鸠摩罗什的有关著述中，也在古代龟兹地区的佛教遗址中有所反映。

这一时期龟兹地区的大乘佛陀观念认为佛陀生身有灭，但法身不灭，佛的法身可以遍满虚空，可以讲经说法。十方三世诸佛皆是佛法身的化现。菩萨成佛时或阿罗汉修证后也可以获得这种法身。佛法身仍然是性空的，佛法身的实质为清净实相。这些思想在克孜尔石窟第 47 窟、48 窟的壁画中有所体现，当然小乘系统的佛陀观念仍然存在。

第一节 历史及佛教概况

(一)政治经济情况

魏晋南北朝时期,古代龟兹地区进入一个繁盛时期。龟兹经济以农牧业为主,由于采用先进的农耕技术,农业发展很快,主要作物有麦、稻、粟黍等。[①]此外还种植葡萄等园艺作物。[②]畜牧也很发达,龟兹以产良马闻名。[③]毛纺和丝织业发展,丘慈锦是其著名产品。[④]龟兹的冶炼业比较发

---

①[北齐]魏收撰《魏书》,北京:中华书局,2011年,第2265—2266页;[唐]魏徵等撰《隋书》,北京:中华书局,2011年,第1852页;[北宋]欧阳修、宋祁撰《新唐书》,北京:中华书局,2011年,第6230页;[唐]玄奘撰,季羡林等校注《大唐西域记校注》,北京:中华书局,1985年,第19页。

②[唐]房玄龄等撰《晋书》,北京:中华书局,2011年,第3055页;[后晋]刘昫等撰《旧唐书》,北京:中华书局,2011年,第5303页;[北宋]欧阳修、宋祁撰《新唐书》,北京:中华书局,2011年,第6230页;[唐]玄奘撰,季羡林等校注《大唐西域记校注》,北京:中华书局,1985年,第19页。

③[北齐]魏收撰《魏书》,北京:中华书局,2011年,第2266页;[唐]魏徵等撰《隋书》,北京:中华书局,2011年,第1852页;[后晋]刘昫等撰《旧唐书》,北京:中华书局,2011年,第5303页。

④[北齐]魏收撰《魏书》,北京:中华书局,2011年,第2266页;[唐]魏徵等撰《隋书》,北京:中华书局,2011年,第1852页。

达，疆域北边的山中储藏有铜、铁和煤等矿产，制造的铁器“恒充三十六国之用”。[①]属于古代龟兹的库车、拜城等地发现了大量的冶铜炼铁遗址。[②]龟兹位于汉唐代丝路的节点上，商业很发达，龟兹五铢是当地的重要货币，汉五铢钱也在使用。[③]公元 2 世纪，在中原汉王朝的帮助下，白霸成为龟兹的国王，自此以后的几百年间，白氏王族长期统治龟兹。

经济的持续繁荣，政治的长期稳定，为龟兹本土佛教的发展提供了雄厚的物质基础。

（二）大乘佛教流行情况

关于鸠摩罗什之前大乘佛教在龟兹的流布情况，史料十分匮乏。尤其是直接的文字记载，几乎是空白。所以只能通过一些史籍中透露的点滴资料来推测当时龟兹大乘佛教的情况。

佛教文献中有公元 3—4 世纪间龟兹佛教徒在中原参与或协助外籍僧人将佛经翻译成汉文的记载。明确指出为龟兹人的有三则：

1.《出三藏记集》卷七《阿维越遮致经记》载：

> 太康五年十月十四日。菩萨沙门（竺）法护，于敦煌从龟兹副使美（或作羌）子侯，得此梵书不退转法轮经，口敷晋言，授沙门法乘使流布。一切咸悉闻知。[④]

---

①［北魏］郦道元著，陈桥驿校证《水经注》，北京：中华书局，2013 年，第 37 页。

②新疆维吾尔自治区文物局编《新疆维吾尔自治区第三次全国文物普查成果集成阿克苏地区卷》，北京：科学出版社，2011 年，第 60—71 页。李肖《古代龟兹地区矿冶遗址的考察与研究》，《新疆文物》2003 年第 3—4 期，第 16—26 页。

③张平《龟兹地方铸币的发现与研究》，载《龟兹文明　龟兹史地考古研究》，北京：中国人民大学出版社，2010 年，第 157—166 页；颜松《库车县出土唐代窖藏钱币》，《中国钱币》2016 年第 6 期，第 62—64 页；颜松《库车出土窖藏古代钱币研究》，《新疆钱币》2012 年第 4 期，第 1—7 页。

④［梁］释僧祐《出三藏记集》，北京：中华书局，1995 年，第 274 页。

2.《出三藏记集》卷八《正法华经记》载:

太康七年八月十日。敦煌月支菩萨沙门法护。手执胡经口宣出正法华经二十七品,授优婆塞聂承远、张仕明、张仲政。共笔受。……九月二日讫。天竺沙门竺力龟兹居士帛元信,共参校。元年二月六日重复。①

3.《出三藏记集》载:

咸安三年岁在癸酉,凉州刺史张天锡,在州出此首楞严经。于时有月支优婆塞支施仑,手执胡本,支博综众经,于方等三昧特善,其志业大乘学也。出首楞严须赖上金光首如幻三昧,时在凉州,州内正听堂湛露轩下集。时译者归(龟)慈王世子帛延②,善晋胡音,延博解群籍内外兼综,受者常侍。③

以上龟兹佛教徒参与翻译的《阿惟越致遮经》《正法华经》《首楞严经》《须赖经》《上金光首经》《如幻三昧》均属大乘系统的佛典。《阿惟越致遮经》又称《不退转法轮经》,是法华系统的早期经典。《正法华经》系现存法华三部经的第一部,也是《法华经》中最详密的一部。《首楞严经》被认为是一部"破魔"大全的宝典,为大乘佛教所特别重视。《须赖经》系大乘宝积系统经典。《上金光首经》原经已佚,异译本有《大庄严法门经》又称《文殊师

①[梁]释僧祐《出三藏记集》,北京:中华书局,1995年,第304页。

②三国曹魏时亦有同名帛延者,有学者认为同是龟兹人,但《出三藏记集》《梁高僧传》均记其"不知何许人"。故不认同龟兹人之说。

③[梁]释僧祐《出三藏记集》,北京:中华书局,1995年,第271页。

利神通力经》,也是阐述大乘教理的经典。《如幻三昧》今已失传。《如幻三昧》为《大品般若经》所举十种譬喻之一,应属般若系统的经典。

从以上经典看,他们翻译的佛经大部属于般若思想体系。虽然他们都是在中原进行的翻译活动,还不能直接说明这些经典是龟兹本地所流行的,但这些龟兹人的大乘思想应该是在龟兹就受到某些影响而形成的。另一方面也反映出这些龟兹佛教徒不仅具有高深的大乘佛教理论水平,也有深厚的汉文功底。如此的状况,若没有较长时期的酝酿、发展、成长的过程是不可能出现的。这些龟兹佛教徒受到当时中原高僧大德的器重,或充当得力助手或独自翻译,说明他们不论佛教理论修养还是佛经语言文字都是一流的。他们三人本身就足以说明龟兹佛教的长期繁荣和深厚的汉文明影响。值得注意的是,这三位龟兹人中,美子侯为"副使",是龟兹级别较高的官员,帛元信是居士,帛延是世子,他们都是龟兹的上层人士。这表明,在龟兹高层社会里,大乘佛教思想已有深广的影响。

另外,《梁高僧传·鸠摩罗什传》记载,鸠摩罗什改宗大乘佛教后,止于新寺,后于寺侧故宫中,初得《放光经》,始就披读。①

这表明鸠摩罗什改宗大乘佛教之前,龟兹就已有般若系统经典流传。与上述记载龟兹人在中原翻译般若经典,可以作为背景资料,互相印证。

《放光经》又称《放光般若经》,为早期般若类经典。学界一般认为大乘佛教经典是公元前1世纪至公元1世纪之间形成的,而《放光经》是确立大乘根本思想最重要的经典,主要阐述了般若(智慧)的超胜功德。般若是大乘"六波罗蜜"(六度)最后也是最基本的"菩萨道"的终极实践,是大乘佛教的基础性经典。《放光经》开显的真理是"无所得",也就是"空"的理念。它与部派佛教说一切有部"有"的观念是完全对立的。《放光经》开拓了大

①《高僧传》,《大正藏》第50册,第331页。

乘佛教的新境界。中国佛教徒给予《放光经》极高的评价。东晋释道安说:

般若波罗蜜者,无上正真道之根也,正者等也,不二入也。等道有三义焉,法身也、知也、真际也,故其为经也。以如为始,以法身为宗也。[①]

般若"空观"思想的发展,出现更新的观念,就是"法华"思想。"法华"思想的核心是声闻、缘觉、菩萨,三乘只不过是"权巧方便"之说,唯"佛乘"是真谛。般若思想继续发展,还出现了"华严"等新的思想。从上述龟兹人在中原参与般若系统佛经的翻译和当时印度与中国内地的佛教思想流布的情况以及龟兹流行《放光经》看,在公元3世纪末、4世纪初,大乘般若思想已经在龟兹有相当深刻的影响。

般若思想是大乘佛教的基础。所谓般若,汉译为"智慧"。大乘佛教宣说的"智能"是导致成佛的"特殊智能"。大乘佛教的"六波罗蜜"(六度),都是从"智慧"引发出来的。支娄迦谶译《道行般若经》卷二曰:

佛语阿难:般若波罗蜜于五波罗蜜中最尊。云何?阿难,不作布施,当何缘为檀波罗蜜萨芸若?不作戒,当何缘为尸波罗蜜?不作忍辱,当何缘为羼提波罗蜜?不作精进,当何缘为惟逮波罗蜜?不作一心,当何缘为禅波罗蜜?不作智慧,当何缘为般若波罗蜜萨芸若?阿难言:如是,天中天,不行布施,不为檀波罗蜜萨芸若;不行戒,不为尸波罗蜜;不行忍辱,不为羼提波罗蜜;不行精进,不为惟逮波罗蜜;不行一心,不为禅波罗蜜;不行智慧,不为般若

①《出三藏记集》,《大正藏》第55册,第48页。

波罗蜜萨芸若，为非般若波罗蜜。佛言：如是，阿难，般若波罗蜜于五波罗蜜中最尊。譬如极大地，种散其中同时俱出，其生大株。如是，阿难，般若波罗蜜者是地，五波罗蜜者是种，从其中生，萨芸若者从般若波罗蜜成。如是，阿难，般若波罗蜜于五波罗蜜中极大尊，自在所教。①

通过以上讨论，大致可以了解，鸠摩罗什前龟兹佛教在部派佛教说一切有部占主流的同时，大乘佛教的般若思想和法华思想也有传播。龟兹一些王族出身信仰大乘的佛教徒，在中原参与早期大乘佛教经典的翻译，为佛教在中国内地的传播做出了重要的贡献。从中透视出，龟兹统治阶层多有崇奉大乘佛教，这与后来鸠摩罗什时期，龟兹王族支持大乘佛教是一脉相承的。

鸠摩罗什（Kumārajiva 也作究摩罗什、究摩罗耆婆等），简称罗什，意译童寿，祖籍天竺。其父鸠摩罗炎，为辞避相位，东渡葱岭抵达龟兹。龟兹王迎为国师，后将王妹许配鸠摩罗炎为妻，生鸠摩罗什。罗什幼年，其母出家为尼。罗什七岁时出家，学习小乘佛教。

从师受经，日诵千偈，偈有三十二字，凡三万二千言。诵《毗昙》既过，师授其意，即日通达，无幽不畅。②

罗什九岁随母至罽宾，以槃头达多为师，从受《杂藏》《中阿含经》《长阿含经》，凡四百万言，受到槃头达多的称赞。罗什十二岁随母返龟兹，途经沙勒（今喀什一带）停留一年，又诵《阿毗昙》和《发智论》中的《十门》《修智》等品并精通《六足论》。罗什在沙勒一年里，遇罽宾高僧佛陀耶舍，又从其受

①《道行般若经》，《大正藏》第8册，第434页。
②［梁］释慧皎《高僧传》，北京：中华书局，1992年第46页。

学。而佛陀耶舍年轻时,在习佛法之暇,学习了印度古典哲学著作《韦陀舍多论》,大小乘兼通,“至年十九,诵大小乘经数百万言”。[①]鸠摩罗什在沙勒还博览《四韦陀》和《五明》等论。这些对罗什开阔思想、博采广纳大有益处。

鸠摩罗什思想真正的转变是遇到莎车大乘高僧须利耶苏摩。是以须利耶苏摩为罗什讲《阿耨达经》为契机。该经的核心是宣扬“色空乃至一切空”的“空”观思想。该经还强调般若的作用说:

> 诸法无常,从心所生。诸法皆苦,亦由心生。诸法无我,亦从心生。[②]

经过“往复移时”长时间的反复思辩,鸠摩罗什终于接受了“空”的理论,放弃了小乘的立场,改务大乘。之后,罗什广求大乘义要,从受中观学派的基本著作《中论》《百论》《十二门论》等。

随后,罗什论服西域硕德槃头达多。这成为罗什在龟兹大乘思想发展的一个高峰,也是罗什大乘思想成熟的一个标志。鸠摩罗什在东去之前,他的大乘佛学的成就已达到极高的程度,“道流西域,名被东川。”[③]《高僧传》卷二《晋长安鸠摩罗什传》记,罗什“广诵大乘经论,洞其秘奥,龟兹王为造金师(狮)子座,以大秦锦褥铺之,令什升而说法”,[④]受到龟兹王白纯的特殊礼遇;又记当时“西域诸国咸伏什神俊,每至讲说,诸王皆长跪座侧,令什践而登焉,其见重如此”。[⑤]但随着罗什的离去,小乘说一切部重新成为小乘的主要佛教派别。

---

①《高僧传》,《大正藏》第 50 册,第 333 页。
②《佛说弘道广显三昧经》,《大正藏》第 15 册,第 496 页。
③《高僧传》,《大正藏》第 50 册,第 331 页。
④同上。
⑤同上。

第二节　鸠摩罗什的佛陀观及其在龟兹石窟中的反映

鸠摩罗什在龟兹生活的时期，是龟兹佛教历史上一个重要时期，在这个时期，龟兹佛教中大乘思想的影响加强。而促进这一转变的关键人物就是鸠摩罗什。

关于此时龟兹地区盛行的大乘佛陀观，当以罗什的思想为主要参照。由于罗什很少著述，所著述又多已遗失，所以在探讨其思想时，主要依据其所著《鸠摩罗什法师大义》《维摩诘经注》《答姚兴书》。此外，也要参考其所译经典内容及其弟子们如僧肇等人的著述。

鸠摩罗什的大乘佛陀思想集中体现在他与慧远就有关佛学问题答问书信汇集的《鸠摩罗什法师大义》中，其要点可归纳如下：

关于生身，鸠摩罗什尊崇大乘中观学说，他关于佛陀生身的观念与小乘大致相同，认为其是父母生身。关于法身，他认为法身是一切法无漏无为的本质。

其义有三：一谓法身实相无来无去，与泥洹同像。二谓法身同化,无四大五根,如水月镜像之类。三谓法性生身,是真法身,能久住于世,犹如日现。此三各异,统以一名,故总谓法身。[①]

此外,他并没有刻意去区分佛的生身和法身。因为一切法相毕竟都是一相,即清净相,不必认真区分。这一思想在记载了他与慧远相问答的《鸠摩罗什法师大义》中有所体现:

大乘部者,谓一切法无生无灭,语言道断,心行处灭,无漏无为,无量无边,如涅槃相,是名法身。及诸无漏功德,并诸经法,亦名法身。所以者何?以此因缘,得实相故。又,大乘法中,无决定分别是生身是法身。所以者何?法相毕竟清净故。而随俗分别,菩萨得无生法忍,舍肉身,次受后身,名为法身。[②]

承认法身具四大五根,但法身拥有的四大五根十分微细,微细到非得同一地的菩萨才能看见。而佛法身更是细微到只有十住菩萨才能看得到。

身亦微细,微细故,说言无。如欲界天身,若不令人见,则不见也。色界诸天,于欲界天亦尔。又如欲界人,得色界禅定,有大神通,而余人不见。……如《不可思议解脱经》说,十方大法身菩萨,佛前会坐听法,尔时,千二百五十大阿罗汉,佛左右坐,而不能见。……如佛变化种种之身,于十方国施作佛事,从佛心出。[③]

①《鸠摩罗什法师大义》,《大正藏》第45册,第123页。
②同上。
③同上。

法身遍满虚空，可以以化身讲经说法，教化众生。

真法身者遍满十方虚空法界，光明悉照无量国土，说法音声常周十方无数之国，具足十住菩萨之众乃得闻法。……从是佛身方便现化。常有无量无边化佛。遍于十方。随众生类若干差品。而为现形。①

佛法身即不然，但以本愿业行因缘，自然施作佛事。……佛身者，无方之应，一会众生，有见佛身金色，或见银色车渠马瑙等种种之色；如以一音，而众生随意所闻，……有于音声中，或闻说布施，或闻说持戒、禅定、智慧、解脱大乘等，各各自谓为我说法，是法身神力无所不能。②

“法身”及其所居之国土、处所，仅能“以理推之”。③反之，“若欲求其实事者，唯有圣人初得道时，所观之法，灭一切戏论，毕竟寂灭相。④”法身从本性上说，也是由多种因缘和合而成，虽有相，但性空非实。

法身可以假名说，不可以取相求。⑤

法性从本质上说依然是空寂的展现。

复次，若欲求其实事者，唯有圣人初得道时，所观之法，灭一

①《鸠摩罗什法师大义》，《大正藏》第45册，第122—123页。
②《鸠摩罗什法师大义》，《大正藏》第45册，第125页。
③《鸠摩罗什法师大义》，《大正藏》第45册，第127页。
④《鸠摩罗什法师大义》，《大正藏》第45册，第125页。
⑤《鸠摩罗什法师大义》，《大正藏》第45册，第134页。

切戏论,毕竟寂灭相。此中涅槃相。生死相,尚不可得,何况四大五根?如是,不应以四大五根为实,谓无此者即不得有法身也。[①]

若言法身无来无去者,即是法身实相,同于泥洹,无为无作。又云,法身虽复久住,有为之法,终归于无,其性空寂。[②]

又诸佛身有决定相者,忆想分别,当是虚妄。而经说诸佛身皆从众缘生,无有自性,毕竟空寂,如梦如化。[③]

法身的获得在于人间,与世间无差别。[④]

如光明王遇得因缘,便自发心。以是因缘,复得人身。直释迦文佛,从佛闻法然后愿。昔于暗中发愿,但为破侄欲病者;后得值佛,了了分别名号,而发其愿,渐渐心转微妙,能自以身施转;后于诸法中无所取相,安住毕竟空,具足六波罗蜜,发清净愿。本愿与吾我贪着心杂。今之所愿,清净无垢,又不能无因,唯愿而得净愿,是事为难;如莲花虽净,必因泥生,不可生于金山上。[⑤]

菩萨成佛时或阿罗汉修证后也可以获得这种法身。

如无生菩萨,舍此肉身,得清净行身。又如法华经说:"罗汉受起为佛。"经复云:"罗汉末后之身。"[⑥]

①《鸠摩罗什法师大义》,《大正藏》第45册,第125页。
②《鸠摩罗什法师大义》,《大正藏》第45册,第123页。
③《鸠摩罗什法师大义》,《大正藏》第45册,第134页。
④《鸠摩罗什法师大义》,《大正藏》第45册,第128页。
⑤《鸠摩罗什法师大义》,《大正藏》第45册,第128页。
⑥《鸠摩罗什法师大义》,《大正藏》第45册,第122页。

此外，诸如十方佛、五分法身等佛陀观念，我们在鸠摩罗什的相关译著中也可以看到，笔者将在下面的论述中结合石窟中的造像具体加以阐述。

依据学者们的研究和碳14数据测定，与罗什生活年代相近的龟兹石窟为克孜尔石窟第47、48窟。

第47、48窟位于克孜尔石窟谷西区中部，其所在区域共有2层洞窟，第47窟位于上层洞窟的中部，其西面为第44—46窟，其东面为第49—53窟。第47窟所做的碳14数据共有9个[①]，除两个测定数据外，其余的数据都比较接近，根据碳14测定的采样原则，以麦秸作为标本更为精确。以麦秸测定结果为标准，并结合木料测定结果及法兰克福大学测定的植物标本数据，第47窟的建窟年代可推定在公元4世纪下半叶。第48窟碳14测定年代为公元3—5世纪。这完全与鸠摩罗什在龟兹弘扬大乘的时间相符合。

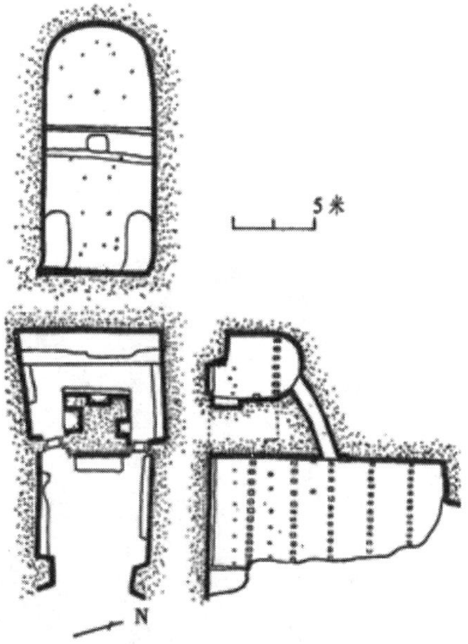

图39　克孜尔石窟第47窟平剖立面图

第47窟为大像窟。现存主室、甬道和后室。主室平面方形，纵券顶。（图39）

主室正壁下方两侧开左、右甬道，甬道纵券顶。左、右甬道里端与后室相通，后室平面横长方

①中国社会科学院考古研究所《中国考古学中碳十四年代数据集》（1965—1991），北京：文物出版社，1991年，321—323页；霍旭初《克孜尔石窟年代研究和碳十四测定数据的应用》，《西域研究》2006年第4期，第50页。

形,横券顶。

左、右甬道外侧壁下方地坪上均有预留的像台,延伸至后室台前。里端各绘一本生故事,右甬道外侧壁可识别的是摩诃萨埵太子舍身饲虎本生故事。(图40)

内侧壁各开一龛,龛内塑绘三世佛造像。(图41)龛外绘立佛、坐佛或天众。

后室正壁下部有预留的床台,台上的涅槃塑像已毁无存。正壁中上部绘有佛头光和背光。头光有4圈,从里至外依次绘:大雁衔环、小立佛、联珠纹、火焰纹,身光内圈绘小立佛,外圈绘火焰纹。北端残存1身飞天。(图42)

后室右端壁里端绘有佛头光的一部分以及宝珠、花蕾和金刚杵。后室左端壁绘6身举哀比丘、宝珠、花蕾和绶带。(图43)

券顶壁画大部分脱落,现残存7身飞天、宝珠、花蕾、绶带等。

图40 克孜尔石窟第47窟后室右端壁摩诃萨埵太子舍身饲虎本生故事

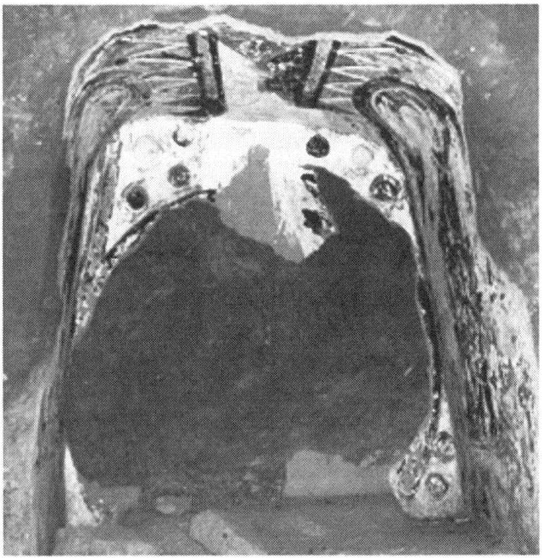

图41 克孜尔石窟第47窟右甬道内侧壁龛三世佛

此窟后室表现佛在拘尸那城娑罗双树下的情景。画面中绘出力士、金刚及佛诸弟子等。但是与克孜尔石窟中的一般经变画的不同之处是在佛的头光和背光中绘有连续的小立佛。从佛的头、身光中分化出无数的小立佛，明显表现的是大乘的“法身”观念。

如上所述,鸠摩罗什认为:

图42　克孜尔第47窟后室右端壁佛头光

真法身者,遍满十方虚空法界,光明悉照无量国土。……从是佛身方便现化,

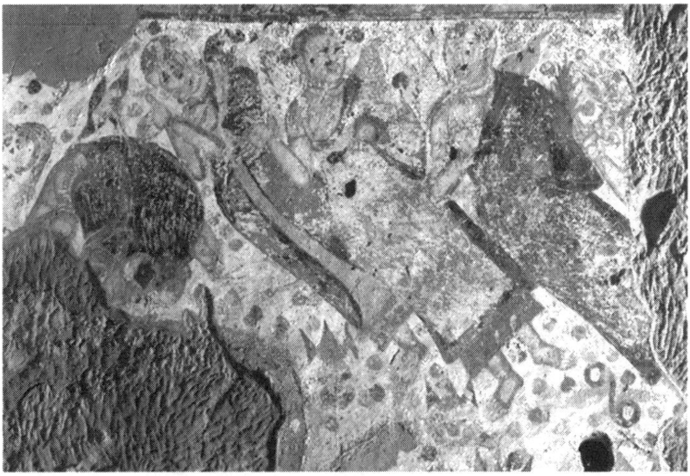

图43　克孜尔石窟第47窟后室左端壁飞行比丘

常有无量无边化佛,遍于十方。随众生类若干差品,而为现形。光明色像,精粗不同。[1]

即化佛是佛法身教化众生的方便现化。

关于化佛之特点在龙树所著之《十住毗婆沙论》中有所论述,该经记载:

汝不应但以色身观佛,当以法观。四十不共法者,一者飞行自在;二者变化无量。……飞行自在者,诸佛飞行如意自在,如意满足速疾无量无碍。所以者何?佛若欲于虚空,先举一足次举一足,即能如意;若欲举足蹑虚空而去,若欲住立不动而去,即能得去;若结跏趺安坐而去,亦能得去;若欲安卧而去,亦复能去。……随诸所愿皆能满足。是故诸佛能以一步,过恒河沙等三千大千世界。有人言,佛能一念顷过若干百千国土;有人言,若知佛一步一念能如是去即可得量;经中说诸佛力无量。是故当知:诸佛虚空飞行自在无量无边。……声闻人所不能及,有如是等差别。变化自在者,变化事中有无量力。余圣变化有量有边,诸佛变化无量无边;余圣于一念中变化一身,佛以一念随意变化有无量事。……又诸佛变化,能过恒沙世界,皆从一身出。……如是等事皆以一念作之,是诸化佛皆亦复能施作佛事,如是等诸佛所变化事无量无边。[2]

而在实际的石窟造像中,则常以在佛头光、身光中遍绘小立佛表现佛

---

①《鸠摩罗什法师大义》,《大正藏》第45册,第122—123页。

②《十住毗婆沙论》,《大正藏》第26册,第71—72页。

法身，这种表现方法在 4、5 世纪中亚乃至中国内地都已出现[①]。第 47 窟佛正是以绘出多身立姿小佛表现佛法身之化佛。

关于法身与涅槃的关系，《鸠摩罗什法师大义》也有论述：

> 佛法身者，出于三界，不依身、口、心行，无量无漏诸净功德本行所成，而能久住，似若泥洹。真法身者，犹如日现，所化之身，同若日光。如《首楞严经》，灯明王佛寿七百阿僧祇劫，与此释迦同，是彼一身，无有异也。若一佛者，此应从彼而有。法性生佛所化之佛，亦复如是。若言法身无来无去者，即是法身实相，同于泥洹。[②]

从上引经文中，我们可以看出，在罗什看来，实相的真义为“空”，即为法身。而泥洹为涅槃的另一译名，它的实质也是实相的“空”，故法身即涅槃。两者从本质上说是一致的。这也正是第 47 窟图所反映出的佛学内涵。

第 47 窟右甬道内侧壁中部龛内正壁塑出一身坐佛像，龛两侧壁各绘一身立佛，表现的应是三世佛造像，但此窟右甬道内侧壁里端绘制了《佛说弘道广显三昧经》经变画[③]。说明它与龟兹石窟中常见的三世佛的内涵不同。该经记载：

> 尔时净意长者子者，阿耨达是。又斯龙王当于贤劫中，在此

---

①赖鹏举《丝路佛教的图像与禅法》，中坜：财团法人圆光佛学研究所，2002 年，第 49—55 页。

②《鸠摩罗什法师大义》，《大正藏》第 45 册，第 123 页。

③霍旭初《鸠摩罗什大乘思想的发展及其对龟兹石窟的影响》《考证与辨析——西域佛教文化论稿》，乌鲁木齐：新疆美术摄影出版社，2002 年 7 月第 16—17 页。另见于《敦煌研究》，1997 年第 3 期，第 49—58 页。

图 45 克孜尔石窟第 47 窟后室前壁

应是五分法身思想[①]。"五分法身",乃是小乘法身观念,表达小乘僧众通过修行以达到解脱的 5 个阶段,即戒、定、慧、解脱、解脱知见。但由于它概括了释迦牟尼佛的五项基本思想,所以受到佛教各派包括大乘乃至密宗的重视[②]。鸠摩罗什在其所著《注维摩诘经弟子品》中也把它作为佛法身之一。

> 法身有三种:一法化生身,金刚身是也;二五分法身;三诸法实相。和合为佛实相,亦名法身也。[③]

①据晁华山教授研究,库车克孜尔石窟寺院组成中有一种五佛堂寺院。见晁华山《克孜尔石窟的洞窟分类与石窟寺院的组成》,北京大学考古系编《纪念北京大学考古专业三十周年论文集 1952—1982》,北京:文物出版社,1990 年 6 月,第 341—370 页。又据宿白教授介绍,20 世纪初,格伦威尔德从拉萨一位喇嘛处得到一批用古藏文写的克孜尔石窟资料,其中有一份克孜尔石窟后山区石窟简图,图中绘有一座规模较大的寺院,完全是地面结构,位于第 215—216 窟之间。寺院以一方形殿堂为中心,殿堂内立一塔,殿堂外四隅各立一塔,"此四塔与殿堂中之塔合计适为五塔。这种五塔组成的布局,和库车、拜城石窟群中的五塔组合,应有一定的联系",(见宿白《调查新疆佛教遗迹应予注意的几个问题》,《新疆史学》1980 年第 1 期,第 32 页。)说明当时在这一地区五塔造像较为盛行。五塔信仰始于印度阿育王,他在建立大量寺院的同时,又在摩羯陀国特意修建 5 个高大的佛塔。阿育王修建五塔,意在"表如来五分法身"。(见晁华山:《克孜尔石窟的洞窟分类与石窟寺院的组成》,北京大学考古系编:《纪念北京大学考古专业三十周年论文集 1952—1982》,北京:文物出版社,1990 年 6 月,第 341—370 页。)

②贺世哲《敦煌图像研究——十六国北朝卷》,兰州:甘肃教育出版社,2006 年,第 70 页。

③《注维摩诘经》,《大正藏》第 38 册,第 359 页。

第 48 窟也是大像窟。现存主室、甬道和后室。主室平面方形,纵券顶。(图 46)

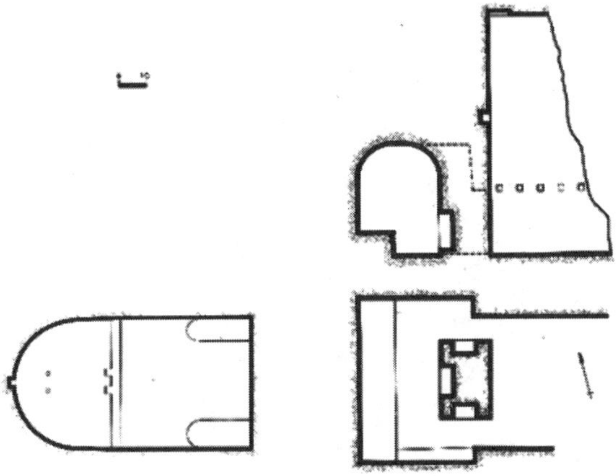

图 46 克孜尔石窟第 48 窟平剖立面图

第 48 窟后室左甬道外侧壁下方地坪上有预留的像台,延伸至后室台前,台上塑像无存,像台大部分残失。可能原来也塑有佛像。内侧壁中部开 1 拱券顶龛,龛内壁画大部分脱落,右侧壁残存 1 身小坐佛。龛外左侧壁残存 1 身天人,天人头部周围绘有几身小坐佛。上部壁画残存立佛身光,中间有 1 凿孔,估计原来亦塑一佛像。前壁中下部壁画大部分脱落,残存 2 身立佛。上部残存立佛身光,身光内中下部各有 2 个凿孔,可能原来也塑有佛像。道口外左侧壁中下部绘 1 身天人,天人左上方绘 2 身小坐佛、1 身小立佛。右甬道外侧壁下方地坪上亦有预留的像台,延伸至后室台前,台上塑像无存,像台大部分残失。外侧壁壁面为绘塑结合,塑像已毁。下部壁面现残存 2 身立佛及 2 竖行小坐佛,小坐佛有一部分被揭取。内侧壁下部里端残存 1 身立佛,立佛头光、身光中绘小坐佛,立佛右侧下方绘一身小立佛。中部开 1 拱券顶龛,龛内原塑佛像。龛外两侧壁画大部分已漫漶不清。后室后壁塑绘涅槃故事,顶部绘飞天,左端壁绘迦叶、末罗族力士及木桫椤树。后室前壁下部正中开 1 拱券顶龛,原塑佛像。龛外左侧壁绘 1 身比丘,比丘上方及两侧绘几身小坐佛,壁画有一部分脱落。龛外右侧壁中部残存 1 身坐佛,坐佛上部残存2 身小坐佛。龛外上方壁画脱落。中部有 1 排 3 组圆凿孔,每组 3 个。上部绘 4 身立佛。(图 47)

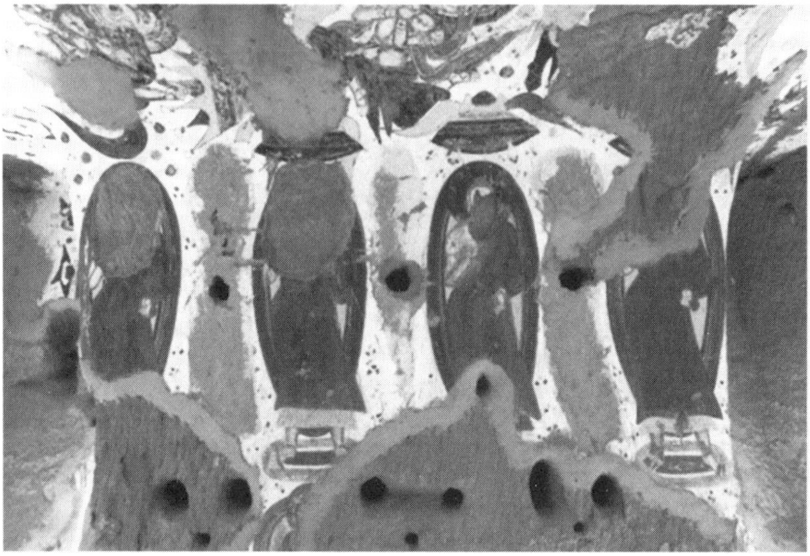

图 47 克孜尔石窟第 48 窟后室前壁过去四佛

其中,左甬道外侧壁下部立佛与佛塔并列,表示此佛应为过去佛。[①]右甬道内侧壁下部里端残存 1 身立佛,立佛头光、身光中绘小坐佛,同前述第 47 窟佛一样,为佛法身表现。此身立佛右侧下方绘一身小立佛,此种方式亦为佛化身的表现,属佛化身的早期形态[②]。两甬道内侧壁及后室前壁龛内原应塑佛像,龛内侧壁及龛外绘立佛或小坐佛则应表现的是十方佛。后室前壁龛外上方绘出 4 身立佛,表现的则是过去四佛,同样的造像在犍陀罗地区也有发现[③]。这四佛是指现在贤劫四佛,即拘留孙佛、拘那舍牟尼佛、迦叶佛和释迦牟尼佛。综上所述,第 48 窟后室亦是表现了十方三世佛以及涅槃即实相的观念。

①赖鹏举《丝路佛教的图像与禅法》,中坜:财团法人圆光佛学研究所,2002 年,第 73 页。
②赖鹏举《丝路佛教的图像与禅法》,中坜:财团法人圆光佛学研究所,2002 年,第 52 页。
③[日]宫治昭著,李萍译《犍陀罗美术寻踪》,北京:人民美术出版社,2006 年,第 152 页。

第三章

公元 5—7 世纪龟兹地区的佛陀信仰

公元 5—7 世纪龟兹地区佛陀观以小乘说一切有部的思想为主，但同时也容摄许多大乘佛学的观念，这在文献材料和石窟造像中均有所反映。小乘说一切有部的佛陀生身有漏的思想得到进一步的强调表现，此时流行于该地的佛教部派可能是根本说一切有部，其基本观点是现在实有，过来没有。强调对过去佛的信仰以及超人格化佛陀的神通神变。此外达摩笈多于公元 585 年在龟兹活动期间，“王笃好大乘”的记载也说明了这一时期龟兹地区大小乘并存的情况。

第一节 历史及佛教概况

公元5—7世纪时期记载龟兹佛教的文献并不多,这些文献包括一些汉文佛教史传文献及19世纪末以来在古代龟兹地区陆续出土的吐火罗语文献和梵语文献。

爬梳这些材料,我们可以发现:

(一)这一时期龟兹地区佛教一直得到发展,并得到王室的支持。公元585年时,南印度沙门达摩笈多至龟兹。

> 又至龟兹国,亦停王寺。又住二年,仍为彼僧讲释前论。其王笃好大乘,多所开悟,留引之心,旦夕相造。①

玄奘于公元630年前往印度时,途径龟兹,他在其所著《大唐西域记》卷一中记载,

①《高僧传》,《大正藏》第50册,第434—435页。

常以月十五日晦日。国王大臣谋议国事。访及高僧然后宣布。会场西北渡河至阿奢理贰伽蓝。庭宇显敞佛像工饰。僧徒肃穆精勤匪怠。并是耆艾宿德硕学高才。远方俊彦慕义至止。国王大臣士庶豪右。四事供养久而弥敬……。[①]

其弟子所著之《大唐大慈恩寺三藏法师传》卷二中亦记，

王与群臣及大德僧木叉毱多等来迎自外诸僧数千。……明日王请过宫备陈供养。而食有三净。法师不受。王深怪之。法师报此渐教所开。[②]

古代龟兹地区出土的梵文残卷中也为我们提供了这方面的佐证[③]。王室对于佛教的重视和支持可见一斑。

（二）此时期龟兹佛教大小乘兼有，但以小乘为主，在有些时期，大乘的影响有一定程度的上升。大量的材料均证明了小乘佛教在龟兹地区的长期流行。公元412年，大乘僧昙无谶至龟兹。

龟兹国多小乘学，不信，遂至姑臧，止于传舍。[④]

公元5世纪中后期，高昌法惠往龟兹国求法：

---

①《大唐西域记》，《大正藏》第51册，第870页。

②《高僧传》，《大正藏》第50册，第226—227页。

③季羡林《龟兹三题》，季羡林著，王岳川编《季羡林学术精粹》（第二卷），济南：山东友谊出版社，2006年，第409页。

④《出三藏记集》，《大正藏》第55册，第103页。

法惠酒醒……因此思惟得第三果。[1]

“第三果”应为小乘佛学的概念——声闻四果之“不还果”,说明此时龟兹地区奉行的仍是小乘佛教。玄奘《大唐西域记》中亦记:

屈支国。……伽蓝百余所,僧徒五千余人,习学小乘教说一切有部。经教律仪取则印度,其习读者,即本文矣。尚拘渐教,食杂三净。洁清耽玩人以功竞。[2]

《大唐大慈恩寺三藏法师传》卷二中记:

麹多理识闲敏,彼所宗归,……谓法师曰:“此土《杂心》《俱舍》《毗婆沙》等一切皆有,学之足得,不烦西涉受艰辛也。”法师报曰:“此有《瑜伽论》不?”麹多曰:“何用问是邪见书乎?真佛弟子者,不学是也。”[3]

义净在其《南海寄归内法传》卷一中记载了一些当时龟兹佛教的情况:

有部所分三部之别,一法护、二化地、三迦摄卑,此并不行五天,唯乌长那国及龟兹、于阗杂有行者。然《十诵律》亦不是根本有部也。[4]

①《高僧传》,《大正藏》第50册,第946页。
②《大唐西域记》,《大正藏》第51册,第870页。
③《高僧传》,《大正藏》第50册,第226—227页。
④《南海寄归内法传》,《大正藏》第54册,第206页。

此外，根据季羡林先生的研究，古代龟兹地区出土的梵文残卷“内容虽然庞杂，然而统而观之，不出僧羯磨的范围，其中有夏坐或雨安居通告、吁请文（劝请文）、斋僧通告等，其中间杂着很多字句华丽而形式刻板对布施可能获得无量功德的颂赞”。[①]可以看出其表现的内容仍然与小乘的持律修行密切相关。这些文献的年代为公元6世纪初期[②]。此外，龟兹地区的吐火罗语文献主要为吐火罗语B方言，其年代与梵文残卷时间差不多[③]。内容绝大部分是佛典，几乎只有小乘佛典。[④]

在小乘佛教长期流行的同时，大乘佛教也一定程度地存在着。前引关于达摩笈多在龟兹的记载中就有“国王笃行大乘”的记载。义净在《南海寄归内法传》亦载：

> 神州赤县之乡，意在大教。自余诸处，大小杂行。[⑤]

古代龟兹地区出土的吐火罗文B（龟兹文）残卷中还有龙树和世亲的著作，有《十地经》的译文。[⑥]关于龟兹地区大小乘佛教如何并存的问题，王邦维先生在论述义净时期大小乘佛教的关系时做了很好的阐述：“实际上，我们可以设想，在每一个部派里，既有一部分僧人信仰新的大乘的学说，也有一部分僧人仍然信仰原来的所谓的‘小乘’的学说。”“我们有理由

---

①季羡林《龟兹三题》，季羡林著，王岳川编《季羡林学术精粹》（第二卷），济南：山东友谊出版社，2006年，第404页。

②季羡林《玄奘时代及其后两地的佛教信仰》，《延边大学学报》2006年第4期，第5页。

③同上。

④季羡林《鸠摩罗什时代及其前后龟兹和焉耆两地的佛教信仰》，《孔子研究》2005年第6期，第34页。

⑤《大正藏》第54册，第205页。

⑥同上。龙树是大乘中观学派的代表人物。而《十住经》为大乘华严系的重要经典。

相信，在 7 世纪以前，这种现象已经为时已久，存在有相当一段时期了。”①这一论断应该也适用于龟兹地区，即龟兹地区的僧侣遵守的都是小乘的律，但是其中有一些僧侣是信仰大乘的。

①王邦维《南海寄归内法传注记》，北京：中华书局，1995 年，第 83—84 页。

第二节　惟礼释迦的佛陀观

佛传是对佛祖释迦牟尼从出生、出家、成道、说法、一生事迹的记述，但佛经并无“佛传”一说。佛教早期的九分教及十二分教中均没有专门的佛传分类，佛陀一生事迹分别见于本生、本事、因缘和譬喻中。佛传之内容在不同部派中也有很大不同。关于佛传的起源，印顺法师有论述：佛的事迹的辑录起源于僧侣信众对佛遗迹的尊敬。这些圣迹主要有四处，即如来生处，如来成正觉处，如来转法轮处和如来涅槃处，随着这种信仰的流传，佛陀事迹亦随着流传，并且在辗转传播中，内容日渐增加。佛传以文字集录为大部，传诵或书写而流传下来，是并不太早的。在没有大部以前，先有片段的记录；片段记录以前，是作为事迹，而传说于僧伽或信众之间。佛经中有与此相近的词，如“本行”“本起”，但两者在概念上并不完全重合。[①]凡叙述佛陀生平事迹的汉译佛经大多称为“本行”，如《佛本行经》《佛本行集经》《菩萨本行经》《佛本行赞经》《佛本行略经》等。部派佛教对佛传有不同称谓。

---

①印顺《原始佛教圣典之集成》，竹北：正闻出版社，1981年，第358页。

摩诃僧祇师!名为大事。萨婆多师,名此经为大庄严。迦叶维师,名为佛生因缘。昙无德师,名为释迦牟尼佛本行。尼沙塞师,名为毗尼藏根本。[①]

因为释迦行菩萨道,于过去诸劫修行的故事被称为本生,所以佛传故事就是指释迦菩萨结束万劫轮回,从兜率天降生人间开始,至最后涅槃的故事。

佛传的流传有不同的途径,形之于语言就成为佛传文学,形之于图像,就产生了佛传造像艺术,在佛传造像艺术中,佛传壁画艺术是其中的一个重要方面。

佛传故事是汉传佛教传入龟兹以前最为流行的题材。[②]

龟兹地区的佛传壁画题材一般绘制在中心柱窟、大像窟和一些带有礼拜性质的方形窟内,种类大约有一百余种,其中可识别的为 60 余种,但大部分题材绘制数量较少,如四天王奉钵仅绘制于克孜尔石窟第 110 窟和 171 窟中。(图 48)

在一些中心柱窟的甬道或后室中也绘制有释迦诞生前后的故事,如克孜尔石窟第 99 和 175 窟,壁画中的佛传图构图比较自由。(图 49)

此外,在一些中心柱窟主室券顶部位也有绘制,如克孜尔石窟第 163 窟券顶就绘出了众魔怖佛的故事。(图 50)

一些表现释迦一生的主要事件,如兜率天说法、梵天劝请和帝释窟说法(一般绘或塑于中心柱窟主室正壁,数量很多)、降魔成道(克孜尔石窟第 98 窟主室前壁,克孜尔石窟第 92 窟和 110 窟,库木吐喇石窟第 10 窟)、舍卫城神变(克孜尔石窟第 80 窟和第 97 窟主室正壁)和鹿野苑初转

①《佛本行集经》,《大正藏》第 3 册,第 932 页。

②龟兹地区的因缘故事大部分表现的也是佛成佛后,为众生说法或接受供养的内容,故本书将其也归入佛传故事中。

图 48　克孜尔石窟第 110 窟主室左侧壁四天王奉钵

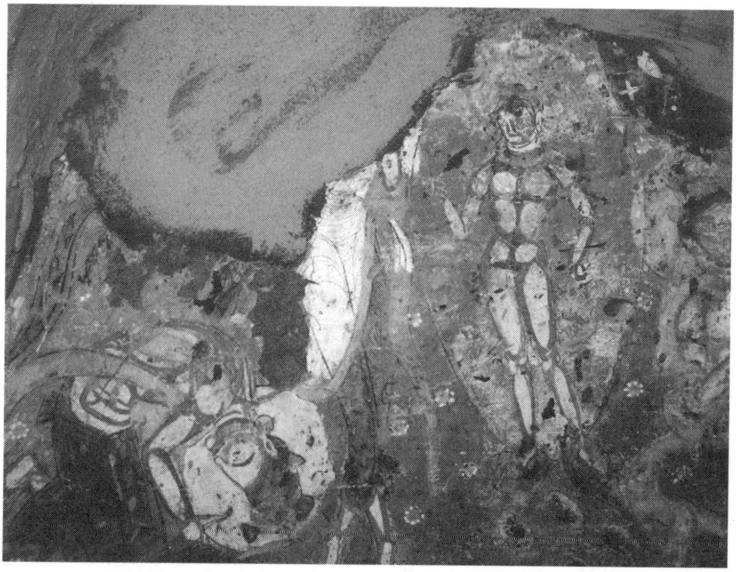

图 49　克孜尔石窟第 175 窟后室左端壁上方半圆壁面内七步生莲

图50 克孜尔石窟第163窟主室券顶众魔怖佛

法轮（克孜尔石窟第69窟），被绘于窟中的显要位置，凸显了这些题材的重要性。

龟兹佛传故事中绘制数量多的有三类：

第一类表现释迦成佛后为众生说法的佛传故事，也被称为说法图。一般绘于中心柱窟主室侧壁、前壁，有些中心柱窟的甬道侧壁以及具有礼拜窟性质的方形窟中也有绘制。佛陀位于画面正中，两侧则绘有与具体某一说法故事相关的场景和人物，如鹿野苑初转法轮，佛两侧绘出佛陀初次讲法的对象——五比丘。佛座前部绘出了法轮，法轮两侧则绘出两只相对而卧的鹿。目前识别出来的这类故事主要有梵天劝请、迦叶皈依、降伏火龙、大爱道出家、波斯匿王礼佛等故事。

1. 梵天劝请

“梵天劝请”是佛传中极其重要的事件，关系到佛教产生、建立、传道、发展的大问题。释迦牟尼降魔成道后，自己觉得所觉悟的佛法极为深奥，并认为世间众生乐生求安，贪欲嗜味，好于声色，难以入佛道，故欲自我默然进入涅槃。《根本说一切有部毗奈耶》记载：

尔时世尊作是念已：“我得甚深之法，难见能见，难知能知，不可思惟、难可思惟，其义微妙，唯有智者能知此法。若为他说，彼不能解。我法虚授徒自疲劳，益我愁恼。我今应独于寂静处，我所见法安乐境界、思惟而住。”尔时世尊，如上思惟，止心住已不念说法。①

梵天知道世尊打算涅槃的想法，非常焦急。

时娑婆世界主梵天王，知佛心念即自思惟：“此世间败坏诸众生等，于彼苦境不能解脱。今时如来、应、正遍知出现世间，难逢难遇如乌昙钵罗花。佛今出世，乐自寂静不念说法。我今应往请佛。”作此念已，如大力士屈申臂顷，从梵天没至世尊前，顶礼佛足在一面立，即说颂曰：“快哉今此摩揭陀，而现未曾净妙法，于诸法中觉悟者，唯愿当开甘露门。”世尊复以说伽他曰：“我所得法甚难遇，能令有海悉无余，少智愚人恒逆流，由欲牵缠镇漂没。”尔时大梵天王白佛言：“世尊！于此世间有诸众生，或生或老，然其根性有上中下、利钝不同、形相端严、性行调顺、少诸烦惑，亦少烦惑种类；由不听正法故，所解狭劣。世尊！如嗢钵罗花、钵特摩花、俱没陀花、奔茶利迦花，并于水中或生或老，其花根性有上中下：一浮出水、一与水齐、一居水下。众生亦尔，于世间中或生或老，然诸根性有上中下、利钝不同、形相端严、性行调顺、少诸烦惑、亦少烦惑种类；由不听正法故，所解狭劣。为是人故当说正法，时彼诸人闻说法宝。并皆悟解，尔时世尊闻是请已，便作是念：“我以佛眼观彼众生性差别不？”作是念已，即以佛眼观见有情，或生、或老，然其根性有上中下、利钝不同、形相端严、性行调顺、少诸烦惑、亦少烦惑种类。由不听正法故，所解狭劣。尔时世尊即于有情起大悲心，而说颂曰：“若有于法深乐听，我即当

①《根本说一切有部毗奈耶》，《大正藏》第24册，第126页。

开甘露门,如其讥慢自轻人,大梵我终不为说。"尔时大梵天王闻此颂已,作如是念:"佛于今者欲说正法。"心生喜跃顶礼佛足,绕佛三匝匆然不现。[①]

"梵天劝请"图像,存在于中心柱窟和方形窟内,即礼佛窟和讲经窟内,多数在中心柱窟内。以克孜尔石窟第14、80、99、100、175、186、207窟,库木吐喇石窟第46窟和森木塞姆石窟第48窟保存最好。

克孜尔石窟第99窟为一中心柱窟,主室正壁开一大龛,塑像无存。龛外左侧绘五髻乾闼婆及其眷属,其下方有一跪姿五髻乾闼婆。画面采用"异时同图"方式,表现五髻乾闼婆弹琴与礼佛的两个情节。右侧绘帝释天与眷属,其下也绘一跪姿人物。上方是梵天与另一天人(图51)。森木塞姆石窟第48窟亦为一中心柱窟,主室正壁开龛,龛内塑像无存。龛外左侧绘帝释天及眷属,右侧绘五髻乾闼婆一身。龛上方绘四身奏乐伎乐天。

图51 克孜尔石窟第99窟主室正壁梵天劝请

2. 鹿野苑说法

经过"梵天劝请",佛陀应允说法。说法的对象,选择了当初随释迦菩萨离宫苦修的五位比丘。起先,五人因为佛陀当初放弃苦行,并不尊重,后闻佛陀演说佛法,才开始敬信。(图52)

时佛世尊复作是念:"我于今者为

①《根本说一切有部毗奈耶》,《大正藏》第24册,第126页。

谁先说？”……复作是念：“应为彼五人先为说法。何以故？我昔苦行之时，彼等五人信心尊重承事供养。”……诣迦施那国波罗痆斯城，仙人堕处施鹿林中。是时五人在彼林中，……如来渐渐近五人所。时彼五人不胜如来威德尊重，从座而起，……五人供养，未知世尊得成正觉，心生轻慢，所有言说皆唤如来在俗名号，……是时世尊见毁呰已，告五人曰：“于如来处，莫唤俗姓、乔答摩、具寿、种族名字。若如是毁呰如来者失大利益，生生之处于长夜中而受苦恼。”……五人报曰：“具寿乔答摩！汝先苦行，不得正觉智慧之法，亦复不见善安乐住，汝不可得。何谓今日破戒弃舍苦行？心不能定，痴狂心乱广受好食，所谓酥、奶酪等，酥油涂身香水洗浴。一无苦行，如何乃言得成正觉？世尊报曰：“汝愚痴人！不见如来前后相貌诸根差别。”五人报曰：“具寿乔答摩！如是相貌，我见差别。”尔时世尊告五人曰：“出家之人不得亲近二种邪师。……我有处中之法，习行之者，当得清净之眼及大智慧，成等正觉寂静涅槃。何为处中法？所谓八圣道。云何为八？所谓正见、正思惟、正语、正业、正命、正精进、正念、正定。”尔时世尊而为五人以决定心说如是教。时五人中，二人侍佛学法，三人晨时乞饭，还至本处充六人食。又于中后，三人侍佛学法。二人入村乞

图52　森木塞姆石窟第48窟主室正壁梵天劝请

食,还至本处五人共食,唯佛世尊不非时食。[①]

佛陀向他们宣说佛教的最基本法要:四谛、八正道、中道等。佛教历史称为"初转法轮"或"转妙法轮"。佛陀向五比丘说法从"四谛"开始。《根本说一切有部毗奈耶破僧事》云:

尔时世尊告五人曰:"此苦圣谛法,我未曾闻。由如理作意精进力故,得净慧眼智明觉生。此苦集圣谛法,我未曾闻。由如理作意精进力故,得净慧眼智明觉生。此苦灭圣谛法,我未曾闻。由如理作意精进力故,得净慧眼智明觉生。此苦灭道圣谛法,我未曾闻。由如理作意精进力故,得净慧眼智明觉生。复告五人:此苦圣谛法,我未曾知,今当应知,由如理作意精进力故,得净慧眼智明觉生。此苦集圣谛法,我未曾断,今当应断。如理作意精进力故,得净慧眼智明觉生。此苦灭圣谛法,我未所证,今当应证。如理作意精进力故,得净慧眼智明觉生。此苦灭道圣谛,我未修习今当应修,如理作意精进力故,得净慧眼智明觉生。此苦圣谛,我已遍知,不复更知,先未曾闻,由如理作意精进力故,得净慧眼智明觉生。此苦集圣谛,我已永断,更不复断,先未曾闻。由如理作意精进力故,得净慧眼智明觉生。此苦灭圣谛,我已作证,更不复证。先未所证,由如理作意精进力故。得净慧眼智明觉生。此苦灭道圣谛,我已修习,先未所习。由如理作意精进力故,得净慧眼智明觉生。汝等五人当知,我先未得此四谛三转十二种,未生净眼智明觉,不能超过人天乃至梵界诸沙门婆罗门一切世间天人阿苏罗,未证解脱出离,不离颠倒,我不证无上正智。汝等当知,我自

①《根本说一切有部毗奈耶破僧事》,《大正藏》第24册,第127页。

修习此四圣谛三转十二种，证已即生净眼智明，了达正觉。尔时我便超过人天魔梵界及世沙门婆罗门，于天人阿苏罗解脱，出离心所颠倒，我得于正智无上正觉。"世尊说此法时，具寿憍陈如，证于无垢无尘法中得法眼净，及八万天众，于法中亦证法眼。尔时世尊告憍陈如曰，汝证法已。答曰，世尊，我已证。佛复告曰，憍陈如，汝证法耶，答曰，善逝已证。佛言，具寿憍陈如，既遍证法，以是义故。号阿若憍陈如。①

佛的这番论证，弟子橋陈如首先得到悟证，被佛赐号阿若橋陈如。阿若是"已知"之意，阿若橋陈如即是悟证真理的橋陈如。他是佛陀的第一个大弟子。

"鹿野苑说法"在克孜尔石窟第43、69、76、80、92、98、110、189、193、205、207、224窟，森木塞姆石窟第42窟均有图像遗存。"鹿野苑说法"被绘于克孜尔石窟第69窟主室前壁上方半圆壁画上，反映了对这一题材的重视。画面较大，人物众多，内容丰富(图53)。图中央是结跏趺坐的佛陀，其下是"鹿野苑说法"的标志：法轮和三宝标、两侧为对称的鹿。佛左右排列"五比丘"。值得重视的是：在佛右侧最外面绘出龟兹世俗贵族装束的一男一女，他们的前面有一手持香炉的引荐僧在引导。

3. 频婆娑罗王迎佛

频婆娑罗王是印度摩揭陀国国王。在释迦牟尼成佛前，频婆沙罗王曾祈请释迦牟尼成道后先到摩揭陀首府王舍城受王供养。释迦牟尼成道后即先到王舍城说法。频婆沙罗王于迦兰陀建竹林精舍，供佛与弟子居住。《中阿含经》载：

---

①《根本说一切有部毗奈耶破僧事》，《大正藏》第24册，第127、128页。

图53 克孜尔石窟第69窟主室前壁鹿野苑说法

摩竭陀王频鞞娑逻(频婆沙罗)遥见世尊在林树间,端正姝好,犹星中月,光耀炜晔,晃若金山,相好具足,威神巍巍,诸根寂定,无有蔽碍,成就调御,息心静默,见已下车。若诸王刹利以水洒顶,得为人主。整御大地,有五仪式:一者剑、二者盖、三者天冠、四者珠柄拂、五者严饰屣。一切除却,及四种军,步进诣佛。到已作礼,三自称名姓。世尊:"我是摩竭陀王洗尼频鞞娑逻。"如是至三。于是,世尊告曰:"大王,如是,如是。汝是摩竭陀王洗尼频鞞娑逻。"于是,摩竭陀王洗尼频鞞娑逻再三自称名姓已,为佛作礼,却坐一面。诸摩竭陀人或礼佛足,却坐一面,或问讯佛,却坐一面,或叉手向佛,却坐一面。或遥见佛已,默然而坐。……世尊知诸摩竭陀人心之所念,便为摩竭陀王洗尼频鞞娑逻说法,劝发渴仰,成就欢喜,无量方便为彼说法,劝发渴仰,成就欢喜已。如诸佛法,先说端正法,闻者欢悦。谓说施、说戒、说生天法。毁呰欲为灾患、生死为秽、称叹无欲为妙道品白净。世尊为彼大王说之,佛已知彼有欢喜心、具足心、柔软心、堪耐心、升上心、一向心、无疑心、无尽心。有能、有力堪受正法。……佛说此法时，摩竭陀王洗尼频鞞娑逻远尘离垢、诸法法眼生，及八万天、摩竭陀诸人万二千，远尘离垢，诸法法眼生。于是，摩竭陀王洗尼频鞞娑逻见法得法，觉白净法，断疑度惑，更无余尊，不复从他，无有犹豫，已住果证。于世尊法得无所畏，即从坐起，稽首佛足，白曰："世尊，我今自归于佛、法及比丘众，唯愿世尊受我为优婆塞，从今日始，终身自归，乃至命尽。"①

克孜尔石窟第188窟主室正壁上方半圆形壁面上存有"频婆娑罗五迎佛"题材图像（图54）。遗憾的是图像的右侧被德国考察队剥掉，至今下

图54　克孜尔石窟第188窟主室正壁

①《长阿含经》，《大正藏》第1册，第498页。

落不明,无法得知内容。现存的画面是:中央佛陀的左臂被剥取,佛的头及右半身尚存。佛陀结跏趺坐于金刚座上,右手作说法印。佛头上方残存两身坐佛身光。金刚座下方有一排骷髅头。佛陀右侧有四人,最前面者,头戴花冠,双手合十。身后为头盘大花鬘身着华丽服饰的女性。此二人是频婆沙罗王及王后韦提希夫人,两人坐在台座上。韦提希身后为一婆罗门,右手捧大型珠冠,左手扛宝剑。频婆沙罗王上方一大型伞盖,伞盖上飘两条帛带。三人上方有一比丘。这部分图像正是频婆沙罗王向佛陀展示“五仪式”(又称五胜物),此图像出现宝冠、宝伞、宝剑。其余的宝履、宝拂应该在左侧。

4. 舍卫城神变

六师是佛陀时代印度中部出现的六种反对婆罗门思想的自由思想学派,当时在印度有很大的影响。印度摩揭陀国王频婆沙罗(又译洴沙王、汉译影胜王),深信佛教。但其弟却敬奉、供养六师。频婆沙罗王于是召集大会,请佛陀与六师都来接受供养。经过十余日曲折紧张、惊心动魄的较量,在梵天、帝释天的护持下,佛陀最后击败六师。《贤愚经·降六师品》云:

> 如是我闻,一时佛在王舍城竹园之中,与千二百五十比丘俱。时洴沙王,已得初果,信敬之心倍复隆厚,常设上妙四事所须,供养于佛及比丘僧。乐人同善,志兼劝导。国有六师,富兰那等,先素出世,邪见倒说,诳惑民庶。迷冥之徒,信服邪教,众类广布,恶党遍满。时王有弟,敬奉六师,信惑邪倒,谓其有道。竭家之货,供给与之。佛日初出,慧流肇润,无心拔擢,没在重网。兄王洴沙,甚爱重之,殷懃方便,晓令奉佛。弟执邪理,不从王教,数数勅令请佛供养。弟白兄王:“我自有师,不能复往奉事瞿昙。然王有教理无有违,当设大会不限来众,若其自至,我当与食。”许王之后办设供具,饶敷床座,事讫设会。遣人往唤。六师之徒,寻皆来

集，坐于上位。……时佛与大众，来至会所，见诸六师先坐上座，佛与众僧，次第而坐。佛以神足，令此六师合其徒类，忽在下行。六师惭耻，各起移坐，坐定自见，还在其下。如是再三，移坐就上，犹自见身，乃在下末。……又第八日受帝释请，为佛作师子座，如来升座。帝释侍左，梵王侍右。众会一切，静然坐定。佛徐申臂，以手按座，欻有大声，如象鸣吼。应时即有五大神鬼，摧灭挽拽，六师高座。金刚密迹，捉金刚杵，杵头出火，举拟六师。六师惊怖奔突而走，惭此重辱，投河而死。九亿人众，皆来归佛，求为弟子。佛言："善来比丘！"须发自落，法衣在身皆成沙门。佛为说法，示其法要，漏尽结解，悉得罗汉。①

"舍卫城神变"图像，保存在克孜尔石窟第80、97、114窟。第80、97窟绘在中心柱窟主室正壁上方，第114窟绘在主室前壁门上方。第80窟图像内容丰富，场面宏大（图55）。第97窟人物造型生动、画面紧凑（图56）。此二图像均为此题材图像的上乘之作。第80窟画面是佛陀居中央交脚坐于金刚座上。右手高抬作"说法印"。头上方一列七身坐佛。佛右是频婆沙罗王携眷属二人坐于高台座上。其上方为两天人，似为帝释天及某天人。佛陀左侧为六师外道，前三人坐于高"束帛座"上。六师上方一金刚力士举金刚杵从天而降，此正是"金刚密迹，捉金刚杵，杵头出火，举拟六师"的情景。佛陀脚下绘出一饿鬼和一在火上烧煮的大釜，釜中有四个人头。此为佛陀降伏六师外道后，地狱亦受震动，诸受罪人纷纷显现，自说罪恶。

①《贤愚经》，《大正藏》第4册，第361页。

图 55　克孜尔石窟第 80 窟主室正壁舍卫城神变

图 56　克孜尔石窟第 97 窟主室正壁舍卫城神变

于时世尊，以手指地，十八地狱一切都现。无量尘数，诸受罪人，各各自说，我于本时，作如是恶，今受此苦。一切众会，具悉闻见，甚怀悲愍，衣毛惊悚。佛便为说法，应适其意，有发大心，住不退者，得果生天，不可称数。地狱众生，缘见佛闻法，心生敬仰，皆遥自归，终皆得生天上人中。①

5. 伊罗钵龙王礼佛

伊罗钵龙王，过去是一比丘，在迦叶佛时因触犯戒律转世为龙。迦叶佛告诉他，逢释迦牟尼佛，得佛力帮助，才能恢复人身。后伊罗钵龙王在那罗摩纳（后来的迦旃延，佛的十大弟子之一）的协助下在鹿野苑见到佛陀，佛陀向其讲述宿世因缘。告诉伊罗钵人寿八万岁时，弥勒佛为其授记，恢复人身。该故事《五分律》记载较为详细：

时伊罗钵龙王，作是念！“昔迦叶佛记我：‘于当来过百千万亿岁，释迦牟尼佛出现于世。佛当记汝脱龙身时’时今应至，当往见佛。”彼龙为见佛故，于六斋日在恒水中，用金钵盛银粟，银钵盛金粟，又庄严二女，而说偈言：“何者王中上，染与非染等，云何得无垢，何者名为愚。何者流所漂，得何名为智，云何流不流，而名为解脱。”龙王说此偈已，念言：“若人有能解此偈者，即是佛！若从佛闻，必示我佛处！我今不见余沙门、婆罗门、诸天魔梵、一切世间有能解此偈者。”念已唱言：“若有能解此偈，我当与金银钵满金银粟，及此二女。”尔时众多余沙门、婆罗门、长者、居士竞欲为龙解此偈义，龙王为说，皆不能解。尔时那罗摩纳，为摩竭国人所共宗敬。皆言：“此摩纳有大知见，必能解之！”便共往请，摩纳念言：“我为一国所宗，若言不能，便当为彼众人所弃；我虽未解，当作方便，保全此誉！”便语众人：“汝皆共我往到龙所，我当解之！”于是众人与摩纳。俱，恭敬围绕，往到龙所，语龙言：“可说汝偈，我当敷演。”龙即说偈，摩纳言：“此甚易解！我七日后，当来

①《贤愚经》，《大正藏》第4册，第363页。

解之。”即诵其偈,先问余沙门、婆罗门、不兰迦叶六师等;悉不能解,皆诡瞋骂,咸言:“无义”欲以掩藏不解之短。摩纳复念言:“师昔告我,佛当出世,于彼净修梵行。今沙门瞿昙在鹿苑中,必能解之,我当往问。”复作是念:“此六师等年耆博见,尚不能解!况沙门瞿昙既自年少,出家始尔,而能解乎?”复念:“明闇自然,不可以先后相挌!瞿昙虽少,不可轻也!”念已,便到佛所,顶礼佛足却住一面,说龙王偈,以问于佛。佛即为说:“第六王为上,染者与染等,不染则无垢,染者谓之愚。愚者流所漂,能灭者为智,舍流不复流,是名为解脱。”摩纳闻说偈已,深知是佛,诵习受持,至第七日往到龙所。时八万四千人,在恒水两岸,欲听摩纳解说偈义。摩纳更语龙言:“说汝先偈。”龙王便说,摩纳即说佛所说偈,而为解之。龙王闻偈,欢喜踊跃,念言:“佛已出世!我今便为已得见佛!所以者何?我不见余沙门、婆罗门、诸天魔梵、一切世间有能解此义者。”念已,问摩纳言:“汝实语我!汝所说偈,为从谁闻?我今不见诸余沙门、婆罗门、一切世间有能说此偈者。唯除佛,若从佛闻!”答言:“我实语汝,佛已出世,我从其闻!”龙王欢喜问言:“佛今在何处?我欲见之!”摩纳胡跪,舒右手指佛处方言:“佛今在彼。”龙王益复欢喜,三返称:“南无如来、应供、等正觉!”便语摩纳言:“汝可送我往至佛所,问讯世尊!”答言:“可尔。”龙王即自复身,身体长大,眼如大钵,喘息如雷,口出火光,水中逆上,八万四千人皆亦随从。既达渚,次化作转轮圣王,上岸诣佛。遥见世尊姿容殊特,犹若金山,龙王欢喜,加敬无量。佛见龙王称其名曰:“善来、伊罗钵龙王。龙王闻已,复加喜敬。“世尊知我名,修伽陀识我名!”前顶礼足,却住一面。更说本偈,以问于佛,佛为说摩纳所受之偈。龙王闻已,先大欢喜,然后悲泣。佛问龙王:“何故须臾乍喜、乍悲?”答言:“世尊!我忆过去迦叶佛所,净修梵行。于后时，捉紫华茎，往到佛所问言：‘世尊！若比丘杀此草，得何等罪？’佛答我言：‘以此因缘，或有堕最苦地狱者！’我闻此语不信不敬，便故刺伊罗树叶，作是念：‘试看有何果报？’竟不舍此见，亦不悔过。命终之后，今生长寿龙中，因是业故，名我为伊罗钵龙。既受身已，复往佛所问言：‘我何时当得脱此龙身？’佛答我言：‘当来过于百千亿万岁，有释迦牟尼佛出现于世，彼佛当记汝得解脱时！’我今既见世尊生希有心，始知诸佛言无虚妄，是以欣笑。又念昔违佛教，今复不能受佛明戒，是以悲泣。”复白佛言：“愿记我何时当得脱此龙身！”佛言：“当来过百千亿万岁，有弥勒佛出现于世，汝于尔时得脱龙身，出家受戒，广修梵行，得尽苦源！”佛便为龙受三自归，为优婆塞；复为八万四千人，说种种妙法示教利喜，所谓施论乃至出要为乐。皆欢喜已。更为说诸佛常所说法，苦集尽道。八万四千人即于坐上，远尘离垢，得法眼净，见法得果。见法得果已，受三自归，次受五戒。于是龙王语摩纳言：“汝今何为须此龙女？龙女多恚，或以毒火共相伤害！随汝所须金银宝物尽当相与！”答言：“止，止！龙王！我不须龙女，亦不须金银！我闻佛最后说偈，得离欲界欲故。”佛说法已，语龙王言：“汝可还归所住！”龙王受教，顶礼而退。龙王去后，摩纳前礼佛足，白佛言：“世尊！愿与我出家受具足戒！”佛言：“善来，比丘！”乃至钵盂在手！亦如上说。出家未久，懃行不懈，得阿罗汉。尔时世间有六十二阿罗汉。于是世尊从鹿苑，渐渐游行到娑罗林，在树下坐。去林不远有一园观，时有同友三十人，各将其妇于中游戏。一人无妇，雇一淫女假好衣服，共游此园，方欲极情肆乐，而彼淫女着其好衣忽然叛去，相助追觅至娑罗林。遥见世尊姿容挺特，犹若金山，见已生希有心，皆到佛所，顶礼佛足，却坐一面，问佛言：“大沙门！见有一女人来不？”佛言：“宁欲自求，为欲求他？”答言：“我宁自求,不求妇女!"佛言:"且坐!为汝说法!"皆受教,更礼而坐。佛为说种种妙法,示教利喜,乃至苦集尽道。三十人皆远尘离垢,得法眼净,见法得果。见法得果已,白佛言:"愿与我出家受具足戒!"佛言:"善来,比丘!"乃至得阿罗汉亦如上说。尔时世间有九十二阿罗汉。时复有六十人为婚姻事,行过娑罗林,遥见世尊姿容挺特,犹若金山。皆前到佛所,顶礼佛足。佛为说法,乃至得阿罗汉皆如上说。尔时世间有百五十二阿罗汉。①

"伊罗钵龙王礼佛"图像保存在库木吐喇石窟第43、46窟,均绘在中心柱窟主室门的上方。第43窟画面破损较多,第46窟基本完好(图57)。图像布局是:中央为佛陀结跏趺坐于金刚座上,右下方为胡跪的伊罗钵龙王。龙王着帝王装,带头冠。头上伸出三个蛇头,表示龙王的原身。左手捧一大钵。龙王后面为一男子亦胡跪姿态,头上亦伸出三个蛇头,双手捧一大盆,亦是在奉献宝物。其后有一女性眷属,双手合十,装束也较高贵。龙王上方有一女性双手合十,作供养状,其后为一比丘。佛陀左侧上方为两

图57 库木吐喇石窟第46窟主室前壁伊罗钵龙王礼佛

①《五分律》,《大正藏》第22册,第106页。

身服饰华丽、体态端庄的少女，前者双手为执物姿态，后者双手合十。此二女应是“庄严二女”。佛陀左下方，胡跪三人，最前面者是那罗摩纳（即迦旃延）面目苍老，手捧一大钵。即“摩纳前礼佛足白佛言：‘世尊，愿与我出家受具足戒。’佛言：‘善来比丘，乃至钵盂在手的情景’。”其面目苍老，据《根本说一切有部毗奈耶杂事》的描述是：“法衣着身瓶钵在手，威仪整肃如百岁苾刍”[①]，与图像完全吻合。

6. 迦叶皈依

优楼频螺迦叶，兄弟三人（其弟伽耶迦叶，那提迦叶）是摩竭陀国颇有名望的外道长老，崇拜“事火”。佛陀游历摩竭陀国时，度化了优楼频螺迦叶兄弟及其数千徒众，《别译杂阿含经》记载：

> 一时，佛游摩竭提国，与千比丘俱。先是婆罗门耆旧有德，获阿罗汉，诸漏已尽，尽诸有结，所作已办，舍于重担，逮得己利。如来往至善住天寺祠祀林中，频婆娑罗王闻佛到彼祠祀林间，时，频婆娑罗王即将骑队，有万八千辇舆，车乘万有二千，婆罗门居士数千亿万，前后围遶，往诣佛所。至佛所已，舍象马车，释其容饰，往至佛所，长跪合掌，白佛言：“世尊，我是摩竭提王频婆娑罗。”三自称说。佛言：“如是，如是，摩竭提王频婆娑罗。”时，频婆娑罗礼佛足已，在一面坐。摩竭提国诸婆罗门，及以长者，礼佛足已，各前就坐。时，此坐中，或有举手，或默然坐。尔时，优楼频螺迦叶坐于佛所，摩竭提人咸生疑惑，而作是念：“为佛是师，为优楼迦叶是师？”尔时，世尊知摩竭提人深心所念，即以偈问迦叶曰：“汝于优楼所，久修事火法，今以何因缘，卒得离斯业？”优楼频螺迦叶以偈答曰：“我先事火时，贪嗜于美味，及以五欲色，此

①《大唐西域记》，《大正藏》第24册，第301页。

皆是垢秽,以是故弃舍,事火祠火法。”尔时,世尊复说偈言:“我知汝不乐,五欲及色味,汝今所信乐,当为人天说。”尊者优楼频螺迦叶复说偈言:“我先甚愚痴,不识至真法,祠祀火苦行,谓为解脱因。譬如生盲者,不见解脱道,今遇大人龙,示我正见法。今日始覩见,无为正真迹,利益于一切,调御令解脱。佛出现于世,开示于真谛,令诸含生类,咸得睹慧光。”尔时,世尊复说偈言:“汝今为善来,所求事已得,汝有善思力,能别最胜法。汝今应观察,大众之深心,为其现神变,使彼生敬信。”尊者优楼频螺迦叶实时入定,起诸神通,身升虚空,坐卧经行,即于东方,行住坐卧,现四威仪。身上出水,身下出火。身下出水,身上出火。入火光三昧,出种种色光,于其东方,现其神变,南西北方,亦复如是。现神足已,在佛前住,顶礼佛足,合掌而言:“大圣世尊是我之师,我于今者是佛之子。”佛言:“如是如是。汝从我学,是我弟子。”佛复命言:“还就汝坐。”时,摩竭提频婆娑罗王闻佛所说,欢喜奉行。①

优楼频螺迦叶皈依故事是龟兹石窟中心柱洞窟主室两壁“说法图”中常见的题材。克孜尔石窟第178窟主室左壁的一幅最为完整。(图58)龟兹石窟描绘优楼频螺迦叶兄弟皈依大多是与“大迦叶求度”等事迹结合在一起的。画面上,大都是大迦叶跪在佛座前,头触地面,顶礼膜拜。佛头上方有一瘦骨嶙峋的四头迦叶,向佛合十供养,此是已皈依的优楼频螺迦叶兄弟,四头迦叶代表了迦叶三兄弟和摩竭陀国所有迦叶的徒众。这是龟兹石窟一种特殊的艺术表现形式。佛左坐于方形座上的是频婆裟罗王及夫人。佛右下方是金刚力士护卫,上部为弟子阿难。这幅图还有众天人及摩

①《别译杂阿含经》,《大正藏》第2册,第377页。

图58 克孜尔石窟第178窟主室右侧壁迦叶皈依

图59 克孜尔石窟第224窟主室左侧壁佛传中的三头迦叶

竭陀国众生围绕佛陀欣喜的场面。(图59)克孜尔石窟第4、8、98、171、178、192、193、205、224窟有此图像。

7. 迦叶皈依

大迦叶汉译迦叶，又作迦叶波，佛十大弟子之一。人品清廉、洁心寡欲、修道笃勤，深受佛陀信赖，佛陀灭度后，成为僧团的统帅者，于王舍城召集第一次经典结集。大迦叶自觉寻求“出家之法”，自种善根。当遇见佛陀时，主动皈依，精勤修道，速达阿罗汉果位。《过去现在因果经》卷四载：

尔时偷罗厥叉国(王舍城附近)，有一婆罗门，名曰迦叶，有三十二相，聪明智慧，诵四毗陀经，一切书论，无不通达，极大巨富，善能布施。其妇端正，举国无双。二人自然无有欲想，乃至亦不同宿一室。久于往昔，种善根故，不乐在家受五欲乐。日夜思惟，厌离世间，精勤求访出家之法。如是推寻不能得已,即舍家事,入于山林,心念口言:"诸佛如来,出家修道,我今亦当随佛出家。"即便脱去金缕织成珍宝之衣,价直百千两金,而着坏色纳衣,自剃须发。尔时诸天,于虚空中,既见迦叶自出家已。而语之言:"善男子,甘蔗种族,白净王子,其名萨婆悉达,出家学道,成一切种智,举世号为释迦牟尼佛。今者与千二百五十阿罗汉,在王舍城竹园中住。"尔时迦叶,闻天语已,欢喜踊跃,身毛皆竖,即便往趣竹园僧伽蓝。尔时世尊,知其当来,而自思惟:"观其善根,宜往度之。"作此念已,即行逆之到子兜婆,而逢迦叶。时彼迦叶,既见相好威仪特尊,即便合掌,而作此言:"世尊实是一切种智,实是慈悲,济众生者;实是一切所归依处。"即便五体投地,顶礼佛足,而白佛言:"世尊今者是我大师;我是弟子。"如是三说。佛即答言:"如是迦叶,我是汝师,汝是我弟子。"佛又语言:"迦叶当知,若人实非一切种智,而欲受汝为弟子者,头则破裂,以为七分。"又复告言:"善哉,迦叶!快哉,迦叶!当知五受阴身是大苦聚。"于时迦叶,闻此言已,即便见谛,乃至得于阿罗汉果。尔时世尊,即与迦叶,俱还竹园。以此迦叶,有大威德,智慧聪明,是故名之为大迦叶。①

龟兹石窟"大迦叶求度"图像大多与"优楼频螺迦叶兄弟皈依"结合在一起,但也有专门描绘"大迦叶求度"的图像。库木吐喇石窟第23窟主室北壁保存一幅。(图60)此图佛居中央,脚下是顶礼膜拜的大迦叶。佛陀一侧为摩竭陀国频婆裟罗王及眷属等,上部是诸天人前来朝贺。

8. 祇园布施

此画描绘的是"祇园布施"的故事。须达长者(或称给孤独)欲造精舍

---

①《过去现在因果经》,《大正藏》第3册,第653页。

图60 库木吐喇石窟窟群区第23窟主室右侧壁迦叶皈依

以供养佛世尊，他选中了舍卫国祇陀王子的一座园林。须达长者以黄金布地，向祇陀王子那里买得此园。精舍建成后，佛陀与四众弟子来到舍卫城，城中人民纷纷持供养具前来迎接。佛说，按照先前约定，此园为须达所买，园中树木花果，则仍为祇陀王子所有，“二人同心，共立精舍”，因此当称之为“太子祇树给孤独园”。画面中，佛面向左侧，左手持说法印，佛左、右下方各跪一身人物，左侧为舍利弗，右侧为须达长者，两臂下垂，姿势相似，表现共同执绳丈量土地的情景。

《贤愚经须达起精舍品》载：

> 尔时世尊，知须达来，出外经行。是时须达，遥见世尊，犹如金山，相好威容，俨然炳着，过踰护弥所说万倍，睹之心悦，不知礼法，直问世尊：“不审瞿昙！起居何如？”世尊实时，命令就坐。时首陀会天，遥见须达，虽睹世尊，不知礼拜供养之法，化为四人，行列而来。到世尊所，接足作礼，长跪问讯，起居轻利，右遶三匝，却住一面。是时须达，见其如是，乃为愕然，而自念言：“恭敬之法，事应如是。”即起离坐，如彼礼敬，问讯起居，右遶三匝，却住一面。尔时世尊，即为说法，四谛微妙，苦空无常。闻法欢喜，便染圣法，成须陀洹，譬如净洁白迭易染为色。长跪合掌，问世尊言：“舍卫城中，如我伴辈，闻法易染，更有如我比不？”

佛告须达:"更无有二如卿之者。舍卫城中,人多信邪,难染圣教。"须达白佛:"唯愿如来!垂神降屈,临履舍卫,使中众生除邪就正。"

世尊告曰:"出家之法,与俗有别,住止处所,应当有异,彼无精舍,云何得去?"

须达白佛言:"弟子能起,愿见听许。"世尊默然。须达辞往,为儿娶妇。竟辞佛还家,因白佛言:"还到本国,当立精舍,不知摸法?唯愿世尊!使一弟子共往敕示。"

世尊思惟:"舍卫城内,婆罗门众,信邪倒见,余人往者,必不能办;唯舍利弗,是婆罗门种,少小聪明,神足兼备,去必有益。"即便命之,共须达往。须达问言:"世尊足行,日能几里?"舍利弗言:"日半由旬,如转轮王足行之法,世尊亦尔。"是时须达,即于道次,二十里,作一客舍,计挍功作,出钱雇之,安止使人,饮食敷具,悉皆令足。从王舍城,至舍卫国,还来到舍,共舍利弗,按行诸地,何处平博,中起精舍,按行周遍,无可意处。唯王太子祇陀有园,其地平正,其树欝茂,不远不近,正得处所。时舍利弗,告须达言:"今此园中,宜起精舍,若远作之,乞食则难,近处愦闹,妨废行道。"

须达欢喜,到太子所,白太子言:"我今欲为如来起立精舍,太子园好,今欲买之。"太子笑言:"我无所乏,此园茂盛,当用游戏逍遥散志。"须达殷懃乃至再三,太子贪惜。"增倍求价,谓呼价贵,当不能买。"语须达言:"汝若能以黄金布地,令间无空者,便当相与。"须达曰:"诺,听随其价。"太子祇陀言:"我戏语耳。"须达白言:"为太子法,不应妄语,妄语欺诈,云何绍继,抚恤人民?"即共太子,欲往讼了。

时首陀会天,以当为佛起精舍故,恐诸大臣偏为太子,即化作一人，下为评详。语太子言："夫太子法，不应妄语，已许价决，不宜中悔。"遂断与之。须达欢喜，便勅使人："象负金出。"八十顷中，须臾欲满，残有少地。须达思惟："何藏金足？不多不少，当取满足。"祇陀问言："嫌贵置之。"答言："不也。自念金藏，何者可足？当补满耳。"祇陀念言："佛必大德，乃使斯人轻宝乃尔？"教齐是止！"勿更出金，园地属卿，树木属我，我自上佛，共立精舍。"须达欢喜，即然可之，即便归家，当施功作。

……

长者须达，共舍利弗，往图精舍，须达手自捉绳一头，时舍利弗自捉一头，共经精舍。时舍利弗，欣然含笑。须达问言："尊人何笑？"答言："汝始于此经地，六欲天中，宫殿已成。"即借道眼，须达悉见六欲天中严净宫殿，问舍利弗："是六欲天，何处最乐？"舍利弗言："下三天中，色欲[1]深厚，上二天中，憍逸自恣，第四天中，少欲知足，恒有一生补处菩萨，来生其中，法训不绝。"须达言曰："我正当生第四天上。"出言已竟，余宫悉灭，唯第四天宫殿湛然。复更从绳，时舍利弗，惨然忧色。即问尊者："何故忧色？"答言："汝今见此地中蚁子不耶？"对曰："已见。"时舍利弗，语须达言："汝于过去毘婆尸佛，亦于此地，为彼世尊起立精舍，而此蚁子在此中生。尸弃佛时，汝为彼佛，亦于是中造立精舍，而此蚁子亦在中生。毘舍浮佛时，汝为世尊，于此地中起立精舍，而此蚁子亦在中生。拘留秦佛时，亦为世尊，在此地中起立精舍，而是蚁子亦于此中生。拘那舍牟尼佛时，汝为世尊，于此地中起立精舍，而此蚁子亦在中生。迦叶佛时，汝亦为佛，于此地中起立精舍，而此蚁子

①《贤愚经》，《大正藏》第4册，第419—421页。

亦在中生。乃至今日,九十一劫,受一种身,不得解脱。生死长远,唯福为要,不可不种。”是时须达,悲怜愍伤。

经地已竟,起立精舍,为佛作窟,以妙栴檀,用为香泥,别房住止,千二百处,凡百二十处,别打犍椎。施设已竟,欲往请佛,复自思惟:“上有国王,应当令知,若不启白,傥有瞋恨。”即往白王:“我为世尊,已起精舍,唯愿大王!遣使请佛。”时王闻已,即遣使者,诣王舍城,请佛及僧:“唯愿世尊!临覆舍卫。”

尔时世尊,与诸四众,前后围遶,放大光明震动大地,至舍卫国,所经客舍,悉于中止,道次度人,无有限量,渐渐来近舍卫城边,一切大众,持诸供具,迎待世尊。世尊到国,至广博处,放大光明,遍照三千大千世界,足指按地,地皆震动,城中伎乐,不鼓自鸣,盲视聋听,哑语偻申,皆得具足。一切人民男女大小,覩斯瑞应,欢喜踊跃,来诣佛所,十八亿人,都悉集聚。尔时世尊,随病投药,为说妙法,宿缘所应,各得道迹,有得须陀洹、斯陀含、阿那含、阿罗汉者,有种辟支佛因缘者,有发无上正真道意者,各各欢喜,奉行佛语。

佛告阿难:“今此园地,须达所买,林树华菓,祇陀所有,二人同心,共立精舍,应当与号太子祇树给孤独园,名字流布,传示后世。”

尔时阿难,及四部众,闻佛所说,顶戴奉行。

9. 大爱道出家

大爱道,音译摩诃波阇波提,释迦牟尼的姨母。释迦母亲摩耶夫人去世后,释迦由姨母抚养,并继为净饭王后。净饭王命终后,大爱道率释迦之妻耶输陀罗及五百释迦族女,随释迦牟尼出家,此为佛教有比丘尼之开始。大爱道亲自管理比丘尼众,协助佛陀发展佛教扩大僧团,贡献颇多。

《中本起经》记载：

其后不久，佛时与诸大比丘俱，从释氏精舍入迦维罗卫国。大爱道闻佛从诸弟子来入国中，心大欢喜，即行到佛所，稽首佛足下，大爱道复白佛言："我闻女人精进，可得沙门四道，愿得受佛法律。我以居家有信，欲出家为道。"佛言："止、止，瞿昙弥，无乐以女人入我法律。服法衣者，当尽寿清净究畅梵行。"大爱道则复求哀，如是至三，佛不肯听。便前作礼，遶佛而去。佛时与诸比丘，留止是国，避雨三月，补成衣已，着衣持钵出国而去。大爱道即与诸老母等，俱行追佛。佛行转到那私县，顿止河上。大爱道便前，稽首作礼却住，白佛言："我闻女人精进，可得沙门四道，愿得受佛法律。我以居家有信，欲出家为道。"佛言："止、止，瞿昙弥，无乐以女人入我法律。服法衣者，当尽寿清净究畅梵行。"大爱道则复求哀，如是至三，佛不肯听。便前作礼，遶佛而退。住于门外，被弊败之衣，徒跣而立，颜面垢秽，衣服污尘，身体疲劳，嘘唏悲啼。贤者阿难，见伯母大爱道如是，即问言："瞿昙弥，何因弊衣徒跣、面垢衣尘，疲劳悲啼？"大爱道答言："贤者阿难，今我用女人故，不得受佛法律，是以自悲伤耳。"阿难言："止、止，瞿昙弥，且自宽意，待我今入向佛说是事。"贤者阿难即入，稽首佛足下，长跪白佛言："我从佛闻，女人精进可得沙门四道。今大爱道以至心欲受法律，其已居家有信，欲出家为道，愿佛许之。"佛言："止、止，阿难，无乐使女人入我法律为沙门也。所以者何？阿难，譬如族姓之家生子，多女少男，当知是家以为衰弱，不得大强盛也。今使女人入我法律者，必令佛清净梵行不得久住。譬如稻田禾稼具熟，而有恶露灾气，则令善谷伤败。今使女人入我法律者，必令佛清净大道不得久兴盛。"阿难复言："今大爱道，多有善意。佛初生时,力自育养,至于长大。”佛言:“有是,阿难,大爱道信多善意,于我有恩,我生七日而母终亡,大爱道自育养我至于长大。今我于天下为佛,亦多有恩德于大爱道。大爱道但由我故,得来自归佛、自归法、自归比丘僧,又信佛、信法、信比丘僧,不复疑苦,不复疑习,不复疑尽,不复疑道,方成其信,成其禁戒,成其多闻,成其布施,成其智慧。亦能自禁制,不杀生,不盗窃,不淫泆,不妄语,不饮酒。如是,阿难!正使人终身相给施衣被、饮食、卧具、病困医药,不及我此恩德也。”佛告阿难:“假使女人,欲作沙门者,有八敬之法,不得踰越,当以尽寿,学而行之。譬如防水,善治堤塘,勿漏而已。其能如是者,可入我律戒。何谓八敬之法?一者:比丘持大戒,女人比丘尼当从受正法。二者:比丘僧持大戒,半月已上,比丘尼当礼事之。三者:比丘僧、比丘尼不得相与并居同止。四者:三月止一处,自相检押,所闻所见,当自省察。五者:比丘尼不得讼问比丘僧事,以所闻见。若比丘僧有所闻见,讼问比丘尼,比丘尼即当自省察。六者:比丘尼有庶几于道法,得问比丘僧经律之事。七者:比丘尼自未得道,若犯戒律,当半月诣众中首过自悔,以弃憍慢之态。八者:比丘尼虽有百岁持大戒,当处新受大戒幼稚比丘僧下坐,以谦敬为之作礼。是为八敬之法,我教女人不得踰越,当以尽寿学而行之。假令大爱道,审能持此八敬法者,听为沙门。”贤者阿难受佛语已熟谛,便作礼而出,报大爱道言:“瞿昙弥,可勿复愁,已得舍家之信、去家就戒。佛说女人作沙门者,有八敬之法,不得踰越,但当终身勤意学行之耳。持心当如防水,善治堤塘勿漏而已。”阿难便一一为伯母,说佛所教勅八敬之事。言:“能如是者,可入佛法律。”大爱道即欢喜而言:“唯诺阿难,听我一言。譬如四姓家女,沐浴涂香,衣庄严事,而人复欲利益之,安隐不怖,以好华香珍宝,结为步瑶,持与其女,岂不爱乐头首受耶？今佛所教勅八敬法者，我亦欢心，愿以首顶受之。”尔时，大爱道便受大戒为比丘尼，奉行法律，遂得应真。[1]

克孜尔石窟第206窟保存此图像（图61）。画面是佛陀坐于金刚座上，面对右下方坐于束帛座上的大爱道。大爱道头戴珠冠，表示王后的身份。其身着薄纱，体态雍容华贵。佛陀右下方为一托花盘供养的女子，佛左右各有托花盘女性二人。这些女性代表释迦族五百妇女。

图61　克孜尔石窟第206窟主室侧壁大爱道出家

10. 富楼那出家

富楼那全名富楼那弥多罗尼子，佛陀十大弟子之一。富楼那与悉达多

①《中本起经》，《大正藏》第4册，第158、159页。

太子同年同月同日生,也是在同一天出家修行。有一天,富楼那以天眼观察到悉达多太子已征得无上大法,正在鹿野苑说法,便约三十位朋友,前往佛所请求皈依。《佛本行集经》卷三十七曰:

时,富楼那苦行仙人,举身即共三十朋友,从雪山下,飞升而行犹如雁王腾于虚空,至波罗奈鹿野苑下,往诣佛边。到佛所已,顶礼佛足,以两手执世尊之足摩挲顶戴,举头以口呜如来足,起在佛前胡跪,以偈赞叹佛言:“昔在兜率陀天上,正念化作白象形,托身欲入摩耶胎,来至释种家作子。如妙莲花不着水,在于母胎不污身,彼母受乐无量欢,不贪五欲唯乐法。唯行善行舍诸恶,观尊在胎如铸金,欢喜踊跃不知厌,看不知足更复睹。尊在胎内常说法,诸天人起慈悲心,皆悉欢喜饮法膏。世尊初生发妙语,我脱众生生死苦,右胁出已七步行,无畏犹如师子王,我是如来终灭苦。世尊初生浴池水,水不冷暖弥岸平,浴讫涂香庄严身,空中自然盖拂现,世间稀有见此事,是故我等顶礼尊”。①

画面中佛周围的诸比丘,当是与富楼那一起相约请求出家的朋友。佛右侧,抚摸佛足,请求出家,当是富楼那。(图62)

11. 迦梨龙王听法

迦梨龙王,梵语 Kāla,原为恶鬼类龙王,与憍昙摩龙王携眷属共赴苏波罗城听佛说法。因发善心而皈依佛法。《根本说一切有部毗奈耶药事》载:

尔时于大海中有二龙王:一名黑者龙王(即迦梨龙王)、二名憍昙摩龙王,便作是念:“世尊今于苏波罗城演说妙法,我今

①《佛本行集经》,《大正藏》第3册,第824页。

图62　克孜尔石窟第178窟主室侧壁富楼那出家

速往闻佛说法。”是时龙王各与五百眷属俱，以龙威力化现五百流河，共趣苏波罗城处。于时如来便作是念：“此二龙王若至苏波罗城者，令此国境尽皆没坏。”是时世尊，告目连曰：“汝先急食。何以故？目连当知，有五种急缘应为先食。何等为五？一者从远方来、二者欲达远处、三者有病之人、四者为看病人、五者授事之人，以此缘故，令汝先食。”世尊尔时先与目连食已，速往龙王之处。到已告龙王曰：“汝当爱念苏波罗城，莫令毁坏。”龙王白言：“我等以善心来，不拟损害蚁子之类，况欲伤苏波罗城及有情等。”尔时龙王来至佛所，世尊告龙王曰：“应如是说。”彼闻法已，归佛法僧，受五支学处。①

克孜尔石窟第206窟存有此图（图63）。画面是迦梨龙王与眷属跪于佛陀右下方，龙王与眷属头上伸出三条蛇形龙，下方一条黑色巨蟒抬头向上，表示迦梨黑龙王的原身。佛左下方是威武的护法金刚。佛两侧上方绘佛弟子与伎乐天人等。

12. 波斯匿王礼佛

波斯匿王（或称胜光王）外出游行时，来到一处风景秀美之地，不禁思念起佛陀，于是就率领群臣前去拜访。当他走进佛所在的园林时，就脱去

①《根本说一切有部毗奈耶杂事》，《大正藏》第24册，第15页。

图63 克孜尔石窟第206窟主室侧壁伊罗钵龙王礼佛

了身上的饰物以示敬意。然后，他走入佛的房间，双手捧住佛祖顶礼膜拜，表达了对佛的无上崇敬。画面中，佛面向右侧，右手扬起，左手握衣襟。佛左侧为波斯匿王将宝冠脱去交给臣下的情景，而画面下方则描绘其亲吻佛足的动作。（图64）

《根本说一切有部毗奈耶杂事》卷八载：

既到彼已，王乃见有好兰若处，旷望清闲无诸杂秽，堪得修定养神进业，便告长行曰："如是胜处，世尊大师可住于此。云何降屈亲近供养？未审调御今何所在？"对曰："臣闻世尊在吉祥聚落释种住处。"王曰："去斯远近？"对曰："去此有三拘卢舍。"王曰："我今欲往亲奉世尊。"长行曰："敬随王意。"便即回驾诣吉祥园，既至于彼下车步进，欲申礼谒。尔时如来在彼堂中闭户入定，有苾刍辈于外经行，王见苾刍即前敬问："佛何所在？"答曰："佛在堂中闭户静虑，大王若欲见世尊者，宜可就堂徐徐扣户，佛自知时。"王有五种胜妙严饰之具：一者宝冠；二者宝伞；三者宝剑；四者宝拂；五者宝履。时王意欲去此盛饰奉觐世尊，遂命长行付前五物顾视其面。长行念曰："王付诸物令我执持，顾视我面，意欲省缘安心见佛，我宜住此。"王乃就堂徐徐扣户，佛即为开，便就大师呜足顶礼，作如是言："不覩如来淹积时序，今幸于此亲奉尊颜不胜欣喜。”……是时胜光王于世尊前，广说如是诸见闻事奇妙法已，顶礼双足奉辞而去。①

图 64　克孜尔石窟第 206 窟主室侧壁波斯匿王礼佛

13. 度菴摩罗女

佛陀在毗舍离国时，各地的比丘弟子都赶来跟随佛陀，佛陀带领着他们，就在毗舍离国讲经布道。有一天，住在城内的一位女子，名叫庵摩罗，美丽漂亮而且家财万贯。当她听说佛陀和比丘们光临毗舍离国的时候，她就打扮得很漂亮来佛陀处听法。佛陀就告诉诸比丘应不为女色所惑。《佛所行赞》卷四载：

此女极端正，能留行者情，汝等当正念，以慧镇其心，宁在暴虎口，狂夫利剑下，不于女人所，而起爱欲情，女人显恣态，若行住坐卧，乃至画像形，悉表妖姿容，劫夺人善心，如何不自防，现啼笑恚怒，纵体而垂肩，或散发髻倾，犹尚乱人心。况复饰容仪，以显妙姿颜，庄严隐陋形，诱诳于愚夫。迷乱生德想，不觉丑秽形，当观无常苦，不净无我所。谛见其真实，灭除贪欲想，正观于自境，天女尚不乐。况复人间欲，而能留人心，当执精进弓，智慧锋利箭，被正念重铠，决战于五欲，宁以热铁枪，贯彻于双目，不以爱欲心，而观于女色，爱欲迷其心，炫惑于女色，乱想而命终，

①《根本说一切有部毗奈耶杂事》，《大正藏》第 24 册，第 237—239 页。

> 必堕三恶道,畏彼恶道苦,不受女人欺。根不系境界,境界不系根,于中贪欲想,由根系境界。犹如二耕牛,同一轭一鞅,牛不转相缚,根境界亦然。是故当制心,勿令其放逸。

这时,庵摩罗女已至佛陀前,佛陀令其就座,并为其说法:

> 汝心已纯静,表彻外德容,壮年丰财宝,备德兼姿颜,能信乐正法,是则世之难。丈夫宿智慧,乐法非为奇,女人情志弱,智浅爱欲深,而能乐正法,此亦为甚难。人生于世间,唯应法自娱,财色非常宝,唯正法为珍。强良病所坏,少壮老所迁,命为死所困,行法无能侵,所爱莫不离,不爱而强隣,所求不随意,唯法为从心,他力为大苦,自在力为欢。女人悉由他,兼怀他子苦,是故当思惟,厌离于女身。①

庵摩罗女听佛陀说法后,心生欢喜,皈依佛陀,受持五戒。

克孜尔石窟第84、178、100窟存有此图(图65)。图中佛陀位于画面正中,佛两侧下方各绘两身比丘,上方绘两身天人。佛左侧比丘左侧绘几乎全裸的庵摩罗女,双手合十,作虔诚皈依状。其下方,绘出横卧于地的庵摩罗女,表示原来那种"庄严隐陋形,诱诳于愚夫"的艳丽外形已经"逝去",按佛陀的教诲已经"厌离于女身",真心皈依了佛门。

14. 舞师女作比丘尼

佛在王舍城时,由南方来的舞师夫妇携名为青莲花的女儿来到王舍城。青莲花舞艺超群,但骄慢放逸。后佛陀施展"神通"将其训服。《撰集百

---

①《佛所行赞》,《大正藏》第4册,第42页。

缘经》卷八载：

图 65　克孜尔石窟第 84 窟主室正壁度菴摩罗女

佛在王舍城迦兰陀竹林。时彼城中，豪富长者，各相率合，设大节会，作诸伎乐，而自娱乐。时有舞师夫妇二人，从南方来，将一美女，字青莲华，端政殊妙，世所希有，聪明智慧，难可酬对。妇人所有六十四艺，皆悉备知，善解舞法，回转俯仰，曲得节解，作是唱言："今此城中，颇有能舞如我者不？明解经论，能问答不？"时人答曰："有佛世尊，在迦兰陀竹林，善能问答，使汝无疑。"舞女闻已，寻将诸人共相随逐，且歌且舞到竹林中，见佛世尊，犹故憍慢放逸戏笑，不敬如来。尔时世尊见其如是，即以神力变此舞女，如百岁老母，发白面皱，牙齿疏缺，俯偻而行。时彼舞女，自观其身形状极老，而作是言："今我此身，以何因缘，卒有如是衰老相现？今者必是佛之威神，使我故尔。"即于佛前，深生惭愧，前白佛言："我于今者，在世尊前，憍慢自大，放情纵意，唯愿世尊，当见原恕。"尔时世尊知此舞女心中调伏，以神通力，变舞女身如前无异。……时彼舞女，及其父母，即于佛前求索出家。佛即告言："善来，比丘尼！"头发自落，法服着身，成比丘尼。精懃修习，得阿罗汉果，三明六通，具八解脱，诸天世人，所见敬仰。时诸大众，见是事已，前白佛言："乃能化此放逸妖姿不信之人，使令开悟出家得道。"尔时世尊，告诸大众:“非但今者能化彼耶,过去世时,我亦化彼。”[①]

克孜尔石窟第8、34、171、184、186、101窟,库木吐喇石窟第63窟,森木塞姆石窟第30窟有此图像。克孜尔石窟第171窟画面是:佛坐中间,其左侧一少女披帛绕肩下垂,面向佛陀做优美的舞蹈姿态(图66)。克孜尔石窟第8窟的舞师女身披薄纱,体态婀娜,舞韵盎然,为龟兹舞蹈造型的佳作(图67)。

15. 蛤闻法升天

佛在瞻婆国说法时,有一牧牛人前往听法,聚精会神时,不慎用木杖杵在听法的蛤的头上,蛤即命终。蛤因悉心听法而升天,成为天人师。(图68)《善见律毗婆沙》曰:

> 尔时佛在瞻婆国,于迦罗池边,为瞻婆人说法。是时池中有一蛤,闻佛说法声欢喜,即从池出入草根下。是时有一牧牛人,见大众围遶听佛说法,即往到佛所,欲闻法故以杖刺地,误着蛤头。蛤即命终生忉利天,为忉利天王。以其福报故,宫殿纵广正十二由旬,于是蛤天人,霍然而悟,见诸妓女娱乐音声,悟已寻即思惟:“我先为畜生,何因缘故生此天宫?”即以天眼观,先于池边听佛说法,以此功德得此果报。蛤天人即乘宫殿,往至佛所头顶礼足。佛知故问:“汝是何人,忽礼我足?神通光明相好无比,照彻此间?”蛤天人以偈而答:“往昔为蛤身,于水中觅食,闻佛说法声,出至草根下。有一牧牛人,持杖来听法,杖搀刺我头,命终生天上。”佛以蛤天人所说偈,为四众说法。是时众中八万四千人,皆得道迹,蛤天人得须陀洹果。于是蛤天人得道果已,欢喜含笑而去,故

①《撰集百缘经》,《大正藏》第4册,第240页。

称为天人师。[①]

图66　克孜尔石窟第171窟主室侧壁度舞师女

图67　克孜尔石窟第8窟主室券顶度舞师女

克孜尔石窟第8、77、80、100、171、183、186、192和205窟画面中，佛坐方形高座上，左侧有两身闻法比丘，右侧立一人，双手握一木杖拄地，木杖下面有一蛤蟆，牧牛人左侧有两头牛席地而卧。（图69）

第二类属于释迦涅槃前后的一些题材。一般绘于中心柱窟的甬道和后室中，反映出对此类题材的重视，集中表现了释迦牟尼涅槃前后的事迹，包括行雨大臣送佛陀榴钵、阿阇世王闷绝复苏、度善爱乾闼婆王、苏跋陀罗先佛入灭、无余涅槃、天乐举哀供养、密迹金刚哀恋、荼毗、争分舍利、第一次结集，终于法身常住。

①《善见律毗婆沙》，《大正藏》第24册，第697页。

图68 克孜尔石窟第8窟主室券顶蛤天人闻法

图69 克孜尔石窟第77窟右甬道内侧壁蛤天人闻法

1. 下三道宝阶

三道宝阶的故事讲述佛在忉利天为母说法完毕后回到人间，信众及诸弟子前往朝贺闻法的情景。反映这一内容的壁画在克孜尔石窟第47窟、178窟、189窟，克孜尔尕哈石窟第31窟和森木塞姆石窟第48等窟均有绘制。(图70)克孜尔尕哈石窟第31窟为中心柱窟，由主室和后室组成，壁画绘制于后甬道正壁左侧。(图71)正中绘一立佛，其左侧绘一跪姿人物，手捧一物向佛敬献。该物可能是旃檀木像。

有关该壁画的题材内容见载于《根本说一切有部毗奈耶》《大智度论》和《大唐西域记》等许多的佛教文献中，其中《根本说一切

图70　克孜尔石窟第178窟主室右甬道外侧壁下三道宝阶

有部毗奈耶》中记载：

是时如来为三十三天众，说当机法示教利喜已，即于此没。……如是向下乃至三十三天。是时帝释白佛言："世尊！今欲诣赡部洲？"答言："我去。"白言："为作神通？为以足步？"答言："足步。"帝释即命巧匠天子曰："汝应化作三道宝阶，黄金、吠琉璃、苏颇胝迦。"答言："大善！"即便化作三种宝阶。世尊处中蹑琉璃道，索诃世界主大梵天王于其右边蹈黄金道，手执微妙白拂价值百千两金，并色界诸天而为侍从。天帝释于其左边蹈颇胝迦道、手擎百支伞盖价值百千两金而覆世尊，并欲界诸天而为侍从……尔时具寿须菩提，在一树下昼日闲居，遥见世尊诸天大众恭敬围遶，威德尊重从三十三天而来至此，便作是念："所有此等大德诸天，悉皆辞佛当往天处，此诸人众百年之中，并皆身死。佛

图71 克孜尔尕哈石窟第31窟后甬道正壁下三道宝阶

化缘尽亦复。涅槃,斯等威严无不磨灭。善哉世尊!处处殷勤作如是语:"诸行无常,体恒变易。生灭之法是可恶事。我今于此深起厌心,于五取蕴观察无常苦空无我。"如是知已,以智金刚杵摧二十种有身见山,获预流果得不坏信,即便速疾舍加趺坐,右膝着地合掌恭敬,遥礼世尊瞻仰而住。①

但该经记载中并无敬献旃檀木像的记载,而在《大唐西域记》中有所记载:

憍赏弥国……城内故宫中有大精舍,高六十余尺,有刻檀佛像,上悬石盖,邬陀衍那王之所作也。灵相间起,神光时照。诸国

①《根本说一切有部毗奈耶》,《大正藏》第24册,第347页。

君王恃力欲举，虽多人众，莫能转移。遂图供养，俱言得真，语其源迹，即此像也。初，如来成正觉已，上升天宫，为母说法，三月不还。其王思慕，愿图形像。乃请尊者没特伽罗子(目犍连)，以神通力，接工人上天宫，亲观妙相，雕刻栴檀。如来自天宫还也，刻檀之像起迎世尊，世尊慰曰："教化劳耶？"开导末世，寔此为冀。①

佛陀升三十三天为母亲摩说法，是佛为了报答母亲的养育之恩以及和母亲的最后"告别"。《摩诃摩耶经》曰：

尔时，世尊白摩诃摩耶言："生死之法，会必有离。我今应下还阎浮提，不久亦当入于。"时摩诃摩耶闻此语已，即便垂泪而说偈言："世尊于旷劫，慈愍一切故，舍头目髓脑，今得成正觉。三界诸众生，长迷痴爱海，方应施法船，云何而背舍？"

尔时，世尊以偈答言："诸佛出于世，非是无缘故，缘尽岂得住？三世佛法然。"②

2. 行雨大臣送佛过恒河

故事讲述了阿阇世王的行雨大臣在对佛和他的弟子进行了盛大的供养后，恭送佛陀和他的弟子渡过恒河，但因为当时渡河的民众太多，使得渡口十分拥挤，无法顺利过河，佛便施展"神通力"带领跟随的比丘渡过了恒河。

《根本说一切有部毗奈耶杂事》记载：

---

①[唐]玄奘撰，季羡林等校注《大唐西域记校注》，北京：中华书局，1985 年，第 468、469 页。

②《摩诃摩耶经》，《大正藏》第 12 册，第 1998 页。

尔时世尊告具寿阿难陀曰:“我今欲往波咤离邑。”……时行雨大臣闻佛世尊从摩揭陀渐渐游行至波离邑住制底处，为诸人众之所恭敬。闻已寻往至世尊所,修敬已毕共相慰问退坐一面，佛为说法示教利喜已默然而住。尔时大臣即从座起偏露一肩,右膝着地合掌恭敬白言:“乔答摩!唯愿明日及苾刍僧,就我宅中为受微供。”佛默然受。是时大臣知佛受已,从座而去。时行雨大臣既至宅中,告诸大小,即于其夜备办种种上妙饮食。食既办已至明清旦,敷设座席安净水盆,澡豆齿木严办既周,即令使人往白:“时至!饮食具备,愿佛知时。”世尊即于小食时执持衣钵,将诸僧众诣大臣家,至设食处就座而坐。行雨大臣见佛大众次第坐已，自手奉持种种上妙饮食,供养佛僧皆令饱足,嚼齿木澡漱已收钵讫。行雨大臣即以金瓶注水在佛前立,……是时世尊为彼大臣示教利喜,说妙法已从座而去。时彼大臣了知世法终归弃舍,即整衣服随世尊后作如是念:“世尊乔答摩从城出处，我当于彼起大门楼,渡殑伽河为作津济。”时佛世尊知彼念已,于城中道西趣郭门,北面而行向河欲过。时彼河中诸人欲渡,或将草木瓠及浮囊凭而渡水,往还不绝数有亿千。世尊见已作如是念:“我今为当安步中流水上而去?为以神力从此岸没于彼岸出?”即入胜定随其所念,……时行雨大臣于佛出城处,为造门楼,名曰乔答摩门,河津阶道名乔答摩路。①

反映这个故事的壁画在克孜尔石窟第224窟右甬道外侧壁有绘制。(图72)画面中央是代表恒河的一条纵贯上下的白色弯带。河的左侧为站

---

①《根本说一切有部毗奈耶杂事》,《大正藏》第24册,第384—385页。

立的佛陀，佛陀左侧下方绘阿难，立姿。佛陀左侧上方绘执金刚杵的密迹力士。河的右侧绘五人。下方三人，前两人均为胡跪，第一身作礼拜状，有头光，第二身手捧花盘，最后一人，双腿跪地，双手高举，表情悲哀。上方二人，均为立姿，作礼拜状，第一人有头光。两人上方有华盖。五人身后为雄伟高大的城门。

图72 克孜尔石窟第224窟右甬道外侧壁佛过恒河

壁画没有表现这个故事的整个过程，仅仅选取了最有代表性的渡河场面。河右侧的人物应当是行雨大臣及其眷属，他们后面的高大华丽的建筑，即“乔达摩门”。

3. 阿阇世王闷绝复苏

阿阇世王是当时印度大国摩揭陀国的国王，又称未生怨王，因为记恨父亲在其年幼时打算杀掉他，后又受提婆达多唆使，遂幽禁父亲篡位，后受佛教化，皈依佛教。佛涅槃后，佛弟子大迦叶担心阿阇世王得知这个消息会悲痛得吐血而亡，便让行雨大臣绘佛一生的四个重大事件，并准备苏香水用于急救阿阇世王。行雨大臣依据迦叶的授意安排好一切，避免了阿阇世王由于无法承受佛涅槃的打击而身亡。《根本说一切有部毗奈耶杂事》对这个事件作了详尽的描述：

> 尔时世尊才涅槃后，大地震动流星昼现诸方炽然，于虚空中诸天击鼓。时具寿大迦摄波，在王舍城羯兰铎迦池竹林园中，见大地动即便敛念观察何事，便见如来入大圆寂，自念："我今既无大师，唯依法住，诸行法尔知更云何？"复作是念："此未生怨王胜身之子信根初发，彼若闻佛入者，必呕热血而死。我今宜可预设方便作是念已即命城中行雨大臣，仁今知不佛已，未生怨王信根初发，彼若闻佛入者，必呕热血而死，我今宜可预设方便。"即依次第而为陈说："仁今疾可诣一园中，于妙堂殿如法图画佛本因缘。菩萨昔在睹史天宫，将欲下生观其五事，欲界天子三净母身，作象子形托生母腹，既诞之后踰城出家，苦行六年坐金刚座，菩提树下成等正觉。次至婆罗痆斯国为五苾刍，三转十二行四谛法轮。次于室罗伐城为人天众现大神通。次往三十三天为母摩耶广宣法要，宝阶三道下赡部洲，于僧羯奢城人天渴仰。于诸方国在处化生，利益既周将趣圆寂，遂至拘尸那城娑罗双树，北首而卧入大涅槃。如来一代所有化迹既图画已，次作八函与人量等置于堂侧，前七函内满置生酥，第八函中安牛头栴檀香水。若因驾出可白王言：'暂迂神驾躬诣芳园所观其图画。'时王见已问行雨言：'此述何事。'彼即次第为王陈说一如图画，始从睹史降身母胎，终至双林北首而卧。王闻是语即便闷绝宛转于地，可速移入第一函中。如是一、二、三、四乃至第七，后置香水王便苏息。"是时尊者次第教已往拘尸那城，行雨大臣，一如尊者所教之事次第作已。时王因出大臣白言："愿王暂迂神驾游观园中。"王至园所见彼堂

中图画新异，始从初诞乃至倚卧双林，王问臣曰："岂可世尊入耶？"是时行雨默然无对。王见是已知佛涅槃。即便号咷闷绝宛转于地。臣即移举置苏函中，如是至七方投香水，从此已后王渐苏息。①

此题材是龟兹石窟中独有的题材，一般绘于右甬道内侧壁。克孜尔石窟第4、98、101、178、193、205、219、224窟保存有此题材。克孜尔石窟第205窟保存得最为完整，可惜已被德国探险队剥走。(图73)该画面以异时同图的方式表现了故事的主要情节，即阿阇世王知道佛已涅槃，闷绝并被救醒。图的左上部绘阿阇世王及其眷属。画面中部上方绘行雨大臣手持布帛，布帛上绘出佛一生的四件大事：树下诞生、降魔成道、初转法轮和涅槃。画面右上方是坐在苏香水罐中的阿阇世王，双臂高举，表示出无比的悲

图73　克孜尔石窟第205窟右甬道内侧壁阿阇世王闷绝复苏

①《根本说一切有部毗奈耶杂事》，《大正藏》第24册，第399页。

哀。画面左下方绘倒塌的城墙,右下方绘倾倒在大海中的须弥山和日月。

4. 度善爱乾闼婆王

佛陀涅槃前,帝释天要求善爱乾达婆前去礼敬。善爱自恃乐舞技艺高超,当世无双,傲慢而不前往。佛陀于是化身前往,与之较量,最终折服善爱乾达婆王,使之皈依佛教。(图 74)故事记载于《根本说一切有部毗奈耶杂事》:

> 凡是声闻度者如来亦度,应佛度者余不能度。由待胜上善巧方便,我今应可度彼善爱。作是念已,即便入定,由定力故最后卧处化作一身,又复化作千弦瑠璃箜篌,于卧处没自持箜篌,诣三十三天。至善爱健闼婆王官门而住,其时善爱自恃憍慢,于弹箜篌谓无过者,于自宫中作乐欢戏情生爱着。尔时世尊,告守门者:“汝可往报善爱王言,有健闼婆来至门首欲求相见。”时守门者即入具报,其王高慢报曰:“除我更有健闼婆耶?”答曰:“更有今在门外。”善爱闻已情怀不忍,即自出门告言:“丈夫!汝是健闼婆耶?”佛言:“我今实是健闼婆王!若尔,可来对奏音乐。”报言:“大仙,甚善我能共作。”佛即对彼共弹箜篌,佛断一弦彼亦断一,然

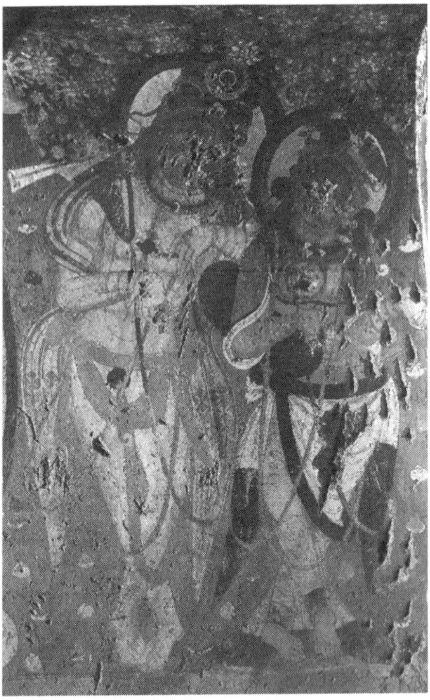

图 74　克孜尔石窟第 163 窟后甬道右端壁度乾达婆王

> 二音声并无阙处。佛又断二彼亦断二,然其音韵一种相似。佛又断三断四彼亦如是,乃至各留一弦然音声不异。佛便总断彼亦断之,佛于空中张手弹击,然其雅韵倍胜于常。彼便不能情生希有,降伏傲慢,知彼音乐超胜于我。世尊观已,即便隐彼健闼婆身,复本形相。时彼乐神见佛世尊,身真金色三十二相八十种好周匝庄严,赫奕光明超逾千日,如宝山王,观者忘倦。见已欣悦,深生敬仰,礼佛足下,坐听法要。尔时世尊,观彼根性,随机为说四圣谛法,令得开悟。彼即能以智金刚杵摧二十种身见邪山,证预流果。既见谛已,深自庆幸。而白佛言:"大德世尊!我今所得,非父非母非王非天,非我眷属及诸知识,非余沙门婆罗门等,能为成办如是胜事,唯独世尊慈念哀愍,令我今者枯竭血海超越骨山,闭恶趣门开路置人天道。我今归依佛法僧宝为邬波索迦,始从今日乃至尽形,不杀生乃至不饮酒,受三归依并五学处。"尔时世尊,复为说法示教利喜已,即便入定天宫处没,还至双林最后卧处。①

克孜尔石窟第7、80、163、171、172、175、178、224窟均绘有此题材图像。画面中善爱乾达婆王与眷属相依而立,乾达婆王边舞边唱,其眷属则弹奏箜篌。(图75)

5. 苏跋陀罗先佛入灭

苏跋陀罗是拘尸那城一直奉行苦修的外道,已经有一百二十岁。他常常听人说起佛陀所讲佛法的殊胜,在听说佛陀即将入灭的消息后,苏跋陀罗赶往佛陀即将涅槃的地方,希望能得到佛陀的教诲,获得世间的真法。佛陀见到苏跋陀罗后,明其心意,为其宣讲"八正道"。苏跋陀罗听法开悟,获阿罗汉果。随后,苏跋陀罗先佛入灭。《根本说一切有部毗奈耶杂事》曰:

---

①《根本说一切有部毗奈耶杂事》,《大正藏》第24册,第395页。

图75 克孜尔石窟第171窟后甬道右端壁度乾达婆王

尔时，拘尸那城有出家外道,名曰善贤(梵云苏跋陀罗)年百二十形容衰朽。俱尸那城所有壮士，于善贤处悉生恭敬,尊重供养如阿罗汉。去斯不远有大华池,名曰曼陀枳尔，于池岸上有乌昙跋树，善贤梵志常游于此。……而此华树形色枯萃见者惊叹。是时善贤观斯变异而作是念:“拘尸那城必有凶祸。”尔时护国天神发大音声告诸人曰:“今日如来于中夜时，必入无余妙界。”……于时阿难陀见佛日将没,在寺门外身心忧戚露地经行。善贤见已近而告曰:“汝阿难陀!我闻沙门乔答摩具一切智,于诸众生平等济拔,然我每于自所得法有怀犹豫,比常希愿听受未闻竟不果遂。今闻天声遍告我等,如来今夜定入,大德颇能为我咨启,容我面奉申述疑情。”……佛以清净耳超越人天,一一闻说告阿难陀曰:“汝今不应遮彼善贤,任来见我随其请问。何以故此善贤者,即是我于最后,为外道说法令生正信。”……于时善贤闻佛世尊慈悲容许,心生欢喜不胜抃跃。诣世尊所共申种种往复言谈,却住一面白言:“乔答摩!我欲咨问愿垂听许为我解说。”佛告梵志随汝所问。彼即问曰:"乔答摩!我曾遍观诸外道类,各别立宗所谓"……尔时世尊即命善贤为说伽他曰:"我年二十九,出家求善法,又五十余年,专行戒定慧,一心无散乱,唯求于正理,除斯真法外,无别有沙门"。

尔时世尊,说此颂已,复告善贤曰:"此是诸佛善说八圣道支。……说此法时善贤梵,远尘离垢得法眼净,于诸谛实得不坏信,超越爱河断诸疑网,自然通达诸微妙。"……尔时善贤起彻到心,即便速证阿罗汉果,得心解脱复作是念:"我今不忍见佛般宜可先去。"作是念已,诣世尊所,顶礼双足,退坐一面,白佛言:"大德世尊,我愿先入。"……佛言:"一切诸行皆悉无常,汝于所作,自可知时,我更何言。"善贤将欲入灭,而作是念:"我今应为五种加持方可灭度。"……时拘尸那城诸壮士等,见此希奇于世尊处,倍生敬仰,发净信心,各怀恋慕,作如是语:"大悲世尊为最后卧,现身有疾支节不安,尚能为彼善贤说法,令速证得阿罗汉果。"复令拘尸那城诸壮士等皆获善利。①

龟兹石窟涅槃画中,苏跋陀罗多坐于佛头下方,表现其皈依及先佛入灭的场景。(图76)

6. 无余涅槃

涅槃意译为灭、灭度、寂灭、解脱、圆寂,原意是火的熄灭或风的吹散状态。佛教用以作为修习所要达到的最高理想境界。说一切有部把涅槃分为两个阶段,有余涅槃和无余涅槃。所谓的有余涅槃,是指修行者通过修行,获得阿罗汉果,已经消除了继续轮回的烦恼根源,但是由于以往的业报,他的肉身仍然存在,所以依然有烦恼。终究的涅槃,是烦恼和肉身都解脱的境界。这种境界才是说一切有部的最终目标,说一切有部称其为无余涅槃。

---

①《根本说一切有部毗奈耶杂事》,《大正藏》第24册,第396、397页。

图 76 克孜尔石窟第 38 窟后甬道正壁苏跋陀罗先佛入灭

《杂阿含经》卷四十四曰:

> 一时,佛住俱尸那竭国力士生地坚固双树林。尔时,世尊临般,告尊者阿难:"汝于坚固双树间敷绳床,北首,如来今日中夜于无余而般。"……时,尊者阿难奉世尊教,于双坚固树间为世尊敷绳床,北首已。还世尊所,稽首礼足,白言世尊:"已为如来于双坚固树间敷绳床,令北首。"于是,世尊往就绳床,右胁着地,北首而卧,足足相累,系念明相。尔时,世尊即于中夜,于无余而般。般已,双坚固树寻即生花,周匝垂下,供养世尊。①

龟兹石窟中的涅槃像一般绘或塑绘结合,位于中心柱窟的后甬道或后室正壁,少数几例是绘于方形窟的门道上方,表现形式多样。但一般包括几个基本部分:桫椤双树、右胁而卧的佛、帝释天和梵天、力士、众弟子。依据经本的不同,有时还会出现须跋陀罗、摩耶夫人等。

龟兹石窟涅槃图像尚存图像 80 余幅,比较完整的有:克孜尔石窟第 17、38、80、161、171 窟(图 77),森木塞姆石窟第 30、44 窟,克孜尔石窟新

①《杂阿含经》,《大正藏》第 2 册,第 325 页。

图77　克孜尔石窟第38窟后甬道正壁佛入灭

1窟后室内塑有涅槃佛，是现存用塑绘结合形式表现这一题材的唯一一例。

7. 天乐举哀供养

佛陀涅槃后，天众皆来举哀。《根本说一切有部毗奈耶杂事》记载：

时壮士中有一耆宿，告诸人曰："现在大众，女持幢幡男可擎舆，我等赍持种种华彩涂香末香烧香及诸音乐，从拘尸那城西门而入，于东门出，度金沙河，至壮士系冠制底胜处安置以火焚烧。"是时诸人闻是语已，各各争前欲举金棺，虽共尽力竟不能动。尔时具寿阿难陀，白尊者阿尼卢陀(阿那律)曰："拘尸那城诸壮士等，虽竭筋力竟不能动如来金棺，我今不知有何所以？"尊者告曰："此是诸天作如斯意，欲令壮士及诸人民，女持幢幡男捧尊舆，威仪整肃翊从如来。我等诸天共持华彩，烧众妙香奏天伎乐广陈供养。于西门入东门而出。度金沙河至系冠制底。以是因缘威仪未备不能移动。"是时具寿阿难陀报尊者曰："若如是者可随天意。”时诸壮士即随天愿,备设如前方来持舆,即便轻举捧戴而行。于时空中天雨嗢钵罗华、拘物头华、钵头摩华、分陀利华、沈水末香、栴檀末香、多揭罗多摩罗末香、及曼陀罗华等。诸天伎乐百千万种,于虚空中一时俱奏,诸天华盖其从如云,并散天衣有盈亿数。时拘尸那城诸壮士等各相谓曰:“天供养已,我等应为。”①

这一故事一般多绘制于后甬道或后室顶部。雨花飘落,诸天人奏乐起舞。新1窟和第69窟中飞天形体优美,气势磅礴(图78、79)。克孜尔石窟第8、48、69、新1、77窟,克孜尔尕哈石窟第23、30窟图像保存较好。

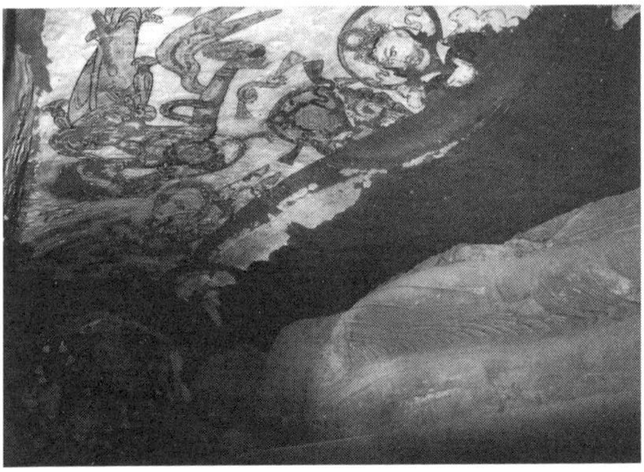

图78　克孜尔石窟新1窟后室顶部举哀天人

图79　克孜尔石窟第69窟后室顶部举哀天人

8. 密迹金刚哀恋

佛涅槃后，密迹金刚万分悲哀,想到佛已离去,自己失去了皈依，将手中的金刚杵扔弃一旁，闷绝过去。《长阿含经·游行经》载有密迹力士在佛涅槃时的偈颂:

今世与后世,

①《根本说一切有部毗奈耶杂事》,《大正藏》第24册,第400页。

梵世诸天人，更不复覩见，人雄释师子。①

密迹金刚哀恋的事迹，《佛入密迹金刚力士哀恋经》载：

牟尼世尊在拘尸那城娑罗林间北首而卧，初入涅槃。时密迹金刚力士见佛灭度，悲哀懊恼作如是言："世尊成就最胜无上十力，云何于今乃为羸弊无常气势微劣之所摧败？如来舍我入于寂灭，我从今日无归、无依、无覆、无护，衰恼灾患一旦顿集，忧愁毒箭深入我心。"……"呜呼怪哉，咄哉大苦。此金刚杵当用护谁？即便掷弃。自今以往当奉侍谁？谁当慈愍训诲于我？更于何时得覩尊颜？护世之王为显甘露，故遣我来拥护于佛，如何今日卒舍我等入于涅槃？我所有命依佛而存，一旦舍我，当依于谁得存此命？"……密迹金刚作是语已，恋慕世尊愁火转炽，五内抽割、心脊磨碎，躄踊闷绝譬如岩崩，颠堕于地久乃醒悟。即起而坐，涕哭哽噎歔欷而言："怪哉怪哉，死魔大恶！无量功德波罗蜜聚，为彼死魔之所灭坏。"……举手大叫，发声悲哭，如帝释幢所持绳绝倒地不起，宛转啼哭，心、肝、咽喉、唇、舌悉皆干燥，荒迷躄地。良久乃稣。爱恋如来功德之身，捉相轮足，急抱不放……作是语时，大地震动、山顶崩坏、大星陨落、四方火起、日月诸宿无有光色、一切天人皆无欢乐。……如是等多众种种哀呼、百千种言恋慕于佛。②

龟兹石窟中，描绘佛涅槃时密迹金刚哀恋的图像，主要保存在克孜尔

①《长阿含经》，《大正藏》第1册，第27页。
②《佛入密迹金刚力士哀恋经》，《大正藏》第12册，第1116页。

石窟第89窟。(图80)画面中,密迹金刚双手交叉在胸前,金刚杵悬在面前,金刚哀绝的神情与扔弃金刚杵一目了然。

图80 克孜尔石窟第69窟后室左端壁密迹金刚

图81 克孜尔石窟第224窟后室前壁荼毗

9. 荼毗

荼毗,意译为燃烧、焚烧,即火葬。佛涅槃前嘱咐阿难,他涅槃后要按印度转轮王之葬法行事。(图81)《根本说一切有部毗奈耶杂事》载:

> 无上法王(佛)已归圆寂,不知今者葬礼如何?尊者告曰:"然我先已奉佛教勅,所有葬法如转轮王。"问曰:"其法如何?"答曰:"以白迭絮先用裹体,次以千张白迭周遍缠身。置金棺中盛满香油,覆以金盖积栴檀木及海岸诸香,以火焚燎,后将牛乳浇火令灭。有余舍利盛以金瓶,于四衢大道建窣覩波,周匝围绕悬缯幡盖,涂末烧香奏众伎乐,恭敬供养设大施会。此是轮王焚葬之

法，如来大师倍胜于此。”①

龟兹石窟中绘制有很多的荼毗画面，以克孜尔石窟最多，第4、7、27、34、58、新1、76、80、98、101、114、163、175、176、178、179、192、193、205、224、227窟有保存。其中第114、205、224窟比较完整，而内容各有不同。第114窟将荼毗与第一次结集连在一起。画面左侧装殓有佛陀的金棺正在熊熊焚烧，靠近金棺的一天人手执长杆，杆上端有一罐状物。《根本说一切有部毗奈耶杂事》载：

置金棺中倾油使满，覆以金盖积诸香木退住一面，由佛余威及诸天力，所有香木自然火起。……时拘尸那城诸壮士等，欲以牛乳注火令灭。②

克孜尔石窟第205窟的画面中（图82），佛陀的棺盖被阿难托起，佛陀帛条缠身，脚下方站立三身比丘弟子。金棺上方左右绘出三身天人。一身手举璎珞。金棺左下方亦绘一天人，表情沮丧，胡跪向佛陀伸出双手。据《根本说一切有部毗奈耶杂事》卷三十八载：

时有无量百千大众，随从尊者诣世尊所，除去香木启大金棺，千迭及絮并开解已，瞻仰尊容头面礼足。于此时中唯有四大耆宿声闻，谓具寿阿若憍陈如、具寿难陀、具寿十力迦摄波、具寿摩诃迦摄波。③

①《根本说一切有部毗奈耶杂事》，《大正藏》第24册，第400页。
②《根本说一切有部毗奈耶杂事》，《大正藏》第24册，第401页。
③《根本说一切有部毗奈耶杂事》，《大正藏》第24册，第401页。

图 82　克孜尔石窟第 205 窟后甬道前壁荼毗

图 83　森木塞姆石窟第 11 窟后室

此外,在一些石窟中,荼毗的场面用塑绘结合的方法加以表现,如克孜尔石窟第 193 窟,克孜尔尕哈石窟第 12 窟,森木塞姆石窟第 11、32 窟。(图83)

10. 争分舍利

佛陀荼毗后，遗骨焚化出舍利。波婆国、拘尸那国、遮罗颇国、罗摩伽国、毗留提国、迦毗罗卫国、毗舍离国和摩揭陀国提出索要佛舍利并准备军队，一时剑拔弩张,战争一触即发。(图 84)拘尸那婆罗门多卢那见诸国即将爆发战争,挺身而出,向诸国告言:

图84　克孜尔石窟第8窟后室前壁八王争分舍利

“如果爆发战争，就违背佛教精神。”多卢那提议将佛舍利平分为八份，满足各国的要求。各国欣然接受多卢那的建议，于是制止了一场战争的发生。据《根本说一切有部毗奈耶杂事》所载：

时拘尸那城诸壮士等，欲以牛乳注火令灭，未泻之顷其火积中忽生四树，一金色乳树，二赤色乳树，三菩提树、四乌昙跋树，于此树中乳自流出令火皆灭。是时拘尸那城诸贵贱等，共收舍利盛金瓶中置七宝舆上，以种种香华栴檀沈水涂香，末香烧香缯盖幢幡，音声伎乐广陈供养，舁入城中安妙堂上，复更如前盛兴供养。是时波波聚落诸壮士等，闻佛世尊于拘尸那城入般已经七日无量人天广陈供养，于其聚落总集四兵，象马车步各自严办种种器仗，共诣拘尸那城欲分舍利。既至城已报诸人曰：“无上法王众生慈父，我等诸人比于长夜，供养恭敬亲承训导，受持正法今既灭度，有余舍利我等欲取，将往波波聚落，建窣覩波安置供养。”

城中诸人闻斯告已咸作是言:“世尊导师是我慈父亲承训诱,既于我界而般,全身舍利应留永劫于此供养,终不分与外邑诸人。”时波波人遣使答曰:“若分者善如不与者,我等当以强力夺取。”城人闻已告彼众曰:“徒事斗战终不可得。”尔时遮洛迦邑、部鲁迦邑、阿罗摩邑、吠率奴邑、劫比罗城诸释迦子、薜舍离栗姑毘子,悉皆来集。是时摩伽陀国未生怨王、既闻佛世尊于拘尸那城入般,一切人天广设供养,既闻是事生大忧苦。遂告行雨大臣曰:“卿今知不,我闻世尊已入,在拘尸城大兴供养,为争舍利诸处竞来欲相侵夺,我今亦往请取身骨。”臣曰:“如是应装整兵便往拘尸那城。”时未生怨王遂乘大象欲往佛所,才升象上念佛恩深,心便闷绝从象坠堕宛转于地,良久乃苏便乘马去,念佛恩故不能抑止,还堕于地久苏息已。告行雨大臣曰:“我今不能亲往佛所。卿等今者可领四兵,往拘尸那城传我言教,问讯壮士少病小恼起居轻利安乐行不。世尊在日接引我等,长夜殷勲是我大师,今于仁等聚落入般,有遗舍利幸与一分,于王舍城作窣覩波,冀申敬重香华伎乐种种供养。”行雨白言:“如王教勅。”即严四兵诣拘尸那城,告诸壮士曰:“仁等咸听,摩伽陀国未生怨王,问讯仁等具说如前,世尊大师于我等辈,常为饶益令得安乐,可尊可敬。今者于仁聚落入般,有遗舍利幸当与分,于王舍城建窣覩波广兴供养。”诸壮士曰:“世尊诚是饶益安乐一切群生,可尊可敬,然于今者在我聚落入般,有遗舍利王欲见分此诚难得。”时行雨臣告诸壮士曰:“若其仁等能与者善,如不见分我加兵力强夺将去。”答言:“任意。”时诸人众悉皆大集阛噎城隅,城中所有壮士男女并闲弓射,即便总出象马车步,严整四兵欲共七邑兵交合战。时有婆罗门名突路拏(多卢那),在于众内见此诸人,欲争舍利共相战伐,恐有损伤违害佛教。自执长幡以麾大众,告拘尸那诸壮士曰:“仁等且止，今欲为君陈其损益，我比曾闻此大沙门乔答摩氏，怜愍一切诸有情故，于无数劫炽然精勤忍怨害事，长时苦已赞行忍辱。由是因缘成无上觉，心行平等犹若虚空，于诸有情普皆济度，众生福尽舍弃。息化以来纔经七日，即兴兵战诚是相违，唯愿诸人勿为斗竞，我为平分必令欢喜。佛身舍利分为八分，各将供养饶益群生，量舍利瓶愿同惠我，持还本国建窣覩波。”时拘尸那城壮士闻已，报言：“可尔。然大师世尊长夜修忍，不为杀害广如前说，仁今顺教为我平分斯为善事。”其婆罗门既蒙许可，即分舍利而为八分。第一分与拘尸那城诸壮士等广兴供养；第二分与波波邑壮士；第三分与遮罗博邑；第四分与阿罗摩处；第五分与吠率奴邑；第六分与劫比罗城诸释迦子；第七分与吠舍离城栗姑毗子；第八分与摩伽陀国行雨大臣。此等诸人既分得已，各还本处起窣覩波，恭敬尊重伎乐香华盛兴供养。时突路拏婆罗门将量舍利瓶，于本聚落起塔供养。有摩纳婆名毕钵罗，亦在众中告诸人曰：“释迦如来恩无不普，于仁聚落而般，世尊舍利非我有分，其余炭烬幸愿与我，于毕钵罗处起塔供养。”时赡部洲世尊舍利乃有八塔。第九瓶塔第十炭塔，如来舍利总有一硕六斗分为八分，七分在赡部洲，其第四分阿罗摩处所得之者，在龙宫供养。又佛有四牙舍利，一在天帝释处、一在健陀罗国、一在羯陵伽国、一在阿罗摩邑海龙王宫，各起塔供养。时波咤离邑无忧王，便开七塔取其舍利，于赡部洲广兴灵塔八万四千周遍供养，由塔威德庄严世间，天龙药叉诸人神等，咸皆恭敬尊重供养。能令正法光显不灭，有所愿求无不遂意。[①]

---

①《根本说一切有部毗奈耶杂事》，《大正藏》第24册，第401、402页。

在龟兹石窟中，争分舍利题材多被绘制于中心柱洞窟左右甬道内侧壁，即塔柱的两侧壁上。现保存的有：克孜尔石窟第4、8、27、34、58、新1、80、98、101、114、163、175、178、179、192、193、205、207、219、224窟；库木吐喇石窟第46窟；森木塞姆石窟第30、41、44、45窟；克孜尔尕哈石窟第11、14、46窟。其中克孜尔石窟第8、163、224窟保存比较完整。(图85)龟兹石窟的争分舍利图分为多个情节，城门上方中央绘多卢那手捧舍利罐，其两侧绘出八位国王各持舍利盒，正在接受分配给自己的舍利。城墙下方大门左右是骑马、象的八国军队将领。双方对峙，气氛紧张，突出了争分舍利的内容。

图85 克孜尔石窟第224窟后室前壁八王争分舍利

分舍利的目的是起塔供奉佛舍利，关于其具体要求和象征意义，《长阿含经·游行经》曰：

尔时，阿难偏露右肩，右膝着地，而白佛言："世尊！现在四方沙门耆旧多智。明解经律，清德高行者来觐世尊，我因得礼敬，亲觐问讯，佛灭度后，彼不复来，无所瞻对。当如之何？”佛告阿难：“汝勿忧也，诸族姓子常有四念。何等四，一曰念佛生处，欢喜欲见，忆念不忘，生恋慕心。二曰念佛初得道处，欢喜欲见，忆念不忘，生恋慕心。三曰念佛转法轮处，欢喜欲见，忆念不忘，生恋慕心。四曰念佛般泥洹处，欢喜欲见，忆念不忘，生恋慕心。阿难，我般泥洹后，族姓男女念佛生时，功德如是，佛得道时，神力如是。转法轮时，度人如是。临灭度时，遗法如是。各诣其处，游行礼敬诸塔寺已。死皆生天，除得道者。”①

佛陀要求在佛一生的四个重要事件（树下诞生、降魔成道、初转法轮和涅槃）的发生地起塔纪念供养。供养佛塔，死后可转世到天界，这是佛教倡导起塔供养的一个目的。更为重要的则因为佛塔是佛法的象征，礼塔即为礼佛。

龟兹石窟中往往在中心柱窟主室塔柱的侧壁绘有佛塔，如克孜尔石窟第 13、17、38、171 窟。（图 86）佛塔中，有的绘有舍利，有的绘有佛像。

11. 第一次结集

结集，又译集法、结经，为“合诵”之意。佛陀涅槃后，由于佛陀因材施教的说法风格，加之诸弟子领悟的程度不同，以及佛教传播范围的扩大，对于何为佛陀本意，不同的僧侣存在一些不同认识。这种不同认识如果不能加以统一，僧团就面临分裂的危险。为将佛陀的遗法传承的权威性确立下来，在阿阇世王保护下，在摩诃迦叶（大迦叶）的主持下，五百阿罗汉于摩揭陀国王舍城外“七叶窟”内，举行第一次结集。（图 87）《根本说一切有部毗奈耶杂事》曰：

---

①《长阿含经》，《大正藏》第 1 册，第 25、26 页。

图 86 克孜尔石窟第 13 窟右甬道外侧室舍利塔

图 87 克孜尔石窟第 219 窟左甬道外侧壁

时大迦摄波知彼天意,告诸苾刍:“汝等当知!具寿舍利子、具寿大目连,各与众多大苾刍众,不忍见佛入大涅槃,并悉于前已归圆寂。而今世尊复与一万八千苾刍同般涅槃。”然有无量劫长寿诸天,皆起叹惜复生讥议:“何不结集三藏圣教,岂令如来甚深妙法成灰烬耶?”咸皆报知可共结集斯为大事。众皆言:“善!我等随作。”时迦摄波白僧伽曰:“于此众中谁为最小?”报曰:“具寿圆满。”时大迦摄波告言:“圆满!汝鸣揵稚令僧伽尽集。”圆满闻已便于静处入第四禅,随其定力系念思察。既观察已从定而起即鸣揵稚,当有四百九十九大阿罗汉,从诸方来云集于此就座而坐。……王乘大象遥见迦摄波。……尊者言:“大王当知!佛于此国证大菩提法身成就,今于王处建立法幢结集三藏,苾刍大众在路俱来。”王言:“善哉!我于圣众但有所须悉皆供给。”……时尊者告言:“若于此城竹林园中作结集者,诸处僧来共相喧扰恐有妨废。若向鹫峰山亦不安静,然毕钵罗岩下堪为结集,然无卧具。”王闻语已深生欢喜,报迦摄波曰:“若于彼处结集定者,诸有所须卧具之类我当供给。”……时迦摄波即便观察:“此阿难陀为是慰喻调伏?为须呵责调伏?”见彼乃是以呵责言方可调伏,即于众中唤阿难陀:“汝宜出去!今此胜众不应共尔同为结集。”……时具寿阿尼卢陀,白尊者迦摄波曰:“无阿难陀我等云何而为结集?”答曰:“此阿难陀虽备众德,然犹未离欲染瞋痴,有学有事,不可与彼同为结集。”时迦摄波复告阿难陀曰:“即宜速出!所应作者当自策勤,得阿罗汉果,众可与汝同为结集。”……是时尊者见彼童子说要义已,即于昼日或坐或行,于诸障法炼磨其心,于初夜时或行或坐,亦复坚心净除障法。即于中夜洗足入房,右胁而卧两足相重,作光明想正念起想。如是作意头未至枕,断尽诸漏心得解脱,证阿罗汉果受解脱乐。即诣王舍城至大众所,众知得果咸皆赞叹是大丈夫。……时诸苾刍闻是语已,白尊者言:“今可先集伽他。”既至食后白言:“先集何者?”尊者告曰:“宜先集经。”时五百阿罗汉,各共同请大迦摄波升师子座,尊者登座告阿难陀曰:“具寿!颇能简择结集如来所说经不?”答曰:“能。”尊者即便作白:“大德僧伽听!此具寿阿难陀能为简择结集如来所说经法。”……僧伽已听许,由其默然故我今如是持。

时具寿阿难陀既欲说法,五百阿罗汉各各皆以僧伽胝衣敷其座上。时阿难陀四边顾望,于诸有情发悲愍念,于正法中极生尊重,于梵行者起敬仰心。右绕高座低头申敬,于上座前依法敬礼作无常想,以手按座正身端坐。次审观察见诸圣众,犹如甚深湛然大海,便作是念:“我于佛所亲闻是经,或有传说、或龙宫说、或天上说,悉皆受持而不忘失,我今应说。”……尔时大迦摄波告阿难陀曰:“唯有尔许《阿笈摩经》,更无余者。”作是说已便下高座。尔时具寿迦摄波告大众曰:“汝等应知!世尊所说苏怛罗已共结集,其毘奈耶次当结集。”……既结集毘奈耶已,具寿邬波离从高座下。时迦摄波作如是念:“后世之人少智钝根,依文而解不达深义。我今宜可自说摩窒里迦,欲使经律义不失故。”作是念已,便作白二羯磨,白众令知。众既许已,即升高座告诸苾刍曰:“摩窒里迦我今自说,于所了义皆令明显。所谓:四念处、四正勤、四神足、五根、五力、七菩提分、八圣道分;四无畏、四无碍解、四沙门果、四法句无诤愿智,及边际定空无相无愿杂修诸定正入现观,及世俗智苫摩他毘钵舍那法集法蕴,如是总名摩窒里迦。”说是语已,诸阿罗汉俱入边际定,次第观已还从定起,如前广说。是故当知!此是苏怛罗,此是毘奈耶,此是阿毘达磨,是佛真教,如是集已。①

根据上述所记第一次结集时,阿难诵经、优婆离诵律、大迦叶诵阿毗昙的事迹,说明佛教早期的经、律、论已经形成。实际上是对佛陀初期说法

①《根本说一切有部毗奈耶杂事》,《大正藏》第24册,第402—408页。

的总结与归纳。龟兹石窟中的“第一次结集”图像，在克孜尔石窟第114、178、224窟有保存。（图88）。

图88　克孜尔石窟第114窟后甬道正壁第一次结集

“第一次结集”，包括从大迦叶赶回拘尸那城、大迦叶击打“揵稚”召集诸阿罗汉集聚、大迦叶和阿难对话和阿难升座讲诵经义四个主要情节。克孜尔石窟第114窟的第一次结集故事画中没有出现比丘圆满的形象，而是大迦叶亲自执“揵稚”击打。其右面是阿难向众比丘诵经的场面，但破损严重，仅能见大迦叶与二比丘面向阿难的片段。克孜尔石窟第224窟左甬道外侧壁的“第一次结集”亦不完整。但尚可见大迦叶击打“揵稚”、大迦叶与阿难对话、阿难升座诵经的局部。

第一次结集完成了佛陀“遗法”的传承，佛教得以继续发展。结集完成后大迦叶所作的一段偈颂，总结了第一次结集的成就：

> 时具寿大迦摄波复作是念：“三藏圣教我已结集，今以定力，观察世尊所说教法得久住世，所应作者依如来说并已作了。如来法王示我正道如教奉行，我已少分报佛慈恩。谁能尽报如来恩德？世尊大师所有遗教，利益众生并皆纂集，久离大师无复依怙，五蕴臭身荷负劳倦，涅槃时至无宜久留。”作是念已，而说颂曰：“我已结集牟尼教，为令正法得增长，久住利益于世间，饶益众生

离诸惑,无羞耻者已折伏,有惭愧者皆摄受,所作利益事已周,今我宜应趣圆寂。”①

12. 法身常住

如上所述,说一切有部把佛陀所说的教法,尤其是他所诠释的四谛及佛所得之“无漏功德”(五分法身)作为“法身”,有关内容详见相关章节论述。《佛垂般涅槃略说教诫经》曰:

释迦牟尼佛初转法轮,度阿若憍陈如,最后说法度须跋陀罗,所应度者皆已度讫,于娑罗双树间将入涅槃。是时中夜寂然无声,为诸弟子略说法要:“汝等比丘,于我灭后,当尊重珍敬波罗提木叉。如闇遇明、贫人得宝,当知此则是汝大师,若我住世无异此也。……汝等比丘,勿怀忧恼。若我住世一劫会亦当灭,会而不离,终不可得。自利利人法皆具足,若我久住更无所益,应可度者,若天上人间皆悉已度,其未度者,皆亦已作得度因缘。自今已后,我诸弟子展转行之,则是如来法身常在而不灭也。是故当知,世皆无常,会必有离,勿怀忧也。世相如是,当勤精进早求解脱,以智慧明灭诸痴闇。世实危脆无牢强者,我今得灭如除恶病,此是应舍罪恶之物,假名为身,没在生老病死大海,何有智者得除灭之,如杀怨贼而不欢喜?”②

但是随着其后期发展为根本说一切有部,新有部的一个重要特点就是具有大乘的趋向,其中佛陀观上的表现就是,声闻也可成佛;菩萨欲成

①《根本说一切有部毗奈耶杂事》,《大正藏》第24册,第408页。

②《佛垂般涅槃略说教诫经》,《大正藏》第12册,第1110、1112页。

佛，必须借助悲愿，以入恶趣救度众生为乐。[1]

佛陀独具漏尽智通和随意神通变化，“已形同是超人的存在了”。[2]

加之大乘佛身观念和相关图像的出现，犍陀罗地区直至河西的广大地区就发展出了佛身光中有立佛的佛法身造像样式。[3]此外，佛传舍卫城神变故事中也发展出了佛周围绘化佛的样式。[4]这样龟兹石窟中开始出现特有的表现法身常住的图像。这种图像我们可以在克孜尔石窟第17 窟左、右甬道外侧壁的最外端看到(图 89、90)。左甬道外侧壁的一幅现保存

图 89　克孜尔石窟第 17 窟左甬道外侧壁立佛

图 90　克孜尔石窟第 17 窟右甬道外侧壁立佛

①《阿毗达磨顺正理论》,《大正藏》第 29 册，第 682 页。

②李志夫《中印佛学对比研究》，北京：中国社会科学出版社，2001 年，第 672 页。

③赖鹏举《丝路佛教的图像与禅法》，中坜：财团法人圆光佛学研究所，2002 年，第 45—48 页。

④张同标《中印佛教造像探源》，南京：东南大学出版社，2011 年，第 258—324 页。

在洞窟内,右甬道外侧壁的一幅被德国考察队剥走,现存柏林亚洲艺术博物馆。两立佛形态、身上所绘内容相似。左甬道立佛头光内绘 8 身小坐佛,背光内绘 3 圈小坐佛,该立佛的身体部位,透过袈裟,可见有许多形象。在脐部,是束腰的须弥山——佛教圣山。以山为界,上方直至肩部,可见横向的三列形象。在宫殿建筑的背景下,上列为禅定佛像,中间一列是菩萨和闻法天人,下列为诸天人像。四肢部位,在多个椭圆形图案中绘有天人形象。左右肩各绘一身日天或月天,呈对称之势,右臂上部绘有一身四臂交脚而坐的阿修罗,在两腿膝盖处各绘一法轮;两腿之间靠下部,可见一身人物坐于缸中。佛的颈部戴有项圈。立佛像站立在椭圆形莲花上,在佛的右脚旁,绘有一身袒右着装双膝跪地的比丘,正向佛像礼敬。右甬道外侧壁,除姿势与前述立像正好相反外,头背光中也绘有小坐佛像,身体上所绘图像也大致相同。不同处有二,一是左前臂绘一四足有尾的动物,二是在双脚之间,绘两身双手高举在火焰中挣扎的瘦瘠之人。立佛身上的小佛,无疑是佛法身的表现。而其他形象似分别表示五趣,是释迦牟尼作为"三界"的导师——"天人师"的具体形象。《长阿含经》曰:

> 世尊告婆罗门曰:"若如来出现于世,应供、正遍知、明行成、善逝、世间解、无上士、调御丈夫、天人师、佛、世尊。于诸天、世人、沙门、婆罗门中,自身作证,为他人说,上中下言,皆悉真正,义味具足,梵行清净。"①

佛陀体现无漏功德的法身,必然要光照三界,东晋沙门僧肇论说:

> 其名曰佛,三界独尊,觉了无物,非作而作,所作已毕。天人之

①《长阿含经》,《大正藏》第 1 册,第 96 页。

师正遍知悉，权应形事，引导众疾，理静虚无，光超慧日，普照十方。①

根本说一切有部的经典中也有类似记载。《根本说一切有部毗奈耶杂事》载：

时具寿阿难陀白佛言："世尊，如我今者解佛所说，命诸苾刍有疑当问，然此众中竟无一人，于佛法僧宝苦集灭道谛，有怀疑惑更须问者。"佛言："善哉！善哉！阿难陀！"汝能如实通达作如是语，于此众内我以智观，于谛宝中实无疑者，此是如来最后所作。尔时如来大悲愍故，遂去上衣现其身相，告诸苾刍："汝等今者可观佛身，汝等今者可观佛身。"何以故？如来应正等觉，难可逢遇如乌昙跋罗华。时诸苾刍咸皆默然。佛言："法皆如是诸行无常，是我最后之所教诲。"作是语已，安心正念入初静虑，从此起已顺次第入第二静虑，乃至非想非非想处，及灭受想定，寂然宴默。时阿难陀问尊者阿尼卢陀曰："今我大师为入涅槃为未入耶？"答曰："佛未涅槃但住灭受想定。"阿难陀言："我曾从佛亲闻此语，若佛世尊入边际定寂然不动，从此无间世间眼闭必入涅槃。"尔时世尊，从灭受想定出，逆次第入非想非非想处。从非想非非想出入无所有处，次入识无边处，次入空无边处。次入第四静虑。入第三入第二入初静虑，从初禅出还入第二第三第四静虑，寂然不动便入无余妙涅槃界。②

克孜尔石窟第17窟的立佛，是佛陀涅槃前显现法身的情景。跪在佛

①《宝藏论》，《大正藏》第45册，第145页。

②《根本说一切有部毗奈耶杂事》，《大正藏》第24册，第399页。

前的比丘即是阿难向佛请求演示正法的情景。立佛头光中的七佛当为过去七佛。身光中的多佛系“五分法身”的诸“法身佛”。详情参照相关章节的相关论述。

第三类表现众生供养及佛教譬喻故事。这种故事一般绘于中心柱窟及一些具有礼拜性质的方形窟的券顶部位,其构图一般比较呆板,释迦居中,形体突出,其两侧配置形体较小的胁侍人物,用以区分不同的内容。目前可识别的有佛度恶牛、船师渡佛过水、舞师女作比丘尼、醉象刺佛、采花供养佛得生天、婆罗门施珠、长者见王造塔获报生天、猕猴奉蜜、弗那施钵食、度旷野夜叉、须摩施缕等五十多个故事。

1. 汪水中虫

罗阅祇国城边有一汪脏水,污泥粪秽,臭气熏天。水中有条四足大虫,形象如蛇。

佛为众比丘解说此虫的宿业。毗婆尸佛在世时,这个大虫是个管理僧人生活的摩摩帝。当时,有五百商人入大海求宝,平安归来。他们挑选了最好的珍宝施奉给僧人,众僧将珠宝交给了管理生活的摩摩帝。后来,僧食用尽,僧人们前来索取珍宝,而摩摩帝却说:“这些珍宝都是商人们送给我的。”并恶狠狠地骂道,“你们吃屎去吧!”

由于摩摩帝欺骗众僧、破口大骂的缘故,他身坏命终之后堕落到阿鼻地狱之中,九十一劫常在沸屎中翻转。如今又坠落在此屎尿池中,经历多年,仍不得解脱。关于其故事,《贤愚经》载:

> 如是我闻,一时佛在罗阅祇耆阇崛山中。尔时城边,有一汪水,污泥不净,多诸粪秽,屎尿臭处,国中人民,凡鄙之类,恒以瑕秽,投归其中。有一大虫,其形像蛇,加有四足,于其汪水,东西驰走,或没或出,经历年载,常处其中,受苦无量。尔时世尊,将诸比丘,前后围遶,至彼坑所。问诸比丘:“汝等颇识此虫宿缘所造行

不？"时诸比丘，咸皆思量，无有能知斯所造行，俱共白佛，皆云不知。时佛告曰："汝等当听，吾当为汝说斯所造行。过去有佛，名毗婆尸，出现于世，教化已周，迁神。彼佛法中，有十万比丘，净修梵行，闲居乐静，依于一山。……时有五百估客，共相合集，欲入大海，发引径路，经由此山，见诸比丘克心精懃，内怀欣敬，思欲设供。……众贾入海，大获珍宝，平安还至，到众僧所。选众妙宝最上价者，用施众僧。……持用付授僧摩摩帝。于后众僧，餐具向尽，从其求索。……上座维那，语摩摩帝：'檀越前时，以宝施僧，令汝举之，今僧食尽，当用裨佐。'时摩摩帝，瞋恚而言：'汝曹噉屎，此宝是我所有，何缘乃索。'时彼众僧，见摩摩帝已起恶意，即便散去。由其欺僧恶口骂故，身坏命终，堕阿鼻狱，身常宛转沸屎之中，历九十二劫，乃从狱出，今复堕此屎尿池中，经历年岁，未得解脱所以者何。过去有佛，名曰尸弃，将诸比丘，临过此坑，示诸弟子，为说本末。复次有佛，名曰随叶，亦复将从诸比丘众，往到其所，说其因缘。……次复有佛，名曰拘留秦，亦共徒众，围遶至此坑，垂示诸比丘，说其本末。次名拘那含牟尼佛，亦共弟子，来至此坑。次迦叶佛，亦来至此，咸为弟子，说其因缘。次第七佛，我释迦牟尼，今示汝等因缘本末。观视其虫，如是一切。贤劫当来诸佛，各各皆尔，将诸弟子，到其坑所，指示其虫，说其曩昔所造因缘。"①

克孜尔石窟第163窟、库木吐喇石窟第46窟有此图像（图91）。画面中，佛陀位于画面右侧作说法状，佛左前方绘一水池，水池中有一物，形状像蛇，但是有四足。

①《贤愚经》，《大正藏》第4册，第443、444页。

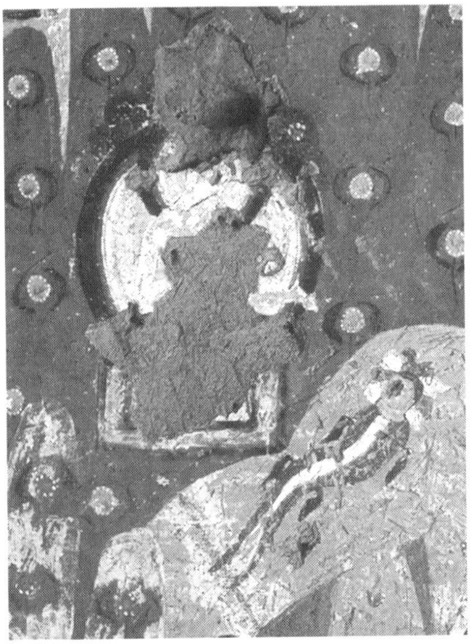

图91 克孜尔石窟第163窟主室券顶汪水中虫

图92 克孜尔石窟第163窟主室券顶佛度恶牛

2. 佛度恶牛

曾经在一个水池附近，居住着五百头凶恶的水牛，行人不敢通过。

一天，佛经过此地，牛群中一头凶悍无比的大恶牛向佛扑来。当时佛祖伸出五指，化作五头狮子站立在佛的左右，四面周匝有大火坑。恶牛无路可去，看见佛祖脚下有一片清凉安全的地方，于是恶牛直奔而去，伏首长跪，舔舐佛足。后来这头恶牛反省自己以前所做的恶事后，深感惭愧。于是，它不吃不喝，很快就死去了。(图92)《撰集百缘经》记载：

> 佛在骄萨罗国，将诸比丘，欲诣勒那树下。至一泽中，有五百水牛，甚大凶恶。复有百放牛之人，遥见佛来，将诸比丘，从此道行，高声叫唤："唯愿世尊莫此道行，此牛群中，有大恶牛，抵突伤人，难可得过。"尔时佛告放牛人

言："汝等今者，莫大忧怖，彼水牛者，设来抵我，吾自知时。"比语言之顷，恶牛卒来，翘尾低角刨地吼唤，跳踯直前。尔时如来，于五指端，化五师子，在佛左右，四面周匝，有大火坑。时彼水牛，甚大惶怖，四向驰走，无有去处。唯佛足前有少许地晏然清凉，驰奔趣向，心意泰然，无复怖畏，长跪伏首，舐世尊足，复更仰头，视佛如来，喜不自胜。尔时世尊，知彼恶牛心已调伏，即便为牛，而说偈言："盛心兴恶意，欲来伤害我，归诚望得胜，返来舐我足。"时彼水牛，闻佛世尊说是偈已，深生惭愧，欻然悟解，盖障云除，知在先身在人道中所作恶业，倍生惭愧，不食水草，即便命终。生忉利天，忽然长大，如八岁儿，便自念言："我修何福，生此天上？"寻自观察，知在世间，受水牛身，蒙佛化度，得来生天。"我今当还，报佛之恩。"作是念已，顶戴天冠，着诸璎珞，庄严其身，赍持香花，来诣佛所，光明赫奕，照佛世尊，前礼佛足，却坐一面。佛即为其说四谛法，心开意解，得须陀洹果，遶佛三匝，还于天宫。①

克孜尔石窟第32、34、163、179、205窟，库木吐喇石窟第46窟，森木塞姆石窟第1、44窟有此图像(图93)。画面中，佛陀位于画面正中。佛陀游戏坐于金刚座上，上身向左倾。佛左侧绘一头翘尾低角刨地、跳着直冲向佛陀的恶牛。

3. 降伏火龙

降伏火龙是佛陀度化迦叶三兄弟时显示的神迹。迦叶三兄弟留宿世尊。世尊选择住在有毒龙的祭祀火神的草堂内。毒龙回来后，发现佛陀，遂喷火烧佛陀。佛陀展现神通，护住自身，并使整个草堂均充满大火。毒龙无

---

①《撰集百缘经》，《大正藏》第4册，第232页。

图93 克孜尔石窟第179窟主室券顶佛度恶牛

图94 克孜尔石窟第80窟主室券顶降伏火龙

处可去，化作小蛇，钻入佛钵中。以此因缘,迦叶三兄弟皈依佛陀。(图94)《佛本行集经》记载:

> 尔时，世尊作如是念:"今此优娄频螺迦叶，其声遍满摩伽陀国，彼处内外一切人民并谓言其是阿罗汉。我今可先化彼优娄频螺迦叶，令其欢喜,彼欢喜已,当有多人受其教法。"……尔时，世尊隐本形相,即便化作苦行之身，……以神通飞到彼优娄频螺迦叶所闻声处,下地而住。……尔时，优娄频螺迦叶即白佛言:"善大沙门，仁今何远来至于此?"……我欲入汝祭祀火神处所安居。……尔时，优娄频螺迦叶即白佛言:"但彼草堂

有大极恶严炽龙王毒龙”……。尔时，世尊如是再过，语迦叶言：“汝若不辞不敬重彼，但当与我草堂居住。”……尔时，彼堂毒龙毒龙出外求觅食故，处处经历，饱已回还入于火堂，遥见如来坐火堂内，……口出烟炎；如来复坐如是三昧，身亦放烟。尔时，彼龙见是烟已，增长更嗔，放猛火炎；如来尔时亦入如是火光三昧，身出大火。佛及毒龙，各放猛火，是时彼堂严炽猛炎，以猛炎故，草堂彤然，如大火聚。……时，彼众有一摩那婆，名阿罗陀祇梨迦隋言湿树皮衣，见彼火堂亦大懊恼，自余一切诸摩那婆，各各称名，悉皆恐怖，并相呼唤：“……汝等汝等，速来速来，此大沙门今被毒龙吐火烧爇，我等当往助其扑灭。”尔时，彼等诸摩那婆闻是声已，或将水瓶，或复担梯，速疾走来。来已着梯，上彼火神大堂之上，上已将水欲灭于火。而彼火炎，世尊力故，更增炽盛。……尔时毒龙见火神堂，四面一时焖燃炽盛，唯有如来所坐之处，其处寂静，不见火光。见已渐诣向于佛所，到佛所已，即便涌身入佛钵中。尔时，优娄频螺迦叶作如是念：“此大沙门，大威神力，大有功能，乃设如是神力之火，灭彼毒龙毒恶炽火。其事虽然，而犹不得阿罗汉果如我今也。”尔时，世尊取彼毒龙，发遣安置彼大海外铁围山间。是时，优娄频螺迦叶即白佛言：“大德沙门，彼毒龙今安在何处？”尔时，佛告彼迦叶言：“仁者迦叶，彼之毒龙，我今已遣安置于彼铁围山间。”尔时，优娄频螺迦叶见佛示现是神通已，心生欢喜，即白佛言：“大德沙门，愿恒住此，我当常请供奉饭食。”尔时，世尊默然受彼优娄频螺迦叶等请。①

①《佛本行集经》，《大正藏》第 3 册，第 840~843 页。

图95　克孜尔石窟第196窟主室券顶降伏火龙

克孜尔石窟第80、192、196、205窟，森木塞姆石窟第20窟，克孜尔尕哈石窟第14窟有此图像。（图95）画面中，佛陀位于画面正中。佛作禅定状，被毒龙缠身，佛左侧绘面向佛陀的优娄频螺迦叶，右侧绘肩扛水罐的摩那婆。

4. 龙王守护

龙王守护讲述真邻陀皈依并护卫佛陀的故事。（图96）见载于《佛本行集经》：

图96　克孜尔石窟第8窟主室券顶龙王守护

尔时，复更有一龙王，名目真邻陀。向于佛所，到佛所已，顶礼佛足，却住一面。住一面已，是时龙王即白佛言："世尊，我此宫殿，往昔过去已曾布施一切诸佛，受已而住。……今亦为我受此宫殿，我得四佛三藐三佛陀受此宫殿，我获善利。"尔时，世尊从彼目真邻陀龙王受宫殿已，加趺而坐，一坐经于七日不起，为欲受于解脱乐故。时彼七日虚空之中，兴云注雨，起大冷风，于七日内，雨不暂停，遂成寒冻。尔时，目真邻陀龙王从宫殿出，以其大身，七重围遶，拥蔽佛身，复以七头垂世尊上，作于大盖，嶷然而住。心如是念："莫令世尊身体，寒冷风湿尘坌，蚊虻诸虫，触世尊体。"尔时，世尊过七日已，见虚空中，无有云雾，以得清净，正念正知，从三昧起。尔时，目真邻陀龙王摄其龙身，七重遶已隐于龙形，化作年少婆罗门身，在于佛前，合十指掌，顶礼佛足，而白佛言："世尊，我今不以恐怖如来、娆乱如来故，以龙身遶佛七匝，又以七头覆世尊上，安然而住，但恐世尊身有寒冷风尘土坌水浆蚊虻触世尊体。世尊，我时思惟如是事已，覆世尊身。"①

克孜尔石窟第8、34、38、58、80、100、101窟，库木吐喇石窟第46窟有此图像。（图97）画面中，佛陀位于画面正中。佛头顶上方绘四条龙以及大伞盖。佛左侧绘蹲跪、双手合十于佛座旁的龙王，其头顶有四条龙及伞盖。

图97　克孜尔石窟第38窟主室券顶龙王守护

5. 船师渡佛过水

佛与众僧云游至恒河边需要渡河，其中一个船师要收钱。佛说："我也是船师啊！我曾经渡不计其数的众生过生死苦海，可我从未向他们索要金钱，你为什

①《佛本行集经》，《大正藏》第3册，第800页。

图98　克孜尔石窟第38窟主室券顶船师渡佛

么非要收钱才肯渡我们过河呢?"当时,另外一个船师听到佛说的话,心中非常欢喜,渡佛过了恒河。这个渡佛的船师也皈依佛教,经过修行得到了须陀洹果。(图98)故事见载于《撰集百缘经》:

佛在舍卫国祇树给孤独园。伊罗拔河边有诸船师,止住河侧。尔时如来将诸比丘,诣彼聚落,欲渡于水化诸船师。是诸人等,见佛来至,各怀欢喜,乘船渡水,前礼佛足白言:"世尊,明日屈意,乘船渡水。"佛即然可。庄严船舫,平治道路,除去瓦石污秽不净,竖立幢幡,香水洒地,散众妙华,庄严船舫,待佛及僧。尔时世尊明日时到,将诸比丘,往至河侧,乘船渡水,至彼聚落,敷座而坐。诸船师等,察众坐定,手自斟酌肴饍饮食,供养讫已,皆于佛前,渴仰闻法。尔时世尊即为如应说四谛法,心开意解,有得须陀洹者、斯陀含者、阿那含者,乃至发于无上菩提心者。时诸比丘,见是供养,及渡于水,怪未曾有,前白佛言:"如来先世宿殖何福?今者乃有如是自然供养,及以渡水。"尔时世尊告诸比丘:"汝等谛听,吾当为汝分别解说。乃往过去无量世时,波罗奈国有佛出世,号毗阎婆,将诸比丘,游行他国,教化众生。至一河侧,有诸商客,赍持珍宝,从他邦来,到彼河岸,见佛世尊及六万二千阿罗汉众,深生信敬,前白佛言:'欲渡水耶?'佛即然可。设诸肴饍,供佛僧已,唯愿世尊,在前而渡，傥有劫贼，夺诸比丘衣钵所须。尔时世尊即便渡水，为诸商人种种说法，各怀欢喜，发菩提心，即授商主记：'汝于来世，当得作佛，号释迦牟尼，广度众生，不可限量。'佛告诸比丘："欲知彼时商主者，则我身是。彼时商客者，今六万二千阿罗汉是。皆由彼时供养佛故，无量世中不堕恶趣，天上人中常受快乐，乃至今者自致成佛，故有人天来供养我。"①

图 99　克孜尔石窟第 80 窟主室券顶船师渡佛

克孜尔石窟第 38、80、192、224 窟，森木塞姆石窟第 44 窟有此图像。（图 99）画面中，佛陀位于画面正中。佛作说法状，交脚坐在龙舟上，在佛头光上方竖立有幢幡。佛左侧绘站于龙舟前部的船师。

6. 提婆达多放护财醉象欲害佛

提婆达多是释迦牟尼的堂弟，出家学习神通，身具三十相，能诵六万法藏。释迦牟尼成道后，怜悯一切众生，游方教化，救度一切有情，也度化了提婆达多。

随着佛教的发展，释迦牟尼的影响力也越来越大，提婆达多对释迦牟尼产生了妒忌之心。就开始破坏僧正法，企图篡夺佛位。提婆达多先是勾

①《撰集百缘经》，《大正藏》第 4 册，第 208 页。

图100 克孜尔石窟第8窟主室券顶醉象刺佛

结恶友,分裂僧团,多次蓄意伤害佛陀。(图100)其中一次就是放醉象护财刺佛。佛度化护财,并告诉其有关因缘。《杂宝藏经》载:

佛在王舍城。尔时提婆达多,放护财醉象欲得害佛,五百罗汉,皆飞虚空,唯有阿难,独在佛后。佛时举右手,护财白象,见五百师子,象时恐怖,即便调顺。五百比丘,尽弃佛去,唯有阿难,在于佛后。佛言:"非但今日,过去亦尔。昔迦尸国,有五百雁,共为群侣,尔时雁王,名曰赖咤,雁王有臣,名曰素摩。时此雁王,为猎者捕得,五百群雁,皆弃飞去,唯有素摩,随逐不舍,语猎师言:'请放我王,我于今日,以身代之。'猎师不听,遂以雁王,献梵摩曜王。王问雁王:'为安隐不?'雁王答言:'蒙王大恩,得王清水,又得好草,以活性命,得常平安,在国土住。唯愿大王,放一切雁,使无所畏。'五百群雁,在王殿上,空中作声。时王问言:'此是何雁?雁王答言:是我眷属。'王即施无畏,内外宣令:'不听杀雁。'雁王白王言:'今当以正法治国,世间无常,如四方山,譬如东方大山,上无边际,一时来至,南西北方,亦复如是,磨碎世间,一切众生,及与人鬼,悉皆微灭,无可逃避,无可恃怙,不可救济。当于尔时,何所恃赖?惟念如是,宜应慈心普育一切，修行正法，作诸功德。大王当知：一切富贵，皆为衰灭之所摧碎，四方而至，为归丧失。一切强壮，又有诸病，从四方来，破灭强健。一切壮年，有病羸山，从四方来，破坏壮年。一切有命，有大死山，四方而来，坏灭生命。如是四山，一切共有，天龙人鬼有生之类，无得免者。以此义故，常修慈心，懃行正法。若能尔者，死时不悔，心不悔故，得生善处，必遇贤圣，得遇贤圣，得脱生死。'王问素摩：'何以默然？'素摩答言：'今雁王人王，二王共语，若当参言，非是仪礼，便无上下恭恪之心。'王言：'实是希有，汝为雁身，能行如是忠臣之节，人所不及，能以身命，代于雁王。又复谦顺，不参言说，如汝雁王，君臣之义，世所希有。'悉与金铔瑕，约其头际，以好白绢，着雁王首，而发遣之，言曰：'往时为我说善法。'即便放去。"①

克孜尔石窟第 8、34、80、87、163、186、188、206、224 窟，库木吐喇石窟第 46 窟有此图像。（图 101）画面中，佛陀位于画面正中，交脚坐于金刚座上，佛左侧绘一头白色大象，象鼻卷握一支宝剑。

图 101　克孜尔石窟第 80 窟主室券顶醉象刺佛

7. 采花供养佛得生天

这个故事讲到，有一个舍卫城的采花者将花献给世尊，随后不幸从树上坠落而亡，因为献花

①《杂宝藏经》，《大正藏》第 4 册，第 488 页。

图 102　克孜尔石窟第 32 窟主室券顶采花供佛

给佛的因缘而得转生忉利天的福报。(图 102)故事见载于《撰集百缘经》:

> 佛在舍卫国祇树给孤独园。时彼城中,豪富长者,皆共聚集,诣泉水上,作唱伎乐,而自娱乐,为娑罗花会。时彼会中,遣于一人,诣林树间,采娑罗花,作诸花鬘。时采花人,还来会所,路见世尊,三十二相、八十种好,光明普曜,如百千日,心怀欢喜,前礼佛足,以所采花,散佛世尊,于是而去。还复上树,更欲采花,值树枝折,坠堕命终,生忉利天,端政殊妙,以娑罗花,而作宫殿。帝释问曰:"汝于何处造修福业而来生此?"天子答曰:"我阎浮提,采娑罗华,值见世尊,散花佛上,缘是功德,得来生此。"①

克孜尔石窟第 32、34、80、171 窟,库木吐喇石窟第 23 窟,森木塞姆石窟第 45 窟有此图像。(图 103)画面中,佛陀位于画面正中作说法状,佛左侧绘采花人伸举双手欲捧花,在其前方有牛卧于花车前。

8. 婆罗门施珠

故事讲述一个来自南天竺的婆罗门手持如意珠找人鉴别并求其来历,然而没有人能够鉴别出来。后其在波斯匿王的帮助下,找到了佛陀,佛

---

①《撰集百缘经》,《大正藏》第 8 册,第 229 页。

陀说出了宝珠的来历及其殊胜。婆罗门被佛感召，皈依佛门。《杂宝藏经》卷七载：

图103　克孜尔石窟第34窟主室券顶采花供佛

佛在舍卫国。尔时南天竺，有一婆罗门，善别如意珠，持一如意珠，从南天竺，至东天竺，遍诸国土，无能别者。如是次第，至舍卫国，到波斯匿王所，而作是言："谁能分别识此珠者？"波斯匿王，集诸群臣，一切智人，无有识者。波斯匿王，共至佛边，佛语婆罗门言："汝识珠名字不，知珠生出处不，知珠力耐不？"答言："不知。"佛言："此珠磨竭大鱼脑中出，鱼身长二十八万里，此珠名曰金刚，坚也。有第一力耐，使一切被毒之人，见悉消灭，又见光触身，亦复消毒。第二力者，热病之人，见则除愈，光触其身，亦复得差。第三力者，人有无量百千怨家，捉此珠者，悉得亲善。"时婆罗门，闻此语已，甚用欢喜，如来真实一切智人，即以此珠，奉上于佛，而求出家。佛言："善来！比丘！须发自落，法服着身，为说法要即得罗汉。"诸比丘言："如来善能分别此珠，复能说法，使得道证。"佛言："非但今日，过去亦尔。昔迦尸国，仙人山中，有五通仙。时有婆罗门，持一树叶，问仙人言：'此何树叶？'仙人答言：'此树名金顶，若人被毒，垂命欲死，此树下坐，即得消灭。热病之人，依此树者，亦复得除。以此树叶触人身者，所有毒气，及与热病，悉皆得除。'婆罗门

图104 克孜尔石窟第171窟主室券顶婆罗门施珠

欢喜,求与仙人而作弟子,修习其法,亦得五通。尔时五通仙人者,我身是也。尔时持树叶婆罗门者,今此婆罗门是也。我于尔时,教其使得具五神通,今亦免其生死之难,获阿罗汉。”①

克孜尔石窟第171窟(图104),库木吐喇石窟第46窟有此图像。画面中,佛陀位于画面正中作说法状,交脚坐于金刚座上。佛右侧绘一双手托举宝珠的人物。

9. 长者造塔获报生天

佛在世时,王舍城有位长者在佛祖经过的地方建造了一座宣讲佛法的厅堂。长者去世后,升到了天宫。接着,他前来拜见佛祖,佛祖为他讲说正法,很快便得到了须陀洹果。(图105)《杂宝藏经》载:

尔时耆阇崛山南天竺,有一长者,见频婆娑罗王为佛作好浮图僧坊,亦请如来,为造浮图,僧房住处。其后命终生于天上,来至佛所,报恩供养,佛为说法,得须陀洹。比丘问言:“此天子往日,以何因缘,得生天宫?”佛言:“昔在人中,见王起塔,心生随喜,便请如来,造立浮图。由此善业,得生天上,又于我所,闻法信

①《杂宝藏经》,《大正藏》第4册,第480页。

悟，证须陀洹。”①

克孜尔石窟第 171 窟（图 106），库木吐喇石窟第 63 窟有此图像。佛陀位于画面正中，作说法状，佛右侧绘一人物，头戴一顶帽子，在其前上方有一座塔庙，下方有一僧房。

图 105　克孜尔石窟第 163 窟主室券顶长者造塔得报

10. 猕猴奉蜜

曾经，佛与诸僧在名叫师质的家里接受供养。返回时，途经一泉水，众比丘用水洗钵。这时跑来一只猕猴，从阿难处得到钵后，盛了满满一钵蜜，捧到佛前。佛和众僧分享。猕猴兴奋，不小心坠入大坑中，当即命终，后投胎于师质夫妇家，取名胜蜜。胜蜜长大后出家为僧，最终得阿罗汉果。（图 107）《贤愚经》载：

图 106　克孜尔石窟第 171 窟主室券顶长者造塔得报

> 明日时到，佛与众僧，往诣其家，众坐已定，婆罗门夫妇齐

①《杂宝藏经》，《大正藏》第 4 册，第 475 页。

图 107 克孜尔石窟第 171 窟主室券顶猕猴奉蜜

心同志,敬奉饮食。众会食竟,佛及众僧,还归所止,路由一泽,中有泉水,甚为清美,佛与比丘僧,便住休息。诸比丘众,各各洗钵,有一猕猴,来从阿难,求索其钵,阿难恐破,不欲与之。佛告阿难:“速与勿忧。”奉教便与。猕猴得钵,持至蜜树盛满钵来,奉上世尊。世尊告曰:“去中不净。”猕猴即时,拾去蜂虫,极令洁净。

佛便告言:“以水和之。”如语着水,和调已竟,奉授世尊。世尊受已,分布与僧,咸共饮之,皆悉周遍。猕猴欢喜,腾跃起舞,堕大坑中,即便命终,魂识受胎于师质家。时师质妇,便觉有娠,日月已足,生一男儿,面首端正,世之少双。当生之时,家内器物,自然满蜜,师质夫妇,喜不自胜。请诸相师,占其吉凶。相师占讫,而告之言:“此儿有德,甚善无比。”因为作字,字摩头罗瑟质,晋言蜜胜,以其初生之日蜜为瑞应,故因名焉。儿年已大,求索出家,父母恋惜不肯放之,儿复殷懃白其父母:“若必违遮,不从我愿,当取命终,不能处俗。”父母议言:“昔日世尊,已豫记之,云当出家。今若固留,或能取死,就当听之。”共议已决,而告儿言:“随汝所志。”儿大欣踊往到佛所,稽首作礼,求索出家,世尊告言:“善来，比丘！须发自堕，法衣在身，便成沙门。”因为广说四谛妙法种种诸理，心开结尽，得阿罗汉。每与诸比丘，人间游化，若渴乏时，掷钵空中，自然满蜜，众人共饮，咸蒙充足。[1]

图 108　克孜尔石窟第 38 窟主室券顶猕猴奉蜜

克孜尔石窟第 38、171 窟有此图像。（图 108）画面中，佛陀位于画面正中。佛作禅定状，佛右侧蹲跪一只猕猴，手捧一钵蜜。

11. 弗那施钵食

梵志弗那靠种田生活。有一天，弗那看到佛祖前来乞食，就盛了上好的白米饭。因此因缘，他地里的禾苗全变成黄金了。

弗那的哥哥们得知缘由后，非常欢喜，于是和弗那一起来到佛所，请求出家，最后得了阿罗汉果。《杂宝藏经》载：

昔佛在世，有梵志兄弟五人，一名耶奢，二名无垢，三名憍梵波提，四名苏驮夷，四兄入山学道，得五神通。其最小弟，名曰弗那，见佛乞食，盛好白净饭，满钵施佛。尔时弗那，恒以耕种为业，时耕种讫，还归于家。后于一日，出到田中，见其田中，所生苗稼，变成金禾，皆长数尺，收刈已尽，还生如初。国王闻之，亦来收刈，

①《贤愚经》，《大正藏》第 4 册，第 430 页。

不能得尽,如是一切,诸来取者,皆不能尽。兄等念言:"我弟弗那,为得生活,为贫苦耶?"寻共来看,见弟福业踰于国王,便语弟言:"汝先贫穷,云何卒富?"答言:"我见瞿昙,施一钵饭,得如是报。"四兄闻已,欢喜踊跃,又语弟言:"尔今为我,作欢喜团,我等四人,各持一团,供养瞿昙,愿求生天,不听其法,不用解脱。"于是各担欢喜团,往至佛所,大兄捉一团,着佛钵中,佛言:"诸行无常。"第二复以欢喜团,着佛钵中,佛作是语:"是生灭法。"第三复以欢喜之团,着佛钵里,佛作是语:"生灭灭已。"第四复以欢喜之团,着佛钵中,佛作是语:"寂灭为乐。"即还归家,至寂静处,共相问言:汝闻何语?第一兄言:"我闻诸行无常。"次者复闻是生灭法,又次者闻生灭灭已,第四者闻寂灭为乐。兄弟四人,各思此偈,得阿那含,皆来佛所,求为出家,得阿罗汉道。①

图 109 克孜尔石窟第 80 窟主室券顶弗那施钵食

克孜尔石窟第 80 窟、库木吐喇石窟第 50 窟、森木塞姆石窟第 45 窟有此图像。(图 109)画面中,佛陀位于画面正中。佛左手托钵,右手呈说法状。佛左侧绘一身婆罗门,双手捧着一团状物欲放入佛陀钵中。

12. 度旷野夜叉

从前,在王舍城旷野中有

①《杂宝藏经》,《大正藏》第 4 册,第 469 页。

一夜叉，每天都要害死许多人。有一个智者与夜叉达成了协议，每天送来牛、羊和一人供他吃。

有一名叫须拔陀罗的长者，他舍不得自己的儿子，于是不停地向佛祈祷。佛祖决定帮助他，随即来到夜叉住处。夜叉向佛祖提出了四个问题，佛祖在回答问题时，借机向夜叉说法。夜叉听完佛的话后，深受启发，皈依了佛门，后得阿那含道。（图110）《杂宝藏经》卷八载：

图110　克孜尔石窟第171窟主室券顶度旷野夜叉

时舍利弗、目连，共将五百弟子，经旷野中过。力士知之，请二尊者并五百弟子，安置止宿，供给衣食。过三日后，国中人民，聚集作会，饮酒过醉，详共围遶大力士舍，以火焚烧，力士问言："何故如是？"众人答曰："妇女初嫁，都经由汝，我等是人，不忍此事，故来烧汝。"力士答言："我先不肯，汝等强尔。"诸人不听，便烧使死，垂欲命终，发誓愿言：持我供养舍利弗、目连功德因缘，生此旷野中，作大力鬼神，灭诸人等。作是语已，其命即断，便于旷野，作化生鬼，放大毒气，多杀人众。往至中间，有智之人，共求鬼言："汝今自杀无量人民，食肉不尽，唐使臭烂，愿听我等，杀诸牛马，日以一人，供给于汝。"于是国中，皆共拔筹，人当一日。如是次第，到一长者拔须陀罗，须陀罗生一男儿，福德端政，次应鬼食。长者念言："如来出世，拔济一切苦恼众生。唯愿世尊，救护我子今日之厄。"佛在王舍城，知长者心，即便来向旷野鬼神宫殿中坐。旷野鬼神,来见世尊,极大瞋恚,而语佛言:"沙门出去。"佛便出去。鬼适入宫,佛复还入。如是三返,至第四过,佛不为出,鬼作此言:"若不出者,使汝心颠倒,当捉汝脚掷恒河里。"佛语之言:"我不见世间若天魔梵有能捉我作如是者。"旷野鬼言:"如是如是。如来听我使问四事,当为我说。一者谁能渡驶流,二者谁能渡大海,三者谁能舍诸苦,四者谁能得清净。"佛即答言:"信能渡驶流,不放逸者能渡大海,精进能舍苦,智慧能得清净。"闻是语已,即归依佛,为佛弟子。手捉小儿,着佛钵中,遂名小儿为旷野手,渐渐长大,佛为说法,得阿那含道。[①]

图 111 森木塞姆石窟第 44 窟主室券顶度旷野夜叉

克孜尔石窟第 171 窟、库木吐喇石窟第 46 窟、森木塞姆石窟第 44 窟有此图像。(图 111)画面中,佛陀位于画面正中。佛右侧绘一身绿色皮肤、头发冲天的跪姿夜叉,双手托举一小儿。

13. 须摩施缕

须摩是舍卫国的一个贫穷的裁缝。他遍搜家中,只有一缕布,将它献给佛祖作为供养,并发救度众生的宏愿,以此因缘得佛授记,未来成佛。《撰集百缘经》载:

①《杂宝藏经》,《大正藏》第 4 册,第 487 页。

> 佛在舍卫国祇树给孤独园。时彼城中有一织师，名曰须摩，贫穷困苦，家无升斗，常行客织，用自存活。又于一日，作是念言："我以先身不布施故，今值贫穷，困苦如是；我于今者，复不布施，于将来世，遂贫转剧。"作是念已："我今当更懃加役力，推求少物，持用布施，于未来世，傥得是报。"即便求索，得少许缕。涉道归家至一巷中，遥见世尊，着衣持钵，将诸比丘，入城乞食。前诣佛所，寻持此缕，奉施世尊。世尊受已，即现衣破，寻用缝衣。时须摩见佛世尊缝补破衣，心怀欢喜，前礼佛足，发大誓愿……尔时，须摩闻佛世尊说此偈已，深生信敬，五体投地，发大誓愿：持此施綖所有功德，于未来世，盲冥众生，为作眼目，无归依者，为作归依，无救护者，为作救护，无解脱者，为作解脱，无安隐者，为作安隐，未者，令使。发是愿已，佛便微笑，从其面门，出五色光，绕佛三匝，还从顶入。尔时阿难前白佛言："如来尊重，不妄有笑，有何因缘，今者微笑，唯愿世尊，敷演解说。"佛告阿难："汝今见是贫人须摩以綖施我，心怀欢喜发大誓愿不？"阿难白言："唯然已见。"彼须摩者以殷重心，施我綖故，于未来世，当得作佛。①

克孜尔石窟第38窟有此图像。(图112)画面中，佛陀位于画面正中，佛作说法状，交脚坐于金刚座上，佛右侧绘一人物，双手托举一缕布。

14. 须陀因缘

时有国王，名为旃陀越，侍奉婆罗门道。国王有一小夫人，倍受宠爱，时值妊娠。后国王听信婆罗门谗言，将其杀害。在墓中，夫人产下了儿子，并且半身不朽，儿得饮其乳而活。后佛遇见这个小孩，度化为比丘，名为须陀。《佛说旃陀越国王经》载：

---

①《撰集百缘经》，《大正藏》第4册，第205页。

图112　克孜尔石窟第38窟主室券顶须摩施缕

闻如是,一时佛在舍卫国,祇树给孤独园,与千二百五十比丘俱。时有国王,号名旃陀越,奉事婆罗门道,王治国政,辄任用诸婆罗门。王小夫人,特见珍重,时兼娠,诸夫人憎嫉之,以金赐婆罗门,令谮之于王言:"此人凶恶,若其生子,必为国患。"王闻之甚愁忧不乐。问婆罗门言:"当如之何,婆罗?"门言:"唯当并杀之耳。"王言:"人命至重,何可杀之。"报言:"若不杀者,必有亡国丧身之忧,祸不细也。"王便听用其言,遂见枉杀,便葬埋之。儿后于冢中生,其母半身不朽,儿得饮其湩。乃至三年,其冢崩陷,儿后得出,与鸟兽共戏,暮即还冢中宿。儿时年六岁,佛以普慈,念其勤苦,与鸟兽同群,即化为沙门。被服往呼问之言:"汝是谁家子,居在何处?"儿欢喜报言:"我无家居,但栖宿此冢中耳,今乞随道人去。"佛言:"汝随我去,何等为乎。"儿报言:"我今善恶,终当随道人。"佛便将其,到祇洹中,见诸比丘威仪法则,意甚乐之。便白佛言:"我欲乞作比丘。"佛即听之,以手摩其头,发堕袈裟自然着身,名为须陀。从佛受尊戒,勤意精进,心不懈怠,七日便得罗汉道。①

①《佛说旃陀越国王经》,《大正藏》第14册,第791页。

克孜尔石窟第8、104窟，库木吐喇石窟第46窟，克孜尔尕哈石窟第14窟，森木塞姆石窟第24窟有此图像。(图113)画面中，佛陀位于画面正中作说法状，佛左方绘一墓冢，冢内有一人，头下脚上，发须俱白。

图113　克孜尔石窟第104窟主室券顶须陀因缘

15. 商主妇施佛璎珞

过去，有一商主带领诸商客一起入海寻宝。他的妻子到那罗延天天祠，发下誓愿："天若有神，使我夫安全归来，我当做金银璎珞以报天恩；若不还者，我以粪屎毁辱天祠。"

不久，丈夫平安归来，她非常高兴，就造了金银璎珞环钏，并送往天祠。路上，她正好遇到如来和诸比丘。这时，妇人见佛三十二相，八十种好，心怀欢喜，就以金银璎珞掷散佛上。由此功德，妇人于未来世，从不坠恶趣，天上人中受诸快乐，并将于十三劫后成佛。(图114)《撰集百缘经》载：

图114　克孜尔石窟第163窟主室券顶商主妇施佛璎珞

佛在王舍城迦兰陀竹林。时彼国中，有一商

主,名曰浮海,将诸商客,入大海中,采其珍宝。其妇少壮,容貌可观,忆望其夫,昼夜愁念,速得还家,即便往诣那罗延天所,而作呪言:"天若有神,不违人愿,使我夫主安隐速还,我今当作金银璎珞以报天恩;若不还者,我以粪屎不净臭处毁辱天身。"作是誓已,未经几时,果如其愿,安隐还家,甚怀欢喜,即造金银璎珞环钏,将诸侍从往诣天祠。路值如来,将诸比丘,入王舍城。时彼女人见佛世尊,三十二相、八十种好,光明普曜,如百千日,心怀欢喜,欲以金银璎珞掷散佛上,其从语言:此非那罗延天。遮而不听。时彼妇女不从其教,即已璎珞,掷散佛上,于虚空中,变成宝盖,随佛行住。见是变已,深生信敬,五体投地,发大誓愿:"我今以此散佛璎珞善根功德,使我来世得成正觉,广度众生,如佛无异。"发是愿已,佛即微笑,从其面门,出五色光,绕佛三匝,还从顶入。①

克孜尔石窟第8、100、104窟,库木吐喇石窟第46窟,森木塞姆石窟第1窟有此图像。(图115)佛陀位于画面正中,作说法状。佛右侧跪一女性人物,双手合十。佛头上方飘浮三条璎珞。佛左侧绘结跏趺坐的比丘。

16. 婆罗埵供食出火

佛陀曾经多次去舍婆提的一个婆罗门处乞食,该婆罗门心中不快。后奉食给佛,佛不食令其倒于水中,水大沸。婆罗门惊叹,皈依佛门。(图116)《大智度论》载:

佛一时舍婆提乞食,有一婆罗门姓婆罗埵逝,佛数数到其家乞食,心作是念:"是沙门何以来数数,如负其债?"佛时说偈:"时

①《撰集百缘经》,《大正藏》第4册,第214页。

图115　森木塞姆石窟第1窟主室券顶商主妇施佛瓔珞

图116　克孜尔石窟第34窟主室券顶婆罗埵供食出火

雨数数堕，五谷数数成；数数修福业，数数受果报。数数受生法，故受数数死；圣法数数成，谁数数生死？”婆罗门闻是偈已，作是念：“佛大圣人，具知我心。”惭愧取钵入舍，盛满美食以奉上佛。佛不受，作是言：“我为说偈故得此食，我不食也。”婆罗门言：“是食当与谁？”佛言：“我不见天及人能消是食者，汝持去，置少草地，若无虫水中。”即如佛教，持食着无虫水中，水即大沸，烟火俱出，如投大热铁。婆罗门见已惊怖言：“未曾有也，乃至食中神力如是。”还到佛所，头面礼佛足忏悔，乞出家受戒。佛言：“善来！”实时须发自堕，便成沙门；渐渐断结，得阿罗汉道。①

克孜尔石窟第8、34、80、163窟，森木塞姆石窟第30、44窟有此图像。（图117）佛陀位于画面正中，作说法状，佛左侧绘一身站立的婆罗门，双

①《大智度论》，《大正藏》第25册，第225页。

图 117 森木塞姆石窟第 44 窟主室券顶婆罗埵供食出火

手拿着盘子,做向下泼洒状,下方水中升起一团火苗。

17. 弊狗因比丘得生善心

过去佛在世时,有一个富豪,家有恶狗。一天,有一个聪慧的比丘来到富翁家化缘,给恶狗留了一份美食。恶狗欢喜不已,对比丘心生善意,并舔舐比丘的脚尖以示友善。后来,恶狗死后投生为人,供养比丘,后得出家为僧。《经律异相》载:

有一长者财富无数,有一弊狗常喜啮人,凡人不得妄入其门。有一比丘,聪明善慧,圣达难当。逮入其门乞,值狗出卧不觉入。时长者设食,狗觉方见。念:“出卧不觉沙门得入,今既已坐,当奈之何。若独食者出必啮杀,啵其腹中所食美膳,若分我食乃原之耳。”沙门知其心念,自食一揣,与狗一揣。善生慈向于沙门,前舐其足。后出门卧,曾被其啮人剑斫其头。其狗即生长者夫人腹中。生后短命,寻复终亡。复生彼国余长者家,年十余岁,见一沙门前迎为礼。启其父母,“请为我师。”施设供养,寻受经戒。再化家中一切大小诵经念道。因报二亲求为沙门,不受具足,供养和尚日夜不懈。和尚灭后乃受戒德。[①]

①《经律异相》,《大正藏》第 53 册,第 249 页。

图118　克孜尔石窟第80窟主室券顶弊狗因缘

克孜尔石窟第80窟有此图像（图118）。佛陀位于画面正中，作说法状，结跏趺坐于金刚座上。佛左侧绘一身站立的天人，手拿宝剑。佛右侧绘一只白狗卧于金刚座上。

18. 戟刺喻

过去，有个比丘前往佛所，向佛请教地狱的情况。佛以盗贼身刺三百矛作譬给比丘讲解地狱之苦。盗贼一日之内，身刺三百矛，遍体鳞伤，无一处完整。虽然还活着，却是痛苦无比。地狱之苦与一人一日受此三百矛来比较，那要超过百倍、千倍、万倍，终不相及、不可数、不可算、不可譬喻。《法苑珠林》载：

> 佛告比丘，若凡愚人作身恶行口恶行意恶行，命终之后生于恶趣泥犁之中，受极苦痛一向无乐。譬如有人犯盗付王治其盗罪，王即遣人于晨朝时，以一百戟而以刺之，彼命故存。至于日中王复勅以二百戟刺，彼命故存。至于晡时王复勅以三百戟刺，彼人身分皆悉破尽，其命故存。佛告比丘：“于意云何，此人被戟为苦不耶？”比丘答佛：“一戟刺时犹尚苦痛，况三百戟。”佛即以手取少沙石，如豆等许。告诸比丘：“我手中石比雪山石，何者为多？”比丘答佛：“雪山石多，不可为喻。”佛告比丘：“三百戟苦比泥犁苦如小沙石，泥犁之苦如雪山石，百千万倍不可为喻。”①

①《法苑珠林》，《大正藏》第53册，第873页。

图119 克孜尔第171窟主室券顶戟刺喻(线描)

图120 克孜尔石窟第163窟主室券顶盲龟值浮木孔

克孜尔石窟第171窟有此图像(图119)。佛陀位于画面正中,作说法状,佛左侧绘一身跪姿人物,其右肩处插了一个三叉矛。

19. 盲龟值浮木孔

有一天,佛以在大海中有一盲龟将头钻进木板中小孔的概率比作值佛出世或教法住世的不易。教育比丘应加倍珍惜,努力修习四圣谛法,在短暂的人生,完成正觉解脱。(图120)《杂阿含经》载:

> 尔时,世尊告诸比丘:"譬如大地悉成大海,有一盲龟寿无量劫,百年一出其头,海中有浮木,止有一孔,漂流海浪,随风东西。盲龟百年一出其头,当得遇此孔不?"阿难白佛:"不能。世尊,所以者

何？”此盲龟若至海东，浮木随风，或至海西，南、北四维围遶亦尔，不必相得。佛告阿难：“盲龟浮木，虽复差违，或复相得。愚痴凡夫漂流五趣，暂复人身，甚难于彼。所以者何？彼诸众生不行其义、不行法、不行善、不行真实，展转杀害，强者陵弱，造无量恶故。是故，比丘，于四圣谛当未无间等者，当勤方便，起增上欲，学无间等。”①

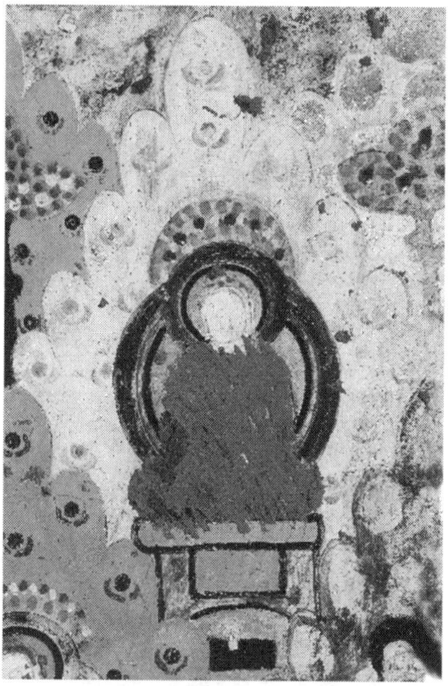

图 121　克孜尔石窟第 8 窟主室券顶盲龟值浮木孔

克孜尔石窟第 8、63、163、171、224 窟有此图像。（图 121）佛陀位于画面正中，作说法状。佛右侧绘一个圆形水池，里面有一只从木板孔洞钻出头的乌龟。

20. 四蛇喻

佛给诸比丘讲了一个譬喻故事：有个世人，在箧内养了四条毒蛇。有人提醒他，若毒蛇恼怒，可能要咬死人，便弃箧逃走。后来，他又先后受到五怨、六贼的追杀，并误入一个空的房子，遭遇一条大河的拦阻。最后此人努力渡过了河，终于抵达安全快乐的彼岸。这里箧好比人身，四毒蛇是地、水、风、火四种基本元素；五怨是色、受、想、行、识五蕴；六贼是六根的爱喜；空宅是内六入（眼、耳、鼻、舌、身、意六根）；群贼是外六入（色、声、香、

①《杂阿含经》，《大正藏》第 2 册，第 108 页。

图122 克孜尔石窟第80窟主室券顶四蛇喻

味、触、法六境);水流是欲、有、见、无明四流;河是欲、色、无色三爱。此岸种种恐怖是有身,彼岸安全快乐是无余涅槃;筏是八正道,手脚努力划水渡河是勇猛精进地到达彼岸极乐世界,犹如阿罗汉断了烦恼根,向如来证得无上菩提。最后,佛勉励诸比丘说:"如来已以慈悲之心向大家指出解脱之道,应依靠自己的努力修持证悟。"(图122)《杂阿含经》载:

尔时,世尊告诸比丘:"譬如有四蚖蛇,凶恶毒虐,盛一箧中。时,有士夫聪明不愚,有智慧,求乐厌苦,求生厌死。时,有一士夫语向士夫言:'汝今取此箧盛毒蛇,摩拭洗浴,恩亲养食,出内以时。若四毒蛇脱有恼者,或能杀汝,或令近死,汝当防护。'尔时,士夫恐怖驰走。忽有五怨,拔刀随逐,要求欲杀,汝当防护。尔时,士夫畏四毒蛇及五拔刀怨,驱驰而走。人复语言:'士夫,内有六贼,随逐伺汝,得便当杀,汝当防护。'尔时,士夫畏四毒蛇、五拔刀怨及内六贼,恐怖驰走,还入空村,见彼空舍,危朽腐毁,有诸恶物,捉皆危脆,无有坚固。人复语言:'士夫,是空聚落当有群贼,来必奄害汝。'尔时,士夫畏四毒蛇、五拔刀贼、内六恶贼、空村群贼,而复驰走。忽尔道路临一大河,其水浚急,但见此岸有诸怖畏,而见彼岸安隐快乐,清凉无畏,无桥船可渡得至彼岸,作是思惟:'我取诸草木,缚束成栰,手足方便,渡至彼岸。'作是念已，即拾草木，依于岸傍，缚束成栰，手足方便，截流横渡。如是士夫免四毒蛇、五拔刀怨、六内恶贼，复得脱于空村群贼，渡于浚流，离于此岸种种怖畏，得至彼岸安隐快乐。我说此譬，当解其义。比丘，箧者，譬此身色粗四大，四大所造精血之体，秽食长养，沐浴衣服，无常变坏危脆之法。毒蛇者，譬四大——地界、水界、火界、风界。地界若诤，能令身死，及以近死；水、火、风诤亦复如是。五拔刀怨者，譬五受阴。六内贼者，譬六爱喜。空村者，譬六内入。善男子，观察眼入处，是无常变坏，执持眼者，亦是无常虚伪之法；耳、鼻、舌、身、意入处亦复如是。空村群贼者，譬外六入处。眼为可意、不可意色所害；耳声、鼻香、舌味、身触、意，为可意、不可意法所害。浚流者，譬四流——欲流、有流、见流、无明流。河者，譬三爱——欲爱、色爱、无色爱。此岸多恐怖者，譬有身。彼岸清凉安乐者，譬无余。栰者，譬八正道。手足方便截流渡者，譬精进勇猛到彼岸。婆罗门住处者，譬如来、应、等正觉。如是，比丘，大师慈悲安慰弟子，为其所作；我今已作，汝今亦当作其所作，于空闲树下，房舍清净，敷草为座，露地、冢间，远离边坐，精勤禅思，慎莫放逸，令后悔恨，此则是我教授之法。"①

克孜尔石窟第34、80、104、171、196窟有此图像。（图123）画面中，佛陀位于画面正中。佛作说法状，佛左侧绘一身跪姿人物，双手合十。佛座下方绘箧子，里面有四条蛇。

21. 罗云为佛洗足

佛有一子名罗云，有说谎的毛病。为使罗云戒说妄语（口业戒律中的第一条），佛特意来到罗云住处，以洗完脚的澡盆作喻，启发、引导罗云认

①《杂阿含经》，《大正藏》第2册，第313页。

图123　克孜尔石窟第104窟主室券顶四蛇喻

识说谎的危害，使罗云养成诚实守信的品行。《法句譬喻经》卷三载：

昔者罗云未得道时,心性粗犷言少诚信。佛敕罗云:"汝到贤提精舍中住，守口摄意勤修经戒。"罗云奉教作礼而去,住九十日,惭愧自悔昼夜不息。佛往见之,罗云欢喜趣前礼佛，安施绳床摄受震越,佛踞绳床告罗云曰:"澡盘取水为吾洗足。"罗云受教为佛洗足。洗足已讫,佛语罗云:"汝见澡盘中洗足水不?"罗云白佛:"唯然见之。"佛语罗云:"此水可用食饮盥漱以不?"罗云白言:"不可复用。所以者何?此水本实清净,今以洗足受于尘垢,是以之故不可复用。"佛语罗云:"汝亦如是,虽为吾子国王之孙,舍世荣禄得为沙门,不念精进摄身守口,三毒垢秽充满胸怀,亦如此水不可复用。"佛语罗云:"弃澡盘中水。"罗云即弃。佛语罗云:"澡盘虽空,可用盛饮食不耶?"白佛言:"不可用。所以然者,用有澡盘之名,曾受不净故。"佛语罗云:"汝亦如是,虽为沙门口无诚信,心性刚强不念精进,曾受恶名,亦如澡盘不中盛食。"佛以足指拨却澡盘,澡盘应时轮转而走,自跳自堕数返乃止。佛语罗云:"汝宁惜澡盘恐破不?"罗云白佛:"洗足之器贱价之物,意中虽惜不大殷勲。"佛语罗云:"汝亦如是。虽为沙门不摄身口,粗言恶说多所中伤,众所不爱智者不惜,身死神去轮转三涂,自生自死苦恼无量。诸佛贤圣所不爱惜，亦如汝言不惜澡盘。”罗云闻之惭愧怖悸。①

图 124 克孜尔第 205 窟主室券顶罗云洗足

克孜尔石窟第 38、205 窟，森木塞姆石窟第 1 窟有此图像。(图 124)画面中，佛陀位于画面正中。佛作说法状，倚坐在金刚座上。佛右侧绘一身蹲跪的人物，右手抚摸佛足。其身后绘精舍，里面绘水罐。

22. 贤面受毒蛇身

过去，王舍城中有个叫贤面的长者，特别吝啬，从未施舍与人，对前来乞讨者恶口大骂。贤面死后，投胎化作毒蛇，守护着他的财富，只要有人靠近，就将其咬死。

佛陀制伏了毒蛇，将其收入钵中。后该毒蛇惭愧厌恶而死。死后，毒蛇投身到忉利天，最后得到了须弥洹果。《撰集百缘经》载：

佛在王舍城迦兰陀竹林。时彼城中，有一长者，名曰贤面，财宝无量，不可称计，多诸谄曲悭贪嫉妬，终无施心，乃至飞鸟驱不近舍。有诸沙门及婆罗门，贫穷乞匄从其乞者，恶口骂之。懃求资产，积聚为业，不修惠施。其后命终，受毒蛇身，还守本财，有近之者，瞋恚猛盛，怒眼视之，能令使死，遂之闻于频婆娑罗王。王闻

①《法句譬喻经》，《大正藏》第 4 册，第 599 页。

是已,心怀惊怪,作是思惟:“今此毒蛇,瞋恚炽盛,见则害人,唯佛世尊,能得调伏。”作是念已,即将群臣,往诣佛所,顶礼佛足,却坐一面,白佛言:“世尊,今此城中,有一长者,资财无量,不肯惠施,今便命终,受毒蛇身,还守本财,瞋恚炽盛,近则害人。唯愿世尊,降伏此蛇,莫使害人。”佛默许可。于其后日,着衣持钵,往诣蛇所。蛇见佛来,瞋恚炽盛,欲螫如来。佛以慈力,于五指端,放五色光,照彼蛇身,即得清凉,热毒消除,心怀喜悦。举头四顾:“是何福人?能放此光,照我身体,使得清凉,快不可言?”尔时世尊,见蛇调伏,而告之曰:“贤面长者,汝于前身,以悭贪故受此弊形;今者云何,故复惜着,纵毒螫人,为恶滋甚?于将来世,必受大苦。”蛇闻佛语,深自克责,盖障云除,自忆宿命,作长者时,所作恶业,今得是报,方于佛所,深生信敬。尔时世尊,知此毒蛇心已调伏,而告之言:“汝于前身,不顺我语,受此蛇形,今宜调顺受我教勅。”蛇答佛曰:“随佛见授,不敢违勅。”佛告蛇言:“汝若调顺,入我钵中。”佛语已竟,寻入钵中,将诣林中。时频婆娑罗王及诸臣民,闻佛世尊调化毒蛇盛钵中来,合国人民,皆共往看。在佛钵中,蛇见众人,深生惭愧,厌此蛇身,即便命终,生忉利天。即自念言:“我造何福,得来生天?”即自观察,见在世间,受毒蛇身;由见佛故,生信敬心,厌恶蛇身,得来生此,受天快乐。今当还报佛世尊恩。顶戴天冠,着诸璎珞,庄严其身,赍持香华,光明照曜,来诣佛所,前礼佛足,供养讫已,却坐一面,听佛说法,心开意解,得须陀洹果。①

克孜尔石窟第163窟、森木塞姆石窟第44窟有此图像。(图125)佛陀位于画面正中作说法状,佛左侧绘一天人,天人脚下绘一蛇。

---

①《撰集百缘经》,《大正藏》第4册,第228页。

23. 阿输迦施土

佛曾经在舍卫城乞食，路上遇见几个玩耍的小孩。其中的一个小孩,产生了对佛的敬信,就以土代表谷物献给佛。以此功德,得佛授记来世为阿输迦,弘扬佛法。《贤愚经》载:

图125　克孜尔石窟第163窟主室券顶贤面受毒蛇身

一时佛在舍卫国祇树给孤独园。尔时世尊,晨与阿难,入城乞食。见群小儿于道中戏，各聚地土,用作宫舍,及作仓藏财宝五谷。有一小儿,遥见佛来,见佛光相,敬内发,欢喜踊跃,生布施心,即取仓中名为谷者,即以手掬,欲用施佛。身小不逮,语一小儿:“我登汝上,以谷布施。”小儿欢喜,报言:“可尔。”即蹑肩上,以土奉佛。佛即下钵,低头受土,受之已讫授与阿难,语言:“持此涂污我房。”乞食既得,还诣祇洹,阿难以土,涂佛房地,齐污一边,其土便尽。污已,整衣服,具以白佛。佛告阿难:“向者小儿,欢喜施土,土足涂污佛房一边,缘斯功德,我般百岁之后,当作国王,字阿输迦。其次小儿,当作大臣,共领阎浮提一切国土,兴显三宝,广设供养,分布舍利,遍阎浮提,当为我起八万四千塔。”①

①《贤愚经》,《大正藏》第4册,第368页。

克孜尔石窟第185窟、库木吐喇石窟第46窟、森木塞姆石窟第44窟、托乎拉克艾肯石窟第15窟有此图像。(图126)画面中,佛陀右手托钵,右侧绘两身小儿,上方一身双手高举,踩在下方趴在地上的小儿身上。

24. 华天因缘

过去,有一个穷人,见到僧人心生欢喜,却恨自己没有东西供养,便去野地沼泽处采集各种花草,用来献给僧人。以此因缘,这个穷人转世投胎,容貌端正。他降生时,天雨珍宝,并能幻化世间万物,起名华天。华天长大后,供养佛和众僧,并皈依佛门,得阿罗汉果。(图127)《贤愚经》载:

图126 克孜尔石窟第185窟主室左侧壁阿输迦施土

图127 克孜尔石窟第34窟主室券顶华天供养

一时佛在舍卫国祇树给孤独园,与大比丘众千二百五十人俱。尔时国内,有豪富长者,生一男儿,面首端政。其儿生已,家内自然,天雨众华,积满舍内,即字此儿,名弗波提婆,晋言花天。儿年转大，往至佛所，见佛颜容相好无比，见已欢喜，心自思惟："我生处世，得值圣尊，今当请佛及诸众僧。"即前白佛言："唯愿世尊，及与众僧，明日屈意，临适鄙家，受少蔬食。"因见福庆，佛知其根，即时受请。于时花天，还至其家。明日食时，佛与众僧往至其家，花天即化作宝床座，遍其舍内，整设严饰，佛及众僧即坐其座。花天欲须种种饮食，其人福德自然而办。佛与众僧食已摄钵，广为花天具说诸法，花天合家，得须陀洹。于时花天，即辞父母，求索出家，为佛弟子。父母听之。即至佛所，稽首佛足，求作比丘禀受佛教。佛听入道，赞言："善来！比丘。"须发自堕，袈裟着身，即成沙门，遵修佛教，逮得罗汉。尔时阿难，见斯事已，往至佛所，长跪白言："世尊，是花天比丘，本殖何福，而得如是自然天华，又能化作床座饮食？世尊，当为决散此疑。"佛告阿难："欲知善听，过去有佛，名毗婆尸，出现于世，度脱众生。时诸众僧，游行聚落，到诸豪族，皆悉供养。时有一人，贫无钱财，见僧欢喜，恨无供养，即于野泽，采众草华，用散众僧，至心敬礼，于是而去。"佛告阿难："尔时贫人，散僧华者，今此花天比丘是也。由其过去用信敬心故，采华散僧至心求愿，九十一劫，所生之处，身体端政，意有所须，欲得饮食床卧之具，寻时如念，自然而至；缘斯之福，自致得道。是故阿难，一切众生，莫轻小施以为无福，犹如花天，今悉自得。"①

克孜尔石窟第 8、38、58、101、163、171、176、186、193 窟，库木吐喇石窟第 23 窟，森木塞姆石窟第 19、24、30、44 窟有此图像。（图 128）画面中，佛陀位于画面正中，为说法状。佛右侧绘一身蹲跪的天人，手拿花团供养给佛。佛左侧绘一身闻法比丘。

---

①《贤愚经》，《大正藏》第 4 册，第 359 页。

图128 克孜尔石窟第186窟主室券顶华天因缘

25. 宝天因缘

过去毗婆尸佛在世时,有个穷人,以一把白石圆珠供养众僧,并发了誓愿。由于他过去以敬心持珠供僧,九十一劫以来,受无量福,财宝丰富,后值遇释迦牟尼佛驻世,出家为僧,得阿罗汉果。《贤愚经》卷二载:

一时佛在舍卫国祇树给孤独园。尔时有长者,生一男儿,当尔之时,天雨七宝,遍其家内,皆令积满。即召相师,占相此儿。相师覩已,见其奇相,答长者言:"儿相殊特。"长者闻已,心怀欢喜,即语相师:"当为立字。"相师问曰:"此儿生时,有何瑞应?"长者答曰:"此儿生时,天雨七宝,满我家内。"相师答曰:"是儿福德,当为立号为勒那提婆,晋言宝天。"儿年转大,才艺博通,闻佛神圣奇德少双,心怀渴仰,贪欲出家,即辞父母,往诣佛所,头面作礼,而白佛言:"唯愿世尊,听我出家。"佛即听许:"善来!比丘。"须发自堕,法衣在身,佛为说法,即得罗汉。 阿难白佛:"不审,世尊,此宝天比丘,本作何福,而当生时,天雨众宝,衣食自然,无有乏短?"佛告阿难:"过去世时,有毗婆尸佛,出现于世,度脱众生,不可计数。尔时众僧,游行村落,时彼村中,有诸居士,共请众僧,种种供养。时有贫人,虽怀喜心,家无财宝供养之具,便以一把白石似珠,用散众僧,发大誓愿。"佛告阿难:"尔时贫人珠供养者,今此宝天比丘是也。由其过去用信敬心，持白石似珠散众僧故，乃至九十一劫，受无量福，多饶财宝，衣食自然，无有乏短。缘于尔时有信敬心，今遭我世，得道果证。”①

克孜尔石窟第188、224窟有此图像。（图129）画面中，佛陀位于画面正中作说法状。佛右侧绘一人，交脚坐，左手中指上指，其余四指弯曲，右手掌心向下。

图129　克孜尔石窟第188窟主室券顶宝天因缘

26. 净居天洗佛

过去毗婆尸佛在世时，有一个贫苦人，听到毗婆尸佛说洗僧之德，非常高兴，便勤作劳务，将得到的一点钱和谷物用作设供，请佛和众僧洗浴并饮食。由此功德，寿终之后，生首陀会天。并得佛授记于未来世满阿僧祇一百劫后，便来作佛，名净身，十号具足，所化众生不可记数。（图130）《贤愚经》载：

一时佛在舍卫国祇树给孤独园。尔时首陀会天，下阎浮提，至世尊所，请佛及僧，洗浴供养。世尊默然，已为许可。即设饮食，并办洗具，温室暖水，调和适体，苏油浣草，皆悉备有。施设已办，白世尊曰：“餐具已讫，唯圣知时。”于是世尊及诸比丘，纳受其供，尽其洗浴，并享饮食，其食甘美，世所希有。食竟澡漱，各还本坐。是时阿难，长跪合掌，白世尊曰：“此天往昔作何功德，形体妙

①《贤愚经》，《大正藏》第4册，第359页。

图130 克孜尔石窟第188窟主室券顶净居天洗佛

好,威相奇特,光明显赫,如大宝山?唯愿世尊,敷演其事。”佛告阿难:“谛听善持,吾当解说。乃往过去,毗婆尸佛时,此天彼世,为贫家子,恒行佣作,以供身口。闻毗婆尸佛说浴僧之德,情中欣然,思设供养,便勤作务,得少钱谷,用施洗具,并及饮食,请佛众僧,而已尽奉。由此福行,寿终之后,生首陀会天,有此光相。”①

图131 森木塞姆石窟第45窟主室券顶净居天洗佛

克孜尔石窟第8、32、63、80、163、176、186、188、192、193、205、224、227窟,库木吐喇石窟第46窟,森木塞姆石窟第44、45窟有此图像。(图131)佛陀位于画面正中,作说法状。佛左侧绘一身站姿人物,其左肩扛一水罐。

①《贤愚经》,《大正藏》第4册,第409页。

27. 贫女难陀以灯供养

佛陀在世时，有个乞女名难陀，早起晚归，用乞得的一枚钱购买油脂，点燃一灯，向佛供养，并发愿来世度化众生。得佛授记来世为佛。佛即授其记："你于来世将要作佛，名灯光，十号具足。"难陀得记后，十分欢喜，请求出家为比丘尼。（图132）《贤愚经》载：

图132　克孜尔石窟第38窟主室券顶贫女难陀以灯供养

一时佛在舍卫国祇树给孤独园。尔时国中，有一女人名曰难陀，贫穷孤独，乞丐自活。见诸国王臣民大小，各各供养佛及众僧，心自思惟："我之宿罪，生处贫贱，虽遭福田，无有种子。"酸切感伤，深自咎悔，便行乞匄，以俟微供。竟日不休，唯得一钱，持诣油家，欲用买油。油家问曰："一钱买油，少无所逮，用作何等？"难陀具以所怀语之。油主怜愍，增倍与油。得已欢喜，足作一灯，担向精舍，奉上世尊，置于佛前众灯之中，自立誓愿："我今贫穷，用是小灯，供养于佛。以此功德，令我来世得智慧照，灭除一切众生垢闇。"作是誓已，礼佛而去。乃至夜竟，诸灯尽灭，唯此独燃。是时目连，次当日直，察天已晓，收灯摒挡，见此一灯，独燃明好，膏炷未损，如新燃灯，心便生念："白日燃灯，无益时用。"欲取灭之，暮规还燃。即时举手，扇灭此灯，灯焰如故，无有亏灭；复以衣扇，灯明不损。佛见目连欲灭此灯，语目连曰:“今此灯者,非汝声闻所能倾动,正使汝注四大海水,以用灌之,随岚风吹,亦不能灭。所以尔者?此是广济,发大心人所施之物。”佛说是已,难陀女人,复来诣佛头面作礼,于时世尊,即授其记:“汝于来世二阿僧祇百劫之中,当得作佛,名曰灯光,十号具足。”于是难陀,得记欢喜,长跪白佛,求索出家。佛即听之,作比丘尼。[1]

图 133 克孜尔第 196 窟主室券顶贫女难陀以灯供养

克孜尔石窟第 38、188、193、196、224 窟,库木吐喇石窟第 43、50 窟,森木塞姆石窟第 44 窟有此图像。(图 133)画面中,佛陀位于画面正中,作禅定状。佛左侧绘一身跪姿的世俗女性,她双手托着一盏油灯。

28. 猿猴被胶喻

佛曾经给比丘们讲了一个譬喻故事:在一个大雪山中有猿猴居住。一猎师用黍胶涂在猿猴出没的草地上。愚痴的猿猴不但没有远去,还用手触摸黍胶,手即被粘住。随后,猿猴又不断用另一只手和脚摸胶,最终被牢牢粘住,被猎师所捉。佛以这个譬喻故事告诫比丘:必须时时防止被五欲所缚。(图 134)《杂阿含经》载:

①《贤愚经》,《大正藏》第 4 册,第 370 页。

图134　克孜尔石窟第8窟主室券顶猿猴被胶喻

尔时，世尊告诸比丘：雪山中，寒冰崄处，尚无猨猴，况复有人。或复有山，猨猴所居，而无有人。或复有山，人兽共居，于猨猴行处，猎师以黐胶涂其草上，有黠猨猴远避而去，愚痴猨猴不能远避，以手小触，即胶其手；复以二手欲解求脱，即胶二手；以足求解，复胶其足；以口啮草，辄复胶口。五处同胶，联卷卧地。猎师既至，即以杖贯，担负而去。比丘当知，愚痴猨猴舍自境界父母居处，游他境界，致斯苦恼。如是，比丘，愚痴凡夫依聚落住，晨朝着衣持钵，入村乞食，不善护身，不守根门，眼见色已，则生染着；耳声、鼻香、舌味、身触，皆生染着。愚痴比丘内根外境被五缚已，随魔所欲。是故，比丘，当如是学，于自所行处父母境界依止而住，莫随他处他境界行。云何比丘自所行处父母境界？谓四念处，身身观念住，受、心、法法观念住。①

克孜尔石窟第8、80、224窟，森木塞姆石窟第1、44窟有此图像。（图135）佛陀位于画面正中，作说法状。佛左侧绘一只趴着的猿猴，身体拱起，四肢紧贴在一块木板上。

①《杂阿含经》，《大正藏》第2册，第173页。

29. 水流大树喻

这个故事讲述佛以恒河中漂流的大树作譬喻，给来求道的比丘讲解涅槃修行之道:只要此大树不着此岸,不放纵六入处(即眼、耳、鼻、舌、身、意六根),不执着外六入处(即色、声、香、味、触、法六境),不丧失坚定的信仰,不为情欲所惑,不为鬼神所扰,就能像恒河中漂流的大树一样直至大海,修成正果,自证涅槃。(图 136)《杂阿含经》载:

图 135　克孜尔石窟第 8 窟主室券顶猿猴被胶喻

图 136　克孜尔石窟第 104 窟主室券顶水流大树喻

尔时,世尊观察水,见恒水中有一大树,随流而下,语彼比丘。答言:"已见,世尊。"佛告比丘:"此大树不着此岸,不着彼岸,不沉水底,不阂洲渚,不入洄澓,人亦不取,非人不取,又不腐败,当随水流,顺趣、流注、浚输大海不?"比丘白佛:"如是,世尊!"佛言:"比丘亦复如是。亦不着此岸,不着彼岸,不沉水底,不阂洲渚，不入洄澓，人亦不取，非人不取，又不腐败，临趣、流注、浚输。”比丘白佛：“云何此岸？云何彼岸？云何沉没？云何洲渚？云何洄澓？云何人取？云何非人取？云何腐败？善哉世尊，为我广说，我闻法已，当独一静处，专精思惟，不放逸住，乃至自知不受后有。”佛告比丘：“此岸者，谓六入处。彼岸者，谓六外入处。人取者，犹如有一习近俗人及出家者，若喜、若忧、若苦、若乐，彼彼所作，悉与共同，始终相随，是名人取。非人取者，犹如有人愿修梵行，我今持戒、苦行、修诸梵行，当生在处，在处天上，是非人取。洄澓者，犹如有一还戒退转。腐败者，犯戒行恶不善法，腐败寡闻，犹莠稗、吹贝之声，非沙门为沙门像，非梵行为梵行像。如是，比丘，是名不着此彼岸，乃至浚输。”①

图137　克孜尔石窟第224窟主室券顶水流大树喻

克孜尔石窟第63、104、171、224窟有此图像（图137）。画面中，佛陀位于画面正中，作说法状。佛右侧绘一身双手合十的比丘，佛座下方绘一水池，池中有一棵树。

30. 三水器喻

佛在世时，有位耆那教教徒质问佛为何说法有选择性？佛即以三种好

①《杂阿含经》，《大正藏》第2册，第314页。

图 138 克孜尔石窟第 163 窟主室券顶三水器喻

坏不同的水器做譬告诉他,因为众生品质不同,因而说法有先后和多少,但说的无不是最好、最纯真的道理。(图 138)《杂阿含经》载:

佛告聚落主:“汝听我更说譬类。譬如士夫有三水器,不穿不坏,亦不津漏。第二器不穿不坏,而有津漏。第三器者,穿坏津漏。云何?聚落主,彼士夫三种器中,常持净水着何等器中?”聚落主言:“瞿昙,当以不穿不坏、不津漏者,先以盛水。”佛告聚落主:“次复应以何器盛水?”聚落主言:“瞿昙,当持彼器不穿不坏而津漏者,次以盛水。”佛告聚落主:“彼器满已,复以何器为后盛水?”聚落主言:“以穿坏津漏之器最后盛水。所以者何?须臾之间,供小用故。”佛告聚落主:“如彼士夫不穿不坏、不津漏器,诸弟子比丘、比丘尼亦复如是。我常为彼演说正法,乃至长夜以义饶益,安隐乐住。如第二器不穿不坏而津漏者,我诸弟子优婆塞、优婆夷亦复如是。我常为彼演说正法,乃至长夜以义饶益,安隐乐住,如第三器穿坏津漏者,外道异学诸尼揵辈亦复如是。我亦为彼演说正法,初、中、后善,善义善味,纯一满净,梵行清白,开示显现。多亦为说,少亦为说。彼若于我说一句法,知其义者,亦得长夜安隐乐住。”时,刀师氏聚落主闻佛所说,心大恐怖,身毛皆竖,前礼佛足悔过："世尊！如愚如痴，不善不辩，于世尊所不谛真实，虚伪妄说。"①

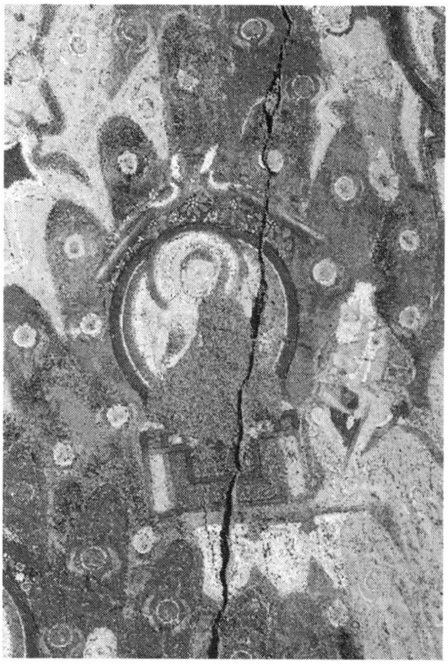

图139　克孜尔石窟第171窟主室券顶三水器喻

克孜尔石窟第163、171窟（图139），库木吐喇石窟第43窟有此图像。画面中，佛陀位于画面正中，作说法状。佛左侧绘一身交脚坐的人物，作与佛辩论状。佛座下方绘三支水瓶。

31. 腹使因缘

故事讲述很久以前，有位国王名叫梵达，在国家饥馑之年，开仓赈灾。由于受灾时间太长，宫中存粮不够，大臣瞒着国王不准乞讨者前来乞讨。后一婆罗门巧言说明了自己乞食的目的，得到了国王的食物。《生经》载：

乃去往古久远世时，波罗奈国，时有王名梵达，王有大德，名称远闻。时国饥馑，米谷踊贵，人民饥饿，乞者众多，无以可供。王喜施与，四面来乞，集如浮云，十方皆至。随力所任而供给之，布施如是无有休息，谷米遂贵，天转旱酷，不复降雨，所种不收，人民饥困，乞者日滋，诣王宫门，仓廪虚竭。时诸臣吏，各共议言："今此国王，敢来乞者，寻即施与，不能逆人。天旱不雨，乞者遂甚。米谷踊贵，仓库虚尽，将欲坏国。"时诸大臣，欲救护国，往诣

①《杂阿含经》，《大正藏》第2册，第231页。

王所,具足为王启说此议,王所施与,今可省息,于法可依,须后丰有,尔乃复施。王告之曰:“吾所施与,不能懈止,寡人有令,志愿布施,焉违本心,又来乞者,何忍逆之。其不来者,乃无所施。”时诸群臣,各共谊言:“吾等于宜当共作计,令诸穷士不得来乞,尔乃断耳。”于时王施未曾懈废,心自愿言:“令诸仓谷,莫使消减!”时诸法明吏,告勅四远:“不得令往从王乞丐,敢有乞者,皆受诛罚,弃命都市。”四远乞者,来诣其国,闻此急教,不敢行乞,不得见王,愁忧懊恼,问诸大臣:“审有是命,又问父母,实有急教,不得乞乎?”答曰:“有之!不得行乞”。乞者又问:“假令远方有诸使吏,东西南北,皆足廪价谷粮饮食,今此臣吏,独欲饮食?”故出恶教,勅诸四远:“诸贫穷乞士,不得诣门从王乞丐,假使乞者罪皆应死!唯远方使,得见仓库。”展转传语,众人皆知诸臣所建非王所为。有一梵志,饥穷经日,欲行乞丐,以救其命。遍行求索,给足妻子。假使谷贱,乞丐易得,所获无量;设谷饥贵,乞丐难获,驰走乞丐,无所不至,纔得活命,心怀忧悴,不可复言。其妇于时谓梵志言:“汝遭勤苦,乞丐遇患,无所不至,而不能得。何不诣王从其乞丐,本闻国王,敢有乞者,不逆人意。”梵志答妇:“汝不闻耶,国王有令,不得令人诣王乞丐,唯远方使,乃得进见,给其廪价,余人乞者,皆当见斩。”梵志答妇:“我身今日,欲得求安,反见危害,既依仰他,复见毁辱。”其妇答曰:“如诸臣吏,告勅四远,唯远使得前,不听余人,卿自应言,从远使来,欲见大王,食乃得度。”于时梵志,即受妇言,执杖奉使,着奉使冠,诣王宫门。门吏曰:“子所从来?”答曰:“从远使来。”门吏白王,启其本末。实时现之:“子所从来,今十六国,谷米饥贵,各自守界,何从自到,从何国来?”吏具问是已。梵志答曰:“闻服王德故被使来?”吏又问曰:“于是国界,见彼国耶?聚落墟聚,足可达知,假使为己,唯愿天王，独为已者，所求易得。”“欲见大王，故来求见。”门吏问之，其对如是，王曰：“现之！”梵志即入。王问之曰：“为谁使来？”梵志对曰：“求不恐惧，唯见听许，乃敢启王说所使来。”王告之曰：“便具自说，原除恐惧。”王又问言：“与谁为使？”梵志启曰：“大王欲知之，我腹使来。”……佛告诸比丘：“欲知尔时梵志者，阿难是也；梵达王者，波斯匿王是，尔时阿难，开化令悦，戴仰无量。于是阿难，今世在国，复化波斯匿王，谷米饥馑，供养世尊及比丘众，三月之中无所乏少。是故比丘，当学善言柔和之辞，当作巧辞方便之语，是诸佛教。佛说如是，莫不欢喜。①

图140　库木吐喇石窟第23窟主室券顶腹使因缘

库木吐喇石窟第23窟有此图像。（图140）画面中，佛陀位于画面正中作说法状，佛左侧跪一人，作礼拜状。

32. 舍利弗摩提供养佛塔

频婆娑罗王去世后，提婆达多与阿阇世王勾结，对佛萌生了大不敬之心，污蔑诽谤佛祖，并阻挠宫里的人供养佛塔。

有一个名叫舍利弗摩提的宫人坚持用香花供养佛塔，遭阿阇世王杀害。舍利弗摩提遇害后，因其供养佛塔的功德而轮回转世于天宫，成为天女。随后，她来到佛祖的住处，闻佛说法，得须陀洹果。（图141）《杂宝藏

①《生经》，《大正藏》第3册，第91、92页。

图 141 克孜尔石窟第 34 窟主室券顶舍利弗摩提供养佛塔

经》载:

频婆娑罗王,已得见谛,数至佛所,礼拜问讯。时宫中妇女,不得日日来到佛边,王以佛发,宫中起塔,宫中之人,经常供养。频婆娑罗王崩,提婆达多共阿阇世王,同情相厚,生诽谤心,不听宫中供养此塔。有一宫人,名舍利弗摩提,以僧自恣日,忆本所习,即以香花供养此塔。时阿阇世王,嫌其供养佛塔,用钻钻杀。命终得生三十三天,乘天宫殿,集善法堂。①

克孜尔石窟第 34、38、163、171 窟,库木吐喇石窟第 63 窟,森木塞姆石窟第 1 窟有此图像。(图 142)画面中,佛陀位于画面左侧作说法状,佛左侧绘一人做跪拜状,其身后有一塔。

33. 布施佛幡

过去毗婆尸佛涅槃后,其舍利子建塔供养。当时有一个人,做了一个很大的幡,悬挂在高大的舍利塔上。这个人由此功德,在过去的九十一劫

---

①《杂宝藏经》,《大正藏》第 4 册,第 473 页。

中，没有堕入地狱，也没有投生畜牲饿鬼，而是投生在天上，并常常有华盖悬浮其上。直到释迦牟尼佛时，皈依佛门，得到正果。（图143）《撰集百缘经》载：

图142　克孜尔石窟第163窟主室券顶舍利弗摩提供养佛塔

图143　克孜尔石窟第163窟主室券顶布施佛幡

佛在迦毗罗卫国尼拘陀树下。时彼城中，有一长者，财宝无量，不可称计，选择族望，娉以为妇，作诸音乐，以娱乐之。其妇怀妊足满十月，生一男儿，端政殊妙，与众超绝。初生之日，虚空中有大幡盖，遍覆城上。时诸人众，因为立字，名波多迦。年渐长大，将诸亲友出城游戏，到尼拘陀树下，见佛世尊，三十二相、八十种好，光明普曜，如百千日，心怀欢喜，前礼佛足，却住一面，佛即为其说四谛法，心开意解，得须陀洹果。归辞父母，求索入道。父母爱念，不能违逆，将诣佛所,求索出家。佛即告言:“善来比丘!”须发自落,法服着身,便成沙门。精懃修习,得阿罗汉果,三明六通,具八解脱,诸天世人,所见敬仰。时诸比丘,见是事已,而白佛言:“世尊,今此波多迦比丘,宿殖何福,生便端政,与众超绝;又于空中,有大幡盖,遍覆城上;复值世尊,出家得道?”尔时世尊告诸比丘:“汝等谛听,吾当为汝分别解说。乃往过去九十一劫,波罗奈国,有佛出世,号毗婆尸,教化周讫,迁神。尔时有王,名盘头末帝,收取舍利,造四宝塔,高一由旬,而供养之。时有一人,施设大会,供养讫竟,作一长幡,悬着塔上,发愿而去。缘是功德,九十一劫,不堕地狱、畜生、饿鬼,天上人中,常有幡盖,覆荫其上,受天快乐,乃至今者,遭值于我,出家得道。佛告诸比丘:欲知彼时作幡者,今此波多迦比丘是。”①

图 144　克孜尔石窟第 188 窟主室券顶布施佛幡

克孜尔石窟第 8、38、163、188、192、224 窟,库木吐喇石窟第 23、43 窟,森木塞姆石窟第 1、24、41 窟有此图像(图 144)。画面中,佛陀位于画面正中。佛作说法状,倚坐在金刚座上,佛左侧绘一身跪姿人物,双手举一幡。

34. 梵豫王施谷

从前,有个国王名叫梵豫,在他的治理下,人民安居乐业。但突

①《撰集百缘经》,《大正藏》第 4 册,第 238 页。

然的大旱，让庄稼没有任何收成，百姓没有食物可以吃。一天，有个婆罗门来到国王跟前，希望能给他一些食物。梵豫王把自己仅剩粮食的一半分给了婆罗门。由此因缘，梵豫王统治境内，连降七天甘雨，庄稼都成熟了，百姓衣食充盈，国家又繁荣昌盛起来。(图145)事见《撰集百缘经》载：

图145　克孜尔石窟第171窟主室券顶梵豫王施谷

尔时世尊，告诸比丘："汝等谛听，吾当为汝分别解说。我念过去无量世时，波罗奈国王名梵豫，治正国土，人民炽盛，丰乐无极，饶诸象马，牛羊六畜亦甚众多。时彼国中，有一婆罗门，善能占相，稽白王言：'今者土境，有火星出，天当亢旱满十二年，苗稼不收，人民饥饿。'时梵豫王，闻是语已，甚怀忧愁，作是念言：'我当云何活此民众？'即敕算师：'试算仓谷及以民众，众各得几许？'时诸算师受王教敕，寻共算竟，各得一升。足供六年，死亡者众，惟王单己所食谷分，有二升在。有婆罗门，在后来至，前白王言：'唯我一人，独不得谷，命在旦夕，愿王今者，所可分谷，见赐少许。'时梵豫王，闻是语已，作是思惟：'我今于此，少许饥渴，不能忍受，况于来世？无量世中，为众生故，忍受诸苦，饥渴寒热。'思惟是已，即减半谷，施婆罗门。精诚感应，动天宫殿，不能自安。时天帝释，作是念言：'我此宫殿，有何因缘，动摇如是?将非我今命欲尽耶,而致斯变?’作是念已寻即观察,见梵豫王,于饥馑中,为众生故,能舍难舍,感我宫殿,动摇如是。‘我今当往,试其善心为虚伪耶?’即便化作一婆罗门,拄杖羸瘦余命无几,来诣宫门,从王乞索。王自念言:‘我今此身,施与不施,会当归死。’作是念已,宁就惠施,利益众生,死无悔恨。唯有所食一升谷分,施婆罗门。得是谷已,问大王曰:‘乃能于此饥馑之中,能舍难舍,为求释梵转轮王乎?世俗荣乐?’王即答言:‘我今以此惠施功德,不求释梵及以转轮、世俗荣乐,愿我未来得成正觉,拔济众生饥渴寒热。’发是愿已,时婆罗门,赞言:‘善哉!未曾有也。’还复释身,‘愿王今者,约勅民众,修治田种,却后七日,我当降雨。’时梵豫王,闻是语已,心大欢喜,勅诸民众:‘及时耕种,满七日头,必当降雨。’时诸民众,闻王教令,各各竟共修治田作。七日头到,降大甘雨,一切苗稼,皆得成熟,人民炽盛,丰乐无极。”①

图146 库木吐喇石窟第43窟主室券顶梵豫王施谷

库木吐喇石窟第43窟,森木塞姆石窟第30窟有此图像(图146)。画面中,佛陀位于正中。佛左侧绘一身婆罗门,双手捧物奉献。

35. 鹿头梵志皈佛

昔日,佛祖为度化鹿头梵志,将他带至一处坟地。佛祖先

① 《撰集百缘经》,《大正藏》第4册,第217页。

后取了很多骷髅，让他说明其身份。鹿头梵志大部分都能说清楚，唯独阿罗汉的骷髅来历他无法说清。佛祖向他解释了阿罗汉的骷髅并以佛法相授，鹿头梵志开悟，皈依佛陀，得阿罗汉果。《增一阿含经》卷二十载：

> 尔时，世尊从静室起下灵鹫山，及将鹿头梵志，而渐游行到大畏塚间。尔时，世尊取死人髑髅授与梵志，作是说："汝今，梵志，明于星宿，又兼医药能疗治众病，皆解诸趣。亦复能知人死因缘。我今问汝：'此是何人髑髅，为是男耶，为是女乎？复由何病而取命终？'"是时，梵志即取髑髅反复观察，又复以手而取击之。白世尊曰："此是男子髑髅，非女人也。"世尊告曰："如是，梵志，如汝所言，此是男子，非女人也。"世尊问曰："由何命终？"梵志复手捉击之，白世尊言："此众病集凑，百节酸疼故致命终。"世尊告曰："当以何方治之？"鹿头梵志白佛言："当取呵梨勒果，并取蜜和之，然后服之，此病得愈。"世尊告曰："善哉！如汝所言，设此人得此药者，亦不命终。此人今日命终为生何处？"时，梵志闻已，复捉髑髅击之，白世尊言："此人命终生三恶趣，不生善处。"世尊告曰："如是。梵志，如汝所言，生三恶趣，不生善处。"……尔时。世尊复捉一髑髅授与梵志，问曰："男耶？女耶？"是时，梵志复以手击之，白世尊言："此髑髅者，男子之身。"世尊告曰："善哉！善哉！如汝所言者。此人由何疹病致此命终？"梵志复以手击之，白世尊言："此人无病，为人所害故致命终。"世尊告曰："善哉！善哉！如汝所言，为人所害故致命终。"世尊告曰："此人命终为生何处？"是时，梵志复以手击之，白世尊言："此人命终生善处天上。"……尔时，东方境界普香山南有优陀延比丘，于无余涅槃界而取般涅槃。尔时，世尊屈申臂顷，往取彼髑髅来授与梵志，问梵志曰："男耶？女耶？"是时，梵志复以手击之，白世尊言："我观此髑髅，元本

亦复非男,又复非女。所以然者,我观此髑髅,亦不见生,亦不见断,亦不见周旋往来。所以然者,观八方上下,都无音向。我今,世尊!未审此人是谁髑髅?"世尊告曰:"止!止!梵志!汝竟不识是谁髑髅?汝当知之,此髑髅者,无终、无始、亦无生死,亦无八方、上下所可适处,此是东方境界普香山南优陀延比丘,于无余涅槃界取般涅槃,是阿罗汉之髑髅也。"尔时,梵志头面礼足,白世尊言:"我能尽知九十六种道所趣向者,皆悉知之;如来之法所趣向者,不能分别,唯愿世尊得在道次。"世尊告曰:"善哉!梵志!快修梵行,亦无有人知汝所趣向处。"尔时,梵志即得出家学道,在闲静之处,思惟道术。所谓族姓子,剃除须发,着三法衣,生死已尽,梵行已立,所作已办,更不复受胎,如实知之。是时,梵志即成阿罗汉。①

图 147 库木吐喇石窟第 43 窟主室券顶鹿头梵志皈佛

库木吐喇石窟第 43 窟有此图像(图 147)。画面中,佛陀位于画面左侧作说法状,佛左侧绘一跪姿比丘,比丘右手托一骷髅。

36. 窳惰子难陀见佛

舍卫城有一个很富有的长者,长者有一子名难陀,聪慧但生性懒惰。长者延请外道六师为其讲道,难陀不起。

①《增一阿含经》,《大正藏》第 2 册,第 650—652 页。

长者烦恼。佛陀前往度化，使其皈依佛门。《撰集百缘经》载：

佛在舍卫国祇树给孤独园。时彼城中有一长者，财宝无量，不可称计，唯有一子，名曰难陀，甚为窳惰，常喜睡眠，不肯行坐，然极聪慧，与众超绝，于寝卧中，听采经论，无不博达其中义味。时父长者见子聪明善解经论，作是念言："我今当请富兰那等外道六师，来至家中，令教我子。"作是念已，设诸肴饍，寻即请呼："饭食已讫。"白六师言："我唯一子甚为窳惰，眠不肯起，唯愿大师，为我教诏，令修家业及以经论。"时六师等即共相将，往到子所；而卧不起，况复为其请命敷坐？时父长者见子如是，以手楷颊，甚用苦恼忧愁不乐。尔时世尊常以大悲，昼夜六时观察众生，谁受苦恼，辄往至彼，为其说法，使令开解，即便见彼长者，为子所恼扶颊而坐，将诸比丘来至其家。于时窳子，忽然惊起，为佛敷坐，前礼佛足，却坐一面。佛即为其种种说法，呵责窳惰多诸过咎。寻自悔责，深生信敬。佛便授其一栴檀杖，与彼窳子：汝今若能于精勤中，少加用心，扣打此杖，所出音声甚可爱乐，闻此声已，能见地中所有伏藏。时窳惰子，寻即取杖，扣打出声，皆悉得见地中伏藏，喜不自胜，而作是念："我今于此精懃之中，少许用心，尚能获得如是大利，况复懃加役身出力，于将来世，必获无上大利益事。我今当就懃加役力入海采宝。"作是念已，即便唱令，告众人言："谁欲入海采大珍宝？我为商主。"众人竞集共作要誓，入于大海，各获珍宝，皆安隐还，设诸肴饍请佛及僧，供养讫已，佛即为其种种说法，心开意解，即便以身五体投地，发大誓愿："以此供养善根功德，使未来世盲冥众生，为作眼目；无归依者，为作归依；无救护者，为作救护；无解脱者，为作解脱；无安隐者，为作安隐；未者，令使。"发是愿已，佛便微笑，从其面门，出五色光,绕佛三匝,还从顶入。[1]

克孜尔石窟第 80 窟,库木吐喇石窟第 50 窟,森木塞姆石窟第 1、30、44 窟,克孜尔尕哈石窟第 13、14 窟有此图像(图 148)。画面中,佛陀位于画面右侧作说法状,佛右侧绘一人,左手上举,身后有一杖。

37. 五百商客入海采宝

从前,有一商主发愿:如果我能寻宝平安回来,我当用所得一半珠宝供养佛祖。但他获得珍宝后却不愿履行承诺。佛祖以其神力,让香烟弥漫满屋来昭示商主。商主感到羞愧,大摆宴席,供养佛及其弟子。佛祖为商主说法,使其取出珠宝供养于佛。商主发誓,供养佛及其弟子,修习功德,并于来世普度受苦受难的众生。佛祖为其授记,经过数劫之后成佛,号称"宝盛佛"。(图 148)《撰集百缘经》载:

图 148　森木塞姆石窟第 1 窟主室券顶窟楣子难陀见佛

佛在舍卫国祇树给孤独园。时彼城中有一商主,将五百贾客,共入大海,船破还回,昼夜懃加跪拜诸神,以求福佑;第二第三,重复入海,船坏如前。时彼商主,福德力故,竟不溺水,还

① 《撰集百缘经》,《大正藏》第 4 册,第 204 页。

达本土，生大苦恼，作是念言："我每曾闻，有佛世尊，得一切智，诸天世人无有及者，哀愍众生，自利利他。我今当称彼佛名号，入于大海；若安隐还，当以所得珍宝之半，奉施彼佛。"作是念已，即集商人，共入大海，称佛名号，大获珍宝，安隐回还。达到家中，观其宝物，爱恋贪惜，不肯施佛，作是念言："若减此宝，持半与者，自无已许。我今当就持此宝物，尽持与妇，当从彼边，索少许钱，市易熏陆，持诣祇桓，烧香供养。"作是念已，如其设计，索得两钱，市易熏陆，持诣祇桓，烧香供养。佛以神力，令此香烟叆叇垂布遍覆祇桓。时彼商主，覩斯香烟，深于佛前而自悔责："我今云何向佛世尊，悋惜此宝，而不施与？今者如来，实有神力，令此香烟遍覆祇桓，甚为希有，我今当设肴饍饮食，请佛及僧，就舍供养。"作是念已，即便长跪，请佛世尊。佛默然许。还归到舍，办具饮食，明日时到，遣使白佛："餐具已办，唯圣知时。"尔时如来着衣持钵，将诸比丘，往到其家。受彼供已，佛为说法悭贪过恶，心开意解，更取宝珠，散佛顶上，于虚空中，变成宝盖，随佛行住。见是变已，即便已身五体投地，发大誓愿："以此供养善根功德，于未来世，盲冥众生，为作眼目；无归依者，为作归依；无救护者，为作救护；无解脱者，为作解脱；无安隐者，为作安隐；未者，使令。"发是愿已，佛即微笑，从其面门出五色光，绕佛三匝，还从顶入。①

克孜尔石窟第80、101、175、176窟，森木塞姆石窟第44窟有此图像。（图149、150）画面中，佛陀位于画面正中。佛作说法状，佛右侧绘一身头戴小帽、身穿翻领对襟长袍、脚穿短靴的坐姿商人，双手捧摩尼宝珠。（图149）

①《撰集百缘经》，《大藏经》第4册，第204页。

图149 克孜尔石窟第101窟主室券顶五百商客入海采宝

图150 森木塞姆石窟第44窟主室券顶五百商客入海采宝

38. 小儿散花供佛

过去，佛带众弟子外出化缘。有一小孩远远见到佛祖后，便生欢喜之心，就向他母亲请求买花献给佛，并发愿：从此坚持供养佛祖，修习功德，以便来世得成正果，像佛祖一样普度众生。佛祖为他授记，经过无数的劫难后，得道成佛，号称“花盛佛”。《撰集百缘经》载：

佛在舍卫国祇树给孤独园。尔时世尊将诸比丘，着衣持钵，入城乞食，至一巷中，有一妇女，抱一小儿，在巷坐地。时彼小儿遥见世尊，心怀欢喜，从母索花，母即与买。小儿得已，持诣佛所，散于佛上，于虚空中，变成花盖，随佛行住。小儿见已，甚大欢喜，发大誓愿："以此供养善根功德，使我来世得成正觉，过度众生如佛无异。"尔时世尊见此小儿发是愿已，佛即微笑，从其面门，出五色光，遶佛三匝，还从顶入。尔时阿难前白佛言："如来尊重，不妄有笑。以何因缘，今者微笑？唯愿世尊！敷演解说。"佛告阿难："汝今见此小儿以花散我不？"阿难白言："唯然已见。""儿者以花散我，于未来世，不堕恶趣，天上人中常受快乐，过三阿僧祇劫成佛，号曰花盛，广度众生，不可限量，是故笑耳。"①

图 151　克孜尔石窟第 32 窟主室券顶小儿散花供佛

克孜尔石窟第 32 窟有此图像。（图 151）画面中，佛陀位于画面正中。佛作禅定状，佛左侧绘一身手拿花环的小孩。

39. 满贤婆罗门遥请佛

过去，王舍城有一个婆罗门名叫满贤，有很多财宝，很有慈善之心，常行布施之道。一天，他听说佛在王舍城迦兰陀竹林为诸天说法，国王及诸民众皆供养佛及众僧。满贤闻后，心生敬信，遂上楼焚香请佛。佛遥知满贤心愿，立即前往满贤的住处。满贤施食供养，满贤因此善心功德而得佛道。《撰集百缘经》载：

①《撰集百缘经》，《大藏经》第 4 册，第 214 页。

佛在王舍城迦兰陀竹林。时彼南方有一婆罗门,名曰满贤,财宝无量,不可称计,似毗沙门天,德信贤善,体性调顺,自利利他,慈愍众生,如母爱子。……时婆罗门闻彼亲友叹佛功德,深生信敬,寻上高楼,手执香花,长跪合掌,遥请世尊,作如是言:"如来今者实有功德,使我所烧香气,郗馥遍王舍城,并所散花,当佛顶上于虚空中变成花盖。"……尔时长者,闻佛来至,将五 百徒众,各各赍持百味饮食,奉迎如来。……佛告长者:"设欲施者,投此钵中。"及五百徒众,所赍饮食,各各手自投佛钵中,不能使满。奇哉世尊,有是神力。心即调伏。千比丘僧,钵亦皆满,忽然现前,绕佛世尊。时彼长者叹未曾有,即便以身五体投地,发大誓愿:"持此施食善根功德,未来世中,盲冥众生,为作眼目,无归依者,为作归依,无救护者,为作救护,未解脱者,为作解脱,未安隐者,为作安隐,未者,令入。"发是愿已,佛便微笑,从其面门,出五色光,遍照世界,作种种色,绕佛三匝,还从顶入。[①]

克孜尔石窟第38窟有此图像。(图152)画面中,佛陀位于画面正中,右手托钵。佛右侧跪一婆罗门,双手上举作作揖状。

40. 小儿蹵鼓踊戏

从前,菩萨作帝释天时,见到以前的老友投生为商人妇。于是,帝释天化作商人,来到妇人的住处。在那里有一个小孩在玩蹵鼓,商人告知妇人那个小孩前世是牛,他在用自己前世的皮玩耍。这个商人妇就是弥勒,天帝释(商人)就是佛祖。(图153)《六度集经》卷六载:

昔者菩萨,为天帝释,位尊荣高,其志恒存非常、苦、空、非身

①《撰集百缘经》,《大正藏》第4册,第203页。

之想。坐则思惟，游则教化，愍愚爱智，诲以智慧，精进无休。睹其宿友，受妇人身为富姓妻，惑乎财色，不觉无常，居市坐肆。释化为商人，佯有所市，至妇人前住。妇人喜悦，令儿驰归，取独坐床欲以坐之，商人乃熟视妇人而笑。妇执高操，意怪商人住笑非宜。儿取床迟，还即搏之，商人又住笑。侧有一儿，播鼗踊戏，商人复笑之。有父病者，子以牛祠鬼，商人亦笑之。有一妇人抱儿仿佯，

图152 克孜尔石窟第38窟主室券顶满贤婆罗门遥请佛

图153 克孜尔石窟第8窟主室券顶小儿鼗鼓踊戏

行过市中,儿刮面颊,血流交颈,商人复笑之。于是富姓妻问曰:“君住吾前含笑不止,吾属搏儿,意兴由子,子何以笑?”商人曰:“卿吾良友,今相忘乎?”妇人怅然,意益不悦,怪商人言。商人又曰:“吾所以笑搏儿者,儿是卿父,魂灵旋感,为卿作子,一世之间有父不识,何况长久乎?播鼗儿者本是牛,牛死灵魄还为主作子,家以牛皮用贯此鼗,儿今播弄踊跃戏舞,不识此皮是其故体,故笑之耳。杀牛祭者,父病请活,求生以杀,不祥之甚;犹服鸩毒,以救病也。斯父方终,终则为牛,累世屠戮受祸无已。今此祭牛,命终灵还,当受人体,免脱忧苦,故复笑之。”①

图154 克孜尔石窟第184窟主室正壁小儿鼗鼓踊戏

克孜尔石窟第8、184、186窟,森木塞姆石窟第30窟有此图像。(图154)画面中,佛陀位于画面正中。佛作说法状,佛左侧绘一身摇拨浪鼓的小儿。

41. 顶上有宝盖

过去有佛毘婆尸,游行诸国,化缘周讫,涅槃荼毗。当时有个名叫盘头末帝的国王,笃信佛法,收取毘婆尸佛的舍利,造四宝塔供

①《六度集经》,《大正藏》第3册,第37页。

养。那时有一个商主入海采宝平安归来，用摩尼宝珠盖在塔头上，发愿离去。因为这个功德，常有宝盖随他一起出生。今世遇释迦牟尼佛在世传道，皈依佛陀，获阿罗汉果。(图155)《撰集百缘经》载：

图155　克孜尔石窟8窟主室券顶顶上有宝盖

佛在迦毗罗卫国尼拘陀树下。时彼城中，有一长者，财宝无量，不可称计，选择族望，娉以为妇，作诸音乐，常娱乐之。其妇怀妊，足满十月，生一男儿，容貌端政，世所稀有。然其生时，顶上自然有摩尼宝盖，遍覆城上，父母欢喜，因为立字，名曰宝盖。年渐长大，与诸亲友出城游戏，渐次往到尼拘陀树下，见佛世尊，三十二相、八十种好，光明晖曜，如百千日，心怀欢喜，前礼佛足，求索出家。佛即告言："善来！比丘！"须发自落，法服着身，成沙门。精勲修习，得阿罗汉果。时诸比丘，见是事已怪未曾有，而白佛言："今此宝盖比丘，宿殖何福，初生之时，顶上自然，有摩尼宝盖，遍覆城上，又值世尊，出家未久得获道果？"尔时世尊，告诸比丘："汝等谛听，吾当为汝分别解说。乃往过去九十一劫，……有佛出世，号毗婆尸，游行诸国，化缘周讫，迁神。时有国王，名盘头末帝，收取舍利，造四宝塔，高一由旬，而供养之。时有商主，入海采宝，安隐来归，即以摩尼宝珠，盖其塔头，发愿而去。缘是功德，九十一劫，不堕恶趣，天上人中，常有宝盖，随共而生,乃至今者,得值于我,出家获道。”佛告诸比丘:“欲知彼时商主奉上摩尼宝珠者,今此宝盖比丘是。”①

图 156 森木塞姆石窟 41 窟主室券顶顶上有宝盖

克孜尔石窟第 8、34、38、163、192、227 窟,库木吐喇石窟第 23 窟,森木塞姆石窟第 20、24、41、45 窟有此图像。(图 156)画面中,佛陀位于画面正中。佛作说法状,佛左侧绘一身听法天人,在其上方漂浮一顶宝盖。

42. 王遣使请佛乘车

佛在王舍城迦兰陀竹林夏安居期间,须达长者非常想念佛,便前往波斯匿王处请求迎佛。波斯匿王派使者带着华美的车乘前往。佛应使者要求乘车前往。使者命终升忉利天,以天眼知宿世因缘,往舍卫城闻法得须陀洹果。《撰集百缘经》载:

佛在王舍城迦兰陀竹林。夏安居竟,将诸比丘,欲游行他国。时须达长者,白波斯匿王言:“我等今者久不见佛,愿王今者,修书遣使,往请世尊,来诣此间,而共供养。”时波斯匿王闻是语已,寻即遣使,往请世尊,通书致问:“遥礼世尊,久不奉觐,唯垂哀愍,来受我请。”尔时如来,即便然可。使者还启白王言:“世尊许

①《撰集百缘经》,《大正藏》第 4 册,第 236 页。

可。”王勅使者，庄严车乘与彼使者，往迎世尊。愿垂哀愍，可乘此车，受彼王请。时佛答曰：“我有六通之神足，七觉之花鬘，八圣之道分，五衍之安车，是我神足，不须汝车。”时彼使者，殷懃三请：“唯愿矜愍，莫用神足，愿乘此车，受彼王请。”尔时世尊，愍其使者，即便上车，以神通力，令彼车乘履虚而行，至王舍城，受彼王请。时彼使者，即于其夜，而取命终，生忉利天，忽然长大，如八岁儿，便自念言：“我修何福，生此天上？”寻自观察，见在世间，为王所使，劝佛世尊乘车往至，受彼王请，以是善心，得来生天。“我今当还，报佛之恩。”顶戴天冠，着诸璎珞，庄严其身，赍持香花，光明普曜，照于祇桓，来供养佛，前礼佛足，却坐一面。佛即为其说四谛法，心开意解，得须陀洹果，绕佛三匝，还于天宫。①

克孜尔石窟第171、175窟有此图像。（图157）画面中，佛陀位于画面正中作说法状，佛左侧绘一交脚作比丘，做礼拜状。佛右侧绘一天人，左腿下跪，右足翘起，作礼拜状。

图157　克孜尔石窟175窟主室券顶王遣使请佛乘车

43. 波斯匿王女善光缘

过去九十一劫，波斯匿王的女儿善光曾为国王第一夫人时，以天冠拂拭毗婆尸

①《撰集百缘经》，《大正藏》第4册，第231页。

佛的舍利塔,由此功德世世尊荣豪贵。(图 158)《杂宝藏经》载:

昔波斯匿王有一女,名曰善光,聪明端正,父母怜愍,举宫爱敬。父语女言:“汝因我力,举宫爱敬。”女答父言:“我有业力,不因父王。”如是三问,答亦如前。王时瞋忿,“今当试汝有自业力、无自业力?”约勅左右,于此城中,觅一最下贫穷乞人。时奉王教,寻便推觅,得一穷下,将来诣王。王即以女善光付与穷人。王语女言:“若汝自有业力不假我者,从今以往,事验可知。”女犹答言:“我有业力。”即共穷人,相将出去。问其夫言:“汝先有父母不?”穷人答言:“我父先舍卫城中第一长者,父母居家,都以死尽,无所依怙,是以穷乏。”善光问言:“汝今颇知故宅处不?”答言:“知处,垣室毁坏,遂有空地。”善光便即与夫相将,往故舍所,周历按行,随其行处,其地自陷,地中伏藏,自然发出,即以珍宝,雇人作舍,未盈一月,宫室屋宅,都悉成就,宫人妓女,充满其中,奴婢仆使,不可称计。王卒忆念:“我女善光,云何生活?”有人答言:“宫室钱财,不减于王。”王言:“佛语真实,自作善恶,

图 158 克孜尔石窟 34 窟主室券顶波斯匿王女善光缘

自受其报。"王女即日,遣其夫主,往请于王。王即受请,见其家内,氍毹毾,庄严舍宅,踰于王宫。王见此已,叹未曾有。此女自知语皆真实,而作是言:"我自作此业,自受其报。"王往问佛:"此女先世,作何福业,得生王家,身有光明?"佛答王言:"过去九十一劫,有佛名毗婆尸。彼时有王名曰盘头,王有第一夫人。毗婆尸佛入后,盘头王以佛舍利起七宝塔。王第一夫人,以天冠拂饰,着毗婆尸佛像顶上,以天冠中如意珠,着于枨头,光明照世,因发愿言:'使我将来身有光明,紫磨金色,尊荣豪贵,莫堕三恶八难之处。'尔时王第一夫人者,今善光是。"①

图159　克孜尔石窟38窟主室券顶波斯匿王女善光缘

克孜尔石窟第34、38窟有此图像。(图159)画面中,佛陀位于画面正中。佛作说法状,佛左侧绘一女性人物,头顶一天冠,欲献于佛。

44. 树提火生

过去,有一长者,家财万贯,但没有子嗣。长者为此闷闷不乐,担心死后无人继承家业。一天,他的妻子忽然怀孕,长者先后前往请教佛和六师外道,但他们的预言不同。快要临产时,六师外道害怕自己的预言被戳破,便毒死妇人。在妇人的殓葬仪式上,佛弟子傅迦以神

①《杂宝藏经》,《大正藏》第4册,第458页。

通力从长者妻子的腹中取出一个男婴,而且还活着,并端坐在火中。

因为这个孩子出生于猛火之中,佛陀给他起名叫“树提”(树提就是“火”的意思)。

《大般涅槃经》载:

> 时毗沙门天告摩尼跋陀大将而作是言:“如来今欲诣彼冢间,卿可速往平治扫洒,安师子座,求妙花香,庄严其地。”尔时六师遥见我往,各相谓言:“瞿昙沙门至此冢间,欲噉肉耶?”是时多有未得法眼诸优婆塞,各怀差愧,而白我言:“彼妇已死,愿不须往。”尔时阿难语众人言:“且待须臾,如来不久当广开阐诸佛境界。”我时到已,坐师子座,长者难言:“所言无二,可名世尊。母已终亡,云何生子?”我言:“长者!卿于尔时,都不见问,母命修短;但问所怀,为是男女?诸佛如来发言无二,是故当知,定必得子。”是时死尸,火烧腹裂,子从中出,端坐火中,犹如鸳鸯,处莲花台。六师见已,复作是言:“妖哉瞿昙,善为幻术。”长者见已,心复欢喜,呵责六师:“若言幻者,汝何不作?”我于尔时寻告耆婆:“汝往火中,抱是儿来。”耆婆欲往,六师前牵,语耆婆言:“瞿昙沙门所作幻术,未必常尔,或能不能,如其不能,脱相烧害。汝今云何信受其言?”耆婆答言:“如来使入阿鼻地狱,所有猛火尚不能烧,况世间火?”尔时耆婆前入火聚,犹入清凉大河水中,抱持是儿,还诣我所,授儿与我。我受儿已,告长者言:“一切众生,寿命不定,如水上泡。众生若有殷重业果,火不能烧,毒不能害。是儿业果,非我所作。”时长者言:“善哉,世尊!是儿若得尽其天命,惟愿如来为立名字。”佛言:“长者!是儿生于猛火之中,火名树提,应名树提。”尔时会中见我神化,无量众生发阿耨多罗三藐三菩提心。

尔时六师周遍六城不得停足惭愧低头。①

图160　克孜尔石窟第34窟主室券顶树提火生

克孜尔石窟第34窟有此图像。(图160)画面中,佛陀位于画面正中。佛作说法状，佛右侧绘一身手托举小儿的天人，佛座下方绘一身躺在火焰中的女性。

45. 乾陀卫国王修塔延命

很久以前，乾陀卫国有一位贤明的国王，大家都很爱戴他。

一天,有位相师告诉国王:“七天之后你将会死去。”国王虽然闷闷不乐,但依旧按计划出游打猎。在打猎的途中,国王和众臣看见了一座破旧的佛塔,他们修缮了佛塔。因为修缮佛塔的功德,国王的性命得到了延长。《杂宝藏经》卷四载:

昔乾陀卫国,有一国主,有一明相师,占王,却后七日,必当命终。出游猎行,见一故塔,毁败崩坏,即令群臣共修治之,修治已讫,欢喜还宫,七日安隐。相师见过七日,怪其所以,问王言:“作何功德?”答言:“更无所作,唯有一破塔,以泥补治。”由治塔

①《大般涅槃经》,《大正藏》第12册,第543页。

故，功德如是。[①]

图161 克孜尔石窟第38窟主室券顶乾陀卫国王修塔延命

克孜尔石窟第8、38、101窟，森木塞姆石窟第42窟有此图像(图161)。画面中，佛陀位于画面正中。佛作说法状，佛右侧绘一身人物，头戴宝冠，其身后有一塔。

46. 日天王问日月往行

有一天，日天王前往佛所，询问为什么日天王能照耀世间，月天王能给人们除去夜间的黑暗。佛告诉他，成为日天王，是因为他曾奉行十事；成为月天王因为他是曾经奉行了四事。《出超日明三昧经》下卷载：

> 于是日天王与无央数百千天人，来诣佛所稽首足下却住一面。前白佛言："以何等行为日天王行照四天下，何缘为月照夜除冥？"佛告日王："有四事法得为日王，何谓为四，常憙布施修身慎行奉戒不犯，又志然灯于佛寺庙，若于父母沙门道人殖光明德，是为四。"……佛告日王："又有十事，为日天王。何谓十？身不杀盗淫，口不两舌恶骂妄言绮语，意不恚嫉痴，是为十。"……佛告日王："又有四事，得为月王。何谓为四？布施贫匮，奉持五戒，遵敬三宝冥设锭光，君父师寺，是为四。"……于时日王白佛言："唯

①《杂宝藏经》，《大正藏》第4册，第469页。

愿大圣，枉屈尊神到宫小食，令诸导御虚空神天皆蒙大恩，闻深妙法悉发道意所度无量。"时，佛默然已受其请。日王见佛已许就请，绕佛三匝忽然还宫，办百种食若乾甘美，床榻坐具挍饰鲜洁，为佛敷座高四千里。于是日王立于宫殿，遥重请佛倾侧竦息。①

克孜尔石窟第172窟有此图像。（图162）画面中，佛陀位于画面正中。佛上身向左倾，佛左上方绘日天王，下方绘闻法天人。

图162　克孜尔石窟第172窟主室券顶日天王问日月往行

47. 低舍罗希多杀树得报

孔雀王朝阿育王痴迷于佛事，冷落了王后和妃子。他有一个夫人叫低舍罗希多，极其怨恨他的冷落。就派人拿炽热的牛乳浇死了树。结果国王更加闷闷不乐，愈加反感低舍罗希多。阿育王哭泣道："我见菩提树，便见于如来，今闻彼树死，我今亦随没。"最后，阿育王的诚心感动了佛祖，佛以

①《出超日明三昧经》，《大正藏》第15册，第543、544页。

图163 克孜尔石窟第80窟主室券顶低舍罗希多杀树得报

神通力救活了这棵菩提树。(图163)《杂阿含经》载:

阇耶以善根,当得为王,王阎浮提,乃至得成无上正觉,故世尊发微笑。……尔时,王供养上种事,恒偏至菩提道场树。此树下如来得阿耨多罗三藐三菩提,世间希有珍宝供养之事,供养菩提树。时,王夫人名曰低舍罗希多,夫人作是念:"王极爱念于我,我亦念王,王今舍我去,持诸珍宝至菩提树间。我今当作方便杀是菩提树,树既枯死,叶便凋落,王当不复往,彼可与我常相娱乐。"即唤呪师,语呪师言:"汝能杀菩提树不?"彼答曰:"能,与我千两金。"时,夫人即与千两金钱。呪师往菩提树间,以呪呪树以綖系树。时,树渐渐枯死,叶即萎落,未即枯死,其叶凋落。白夫人曰:"复应以热乳浇树,乃可令枯。"夫人白王:"我今欲以乳供养菩提树。"王曰:"随卿意耶!"如是乃至以热乳浇之,树即枯燥。……时,王闻是语,即迷闷擗地,诸人輩以水浇王心面,良久而稣,即便泣泪言:"我见菩提树,便见于如来,今闻彼树死,我今亦随没。"时,彼夫人见王忧愁不乐,而白王言:"主勿忧恼,我当喜悦王心。"王曰:"若无彼树,我命亦无。如来于彼树得阿耨多罗三藐三菩提,彼树既无,我何用活耶?"夫人闻王决定语,还复以冷乳灌菩提树下,彼树寻复更生。王闻以乳溉灌树还得生,日日送千瓮乳溉灌其本,树还复如先。诸夫人辈白王言:"菩提树今复如先,无复有异。"时,王闻已,即生欢喜,诣菩提树下,觏于菩提树,目不暂舍……①

克孜尔石窟第80、101窟有此图像(图164)。画面中,佛陀位于画面正中。佛作说法状,佛右侧绘一颗倒栽的树悬在空中,佛右侧绘一身交脚而坐双手合十的女性人物。

图164　克孜尔石窟第101窟主室券顶低舍罗希多杀树得报

48. 白狗因缘

舍卫城鹦鹉摩牢兜罗子家中有一条白狗,很受他的喜欢。一日,佛乞食至他的住所。他家的白狗见到佛来便狂吠。后世尊告知白狗本为其父转生。鹦鹉摩牢兜罗子转而验证其言,证明了佛陀所言不虚,转而敬信佛陀。(图165)《佛说鹦鹉经》载:

一时,婆伽婆在舍卫城祇树给孤独园。……彼时,鹦鹉摩牢兜罗子家有狗,名具,坐好褥上,以金钵食粳米肉。白狗遥见世尊从远而来,见已便吠。彼世尊便作是言:"止,白狗,不须作是声,汝本吟哦。"于是,白狗极大瞋恚不欢喜,下床褥已至门阈下,依

①《杂阿含经》,《大正藏》第2册,第167—169页。

图165 克孜尔石窟第179窟主室券顶白狗因缘

而伏寂然住。……于是,鹦鹉摩牢兜罗子于世尊便有瞋恚不乐,遥骂世尊,遥诽谤世尊,遥恚世尊:“此沙门瞿昙,乃如此虚妄言。”出舍卫已,往诣祇树给孤独园。……到已白世尊曰:“沙门瞿昙,今日至我家乞食耶?”曰:“摩牢,我今日至汝家乞食。”“唯此沙门瞿昙,彼白狗于汝有何咎,而令我白狗瞋恚不乐下床褥已,依门阈寂然伏?”答曰:“摩牢,我晨起着衣服已,与衣钵俱诣舍卫城分卫,游舍卫城分卫时便至汝家。汝白狗遥见我从远而来,见已而吠,我便作是言:‘止,白狗,汝不应作是声,汝本吟哦。’是故,摩牢,彼白狗则瞋恚不乐,下床褥已依门阈默然伏。”“此瞿昙,此白狗本是我何等亲属?”……“汝摩牢!已再三问,当说之。此摩牢!白狗前所生,是汝父,名兜罗。”于是,鹦鹉摩牢兜罗子,于世尊倍增上瞋恚不乐,骂世尊,恚世尊,诽谤世尊:“此沙门瞿昙,虚妄语。”白于世尊曰:“此瞿昙,我父兜罗常行施与,常行幢施,常事于火,彼身坏死已生妙梵天上,此何以故当生狗中?”“此摩牢,以汝增上慢,彼父兜罗亦复尔,是故生弊恶狗中。”……于是,鹦鹉摩牢兜罗子闻世尊所说,善思惟念习诵已,绕世尊,离世尊还至家。到已,语白狗作如是言:“此白狗,若本生时是我父兜罗者,当还上床褥坐。”彼白狗便还上床褥坐。“此白狗，本生时若是我父兜罗者，当于金钵中食粳米肉。”……于是，彼白狗下床褥已至本卧处，到已于本卧处床四脚下，以口足爬地，令鹦鹉摩牢兜罗子大得钱财。于是，鹦鹉摩牢兜罗子大得钱财，大得利极欢喜，善心生，以右膝着地，叉手向祇树给孤独园，三自称名姓字：“真实沙门瞿昙！语实沙门瞿昙！不妄言沙门瞿昙！”三自称名姓已，出舍卫城往诣祇树给孤独园。①

克孜尔石窟第179、186窟，森木塞姆石窟第1、24窟有此图像(图166)。画面中，佛陀位于画面正中。佛作说法状，结跏趺坐于金刚座上，佛左侧绘一只闻法的白狗。

图166 克孜尔石窟第186窟主室券顶白狗因缘

49. 乾闼婆王作乐赞佛

佛陀涅槃前，帝释天要求善爱乾达婆前去礼敬。善爱自恃乐舞技艺高超，举世无双，傲慢而不前往。佛陀于是化身前往，与之较量，最终折服善爱乾达婆王，使之皈依佛教。故事记载于《根本说一切有部毗奈耶杂事》：

①《佛说鹦鹉经》，《大正藏》第1册，第888—891页。

尔时世尊作如是念:“善贤外道能至我所而受调伏,乐神善爱无自来法。”又复念曰:“凡是声闻度者如来亦度,应佛度者余不能度,由待胜上善巧方便,我今应可度彼善爱。”作是念已,即便入定,由定力故最后卧处化作一身。又复化作千弦瑠璃箜篌,于卧处没自持箜篌,诣三十三天,至善爱健闼婆王宫门而住。其时善爱自恃憍慢,于弹箜篌谓无过者,于自宫中作乐欢戏情生爱着。尔时世尊告守门者:“汝可往报善爱王言:‘有健闼婆来至门首欲求相见。’时守门者即入具报。其王高慢报曰:“除我更有健闼婆耶?”答曰:“更有,今在门外。”善爱闻已情怀不忍,即自出门告言:“丈夫!汝是健闼婆耶?”佛言:“我今实是健闼婆王。”“若尔,可来对奏音乐。”报言:“大仙!甚善,我能共作。”佛即对彼共弹箜篌,佛断一弦彼亦断一,然二音声并无阙处。佛又断二彼亦断二,然其音韵一种相似。佛又断三断四彼亦如是,乃至各留一弦然音声不异。佛便总断彼亦断之,佛于空中张手弹击,然其雅韵倍胜于常,彼便不能,情生希有降伏傲慢,知彼音乐超胜于我。世尊观已,即便隐彼健闼婆身复本形相。时彼乐神见佛世尊,身真金色,三十二相、八十种好周匝庄严,赫奕光明超逾千日,如宝山王观者忘倦,见已欣悦深生敬仰,礼佛足下坐听法要。尔时世尊观彼根性,随机为说四圣谛法令得开悟,彼即能以智金刚杵摧二十种身见邪山,证预流果。既见谛已,深自庆幸而白佛言:“大德世尊!我今所得。非父、非母、非王、非天、非我眷属及诸知识、非余沙门婆罗门等,能为成办如是胜事。唯独世尊慈念哀愍,令我今者枯竭血海超越骨山,闭恶趣门开路置人天道。我今归依佛法僧宝为邬波索迦,始从今日乃至尽形,不杀生乃至不饮酒,受三归依并五学处。”尔时世尊复为说法示教利喜已,即便入定,天宫处没，还至双林最后卧处。[①]

克孜尔石窟第186、196窟，森木塞姆石窟第30窟有此图像(图167)。画面中，佛陀位于画面正中。佛作说法状，佛右侧绘弹奏箜篌的善爱乾达婆。佛左侧绘乾达婆王双手高举做弹奏状，佛座下方绘一丢弃在地的箜篌。

图167 克孜尔石窟第196窟主室券顶乾闼婆王作乐赞佛

50. 五百雁闻佛法生天

佛曾经在波罗奈国为众生说法。空中有五百大雁亦认真听法，但不小心被猎师所杀。生忉利天，知其宿缘，又来至佛陀说法处。世尊给他们演说四谛妙法，天人开悟，得须陀洹果。《贤愚经》载：

一时佛在波罗奈国。尔时世尊，于林泽中，为天人四辈之类，演说妙法。时虚空中，有五百群雁，闻佛音声，深心爱乐，盘桓回翔，寻欲来下至世尊所。时有猎师，张施罗网，五百群雁，堕彼网中，为猎师所杀；生忉利天，父母膝上，忽然生长，如八岁儿，身体端严，颜貌无比，光相明净，喻若金山。便自念言："我以何因，生此天中？"天人心聪神解，即识宿命，缘爱法声，果报生天，当报其恩。即共同时，持天花香，下阎浮提波罗奈国，至世尊所，天光明

①《根本说一切有部毗奈耶杂事》，《大正藏》第24册，第395页。

曜,犹宝树林,一时曲身,体世尊足,合掌白言:“我蒙世尊说法音声,生在妙处,愿重矜愍,开示道要。”尔时世尊,便为演说四谛妙法,天人开悟,得须陀洹果。①

图 168 库木吐喇石窟第 43 窟主室券顶五百雁闻佛法生天

库木吐喇石窟第 43 窟有此图像(图 168)。画面中,佛陀位于画面正中。佛作禅定状,周围绘有十一只围绕他飞翔的大雁。

51. 王女牟尼燃灯供养

过去宝髻佛时代有一比丘名圣友,欲为佛作灯檀越,于是日日入城乞求灯油灯具。城中有王女牟尼愿为其提供作灯之具。在牟尼的帮助下圣友比丘每日燃灯供养宝髻佛,他发愿未来宏济众生并得到了佛的授记,来世作佛,名叫定光。同时王女牟尼也得到了授记,未来作佛,名释迦牟尼。(图169)画面中,佛面向右侧,右手结说法印,左手作与愿印,右侧一身跪姿供养比丘,顶戴一灯,肩荷二灯,左右手中各执持两灯。佛左侧绘一位供养女子,她服饰华丽,并且配有头光。

《贤愚经》卷三载:

①《贤愚经》,《大正藏》第 2 册,第 437 页。

图169　库木吐喇石窟第196窟主室券顶梵志燃灯供养

过去久远二阿僧祇九十一劫，此阎浮提，有大国王，名波塞奇，主此世界八万四千诸小国土。王大夫人，生一太子，身紫金色，三十二相、八十种好，当其顶上，有自然宝，众相晃朗，光曜人目。即召相师，占相吉凶，因为作字。相师披看，见其奇妙，举手唱言："善哉善哉！今此太子，于诸世间天人之中无与等者，若其在家，作转轮圣王，若其出家，成自然佛。"相师白王："太子生时，有何异事？"王答之言："顶上明宝，自然随出。"便为立字字勒那识祇，晋言宝髻。年渐长大，出家学道，得成为佛，教化人民，度者甚多。尔时父王，请佛及僧，三月供养。有一比丘，字阿梨蜜罗，晋言圣友，保三月中，作灯檀越，日日入城，诣诸长者居士人民，求索苏油灯炷之具。时王有女，名曰牟尼，登于高楼，见此比丘日行入城，经营所须，心生敬重，遣人往问："尊人恒尔劳苦，何所营理？"比丘报言："我今三月，与佛及僧，作灯檀越，所以入城诣诸贤者，求索苏油灯炷之具，使还报命。"王女欢喜，又语圣友："自今已往，莫复行乞，我当给汝作灯之具。"比丘可之。从是已后，常送苏油灯炷之具，诣于精舍。圣友比丘，日日经营，燃灯供养，发意广济诚心欵着。佛授其记："汝于来世阿僧祇劫，当得作佛，名曰定光，十号具足。"王女牟尼，闻圣友比丘授记作佛，心自念言:“佛灯之物,悉是我有,比丘经营,今已得记,我独不得。”作是念已,往诣佛所,自陈所怀。佛复授记,告牟尼曰:“汝于来世二阿僧祇九十一劫,当得作佛,名释迦牟尼,十号具足。”于是王女,闻佛授记,欢喜发中,化成男子,重礼佛足,求为沙门。佛便听之,精进勇猛,勤修不息。”佛告阿难:“尔时比丘阿梨蜜者,岂异人乎?乃往过去定光佛是。王女牟尼,岂异人乎?我身是也。因由昔日灯明布施,从是已来,无数劫中,天上世间受福自然,身体殊异超绝余人,至今成佛,故受此诸灯明之报。”

时诸大会闻佛所说,有得初果乃至四果,或种缘觉善根之者,有发无上正真道意。慧命阿难,及诸众会,咸共顶戴,踊跃奉行。[①]

52. 长者贪悭作盲儿缘

舍卫国有个长者叫难陀,为人吝啬,死后转世为两目皆盲,生活困苦。一日得遇佛陀,痛悔前世所为,获佛度化。《出曜经》载:

昔佛在舍卫国祇树给孤独园,时有长者名曰难陀,饶财多宝金银珍宝,车磲马瑙珊瑚琥珀,象马车乘奴婢仆使,服饰田业不可限量,居一国之富无有过者。虽处荣富无有信心悭贪妬嫉。……唯有一子名栴檀香。即唤子前勅告子曰:“吾今患苦必不济度,设我无常后所有财宝七珍之具勿妄费耗,亦莫施与沙门婆罗门。有乞丐者莫持一钱施与,此诸财宝足七世父母食。”

作此教勅已即取命终, 即生舍卫城中处盲栴陀妇腹中,经八九月出生在外生盲无目。……是时,盲母养儿年八九岁堪能

①《贤愚经》,《大正藏》第4册,第371页。

行来，母以杖一枚、食器一具而告子曰："吾今养汝堪能行来，宜求自活不须住此；吾亦无目，复当乞求以济余命。"此盲小儿家家乞求，渐至栴檀香长者家。……时守门人闻此语已，瞋恚炽盛，即前捉手远掷深坑，寻伤左臂复打头破，所乞饭食尽捐在地。……尔时世尊告小儿曰："汝是难陀非也？"小儿报曰："实是难陀。佛复重问："是难陀耶？"即报佛言："实是难陀。"其城中人民闻佛小儿相问字，皆共愕然。"云何难陀长者乃受此形？"尔时世尊，欲与栴檀长者拔地狱苦，除悭贪心安立福田。……尔时栴檀长者，悲泣堕泪不能自止，头面礼足前白佛言："唯愿世尊慈愍见怜拔济罪根，于如来所得蒙遗福。"①

图 170　克孜尔石窟第 80 窟主室券顶长者贪悭作盲儿缘

克孜尔石窟第 80 窟，库木吐喇石窟第 46 窟，森木塞姆石窟第 1、30 窟，克孜尔尕哈石窟第 13、14 窟有此图像。（图 170）画面中，佛坐方形高座上，作说法状。佛左侧绘一人物，仅上身披帛，其身后有一棍状物。佛座前有一打翻的盆。

53. 羊婢共斗

过去有一个仆人，曾给主人熬麦豆时，经常不留神被羝羊偷食，消耗了很多谷物，因而失信于主人。仆人很生气，经常用木杖打这只羚羊。羚羊也常常报复仆人。终致酿成大火，

①《出曜经》，《大正藏》第 4 册，第 631 页。

烧死了许多人和动物。《杂宝藏经》卷十载:

昔有一婢,禀性廉谨,常为主人曲熬麦豆。时主人家,有一羖羝伺空逐便噉食麦豆,斗量折损,为主所瞋,信已不取,皆由羊噉。缘是之故,婢常因嫌,每以杖捶,用打羖羝,羝亦含怒,来抵触婢,如此相犯,前后非一。婢因一日空手取火,羊见无杖,直来触婢,婢缘急故,用所取火,着羊脊上。羊得火热,所在触突,焚烧村人,延及山野。于时山中五百猕猴,火来炽盛,不及避走,即皆一时被火烧死。诸天见已,而说偈言:"瞋恚斗诤间,不应于中止,羝羊共婢斗,村人猕猴死。"①

图 171　库木吐喇石窟第 43 窟主室券顶羊婢共斗

库木吐喇石窟第 43 窟有此图像。(图 171)画面中,佛坐方形高座上,左侧有一身人物,手捧一灯。佛右侧绘两只羚羊,上面一只背向佛,做飞奔状,下面一只仅绘出前半身,抬头面向佛。

①《杂宝藏经》,《大正藏》第 4 册,第 499 页。

第三节　神通神变的强调

神通，梵语abhijñâ，巴利语abhiññâ，又作神通力、神力、通力、通等，即由果报或修禅定而得的无碍自在、超人间的、不可思议的能力。共有神足（如意）、天眼、天耳、他心、宿命等五神通，[①]加漏尽通，共为六神通（六通）。

关于五通及其功用，《大智度论》记载，

> 如意、天眼、天耳、他心智、自识宿命。云何如意？如意有三种：能到、转变、圣如意。能到有四种：一者、身能飞行，如鸟无碍；二者、移远令近，不往而到；三者、此没彼出；四者、一念能至。转变者，大能作小，小能作大，一能作多，多能作一，种种诸物皆能转变。外道辈转变，极久不过七日；诸佛及弟子转变自在，无有久近。圣如意者，外六尘中不可爱不净物，能观令净；可爱净物，能

①五通者。一神境智通。二天眼智通。三天耳智通。四他心智通。五宿住随念智通。此五皆以慧为自性。已说自性当说所以。问何故名通。答于自所缘无倒了达。妙用无碍故名为通。载于《阿毗达摩大毗婆沙论》，《大正藏》第27册，第727页。

观令不净;是圣如意法,唯佛独有。是如意通,从修四如意足生;是如意足通等,色缘故次第生,不可一时得。

天眼通者,于眼得色界四大造清净色,是名天眼。天眼所见,自地及下地六道中众生诸物,若近若远,若覆若细诸色,无不能照。见天眼有二种:一者、从报得,二者、从修得。……

云何名天耳通?于耳得色界四大造清净色,能闻一切声:天声、人声、三恶道声。云何得天耳通修得?常忆念种种声——是名天耳通。

云何识宿命通?本事常忆念:日月年岁至胎中,乃至过去世中,一世、十世、百世、千万亿世,乃至大阿罗汉、辟支佛知八万大劫;诸大菩萨及佛知无量劫——是名识宿命通。

云何名知他心通?知他心若有垢,若无垢;自观心生、住、灭时,常忆念故得。复次,观他人喜相、瞋相、怖相、畏相,见此相已,然后知心,是为他心智初门。是五通略说竟。①

分别而言:五通第一通为神足通,又称神境智证通、神境通、身如意通、如意通、身通等,即经中所说的如意。神足通有三种,一为随心所欲,可至任何地方(飞行),一为随意改变相状之转变(变化),另一为随意转变外界对境(六境)之圣如意(随意自在)。其中,最后的一种唯佛所独具者。第二通为天眼通,又称天眼智证通、天眼智通,即看透世间所有远近、苦乐、粗细等之作用。第三通为天耳通,又称天耳智证通、天耳智通,即悉闻世间一切音声之作用。第四通为他心通,又称他心智证通、知他心通,即悉知他

①《大智度论》,《大正藏》第29册,第97—98页。

人心中所想各种善恶等事之作用力(他心彻鉴力)。第五通为宿命通,又称宿住随念智证通、宿住智通、识宿命通,即悉知自他过去世等各种生存状态之作用力。关于第六通漏尽通,是指断尽烦恼,永不再生于迷界之悟力。关于神通的本质,说一切有部认为:"如是六通解脱道摄,慧为自性,如沙门果。"[①]六神通皆以慧为本质(自性),其中五神通系依修四禅而得,不唯圣者独有,凡夫亦可得;但漏尽通唯圣者可得。获得神通的方法,佛经记载:

> 次第五门三性分别,善恶无记是三性也,六通之中漏尽一通体性唯善。其余五通泛论有四:一是报通如上诸天报得五通,如是一切。二者药通,如诸仙等以药力故飞行自在。三者呪通,如波罗捺有婆罗门以呪持身飞上帝宫,变身为释与舍支夫共行欲事,如是等比是其呪通。四者修通,依禅修得。四中前三是其无记。[②]

从中可以知道,获得神通的方法有四种,分别为:1. 生四禅天之果报而自然得的报通。2. 仙人依业力自由飞空的业通(由业所得之通力)。3. 婆罗门依持咒所得的咒通。4. 依修禅定而得通力的修通,其中业通与咒通,是属于外道的神通,而报通和修通则是指按照佛教仪规修行所得现报和来世报而得的神通。

龟兹石窟壁画中有许多反映佛的神通故事的壁画,最为有名的就是舍卫城神变。

舍卫城神变故事讲述了释迦牟尼在舍卫城,渐次显现各种不同的神

①《大智度论》,《大正藏》第29册,第752页。

②《大乘义章》,《大正藏》第44册,第861页。

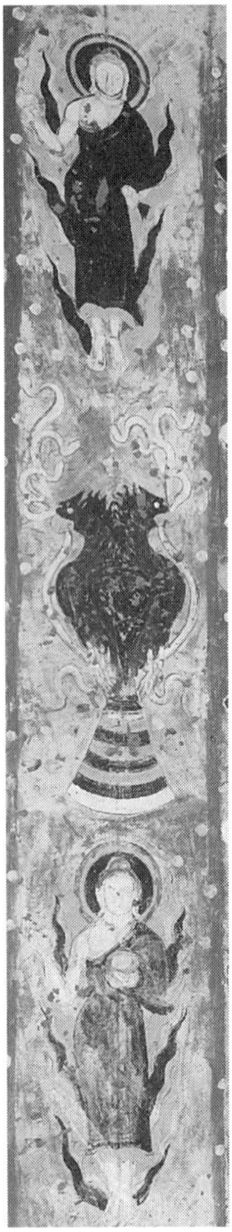
图172 克孜尔石窟第8窟主室券顶中脊天相图

通，使以六师外道[①]为代表的其他宗教派别的弟子和信众为之折服,纷纷皈依佛教的事迹。这是佛教史上一件大事。通过这次斗法,佛教战胜了摩揭陀国强大的“外道”势力,开辟了佛教传播发展的新局面,从此,佛教开始登上了印度主流宗教的地位。“舍卫城神变”是佛教具有“奠基”意义的重要事件。这个故事在许多佛经经本中均有记载,汉译的主要有《四分律》《根本说一切有部毗奈耶杂事》《根本说一切有部毗奈耶破僧事》和《贤愚经》,巴利语文献则有《本生经》和《天譬喻经》。在这次事件中,释迦牟尼展现了多项神变,包括虚空中现四威仪、身体出火、身上同时出水出火、身发无量光明、化现千佛和化现地狱等。

关于整个神变的过程，各个经本记载详略不同，《根本说一切有部毗奈耶杂事》中记载较为详细：

> 尔时世尊暂出房外，净洗足已复入房中,就座而坐入火光定,遂于门钩孔中出大火光，……光明更甚一无所损自然火灭,由佛神力及天力故。……尔时世尊便入如是胜三摩地。便于座上隐而不现,即于东方虚空中出,现四威仪行立坐卧,入火光定出种种

①六师是佛陀时代印度中部出现的六种反对婆罗门思想的自由思想学派。其代表人物是:阿耆多·翅舍钦婆罗(Ajita Kesakambala 顺世派的始祖,唯物论者)、迦罗鸠驮·迦旃延(Pakudha Kaccāyana 提倡七要素说之思想家);富兰那·迦叶(Purāna Kassapa 道德否定论者);末伽黎·拘舍梨（Makkhali Gosāla 邪命外道之祖、决定论者）；珊阇耶·毗罗胝子（Sañjaya Belatthiputta 怀疑论者);尼干陀·若提子(Nigantha Nātaputta)耆那教始祖、相对主义者。

光，所谓青、黄、赤、白及以红色，身下出火身上出水，身上出火身下出水，如于东方，南西北方亦复如是现其神变。既现变已即还收摄，于师子座依旧而坐。佛告王言："此是诸佛及声闻众共有神通，大王谁请如来对诸外道及人天众？当现无上大神变事。"……时彼龙王知佛意已，……即便持花大如车轮数满千叶，以宝为茎金刚为须，从地踊出。世尊见已即于花上安隐而坐，于上右边及以背后，各有无量妙宝莲花，形状同此，自然踊出，于彼花上一一皆有化佛安坐。各于彼佛莲花右边及以背后，皆有如是莲花踊出化佛安坐，重重展转上出乃至色究竟天莲花相次，或时彼佛身出火光、或时降雨、或放光明、或时授记、或时问答、或复行立坐卧现四威仪。佛神力故，假使童儿，亦能现见如来影像。①

佛陀化现地狱的神变则仅在汉译《贤愚经》中进行了描述。

第十五日，瓶沙王请佛，佛豫勅王："唯须餐具。"王但严办器物，极令饶多。食时已到，诸器悉满，甘饍百味，种种异美，普令众会饱足有余，食已身心自然安乐。于时世尊，以手指地，十八地狱一切都现，无量尘数，诸受罪人，各各自说："我于本时，作如是恶，今受此苦。一切众会，具悉闻见，甚怀悲愍，衣毛惊悚。"佛便为说法，应适其意，有发大心，住不退者，得果生天，不可称数。地狱众生，缘见佛闻法，心生敬仰，皆遥自归，终皆得生天上人中。②

龟兹石窟中的舍卫城神变图像有多例，其中克孜尔石窟最多，有五

---

①《根本说一切有部毗奈耶杂事》，《大正藏》第24册，第331—332页。

②《贤愚经》，《大正藏》第4册，第363页。

例。它们分别位于克孜尔石窟第63、80窟和第97窟主室正壁,第114窟主室前壁,第192窟主室右侧壁以及207窟主室左侧壁。[①]克孜尔石窟第80窟主室正壁上部的"舍卫城神变"图像,画面中部佛陀交脚坐于方座上,左手放于腿上握衣襟,右手上举作说法印。佛左侧下方绘五身婆罗门,上方内侧绘一身飞行金刚,右手持金刚杵,外侧绘一身人物。佛右侧下方绘帝释天及其眷属和天人。佛上方绘一树,树上方绘七身坐佛。佛座左侧绘一身小鬼,前方绘一鼎状物,其中绘多个人头。[②]绘于克孜尔石窟第97窟的此题材位置与图像特点与其基本相似,但在细节上也有一些不同。具体说来,包括以下几点:佛座前没有了小鬼、油锅和人头;左侧下方的外道绘出了六身;右侧下方所绘帝释天的眷属多了一身天人和金刚;佛上方没有绘出花树;位于树上方的七佛每侧身旁均有一身供养天人;七佛两侧各有一身交脚坐,有头光和身光的菩萨。[③]第114窟主室前壁所绘的舍卫城神变壁画,画面则有较大的不同:佛左侧绘四身立姿婆罗门,右侧绘六身婆罗门,其中最下一身跪于束帛座上;佛座前跪一身婆罗门;七佛位置特别,位于门上方,而非佛头上方。第193窟主室右侧壁的此题材比较残破,但是佛头上方的坐佛仍然残存三身。第207窟主室左侧壁的此题材佛左侧下方绘三身婆罗门,上方绘金刚。右侧下方绘帝释天及眷属,上方绘两身比丘。佛头上方绘花树。

对照上述提到的记载了"舍卫城神变"故事的佛经,我们可以看出克孜尔石窟壁画中的这个题材中出现的神变是化现千佛和化现地狱。

---

①新疆维吾尔自治区文物管理委员会拜城县克孜尔千佛洞文物保管所北京大学考古系《中国石窟克孜尔石窟 1》,北京:文物出版社,1989年,第194页;新疆龟兹石窟研究所《克孜尔石窟内容总录》,乌鲁木齐:新疆人民出版社,2000年,第300页。

②见图26。

③见图56。

化现地狱仅见于克孜尔石窟第80窟，而化现千佛则见于除207窟外的其他几个洞窟中。在这些洞窟中，化现的千佛是以七佛的形式加以表现的。[①]

以往有学者认为这种七佛的图像是对过去诸佛的表现，相关佛经也有佛显现神通是因为过去诸佛均曾在此地显现大神通的记载。[②]但笔者以为，画面中出现的七佛展现的是释迦牟尼化现的诸佛。这种特点尤其以第97窟最为明显，也与上述《根本说一切有部毗奈耶杂事》中化现诸佛的记述及犍陀罗地区有关造像一致。[③]

“双神变”和“焰肩”也是龟兹壁画中经常出现展现佛陀神通的题材。

“双神变”是佛传故事中经常出现的题材，在佛经记载中，佛在成道时、回到释迦族时、度化其妻子耶输陀罗时、度化外道时、调服醉象时、涅槃时，都曾展现此神变。[④⑤⑥⑦]

龟兹石窟中的双神变大多以单尊像形式出现，它大量绘制在一些中心柱窟和方形窟的主室和甬道顶部中脊。

龟兹地区的水火往往位于佛身的同一部位，上方水下方火，或者上方火下方水，有的则水和火交替出现。（图173）

肩上出火的“焰肩”图像在龟兹石窟中也有发现。它们一般绘制在正壁或前壁单独表现的佛传中，如降魔成道、鹿野苑初转法轮、帝释窟说法

---

①第114窟的七佛虽然位于整个画面的下方，但其内涵应该是一致的。

②《根本说一切有部毗奈耶杂事》，《大正藏》第24册，第330页。

③栗田功《**ガンダーラ**美術Ⅰ佛伝》，东京：株式會社二玄社，1998年，第197页，图版396。参见苗利辉：《克孜尔石窟佛陀神变故事画初探》，《西域研究》2019年第2期，第133—144页。

④《十诵律》，《大正藏》第23册，第262页。

⑤《根本说一切有部毗奈耶》，《大正藏》第23册，第718页。

⑥《根本说一切有部毗奈耶破僧事》，《大正藏》第24册，第160页。

⑦《根本说一切有部毗奈耶破僧事》，《大正藏》第24册，第248页。

以及涅槃中,[1]但在一些洞窟中,所有的佛传中佛的肩上都有出火的表现,如第92、104、114、189窟和第207窟。(图174)肩上出火的原因,则是因为佛陀深入冥想三昧后,发出了火和光。[2]

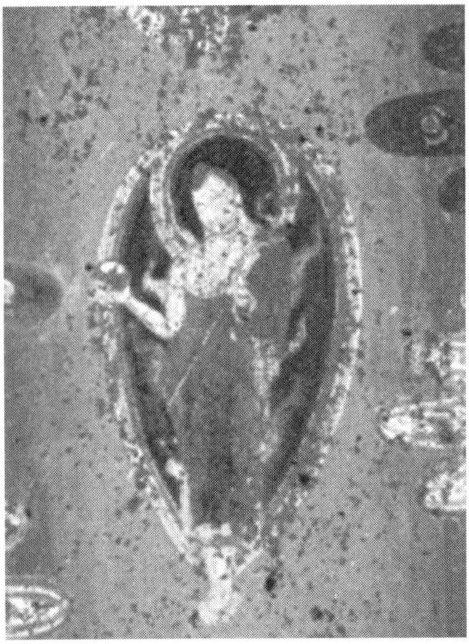

图173 克孜尔石窟第80窟主室中脊中的立佛

图174 克孜尔石窟第189窟主室侧壁佛传中的坐佛

另外,《增一阿含经》卷二十二描述,信佛的须摩提女嫁给了事外道的大富豪满财长者的儿子,乞求佛至其夫家接受供养,佛为了要度化须摩提女事外道的夫家,就和大弟子们展现神足通飞行及变化种种神通力,而使

①关于克孜尔石窟中心柱正壁的题材,由于主室龛像无存,确切辨识其题材存在不同的观点,一般学者认为是帝释窟说法。见李崇峰《克孜尔中心柱窟主室正壁画塑题材及有关问题》,收入《佛教考古从印度到中国》,上海:上海古籍出版社,2014年,第107—130页。姚士宏《克孜尔石窟部分窟主室正壁塑绘题材》,收入《克孜尔石窟探秘》,乌鲁木齐:新疆美术摄影出版社,2010年,第9—26页。近年来,新疆龟兹研究院的霍旭初先生认为其是梵天劝请。由于上述两种题材与主室正壁现存遗迹都有着某种对应性,且上述两种题材在印度中亚地区都有许多发现,故而本文存其两说。如然,则可能克孜尔石窟的主室正壁龛像中也存在焰肩佛的表现。

②宫治昭著,李萍译《犍陀罗美术寻踪》,北京:人民美术出版社,2007年,第193页。

事外道的夫家立即改信佛教[①]。（图175）《增一阿含经》卷九还描述了佛陀的堂弟难陀出家后，仍喜欢打扮并不能忘情于俗家妻子，几度想还俗，佛遂以神通力带难陀上天堂、游地狱预见自己未来果报，终使难陀有所警惕而精进修行成阿罗汉。[②]克孜尔石窟中将佛绘于代表天空的天相图中，正是对其上天入地超凡能力的展现。佛教认为禅修可以获得神通，故而天相图中也绘出了比丘的形象。（图176）这也与克孜尔石窟中心柱窟主室券顶多绘宣扬佛陀法力的因缘故事相吻合。

图175　克孜尔石窟第224窟主室券顶中脊须摩提女请佛缘

尽管神通非常神奇，但是它也有其局限性，具体说来，主要表现在以下几个方面：

1. 神通没法改变业力的作用

佛教中的神通第一的目犍连之死就是最好的例子。佛经记载：

于时王舍城中并余住处人皆普闻，执杖外道共打圣者大目

①《增一阿含经》，《大正藏》第2册，第660—665页。

②《增一阿含经》，《大正藏》第2册，第591—592页。

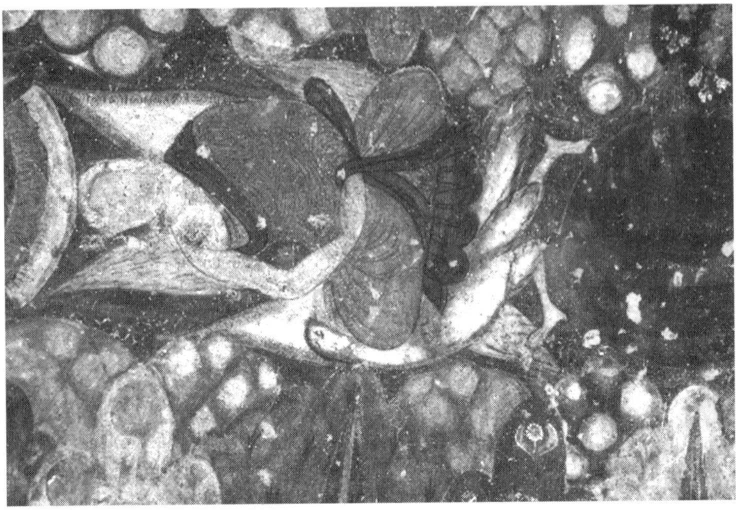

图 176 森木塞姆石窟第 48 窟主室券顶中脊的比丘

干连,遍身支节悉皆烂熟碎如揵。时舍利子自以衣裹,犹若婴儿持至竹园,仅有残命极受苦痛不久将死。……王既闻已深生痛惜,便与内宫太子宰相城内诸人。悉皆云集诣竹园中。诸人见王即便开路,至尊者所涕泪横流,犹如大树崩倒于地,执足号啼悲哽言曰:"圣者何因忽至于此"?答言:"大王。此是前身自作业熟,知欲如何。"王极瞋怒告大臣曰:"卿等即宜奔驰四散觅彼外道,若捉获者置于空室以火焚烧。"尊者报曰:"大王,不应作如是事,我先作业犹如瀑流,注在于身非余代受。"王报臣曰:"若如是者上命难违,若捉得时应令出国。"王又白言:"我之所有皆奉圣者随意受用。"王言:"圣者岂非大师声闻众中称说尊者神通第一,何不飞腾遭斯苦痛。"答言:"大王,是大师说,然业力持。我于神字尚不能忆,况发通耶。"[1]

①《根本说一切有部毗奈耶杂事》,《大正藏》第 24 册,第 287 页。

故事中，目犍连由于业报的原因，即使神通很大，却不能挽救自己的生命，充分说明了神通的有限性。

2. 神通的滥用会带来不好的影响

佛陀曾说如果在传法中滥用神通，一是会使人们无法认清佛教的本质，将佛教和外道混淆，不利于弘法。如《长阿含经》记载：

> 时，坚固长者子白佛言："我于上人法无有疑也。但此那难陀城国土丰乐，人民炽盛，若于中现神足者，多所饶益，佛及大众善弘道化。"佛复告坚固："我终不教比丘为婆罗门、长者子、居士而现神足上人法也。我但教弟子于空闲处静默思道，若有功德，当自覆藏，若有过失，当自发露。所以者何？有三神足。云何为三？一曰神足，二曰观察他心，三曰教诫。云何为神足？长者子！比丘习无量神足，能以一身变成无数，以无数身还合为一，若远若近，山河石壁，自在无碍，犹如行空；于虚空中结加趺坐，犹如飞鸟；出入大地，犹如在水；若行水上；犹如履地；身出烟火，如大火聚，手扪日月，立至梵天。若有得信长者、居士见此比丘现无量神足，立至梵天，当复诣余未得信长者、居士所，而告之言："我见比丘现无量神足，立至梵天"。彼长者、居士未得信者，语得信者言："我闻有瞿罗呪，能现如是无量神变，乃至立至梵天。"佛复告长者子坚固："彼不信者，有如此言，岂非毁谤言耶？"坚固白佛言："此实是毁谤言也。"佛言："我以是故，不勅诸比丘现神变化，但教弟子于空闲处静默思道，若有功德，当自覆藏，若有过失，当自发露。如是，长者！此即是我诸比丘所现神足。"①

①《长阿含经》，《大正藏》第1册，第101页。

第二,如果滥用神通,修行者可能会误入歧途,影响修行。佛教认为,神通仍然属于禅定修行低级阶段附带产生的一个结果,如果耽于此道,就会迷失了修行的最终目的,无法最终得到解脱,即使已获罗汉果的圣者,也没法最终获得无余涅槃。

但是佛陀教化之众生,由于个人资质以及所处社会环境等种种因素,仅凭圣者修行之路,常常不能使许多信众坚信,因而神通常常被用作一种方便之门。神通表演与讲演结合,是早期佛教中提倡的宣教方式之一。[①]这种作用主要有两个方面:

一方面是教化弟子、信众,通过对教主神通的宣扬,达到吸引信众的目的。即如佛经所记:

> 菩萨离五欲,得诸禅,有慈悲故,为众生取神通,现诸稀有奇特之事,令众生心清净。何以故?若无稀有事,不能令多众生得度。[②]

须摩提女请佛故事属于此类。

在龟兹地区的佛教中,小乘说一切有部长期居于主流地位。说一切有部是佛教进入部派时期以后的一个重要派别。它的中心活动区域一般认为主要在古代的犍陀罗、罽宾一带,但也曾经对北印度、中印度、中亚、新疆等地产生过重要的影响。公元5世纪起,世亲、众贤等革新有部教义,出现了新有部,又被称为根本说一切有部。一般认为系从说一切有部分化出

①《杂阿含经》,《大正藏》第2册,第50页。

②《大智度论》,《大正藏》第25册,第264页。

来的。[①]根本说一切有部的活动地点，大致与有部相同。

"说一切有部"和"根本说一切有部"的思想基础是"三世实有""法体恒有"。说一切有部把构成世界和人生的基本因素归纳为 "五位七十五法"。此中的"五位"，是对一切法所作的五种分类，分别是"色法""心法""心所有法""心不相应行法"和"无为法"；"七十五法"，则是将对五位进行更为细致的划分。"五位七十五法"被称为"法体"。

"五位七十五法"是一切具体事物得以形成的基础，但自身无法形成具体的事物，必须借助因缘才能形成事物。说一切有部继承和发展了佛教早期的因缘观念，提出了六因四缘的概念，它们也是独立的实体。

同样，运动发展也有另外的实体在起作用，这就是"生、住、异、灭"，即所谓"有为法四相"。《俱舍论》卷五说："由此四种是有为相法……与此相违是无为法。此于诸法能起名生，能安名住，能衰名异，能坏名灭"。[②]此等四相，也是具有自性的实体。

六因四缘，有为四相和诸法实体就成为有情世界的总根源和总动力。

说一切有部认为，过去、现在和未来，只是"法体"的作用与否的不同表现，而不是"法体"自身存在什么变动，即"以约作用位有差别，由位不同立世有异。"彼谓诸法作用未有名为未来，有作用时名为现在，作为已灭名

---

①英国学者 A.K.渥德尔认为有部与根有部的关系是一分为二，即根有部是有部的晚期分支（A.K.渥德尔著，王世安译《印度佛教史》，北京：商务出版社，1987 年，第 184、269、341 页。）另印顺认为"在汉译《根有律》的论书中，可以明白地看出，《根有律》的组织是近于《十诵律》的。……这两部广律，不全为广略的差别，实为同一原典而流传不同。"（印顺《原始佛教圣典之集成》，竹北：正闻出版社，1988 年，第 76—77 页） "在说一切有系中，《十诵律》是早于《根有律》的。""说一切有部的旁系——持经譬喻者，大大的以"本生""譬喻"来充实说一切有部律，成为《根本说一切有部毗奈耶》。"（印顺《原始佛教圣典之集成》，竹北：正闻出版社，1988 年，第 363 页）

②《阿毗达摩俱舍论》，《大正藏》第 29 册，第 27 页。

为过去,非体有殊”[1],“如运一筹,置一位名一,置十位名十,置百位名百;虽历位有异,而筹无异”[2]。

说一切有部认为五法中的前四法不但是发展变化的,还是生灭无常的,是人生苦的根源。而“无为法”是永恒不变的绝对实体,其中的“择灭无为”就是指“涅槃”。众生因为不了解世间真理,把生灭无常的世间万象作为追求的对象,因而产生烦恼,由此烦恼,造就无穷业报,从而不停轮回,无法解脱。只有了知佛法,追求涅槃,才是获得解脱的最终路径。

这种思想反映在形形色色的佛教艺术上,就是一方面对世俗间追求“欲望”的否定,而对佛陀一生业绩和境界的无限赞颂。另一方面通过对佛陀的“神通力”的渲染,展示佛陀“超凡”的力量,扩大对佛“度化”功德颂扬,达到不断深化对释迦牟尼崇拜的目的。

说一切有部重视对佛陀一生做“阿毗达磨”研究,尤其是对佛陀涅槃后事迹的探究,力图揭示其中蕴含的佛学理论,并善于将其运用于传法当中,从而为龟兹佛传艺术的发展提供了广阔的前景,促成了龟兹佛传艺术的极大繁荣。这也反映在龟兹石窟的佛传壁画中,尤其是中心柱窟绘制的壁画中。龟兹石窟中心柱窟的主室大多绘制释迦成道后的游化说法图以及讲说譬喻,接受供养的内容。前室壁画大多不存,但保存下来的也大多是说法图。后室则多绘制了佛涅槃前后的故事。依照说一切有部的观念,实际上表现的均为佛涅槃的故事。

涅槃意译为灭、灭度、寂灭、解脱、圆寂。原意是火的熄灭或风的吹散状态。佛教用以作为修习所要达到的最高理想境界。说一切有部把涅槃分为两个阶段,有余涅槃和无余涅槃。所谓的有余涅槃,是指修行者通过修行,获得阿罗汉果,已经消除了继续轮回的烦恼根源,但是由于以往的业

---

①《阿毗达摩俱舍论》,《大正藏》第29册,第104页。

②《阿毗达摩大毗婆沙论》,《大正藏》第27册,第396页。

报，他的肉身仍然存在，所以依然有烦恼。释迦牟尼也不例外。尽管已经降魔成道，但是由于往世所作恶业，依然会有头痛、乞食不得以及遭人诽谤等恶报。但佛的殊胜之处在于他能明于此道，不为此烦恼，广布佛法，度化众生。佛的度化事迹正是说一切有部人间圣者佛陀观的反映。中心柱窟主室绘制的佛传题材正是这种理念的反映。

然而，有余涅槃毕竟不是终究的涅槃。终究的涅槃，是烦恼和肉身都解脱的境界。这种境界才是说一切有部的最终目标，说一切有部称其为无余涅槃。因而，中心柱窟后室绘制了佛的故事，从而为众生明确了人生的方向。佛灭不是佛法断灭、礼敬和弘扬佛法，而是佛教信众的人生指归。八王争分舍利，建塔以及第一次结集目的都在于此。

另一个方面则是通过与外道的神通斗争，增加信众对佛教的信服，舍卫城神变和降魔成道属于这一内容。

古代龟兹地区所在丝绸之路是古代宗教传入和交流频繁的地区。许多起源于东西方的宗教在这里进行传播时，不可避免会发生碰撞和斗争。公元 3 世纪后，龟兹地区佛教占据主流位置，但它与其他宗教的斗争从来没有停止过。在这种斗争中，为了增加和保证信众的虔诚度，龟兹地区佛教徒必然会对佛陀神通进行大力宣扬，进而佛法人格化和佛陀神化便成为一切佛教派别发展的必由之路，说一切有部也不例外。在一些属于说一切有部的佛传经本中，描述佛陀的神通故事日益增多，而描述声闻弟子们的神通故事相对地减少了，如《方广大庄严经》中，对“神通事迹”的描述，不再是那么戒惧谨慎地强调神通的危险性、有限性，而是一再赋予佛陀以法力无边的神通力来度化众生，来说因果业报之事，甚至佛陀的一生实为示现，佛陀“已形同是超人的存在了”[①][②]。神通在此是一组符号：象征由神

---

①李志夫《中印佛学对比研究》，北京：中国社会科学出版社，2001 年，第 672 页。

②《方广大庄严经》，《大正藏》第 3 册，第 539—617 页。

通力带来的奇迹或救赎。因此更是推波助澜地使佛教走上神秘化、信仰化的路线,也使佛教能快速普及到社会的庶民阶级中。[①]其突出反映就是对佛陀十八不共法的强调。

说一切有部认为佛初成道时以智慧所修得的十八种法,是佛独有的,包括十力、四无所畏、三念住和大悲。“三法身等。谓如一佛成就十力四无所畏大悲三念住。十八不共法等无边功德。余佛亦尔故名平等。”[②]

所谓“十力”,是指佛陀具有十种智慧,能说法度众,摧伏邪见,圆满完成各种事情,自在无碍。[③]佛的十力,可以归纳为佛尽知一切有情众生的过去、现在和未来,或者说佛陀了知万物的一切因缘;四无畏则是指佛给众生说法时,说自己无所不知,断尽一切烦恼,通晓一切障害佛道的法门;四圣谛是正道,从容而安详,勇猛而安稳;[④]三念住是说佛对众生对佛教的信仰有不同分别,没有欢喜忧戚之情;[⑤]大悲是指恒常系念救度众生无尽苦难的悲悯心,示教利喜,引导众生入佛知见。[⑥]在十八不共法中,十力是十八不共法的基础,是实相之智,是体。四无畏、三念住以及大悲皆从十力中发展而来,是其智慧外在表现而生发出来的诸种品德。佛陀因为遍知一切因缘果报,所以他对众生、对佛教的信仰有不同分别,没有欢喜忧戚之情;[⑦]因为

---

①丁敏《中国佛教文学的古典与现代主题与叙事》,长沙:岳麓书社,2006年,第91页。

②《阿毗达磨大毗婆沙论》,《大正藏》第27册,第85页。

③《阿毗达磨大毗婆沙论》,“彼云云何为十? 一、处非处智力,二、业法集智力,三、静虑解脱等持等至发起杂染清净智力,四、种种界智力,五、种种胜解智力,六、根胜劣智力,七、遍趣行智力,八、宿住随念智力,九、死生智力,十、漏尽智力。……问:何故名力?力、是何义?答:不可屈义,是力义。不可伏义,不可摧义,不可害义,不可转义,不可覆义,能遍觉义,能荷担义,坚固义,最胜义,能制他义是力义。”《大正藏》第27册,第14—19页。

④《阿毗达磨大毗婆沙论》,《大正藏》第27册,第158页。

⑤同上,第160页。

⑥同上,第159页。

⑦《阿毗达磨大毗婆沙论》,“已说佛大悲;当说三念住。……如是三种不共念住,应知亦摄在处非处智力。广分别义,如理应思。”《大正藏》第27册,第159页。

遍知一切因缘、遍知一切众生三世因缘果报、遍知一切善道、恶道、圣道所至处和遍知一切众生漏尽与否。所以，说自己无所不知，断尽一切烦恼，通晓一切障害佛道的法门，四圣谛是正道，从容而安详，勇猛而安稳；[①]因为佛陀遍知一切因缘果报，所以恒常系念救度众生的悲悯心，示教利喜，引导众生入佛知见。[②]佛的十八不共法是智慧和功德的统一，既有遍知一切的智慧，又有度化众生，使众生改变其命运的能力。

这种情况在犍陀罗地区的佛教造像中也有所反映。犍陀罗地区为古代亚洲诸种宗教文化传播和汇聚之地，所谓“异道杂居”[③]，他们之间争夺信众的斗争也是必然的。为了争夺一般教徒的需要，通过神通来神化教主释迦牟尼的佛教造像也不断发展变化。古代龟兹地区地处北传佛教的重要节点，并且一直都与古代犍陀罗地区有着密切的交往。这一地区流行的说一切有部更是传自犍陀罗地区，上述趋势必然会在这里有所反映，佛陀神变现象的大量出现是必然的事。

克孜尔石窟中神变现象的大量出现也与龟兹地区自身佛教艺术的特点有关。克孜尔石窟佛教艺术在接受犍陀罗艺术的同时，特别注重强调神人的差异，以及不同角色的差异表现。对于前者，龟兹本土的艺术家们通过券顶的天相图、以菱形为基本构图单元的天空，两侧壁的天宫伎乐以及主室正壁须弥山营造出浓郁的佛国神圣空间，而且在对佛教人物的塑造

①《阿毗达磨大毗婆沙论》，“此四无畏以何为自性？答：亦以智为自性。所以者何？初无畏即初力，第二无畏即第十力，第三无畏即第二力，第四无畏即第七力故。已说自性，所以今当说。问：何故名无畏？无畏是何义？答：不怯弱义，是无畏义，不倾动义，勇猛义，安隐义，清净义，鲜白义，不惊怖义。是无畏义，如彼卷一页至五页广说。如是三种不共念住，应知亦摄在处非处智力。广分别义，如理应思。问大悲以何为自性。答以智为自性。”见《大正藏》第27册，第158页。

②《阿毗达磨大毗婆沙论》，“已说无畏；当说大悲。问：大悲，以何为自性？答：以智为自性。有说：大悲、别有自性；非智所摄。如是说者，大悲、是智；无别有体。知药病等而救疗故。”见《大正藏》第27册，第159页。

③〔唐〕玄奘撰，季羡林等校注《大唐西域记校注》，北京：中华书局，2000年，第233页。

图 177 克孜尔石窟第 38 窟主室前壁闻法天人

上，遵从印度中亚的造像传统，使得这种造像传统具有了神格化的特点。犍陀罗较为常见的世俗服饰，即上身赤裸佩戴项链、臂钏、璎珞等各种装饰，下身穿长裤腰间系带的“天人装”，在克孜尔石窟佛传故事中已经成为一种附加了“神格属性”的造像模式，特别是环绕颈部缠绕双臂的飘带和头光，将场景的神学色彩表达得惟妙惟肖。(图 177)这种模式还见于说法图中的听法天部，窟顶的飞天和乐神等角色。①(图 178)而世俗人

图 178 克孜尔石窟第 48 窟后室顶部飞天

①闫飞《克孜尔石窟佛传故事图像研究》，华东师范大学博士学位论文，2017 年，第 94—102 页。

物的服饰则明显具有当地人的特点。(图 179)从而使得神人差异显著。这种差异在神话人物和世俗人物的耳饰佩戴上也可以得到反映。“一方面，对服务于佛教神话壁画中的耳饰种类，尽可能保留其原貌;另一方面,在现实世俗的生活中，……在耳饰的种类上，他们并不佩戴耳玦和耳珰，而选择了耳环和耳坠，显示了与古代新疆地区耳饰传统的一致性……对于耳坠，则是在借鉴印度中亚耳珰的基础上，结合本地的审美和社会风尚对其进行了改造和变革，从而形成了具有龟兹特色的耳坠。”①(图 180)而犍陀罗地区的佛教艺术中的人物造像与世俗服饰保持一致。就后者而言,克孜尔石窟的佛传故事中，主要人物与辅助人物之间，正面

图 179　克孜尔石窟第 189 窟主室前壁龟兹供养人

图 180　克孜尔石窟第 38 窟主室侧壁说法图中天人佩戴的圆环形有孔耳珰

①赵丽娅《新疆克孜尔石窟壁画中的耳饰形象初探》,《中国国家博物馆馆刊》,2017 年第 8 期，第 75 页。

图 181 犍陀罗地区的魔王波旬

角色与反面角色间差异明显。比如魔王波旬形象的塑造。犍陀罗地区的魔王特征与上文中的菩萨、天神像无太大差别,仅没有用头光表现神格特征,没有刻意地区别塑造人物的正面角色和反面角色。[①](图 181)而在龟兹壁画中魔王波旬为了突出其反面性,有着更加多样化的表现。(图 182)[②]提婆达多是佛教中著名的反派角色,克孜尔石窟一些壁画中将其绘为着左袒袈裟,其反面性一目了然。(图 183)此外,克孜尔石窟壁画中的魔将魔众,生动形象,各个都彰显着艺术家所赋予的"妖魔化"特征,与犍陀罗"丑化"魔众的艺术手法相比,更胜一筹。[③](图 184)凡此种种都体现出龟兹艺术家对神圣空间和神圣人物塑造的特殊关照和积极探索,也为大量神变佛陀造像的出现提供了艺术动力。

①栗田功《ガンダーラ美術 I 佛伝》,株式會社二玄社,1998 年,第 116 页。

②闫飞《克孜尔石窟佛传故事图像研究》,华东师范大学博士学位论文,2017 年,第 102—107 页。

③闫飞《克孜尔石窟佛传故事图像研究》,华东师范大学博士学位论文,2017 年,第 107—108 页。

图 182　克孜尔石窟第 98 窟主室前壁的魔王波旬

图 183　克孜尔石窟第 32 窟主室券顶提婆达多砸佛

图 184　克孜尔石窟第 98 窟主室前壁的魔众

第四节 说一切有部过去佛观

(一)说一切有部的“过去佛”概念

“说一切有部”和“根本说一切有部”的思想基础是“三世实有”“法体恒有”。他们把构成世界和人生的基本因素归纳为“五位七十五法”。此中的“五位”,是对一切法所作的五种分类,分别是“色法”“心法”“心所有法”“心不相应行法”和“无为法”;“七十五法”,则是对五位进行更为细致地划分。此外,还有六因四缘和有为法四相法体。法体是永恒存在的。过去、现在和未来只是“法体”的作用与否的不同表现,而不是“法体”自身存在什么变动,即三世恒有。今世有佛,则过去世、未来世必有佛,而且佛佛平等。

> 由三事等,故名平等!一、修行等,谓如一佛于三无数劫修六波罗蜜多得圆满故,证得无上正等菩提,余佛亦尔故名平等。二、利益等,谓如一佛出现于世度无量百千那庾多众生,令般涅槃,余佛亦尔,故名平等。三、法身等,谓如一佛成就十力、四无所畏、大悲、三念住、十八不共法等无边功德,余佛亦尔,故名平等。复次,根等故名平等,诸佛皆住上品根故。复次,戒等故名平等,诸

佛皆得上品戒故。复次，地等故名平等，谓如一佛依第四静虑证得无上正等菩提、余佛亦尔故名平等。①

在上述观念下，有部还建立了庞大的过去佛体系，这些过去佛都是释迦牟尼前世修“因位”菩萨时，在三阿僧祇大劫以及最后的修相异熟业九十一劫中供养奉事过的大量佛，即佛经所称的“逢事诸佛”。

据《阿毗达摩大毗婆沙论》载：

问：修此四波罗蜜多时，于一一劫阿僧企耶逢事几佛？答：初劫阿僧企耶逢事七万五千佛，最初名释迦牟尼，最后名宝髻。第二劫阿僧企耶逢事七万六千佛，最初即宝髻，最后名燃灯。第三劫阿僧企耶逢事七万七千佛，最初即燃灯，最后名胜观。于修相异熟业九十一劫中逢事六佛，最初即胜观，最后名迦叶波。②

根据以上经论所载可知，释迦菩萨事奉的过去佛包括：

阿僧祇劫修行时：

初劫：七万五千佛；第一位：释迦牟尼佛；最后一位：宝髻佛。

二劫：七万六千佛；第一位：宝髻佛；最后一位：燃灯佛。

三劫：七万七千佛；第一位：燃灯佛；最后一位：胜观佛。

修相异熟业时：第一位：胜观佛；最后一位：迦叶波佛。

以上是有部对过去佛的一个总体概念，在具体的经典论述中，它还提到了其他的一些过去佛。

关于释迦菩萨修行阶段逢事诸佛的事迹，《根本说一切有部毗奈耶药

①《阿毗达摩大毗婆沙论》，《大正藏》第 27 册，第 85 页。

②《阿毗达摩大毗婆沙论》，《大正藏》第 27 册，第 892 页。

事》记载更为详细:

其陶轮子亦发是言:“愿我当来如佛侍者。”佛告大王:“我于尔时,初施释迦如来,得证无上菩提。其子者,即阿难陀是。”王复问世尊曰:“从初乃至成佛,供养几许诸佛,而证无上菩提?”佛告大王:“我从释迦如来最初阿僧企耶,乃至护世佛时,以清净心,如是供养七万五千佛,于尔许时供养不曾心异,唯求无上正等菩提。大王!第二僧企耶,我初供养燃灯佛,乃至宝髻佛,以清净心,如是供养七万六千佛。我虽经历多生,心无有异,常以清信供养诸佛。大王!第三阿僧企耶,初供养宝髻佛,乃至安隐佛。如是供养七万七千佛,如是又至迦摄波佛。我虽供养无有异心,常以净信供养诸佛。为菩萨时如是供养,皆蒙诸佛为我受记,当证无上正等菩提。满我所愿,思求正觉,坚固释持,慈摄一切有情故。”尔时胜光王闻佛说已,心大欢喜,顶礼双足,奉辞而去。

时具寿阿难陀即以伽陀,请世尊曰:“唯愿世间尊,为我分别说。何处初发意,为求大菩提。更愿无上士,为说本事缘。曾供养几佛,复经几许时。”

尔时世尊以颂答曰:“无上两足尊, 慈愍有情者。于彼发菩提,誓度三有海。闻佛心离欲,广说醉象缘。厌离贪欲习,因发菩提心。坚固发誓愿,惠施如河沙。光明王世时,专求正觉等。初见释迦佛,我作陶轮师。酥油蜜浆等,最初为供养。亦曾为上女,正信三宝尊。我见憍陈佛,以灯油奉施。无胜佛世时,我曾作三藏。共大众相竞,恶骂僧为女。由斯口恶业,变我身为女。却回心净已,还变为丈夫。乃往过去世,曾为王子时。宝髻佛兄弟,我以灯明施。三月曾供养,安隐佛世尊。佛灭度之后,以舍利起塔。曾作富长者,三月供养佛。世尊灭度后,建塔九十肘。后见有胜佛,梵志中为最。举手合掌敬，供养人中尊。昔时作梵志，书论悉明解。我逢利益佛，施座奉如来。往修苦行时，曾住仙人法。见憍陈世尊，捉身欲山下。我曾作仙人，遇逢乐见佛。诸佛至居处，以根菓供养。往昔作仙人，见善眼世尊。以着树皮衣，持施覆其身。昔曾作人王，供养勒叉佛。顿舍四兵众，求无上菩提。从初释迦佛，至于护世佛。七万五千佛，我皆尽供养。此是一僧祇，如是行供养。一心无异别，恒发菩提愿。次见燃灯佛，多闻甚可爱。以七青莲花，作梵志持供。我曾作国王，见佛名有相。于佛修行处，供养此如来。我曾作国王，有佛名住修。以妙色珍宝，音声而供养。我曾作国王，佛号超师子。我以宝幡盖，供养此如来。我曾作国王，佛名安隐日。王有一千城，皆令修供养。我曾作国王，有佛名梵志。以浴室香汤，依时沐浴佛。我昔作国王，城中而供养。三千梵志佛，及一尸弃佛。我曾作长者，于财增城中。供二十五佛，修行于梵行。我曾作长者，于彼大城中。供养尸弃佛，建立寺舍塔。其寺供七佛，奉施珍宝具。及以奴婢等，庄宅花园林。曾作王信敬，于尸弃佛所。复在彼城中，唯求正等觉。昔曾作梵志，有佛名欢喜。为求菩提故，以果先供养。曾作长者时，有佛名善眼。我以摩尼宝，供养此如来。亦曾作商主，有佛名善生。坐于菩提树，以饼先供养。于千商人中，曾作千商主。见佛坐菩提，号名善意佛。香泥涂佛上，复以扇招凉。佛边坐听法，闻法心开悟。昔作商人主，有佛名释迦。我以众宝花，以花散佛上。昔作商人主，有佛名高登。以幡花音乐，供养如是佛。我曾作国王，有佛名最上。超越诸有海，当施众车辂。我曾作国王，有佛名最尊。佛行百里内，地散诸妙花。我于过去世，闻佛欲来过。远将胜幡盖，并四兵围遶。有佛欲渡河，我当作舡师。见佛心欢喜，渡佛到彼岸。我曾作商主，有佛名贤车。为佛造桥梁，令佛安隐渡。我曾作国王，有佛名大梵。

牛头香造寺,以供养于尊。着僧伽胝衣,以覆如来上。俭世檀香浴,降雨人归佛。我曾作国王,有佛名净月。国有多疾疫,供佛疫皆除。我昔作王时,有佛名调帝。请佛说妙法,为求菩提道。我昔作王时,有佛名梵尊。施佛僧伽胝,用覆如来上。当时国中俭,我以旃檀汤。沐浴如来体,丰乐人归佛。我昔作王时,有佛名帝释。其国有灾起,王发慈止息。我昔作王时,供养调帝佛。用诸百万宝,造食献如来。昔为梵志信,见佛名悉达。以百千颂赞,供养天人师。昔为梵志时,佛名帝释幢。合掌以正信,当来愿如佛。始从燃灯佛,至于帝释幢。七万六千佛,我皆尽供养。满二阿僧祇,供养于诸佛。不曾心有异,志愿菩提处。第三阿僧祇,亦为王供养。佛名安隐日,灭度而起塔。我昔为国王,种种供养佛。满足皆随意,起塔名法王。昔为大商主,见佛名悉供。我以众金花,散佛呈供养。昔为商人时,见佛名宝髻。为佛作金网,以覆大师上。昔为商人时,佛名上莲花。作银花供养,散布如来上。昔为商人时,见佛名上称。我以上妙室,供养于如来。昔为大国王,佛号名胜论。正证菩提日,我以四兵护。昔为商人时,见佛名无垢。造塔并浴室,及以燃灯明。我昔作王时,见佛名合觉。坐石而入定,音乐以供养。昔为商人时,见佛名修行。降怨度人众,扫地令佛过。昔为商人时,闻佛名净住。欲来造寺舍,园苑毘诃罗。昔为大国王,有佛名相师。摩尼宝供养,我时为菩萨。昔为大国王,有佛名系都。我造法王塔,缯幡以供养。昔为大国王,有佛名舍重。我以瓶杖施,起塔并设会。我昔为商主,有佛名见义。以金宝真珠,种种香供养。我为大国王,佛名诸兵义。佛游于人间,四兵迎供养。我为大国王,佛名他利见。欲入于城内,设乐香花供。我昔为商主,有佛名底沙。以诸茎木香,根香散供佛。我昔曾为大仙人,见晨宿佛在宝龛。但一伽他而赞佛,超过九劫修苦行。昔为梵志名最上,见佛名曰毘婆尸。两手持苣发菩提，欢喜布散如来上。菩萨昔为商主时，见佛世尊名尸弃。并有弟子声闻众，三月衣食而供给。昔为商人深正信，于彼毘婆尸佛所。并诸弟子声闻众，三月衣食而供给。昔为商人深正信，佛名迦留村陀佛。请佛家资尽布施，随佛出家持梵行。昔为商人深正信，见佛迦耶迦牟尼。先造立寺生恭敬，后乃方随佛出家。昔为梵志名最胜，于两足尊迦叶佛。由闻喜护所说语，乃得出家修净意。菩萨昔作国王时，于弥勒仙修供养。入定见我当作佛，时仙却来供养我。从安隐佛至迦叶，供养七万七千佛。一切如来皆奉侍，乃能数满三僧衹。皆悉欢喜而供事，未曾少许心别异。皆发无上菩提愿，为菩萨时供养佛。一切示现而授记，对众咸言当作佛。我先求愿皆满足，如先所愿今思忖。此愿皆令得满足，彼佛世尊诸大德。授我无上菩提记，我昔曾作尸毘王。复为一切施主时，并及尾滥大王身。舍身舍宝行檀度，昔为商主入大海。持戒专求趣彼岸，能害自身令众乐。皆令得度于苦海，往昔曾作仙人时。常行忍辱波罗蜜，身体手足被支解。由行忍辱心无退，如紧那罗本生说。我曾欲竭于大海，以满精进波罗蜜。皆由口业真实语，昔名药物大臣时。牛出梵志共论义，当满般若波罗蜜。诸天击鼓而助喜，昔为梵志名生然。勤修胜禅波罗蜜，头上鸟生男女卵。定中不起鸟能飞，修行满六波罗蜜。慈心常有思念处，我广心求尊重愿。发愿愿求皆满足，彼诸大德一切佛。我皆供养天人师，三有苦海诸众生。一切皆归涅槃路，我为菩萨修供养。从彼光明王身后，乃至帝幢佛世尊。度得一千俱胝众，况复成佛度无边。世间之尊大导师，已度未度人天众。我已置立桥船筏，坚固度于诸有情。我若入于圆寂后，由能济度无边人。诸有能修福德者，当来皆入涅槃城。我若入于圆寂后，而能修集于佛事。少许供养于形像，即得生天无量乐。我若入于圆寂后，遗留法宝甘露味。

如若有情闻此者,皆能修习出离去。已上诸佛名。"[1]

上述记载中,详细描述了释迦菩萨过去世奉事的主要诸佛。

阿僧祇初劫:释迦佛,供养酥油蜜浆;憍陈佛,奉施灯油;无胜佛,布施三藏;宝髻佛兄弟,布施灯明,佛灭度后,起塔供养;有胜佛,法供养;利益佛,施座给如来;乐见佛,以根果供养;善眼佛,以着树皮衣供养;勒叉佛,法供养;供养护世佛。

阿僧祇二劫:燃灯佛,供养七青莲花;有相佛,法供养;住修佛,以妙色珍宝和音声供养;超师子佛,以宝幡盖供养;安隐日佛,令民众皆供养;梵志佛,以浴室香汤沐浴佛;三千梵志佛和一尸弃佛,一城供养;二十五佛,法供养;尸弃佛,建立寺舍塔,奉施珍宝具及以奴婢、庄宅花园林等;尸弃佛,法供养;欢喜佛,以果供养;善眼佛,供养摩尼宝;善生佛,供养饼;善意佛,香泥涂佛上,复以扇招凉;释迦佛,以众宝花散佛供养;高登佛,以幡花音乐供养;最上佛,布施车辂;最尊佛,散花供养;贤车佛,造桥梁供养;大梵佛,造寺,送僧伽胝衣,给佛作檀香浴以供养;净月佛,供养佛;调帝佛,法供养;梵尊佛,施佛僧伽胝和旃檀汤;供养帝释佛;调帝佛,用诸百万宝,造食献如来;悉达佛,以百千颂赞佛供养;帝释幢佛,法供养。

阿僧祇三劫:亦为王供养;安隐佛,起塔供养;悉供佛,我以众,散金花供养佛;宝髻佛,作金网供养佛;莲花佛,散银花供养;上称佛,以上妙室供养;胜论佛,为佛护法;无垢佛,造塔并浴室以及燃灯供养;合觉佛,供养音乐;修行佛,扫地令佛过;净住佛,造寺舍供养;相师佛,摩尼宝供养;系都佛,造法王塔供养;舍重佛,以瓶杖施,起塔并设会;见义佛,以金宝珍珠,种种香供养;诸兵义佛,四兵迎供养;他利见佛,设乐香花供养;底沙佛,以诸茎木香,根香散供佛,一伽他而赞佛;毘婆尸佛,散苣发菩提供养;尸弃

[1]《根本说一切有部毗奈耶药事》,《大正藏》第24册,第73—76页。

佛，供给三月衣食；毘婆尸佛，供给三月衣食；迦留村陀佛，布施全部家产并出家；迦耶迦牟尼佛，造立寺院并出家；迦叶佛，出家修行。

诸佛均由于释迦菩萨的奉养，而给他授记。

授记，主要是证言未来成佛之意。授记，本指分析教说，或以问答方式解说教理，转指弟子所证或死后之生处证果及成佛名号之预言。现存原始佛教经典中，佛陀自述授记于燃灯佛的记载是授记思想的根源。①除了专门的佛本行经外，一些本缘类经典如《撰集百缘经》《贤愚经》《菩萨本行经》《旧杂譬喻经》和一些大乘经典中也有授记故事。关于为何授记，《金光明最胜王经》记载：

> 言所由者三义：一由菩萨修多功德证得法性故与授记。……二除小菩萨不定姓疑故。…三为欣佛者见此授记欣当自得。②

又《鸠摩罗什法师大义》记载：

> 说菩萨受记者，各各不同。或有人言："为利众生故，与其受记。或以肉身菩萨，于无量劫久行菩萨道，为彼受记，示其果报，安慰其心耳。"③

归纳起来，授记大致有如下的原因：1. 菩萨多修功德，证得法性，给他授记，可以帮助他更好地利益众生。2. 勉励菩萨精进求道之心，示其果报，以安慰其心。3. 令欣求佛果者见此授记，欣己当来亦可得此成佛之授记。

①郭忠生《女身受记》，《正观》2000 年第 14 期，第 61 页。
②《金光明最胜王经》，《大正藏》第 39 册，第 322 页。
③《鸠摩罗什法师大义》，《大正藏》第 45 册，第 129 页。

授记的意义在于:佛以其无所不知的智慧,为已达不退转位的菩萨预言他未来成佛的果位。像一位导游为旅行者从地图上指出到达目的地的路线、距离以及所用时间,这必能使听者当下断疑生信,转迷启悟,得到内心的满足,也为追随者树立了可见的榜样。

龟兹石窟中也可见反映释迦菩萨奉事诸佛、修六波罗蜜的壁画。

库木吐喇石窟第 34 窟为公元 6–8 世纪开凿的洞窟。是一个方形穹窿顶窟,该窟前室塌毁,主室为方形平面。主室穹窿顶中部绘一莲花,以其为中心向外辐射 12 条梯形条幅,内绘佛教诸天。穹窿顶四角隅各绘两身天王,手捧莲花。四角隅间的壁面上绘海中生物等。主室四壁均绘佛本生故事。根据对本生故事上方龟兹语题记的释读,笔者发现它们表现的正是释迦菩萨于过去世行菩萨道的故事。(图 185)其中可与上面佛经对应的有“以灯供养宝髻佛兄弟,佛涅槃后,以舍利起塔”“以座奉养利益佛”“奉养憍陈佛”“以根果供养乐见佛”“以七青莲花供养燃灯佛”和“建立寺舍塔供

图 185 库木吐喇石窟第 34 窟主室侧壁释迦供养诸佛

养尸弃佛”等故事。[①]

图186　克孜尔石窟第163窟右甬道外侧壁立佛

龟兹石窟一些洞窟中，如克孜尔石窟第63、100、123、163（图186）、176等窟甬道，克孜尔石窟第69、188（图187）窟主室侧壁都出现了成组立佛的画面，其中的佛名除第63、69、188等窟中有一些可以识别外，其他的由于画面特征不是很明显，大多无法确定其具体名称，但其表现的是释迦菩萨奉事的诸佛，当无异议。

除上述的对过去佛的一般信仰外，有部还有过去七佛、过去六佛和过去四佛的信仰。

（二）过去七佛

过去七佛，根据《长阿含经》的记载，分别是毗婆尸佛、尸弃佛、毗舍婆佛、拘楼孙佛、拘那含佛、迦叶佛、释迦牟尼佛。此经还对七佛的种姓、家族以及本生和下生人间说法、成道、弟子等情况进行了具体的说明。《长阿含经·大本经》曰：

过去九十一劫，时，世有佛名毘婆尸如来．至真，出现于世。复次，比丘！过去三十一劫，有佛名尸弃如来．至真，出现于世。复次，比丘！即彼三十一劫中，有佛名毘舍婆如来．至真，出现于

①［法］乔治·皮诺著，廖旸译《库木吐喇新发现的吐火罗语题记：佛教发愿故事》，载新疆龟兹学会《龟兹文化研究》第一辑，香港：天马出版有限公司，2006年，第68—94页。

图187 克孜尔石窟第188窟主室正壁立佛

世。复次，比丘！此贤劫中有佛名拘楼孙，又名拘那含，又名迦叶。我今亦于贤劫中成最正觉。……汝等当知，毘婆尸佛时，人寿八万岁。尸弃佛时，人寿七万岁。毘舍婆佛时，人寿六万岁。拘楼孙佛时，人寿四万岁。拘那含佛时，人寿三万岁。迦叶佛时，人寿二万岁。我今出世，人寿百岁，少出多减。……毘婆尸佛，出刹利种，姓拘利若；尸弃佛、毘舍婆佛，种、姓亦尔。拘楼孙佛，出婆罗门种，姓迦叶；拘那含佛、迦叶佛，种、姓亦尔。我今如来.至真，出刹利种，姓名曰瞿昙。……毘婆尸佛坐波波罗树下成最正觉，尸弃佛坐分陀利树下成最正觉，毘舍婆佛坐娑罗树下成最正觉，拘楼孙佛坐尸利沙树下成最正觉，拘那含佛坐乌暂婆罗门树下成最正觉，迦叶佛坐尼拘律树下成最正觉。我今如来至真，坐钵多树下成最正觉。……毘婆尸如来三会说法，初会弟子有十六万八千人,二会弟子有十万人,三会弟子有八万人。尸弃如来亦三会说法,初会弟子有十万人,二会弟子有八万人,三会弟子有七万人。毘舍婆如来二会说法,初会弟子有七万人,次会弟子有六万人。拘楼孙如来一会说法,弟子四万人。拘那含如来一会说法,弟子三万人。迦叶如来一会说法,弟子二万人。我今一会说法,弟子千二百五十人。……时,毘婆尸佛有二弟子:一名骞茶,二名提舍,诸弟子中最为第一。尸弃佛有二弟子:一名阿毘浮,二名三婆婆,诸弟子中最为第一。毘舍婆佛有二弟子,一名扶游,二名郁多摩,诸弟子中最为第一。拘楼孙佛有二弟子,一名萨尼,二名毘楼,诸弟子中最为第一。拘那含佛有二弟子:一名舒盘那,二名郁多楼,诸弟子中最为第一。迦叶佛有二弟子,一名提舍,二名婆罗婆,诸弟子中最为第一。今我二弟子,一名舍利弗,二名目揵连,诸弟子中最为第一。……毗婆尸佛有执事弟子,名曰无忧。尸弃佛执事弟子,名曰忍行。毗舍婆佛有执事弟子,名曰寂灭。拘楼孙佛有执事弟子,名曰善觉。拘那含佛有执事弟子,名曰安和。迦叶佛有执事弟子,名曰善友。我执事弟子,名曰阿难。……毗婆尸佛有子,名曰方膺。尸弃佛有子,名曰无量。毗舍婆佛有子,名曰妙觉。拘楼孙佛有子,名曰上胜。拘那含佛有子,名曰导师。迦叶佛有子,名曰集军。今我有子,名曰罗睺罗。……毗婆尸佛父名盘头,刹利王种,母名盘头婆提,王所治城名曰盘头婆提。……尸弃佛父名曰明相,刹利王种,母名光曜,王所治城名曰光相。……毗舍婆佛父名善灯,刹利王种,母名称戒,王所治城名曰无喻。……拘楼孙佛父名祀得,婆罗门种,母名善枝,王名安和,随王名故城名安和。……拘那含佛父名大德,婆罗门种,母名善胜,是时王名清净,随王名故城名清净。……迦叶佛父名曰梵德,婆罗门种,母名曰财主,时王名汲毗,王所治城名波罗……我父名净饭,刹利王种,母名大清净妙,王所治城名迦毗罗卫。[①]

《长阿含经》还对毘婆尸如来于最后身的成佛、度化乃至涅槃事迹进行了描绘,与释迦牟尼佛的事迹相同,并说明此为诸佛常法,即所有七佛都是如此。

按照说一切有部的观点,七佛中,过去六佛是释迦菩萨在最后百劫修行"相异熟业"中的诸佛。这一阶段是他修行的关键阶段,在此阶段,他不但修成了三十二相、八十种好的福报,而且取得"四波罗蜜多(度)"的圆满,从而转生兜率天,成为一生补处菩萨。《阿毗达磨大毗婆沙论》曰:

于修相异熟业九十一劫中逢事六佛,最初即胜观(毗婆尸),最后名迦叶波。当知此依释迦菩萨说,若余菩萨不定。如是释迦菩萨于迦叶波佛时,四波罗蜜多先随分满,相异熟业今善圆满。从此瞻部洲政生视史多天(兜率天),受天趣最后异熟。[②]

在佛教艺术中"过去七佛"是个非常重要的题材。根据目前各地出土的材料看,早在公元前3世纪,印度桑奇大塔第一塔北门上就刻出了代表过去七佛的七棵树或塔。随后,公元2—3世纪,犍陀罗地区也开始出现相关造像。如收藏于巴基斯坦白沙瓦博物馆的一件浮雕上,就刻有七佛一菩萨的造像。[③]佛教传入中国后,一直是非常流行的题材。酒泉、敦煌和吐鲁番地区出土的14件北凉时期的石塔上,就雕刻有七佛一菩萨。[④]永靖炳灵

①《长阿含经》,《大正藏》第1册,第1—3页。

②《阿毗达磨大毗婆沙论》,《大正藏》第27册,第892页。

③张宝玺《甘肃佛教石刻造像》,兰州:甘肃人民美术出版社,2001年,第13页。

④张宝玺《北凉石塔艺术》,上海:上海辞书出版社,2006年,第16、17页。

寺第 169 窟南壁绘七佛一菩萨，北壁绘七身立佛。[①]云冈石窟第 10 窟南壁拱门于明窗间帷幕内绘七身坐佛。[②]龙门石窟莲花洞北壁龛群上方有北魏时期所刻七佛。[③]浙江瑞安市有宋代所造七佛塔。[④]龟兹石窟"过去七佛"无论是表现形式，还是分布范围，都很多样。具体说来包括：

1. 分布于中心柱窟主室正壁或前壁，一般为坐式。如克孜尔石窟第 80、97 和 114 窟。第 80 窟和第 97 窟属于主室正壁上方绘大型舍卫城神变故事的一部分，七佛位于佛陀上方。第 114 窟则位于主室前壁上方的舍卫城神变的下方。

2. 绘于方形窟穹窿顶内。如森木塞姆石窟第 46 窟。该窟主室穹窿顶中央为一圆形莲花，向外辐射七个梯形条幅，每个条幅内各绘一身立佛(图 188)。此外，库木吐喇石窟第 33 窟的穹窿顶，从残存的壁画看，很可能也绘制了和七佛有关的题材。

图 188　森木塞姆石窟第 46 窟主室穹窿顶过去七佛

①董华峰、宁宇《南、北石窟寺七佛造像空间布局之渊源》，《敦煌学辑刊》，2010 年第 1 期，第 99—109 页。

②王雁卿《云冈石窟七佛造像题材浅析》，载《2005 年云冈国际学术研讨会论文集研究卷》，北京：文物出版社，2006 年，第 251 页。

③龙门文物保护管理所、北京大学合编《中国石窟龙门石窟一》，北京：文物出版社，1991 年，图版 60。

④叶挺铸《宋兴福寺七佛塔考略》，《东方博物》第三十八辑，杭州：浙江大学出版社，2011 年，第 43—53 页。

(三)过去六佛

过去六佛是指释迦菩萨在因地修行菩萨道时于百劫奉侍的六佛。其佛名分别是毗婆尸佛、尸弃佛、毗舍浮佛、拘楼孙佛、拘那含佛、迦叶佛。龟兹石窟中可以看到表现过去六佛的造像。如库木吐喇石窟新1窟,该窟为方形窟,主室地面有一坛基,坛基上原有塑像,坛基前残存狮子形象。穹窿顶中部为一莲花,从莲花向外辐射11个梯形条幅。其间绘出6身立佛,5身菩萨,一佛一菩萨相间排列。(图189)库木吐喇石窟新1窟主室除穹窿顶外,左侧壁上方绘一列佛与菩萨相间排列坐像,此可能表现的也是过去佛。

图189 库木吐喇石窟新1窟穹窿顶立佛与菩萨

(四)过去四佛

过去四佛是指在现在世贤劫成佛的“贤劫四佛”。他们是拘楼孙佛、拘那含佛、迦叶佛和释迦牟尼佛。此四佛见于《增一阿含经》:

世尊告曰:“比丘当知,过去九十一劫有佛出世,号毘婆尸如来.至真.等正觉。复次,三十一劫有佛出世,名式诘如来.至真.等正觉。复于彼三十一劫内有佛,名毘舍罗婆如来出世。于此贤劫中有佛出世,名拘屡孙如来。复于贤劫中有佛出世,名拘那含牟尼如来.至真.等正觉。复于贤劫中有佛出世,名曰迦叶。复于贤劫中，我出现世，释迦文如来、至真、等正觉。”①

四佛造像，在古代印度颇为盛行，《法显传》《洛阳迦蓝记》《大唐西域记》以及《释迦方志》等书中都有多处记载：

如沙祇大国“有四佛经行、坐处，起塔故在。”②瞻波大国有“佛精舍、经行处及四佛坐处，悉起塔，现有僧住。”③“乾陀罗城东南七里有雀离浮图……西域浮图最为第一。此塔初成，用真珠为罗网，覆于其上。后数年，王乃思量，此珠网价值万金，我崩之后，恐人侵夺；复虑大塔破坏，无人修补，即解珠网，以铜镬盛之。在塔西北一百步，掘地埋之，上种树，树名菩提，枝条四布，密叶蔽天。树下四面坐像，各高丈五，恒有四龙典掌此珠。若兴心欲取，则有祸变。刻石为铭，嘱语将来，若此塔坏，劳烦后贤，出珠修治。”④犍陀罗国大都城布路沙布逻，“城外东南八九里有卑钵罗树，高百余尺，枝叶扶疏，荫影蒙密。过去四佛已坐其下，今犹现有四佛坐像，贤劫之中九百九十六佛皆当坐焉。冥祇警卫，灵鉴潜被。释迦如来于此树下南面而坐，告阿难曰：‘我去世后当四百年，有王命世，号迦腻色迦，此南不远起窣堵波，吾身所有骨肉舍利，多集此中。’”⑤

①《增一阿含经》，《大正藏》第2册，第790页。

②［东晋］法显撰，章巽校注《法显传校注》，上海：上海古籍出版社，1985年，第70页。

③［东晋］法显撰，章巽校注《法显传校注》，上海：上海古籍出版社，1985年，第145页。

④［东魏］杨衒之撰，范祥雍校注《洛阳伽蓝记校注》，上海：古典文学出版社，1958年，第327—328页。

⑤［唐］玄奘撰，季羡林等校注《大唐西域记校注》卷二，北京：中华书局，1985年，第237页。

原指所谓出过去庄严劫之末的一毗婆尸佛（Vipasyin），二尸弃佛(sikhin),三毗舍浮佛(Visvabhu),四拘留孙佛(Krakucchanda)。但据本文云:“过去四佛已坐其下,今犹现有四佛坐像。贤劫之中,九百九十六佛皆当坐焉。”据《法苑珠林》卷八“七佛部”“出时部”略谓贤劫一代分为四时,今在住劫,故有千佛出现。三佛已往,今是第四释尊造法,是知《西域记》所谓“过去四佛”,指贤劫千佛中已出现的四佛,据《长阿含经》则为拘楼孙(即拘留孙)、拘那舍(Kanaka)、迦叶(Kasyapa)与释迦牟尼。①

龟兹石窟中有多处关于“过去四佛”的造像。

一类出现在中心柱窟中。常常是在主室正壁龛上方凿出三个“品”字形小龛，和主龛佛像一起组成过去四佛的组合。如克孜尔石窟第179、184、186、192、195窟和库木吐喇石窟第64窟。(图190)

图190 克孜尔石窟第184窟主室正壁过去四佛

一类则绘制在方形窟或中心柱窟中,如克孜尔石窟第123窟。该窟系中心柱洞窟,但主室顶部为穹窿顶。顶部分为8条梯形条幅。每个条幅内分别绘立佛和立菩萨，相间排列（图191)。四立佛脚下两侧有各自的弟子。菩萨和立佛相间,反映了四佛皆是由菩萨身，修菩萨道而后成佛的。同样的情况,还见森木塞姆石窟第39窟和42

①[唐]玄奘撰,季羡林等校注《大唐西域记校注》卷二,北京:中华书局,1985年,第238页。

窟以及玛扎伯哈石窟第 1 窟。

上述洞窟的年代大体上在公元 6—7 世纪。①这与《大唐西域记》所载印度流行“过去四佛”崇敬的盛况是基本吻合的。这是印度佛教，特别是印

图 191　克孜尔石窟第 123 窟主室穹窿顶佛与菩萨

度西北部佛教对龟兹佛教影响的结果。

在有部的过去佛系统中，在释迦菩萨因地修行中起到重要作用或者事迹较多的还有底砂佛和燃灯佛。

1. 底砂佛

底砂佛是释迦菩萨在阿僧祇三劫修行时奉侍的过去佛。佛经记载，在

①新疆龟兹石窟研究所《克孜尔石窟内容总录》，乌鲁木齐：新疆美术出版社，2000 年。

过去世,释迦牟尼和弥勒均为其弟子,但是由于释迦牟尼精进修行,而超越九劫,九十一劫修行圆满,先弥勒成佛。事见《阿毗达磨大毗婆沙论》:

问此相异熟业经于几时修习圆满?答多分经百大劫,唯除释迦菩萨。以释迦菩萨极精进故,超九大劫,但经九十一劫修习圆满,便得无上正等菩提。其事云何?如契经说:"过去有佛号曰底砂,或曰补砂。彼佛有二菩萨弟子,勤修梵行,一名释迦牟尼,二名梅怛俪药。尔时,彼佛观二弟子谁先根熟,即如实知:"慈氏先熟,能寂后熟。"复观二士所化有情谁根先熟,又如实知:"释迦所化应先根熟。"知已即念:"我今云何令彼机感相会遇耶?然令一人速熟则易,非令多人。"作是念已,便告释迦:"吾欲游山,汝可随去。"尔时,彼佛取尼师檀,随路先往,既至山上,入吠琉璃龛,敷尼师檀,结跏趺坐,入火界定,经七昼夜,受妙喜乐,威光炽然。释迦须臾亦往山上,处处寻佛,如犊求母。展转遇至彼龛室前,欻然见佛威仪端肃,光明照曜。专诚恳发,喜叹不堪,于行无间忘下一足。瞻仰尊颜,目不暂舍。经七昼夜,以一伽他赞彼佛曰:"天地此界多闻室,逝宫天处十方无。丈夫牛王大沙门,寻地山林遍无等。"如是赞已,便超九劫,于慈氏前得无上觉。问:近佛地菩萨必于名、句、文身得未曾得巧妙自在,应以别颂异门赞佛,何故经七昼夜,唯以一颂而赞佛耶?答:菩萨尔时思愿胜故,不重文颂。若改文颂则思愿不淳。复次菩萨尔时怖畏散乱,如颂差别,心亦异故,云何而得一心流注。复次,菩萨显己心无厌倦,能于一颂新新发起胜思愿故。问:何故慈氏菩萨自根先熟,所化后熟;释迦菩萨则与此相违耶?答慈氏菩萨多自饶益,少饶益他;释迦菩萨多饶益他，少自饶益。是故皆与所化不并。[1]

释迦菩萨“超越九劫”故事，在龟兹石窟壁画中有所表现。克孜尔石窟第32、163、171、176窟以及库木吐喇石窟第46窟，森木塞姆石窟第1、30窟中，都有此故事画面。画面中，一般绘佛结跏趺坐于金刚座或莲花座上。释迦菩萨位于画面的另一侧，双手合十作礼拜状，右腿向后翘起，注目佛陀。

与底砂佛有关的故事，还有“波塞奇画像”。故事是说：过去世，有一个名叫波塞奇的国王，虔敬供养底砂佛。国王欲弘扬佛法，并使他所属小国也能经常供养底砂佛，就请画师为底砂佛画像。但是画师无论怎样努力，都没法画出令人满意的佛像。于是底砂佛为自己画了一张画。画师以此为模本，画出多张。故事的详情见《贤愚经》：

过去久远阿僧祇劫，有大国王，名波塞奇，典阎浮提八万四千国。时世有佛，名曰弗沙。波塞奇王与诸臣民，供养于佛及比丘僧，四事供养，敬慕无量。尔时，其王心自念言：“今此大国，人民之类，常得见佛礼拜供养，其余小国，各处边僻人民之类，无由修福，就当图画佛之形像，布与诸国，咸令供养。”作是念已，即召画师，勅使图画。时诸画师来至佛边，看佛相好，欲得画之。适画一处，忘失余处；重更观看，复次下手，忘一画一，不能使成。时弗沙佛，调和众彩，手自为画，以为模法，画立一像。于是画师，乃能图画，都尽八万四千之像，极令净妙，端正如佛，布与诸国，一国与一。又作告下，勅令人民办具花香以用供养。诸国王臣民，得如来

①《阿毗达磨大毗婆沙论》，《大正藏》第27册，第890页。

图 192 克孜尔石窟第 34 窟主室券顶波塞奇画佛

像,欢喜敬奉,如视佛身。①

龟兹石窟壁画中"波塞奇画像"出现较多,在克孜尔石窟第 8、34、38、175、192、196 窟都有绘制。(图 192)如克孜尔石窟第 34 窟主室券顶。画面中,佛交脚坐于方座上,右手托钵,左手作说法印。佛身左侧画一比丘,双手举一长方形布帛。

2. 燃灯佛

燃灯佛,是佛经记载中的过去佛,也是释迦菩萨行菩萨道,在阿僧祇二劫奉养并得其授记的佛。

故事中,释迦曾为一梵志(仙人),名儒童子(亦名云童子),跟从婆罗门珍宝学道,尽得珍宝真传。其学成后为报师恩,出外寻找宝物。他得到宝物后回山上去见师父的途中经过莲花城,正好碰上燃灯佛前往该城游化说法。他从一青衣女裨手中买了一枝七茎莲花,将花散在空中以做供养。随后他又将自己的鹿皮衣铺在燃灯佛将走过的泥地上,让燃灯佛从他的头发上走过。以此因缘,燃灯佛为儒童子授记,预言他来世将作佛,名释迦牟尼佛。关于燃灯佛授记故事,佛经中没有专门的经典,多分散记录在各种三藏经典里。记载较为详细的见于《佛本行集经》:

①《贤愚经》,《大正藏》第 4 册,第 368 页。

尔时彼国雪山南面有一梵志，名曰珍宝，父母清净婆罗门种。……时彼五百弟子之中，有一大姓婆罗门子，号名为云。……从彼珍宝仙人之边，受诵咒术，捷利速疾，所得真正，一闻便领，语言辩了，字句分明。……复更重白彼梵志言："我今已得和上咒术方法尽解，复更何作。"……梵志语言："汝摩那婆，欲报我者，可将一好清净伞盖、革屣金杖、金三叉木、金瓶金钵、上下舍勒、五百金钱，如是与我。"……时云童子，顶礼师足，围绕三匝辞别而行。……去此雪山，五百由旬。其城名为输罗波奢。时彼城内有一种姓大婆罗门……奉设一年无遮之会，备办六万布施之具，为一一人。人一伞盖、一三叉木、革屣瓶钵、上下舍勒及钱物等。供身之具，皆悉备足。……时云童子，……即于胜座，……食讫已后，随其所须布施之具，依上座法，而为受之；其不须者，辞而不受。……时云童子，……于后渐渐至莲花城。……尔时彼人即报我言："大智童子，汝可不闻？然灯世尊多陀阿伽度阿罗呵三藐三佛陀，不久欲来此莲华城，说法教化，为是事故。……是时彼女从我边受五百金钱，即授五茎优钵罗华。持以与我，其余两茎。"为我布施与汝，同作未来因缘。"……时然灯佛多陀阿伽度阿罗诃三藐三佛陀，从外来入莲华城中。我时贵此七茎莲花，遥见佛来，渐渐至近。睹彼佛身，端政可喜，清净光朋，照耀于世。调伏诸根，其心寂定，安住不动，六根澄静若琉璃池。进止威仪，犹如象王。……我时见彼燃灯如来，生信敬心，生殷重心。生敬心已，将此七茎优钵罗花，散于佛上。……所散之华，住虚空中。花叶向下，花茎向上，当佛顶上。成于华盖，随佛行住。……时燃灯佛以神通力，变一方地，如稀土泥。……我时即铺所有鹿皮，解发布散，覆面而伏，为佛作桥。……尔时然灯如来多陀阿伽度阿罗呵三藐三佛陀，知于我心，与大比丘百千人俱，及彼天龙千万亿众，左右围绕来向我所,足蹈我身及螺发上.……时然灯佛告于我:“伏身被发,泥上作桥,令我践渡。以是事故,此摩那婆,过于阿僧祇劫足,如我无异。”①

燃灯佛为释迦菩萨授记的故事,在龟兹石窟壁画中是比较突出表现的题材。

龟兹地区现存燃灯佛授记题材造像有壁画和木雕两种。壁画分布在克孜尔石窟第69、100、163窟,库木吐喇石窟第15、34、38、42窟,玛扎伯哈石窟第9窟。木雕出土于都尔都尔·阿库尔遗址(即库车夏合吐尔遗址)。②

龟兹地区燃灯佛授记造像按形态可分为两类:

一类如克孜尔石窟第100、163窟,库木吐喇石窟第34窟,乃至都尔都尔·阿库尔出土的木雕,画面中都有“买花献佛”及“布发掩泥”的情景,突出强调了菩萨的供养、发愿的功德方面,意在号召信徒多做功德,积累善果。特别是库木吐喇石窟第34窟,形象清晰,内容完整。在儒童献花造型下方,绘出儒童跪在地上,散发铺在燃灯佛脚下。这种将两个情节绘在一幅图中,授记故事就更为完整。该壁画上方的题记,据法国学者皮诺考证为“向燃灯佛你抛出七朵莲(花),你昔为梵志。”③然而壁画上的儒童向燃灯佛掷的是五朵花(图193)。

另一类如克孜尔石窟第69窟左侧壁,库木吐喇石窟第38、42窟,玛扎伯哈石窟第9窟,画面中都有儒童子腾空礼拜的场面。除克孜尔石窟第

①《佛本行集经》,《大正藏》第3册,第665—667页。

②该木雕系法国探险队于20世纪初发现并掠走,现藏巴黎集美博物馆。见《丝绸之路大美术》,东京:读卖新闻社,1996年,图版140。

③[法]乔治·皮诺著,廖旸译《库木吐喇新发现的吐火罗语题记:佛教发愿故事》,新疆龟兹学会《龟兹文化研究》第一辑,香港:天马出版有限公司,第74页。

69 窟外，都没有前述买花和布发的情景，强调了菩萨得佛授记及虔诚信仰的思想。（图 194）一般说，第一类的年代要早于第二类。这与燃灯佛授记的思想发展、经本演变有关。

图 193　库木吐喇石窟第 34 窟主室右侧壁燃灯佛授记

图 194　克孜尔石窟第 69 窟主室左侧壁燃灯佛授记

第五节 大乘观念的融摄

随着大乘佛教的兴起,原有的小乘佛教并没有销声匿迹,而是在吸收大乘佛教一些教义的基础上继续发展。这种大小乘的斗争在这一时期的龟兹石窟壁画中也有所反映。克孜尔石窟第80、97、98窟主室正壁、前壁上绘出舍卫城神变、降魔变等题材正反映了这一情况。此外,如上所述,在实际的僧侣生活中,许多具有大乘思想的僧侣亦遵守小乘戒律,他们与小乘僧侣居住在一起,彼此间的互相影响也是必然的,因而龟兹石窟中的一些洞窟中出现与大乘佛陀思想有关的图像。

克孜尔石窟第17窟位于克孜尔石窟谷西区西端,其所在区域共有4层洞窟。第17窟位于下起第三层洞窟的东段,其西面为第14—16窟。宿白先生将其放在其洞窟排年的第二阶段,即公元4—6世纪。[①]目前的碳

①宿白《克孜尔石窟部分洞窟阶段划分与年代等问题的初步探索》,新疆维吾尔自治区文物管理委员会、库车县文物保管所、北京大学考古系《中国石窟·克孜尔石窟》,北京:文物出版社,东京:平凡社,1989年,第13页。

14测定数据有两个，与其推断基本一致。①

该窟为中心柱窟。现存前室、主室和甬道。前室平顶，大多塌毁。主室平面方形，纵券顶，一阶叠涩。正壁下方两侧开左、右甬道，甬道纵券顶。左、右甬道里端与后甬道相通，后甬道横券顶。（图195）主室正壁塑绘结合表现梵天劝请或帝释窟说法。两侧壁各绘2栏因缘佛传。（图196）前壁中部门道两侧壁面绘有龟兹王室供养人像②。门道上方半圆端面绘弥勒菩萨兜率天宫说法。券顶中脊绘天相图。两侧券腹各绘4列菱格和1列半菱格本生故事。（图197）

左右甬道外侧壁外端均绘一身立佛，其余壁面绘2列佛塔，下方为塔中舍利盒，上方为塔中坐佛。内侧壁亦绘2列佛塔，下方为塔中舍利盒，上方为塔中坐佛。（图198）

后甬道正壁绘佛涅槃。（图199）两端壁中部各开1拱券顶龛，原应塑有佛像，两侧壁及券顶绘菱格图案。

左右甬道外侧壁外端均绘立佛，立佛身上绘坐佛和法轮以及六道。两身头光内绘8身小坐佛，背光内绘3圈小坐佛。立佛的身体部位，

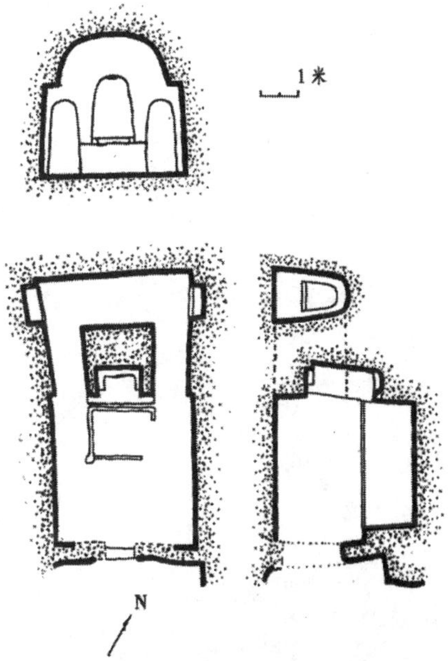

图195　克孜尔石窟第17窟平剖立面图

①宿白《克孜尔石窟部分洞窟阶段划分与年代等问题的初步探索》，新疆维吾尔自治区文物管理委员会、库车县文物保管所、北京大学考古系《中国石窟·克孜尔石窟1》，北京：文物出版社，东京：平凡社，1989年，第19页；霍旭初《克孜尔石窟年代研究和碳十四测定数据的应用》，《西域研究》，2006年第4期，第50页。

②该壁画被揭取，现收藏于德国亚洲艺术博物馆。

图 196　克孜尔石窟第 17 窟主室右侧壁说法图

图 197　克孜尔石窟第 17 窟主室券顶

透过袈裟,均可见有须弥山、坐禅天人像和闻法天人、阿修罗、动物、法轮等。佛的颈部戴有项圈。立佛像站立在椭圆形莲花上,在佛的右脚旁,绘有一身袒右着装双膝跪地的比丘,正向佛像礼敬。两佛亦有差别,左甬道外

图198　克孜尔石窟第17窟主室右甬道外侧壁佛塔

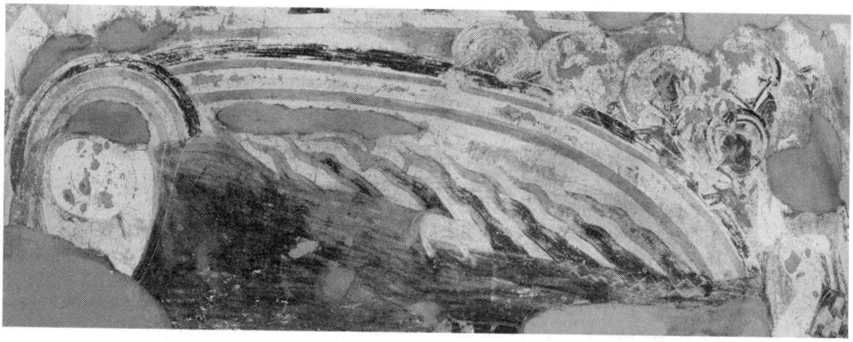

图199　克孜尔石窟第17窟后甬道正壁涅槃图

侧壁立佛左前臂似绘一龟，而右甬道外侧壁立佛左前臂则绘一四足动物；左甬道外侧壁立佛双脚之间，在升起的火焰背景下，绘一人坐于缸中；而右甬道外侧壁立佛的双脚之间，则为两身瘦瘠之人。[①]

①见图89和图90。

关于这两身立佛的性质问题,历来争议很多,主要的观点有两种。一种观点认为这两身立佛反映的是华严教主卢舍那佛,[1]一种认为是宇宙主释迦佛[2]。近来又有学者提出他反映的是小乘佛教法身思想。[3]笔者认为这两身立佛的图像表现,确实来源于大乘佛陀造像,但对其解释我们还是基于本窟所体现的整体思想体系加以考虑。

就克孜尔石窟第 17 窟而言,其主室侧壁绘佛传故事,是对佛生身伟大功德的赞颂,属于说一切有部生身观的内容。券顶的本生故事,反映了说一切有部的菩萨修行的四度波罗蜜多思想[4],体现了佛的十力四无畏十八不共法,属于说一切有部法身观念,左右甬道侧壁上的塔中坐佛,表现的是过去诸佛,与后甬道正壁的涅槃佛及两端壁的两身坐佛一起表现的应当是三世佛的观念。因而,从整个思想体系来说,本窟思想属于说一切

---

①松本荣一《敦煌画の研究:华严教主卢舍那仏图》,东京:东方文化学院,东京研究所,1937 年。吉村怜著,卞立强译《天人诞生图—东亚佛教美术史论文集》,北京:中国文联出版社,2002 年 1 月第 1 版,第 9 页。李静杰《卢舍那法界图像研究》,《佛教文化》增刊,1999 年第 1—51 页。彭杰《关于克孜尔 17 窟卢舍那佛像的补证》,《新疆师范大学学报》2006 年第二期,第 18—23 页。

②A.F. Howard ,The Imagery of the Cosmological Buddha,Leiden,1986。宫治昭著,贺小萍译《宇宙主释迦佛》,《敦煌研究》,2003 年第 1 期,第 25—32 页。

③李瑞哲《克孜尔石窟第 17、123 窟中出现的化佛现象——兼谈小乘佛教的法身问题》,《敦煌研究》2009 年第 2 期,第 37—44 页。

④该窟可识别的本生故事有:摩诃萨埵投身施虎、快目王施眼、慈力王施血、一切施王施身、跋摩竭提施乳、须大拏乐善好施、叔伯杀龙济国、独角仙人破戒失神通、萨缚燃臂引路、须陀素弥王诚而有信、猴王智斗水妖、睒摩迦至孝被射、羼提波罗忍辱截肢、熊救樵人被害、大光明王始发道心、鸽焚身施迷路人、白象王忍痛拔牙、智马舍身救王命、毘楞竭梨王闻法身钉千钉、虔阇尼婆梨王闻法身燃千灯、修楼婆王闻法舍妻儿、昙摩钳闻法投火坑、大施抒海夺珠、马璧龙王救商客、大象舍身救囚徒、尸毘王割肉贸鸽、月光王施头、猕猴王舍身救众猴、龟救商客被杀、猕猴王救花鬘人被害、慕魄太子不言被埋、狮王舍身不失信、菩萨行慈不怖众生、阿兰迦兰苦修、五通仙人论苦之本、设头罗健宁王舍身施饥民、难沮坏王作肉山施众生、端正王智断儿案、弥兰本生、月明王施眼。这些故事分别可归入波罗蜜多中。(见新疆龟兹石窟研究所编《克孜尔石窟内容总录》,乌鲁木齐:新疆美术摄影出版社,2000 年,第 25 页。)

有部或者说新有部。

据《华严经感应传》，这一时期：

> 龟兹国中唯习小乘，不知释迦分化百亿，现种种身云，示新境界，不信华严大经。①

若龟兹地区曾经流行华严思想，当不会有此记载。卢舍那佛的名称出现于集华严思想大成的《华严经》中，依据目前的研究，没有材料显示此时这一地区有该经本的流传。

另一方面，这一时期说一切有部已发展到新有部阶段。新有部相对于说一切有部，它还认为声闻也能成佛，菩萨必须以悲愿如恶趣度化众生，方能成佛。②它们将人或"众生"分为三类，

> 分别众生凡有三种：一定无佛性，永不得，是一阐提、犯重禁者；二不定有无，若修时即得，不修不得，是贤善共位以上人故；三定有佛性，即三乘人：一声闻从苦忍以上即得佛性，二独觉从世法以上即得佛性，三菩萨十回向以上是不退位时得于佛性。③

其菩萨所重视的是现实人间未成佛前的世尊及其本生；其修行次第则大概可分为三无数劫修四波罗蜜，百劫修相好，最后一生之兜率天下生及金刚座上顿断一切烦恼等四阶段。④声闻菩萨经过历劫修行最终成佛。

---

①《华严经感应传》,《大正藏》第51册，第176页。

②《阿毗达摩顺正理论》,《大正藏》第29册，682页。

③《佛性论》,《大正藏》第31册，787页。

④神林隆净著，徐洋主译《菩萨思想的研究》，台北：华宇出版社，1984年。

关于佛陀，新有部的一个重大变化就是对佛陀的看法与大众部和大乘接近,认为佛陀是超人的存在。反映在佛教造像上,就是对佛陀法身的强调。

第17窟主室正壁绘帝释窟说法,侧壁绘说法图,券顶绘本生故事。如果我们把位于两甬道外侧壁外端两身立佛判定为佛陀法身，再考虑到后甬道端壁佛龛中的佛陀造像,后甬道正壁绘制的涅槃像。我们可以说这些图像正体现了说一切有部的菩萨修行阶段及其最后的境界，正与说一切有部佛经中对说一切有部菩萨思想的论述相吻合，也是与新有部强调佛陀的超人性相一致。

第四章

公元7—9世纪龟兹地区的佛陀信仰

公元7—9世纪是龟兹地区佛陀观念开始发生重大变化的时期，随着该地区纳入唐朝的版图，受汉传佛教、于阗及本地原有大乘佛教思想的影响，龟兹地区大乘佛陀观念的影响急剧上升。一方面汉风洞窟中，大乘的众生皆有佛性，东西方佛净土思想，卢舍那佛法身思想，普遍出现；即使在一些龟兹系石窟中，也开始出现大乘的佛陀观念，如库木吐喇石窟第58窟主室正壁龛正壁绘制菩提树，树枝间绘出不鼓自鸣的乐器。库木吐喇石窟第50窟主室前壁绘出一佛二菩萨，其下方绘出莲花中化生童子。克孜尔石窟一些晚期洞窟仅绘千佛。

第一节 历史及佛教概况

贞观十八年(644)，太宗命安西都护郭孝恪为西州道行军总管，率兵西征焉耆，大获全胜。占领了焉耆后，唐朝打开了通往龟兹的门户。

公元658年，唐朝将在西州(今吐鲁番)设立的“安西都护府”转移到龟兹，随后升格为“安西大都护府”。[①]安西地区军事、安全事务，由大都护府掌管。

此后，安西大都护府先后和西突厥、吐蕃、突骑施展开斗争。特别是长寿元年(692)，武则天当政时，

> 武威军总管王孝杰、阿史那忠节大破吐蕃、龟兹、于阗等四镇，自此复于龟兹置安西都护府，用汉兵三万以镇之。既征内地精兵，远逾沙碛，并资遣衣粮等，甚为百姓所苦，言事者请弃之，则天竟不许。[②]

---

①［北宋］司马光等《资治通鉴》，北京：中华书局，2013年，第6309页；薛宗正《安西与北庭》，哈尔滨：黑龙江教育出版社，1995年，第78—88页。

②［后晋］刘昫《旧唐书》，北京：中华书局，2013年，第5304页。

当时驻扎在龟兹地区的除了三万正规军以外，当还有大量的政府官吏、眷属及移民、流民纷至沓来。估计当时在安西境内的汉民，要远远超过三万之数。自贞观十四年(640)年直至贞元六年(791)，安西都护府前后存续达一百五十多年之久，其驻地龟兹境内，聚居了大量的汉民。

随着中原人西迁龟兹，在中原发展形成的大乘佛教应运乘势西渐，中原大乘佛教在龟兹落地发展，很快形成了强大的势力。于是在小乘佛教的龟兹，出现了大小乘和谐并存的历史奇观。这种情况一直延续很久，公元8世纪初新罗僧人慧超在《往五天竺国记》中载：

> 又从疏勒东行一月，至龟兹国，即是安西大都护府，汉国兵马大都集处。此龟兹国，足寺足僧，行小乘法，食肉及葱韭等也。汉僧行大乘法。①

汉传佛教的佛陀观念也随之在龟兹地区传播开来。

与此同时，龟兹本土佛教也有所发展。

唐朝在龟兹地区实行羁縻政策，安西大都护府下设有龟兹都督府，②都督由龟兹白姓王族世袭担当。都督府和下辖各州官吏也多以龟兹贵族充任，主要管理龟兹地区的民政。这一地区实行胡汉分治，龟兹地区的原有的本土佛教得到进一步发展，进入了龟兹石窟建造的黄金时期。公元7世纪，龟兹石窟除了早期的克孜尔石窟、森木塞姆石窟、库木吐喇石窟继续扩大洞窟规模和数量外，克孜尔尕哈石窟、玛扎伯赫石窟、托乎拉克艾肯石窟、温巴什石窟、台台尔石窟，苏巴什以及龟兹管辖下的温宿、乌什等

---

①［唐］慧超、杜环撰，张毅、张一纯笺释《往五天竺国记笺释》，北京：中华书局，1994年，第159页。

②王小甫《唐、吐蕃、大食政治关系史》，北京：北京大学出版社，第267页。

图 200　克孜尔石窟第 99 窟主室内景

地石窟，都已先后开凿。据初步统计,克孜尔石窟有 50%以上是在这个时期开凿的。整个龟兹地区石窟 600 余洞窟中,近 2/3 是唐朝开凿的。

这些石窟的洞窟形制仍然以中心柱窟、大像窟和方形窟为主,但是大中型洞窟增多,窟顶形式更加复杂,新出现了套斗顶、覆斗顶和一面坡顶的形式。(图 200)

壁画的题材和内容仍然以本生故事、因缘故事和佛传故事为主,体现了“惟礼释迦”的小乘说一切有部思想。但一些佛传题材,如“降魔成道”“舍卫城神变”以及“鹿野苑初转法轮”被放到中心柱主室的正壁和前壁等显要的位置。龟兹王族的供养像大量出现,并且出现神圣化的现象,王族往往带有头光，克孜尔尕哈石窟第 11、14 窟的王族供养像下还绘出了手托王族双脚的地神。(图 201)

图 201　克孜尔尕哈石窟第 11 窟右甬道内侧壁托脚地神

龟兹本土艺术风格成熟,壁画布局紧凑、对称。方形窟中也流行连环画式和长卷式的故事画。(图 202)

图 202　克孜尔石窟第 81 窟主室左侧壁“须大拏太子乐善好施”本生故事图

图 203　克孜尔石窟第 175 窟右甬道内侧壁比丘

壁画中人物造型优美、四肢修长，人体造型曲线即“三屈法式”增强。（图 203）

在用色方面，继续采用对比色的表现手法，同时早期的调和色也在流行，但在人体躯干轮廓上更加强调晕染，凸显人体的结构感。（图 204）造型线条如“曲铁盘丝”，细劲刚健，富有弹性。[①]使用金粉或贴敷金箔也是这个时期的普遍现象。[②]

这种汉传佛教和本地佛教并行发展的情况在现存的石窟中有所反映。库木吐喇石窟第 29 窟为一典型的有龟兹本地特点的石窟，它位于具有唐代汉地风格的第 16 窟的西侧，两窟仅相距 30 余米。库木吐喇石窟

①见图 203。

②霍旭初《丹青斑驳·千秋壮观——克孜尔石窟壁画艺术及分期概述》，中国壁画全集编辑委员会《中国美术分类全集·中国新疆壁画全集·克孜尔 1》，天津：天津人民美术出版社，乌鲁木齐：新疆美术摄影出版社，1992 年，第 12—19 页。

图 204　克孜尔石窟新 1 窟后室券顶飞天

中，龟兹小乘佛教与中原大乘佛教咫尺相存，为世界佛教文化奇观。（图 205、206）

当然，在两种佛教信仰系统并行发展的同时，它们之间也存在着互相交流。库木吐喇石窟第 15、16、17 窟，虽然反映的是汉地大乘佛教信仰，但洞窟形制采取的却是这一地区传统的中心柱窟；（图 207）第 58 窟虽然体现出龟兹本地的小乘佛教信仰，但是在主室正壁龛正壁处却绘出了表现汉地净土思想的图像。（图 208）相应的，一些汉地大乘佛陀观念对龟兹本土佛陀观念也产生了影响。

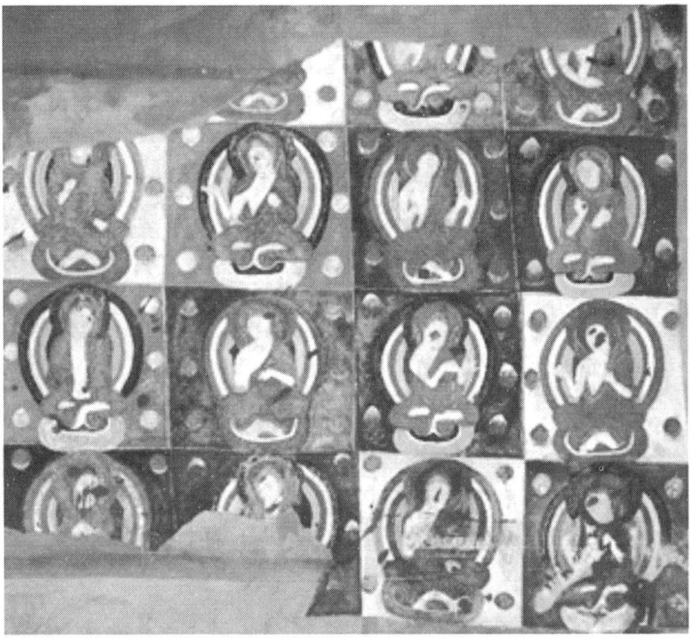

图 205　库木吐喇石窟窟群区第 28 窟主室券顶

图 206　库木吐喇窟群区第 16 窟主室右侧券顶

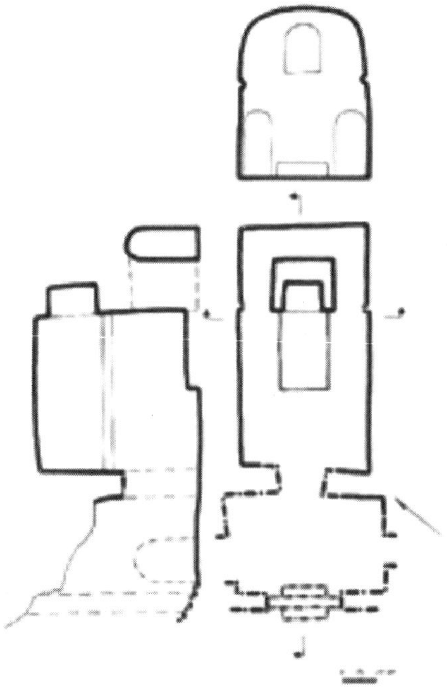

图 207　库木吐喇石窟窟群区第 16 窟平剖立面图

图 208　库木吐喇石窟窟群区第 58 窟主室正壁龛正壁

第二节　西方阿弥陀佛

阿弥陀佛又名无量光、无量寿，意为光明和寿命无限，是西方极乐净土的教主。据《无量寿》经卷上载，过去久远，劫世自在王佛住世时，有一国王发无上道心，舍王位出家，名为法藏比丘，于世自在王佛处修行，熟知诸佛之净土，历经五劫之思虑而发殊胜之四十八愿。誓愿建立一个庄严的极乐世界，以救渡一切念佛名号的众生。其中有三个大愿：

设我得佛，十方众生至心信乐，欲生我国，乃至十念，若不生者，不取正觉。唯除五逆、毁谤正法。设我得佛，十方众生发菩提心、修诸功德，至心发愿欲生我国。临寿终时，假令不与大众围绕现其人前者，不取正觉。设我得佛，十方众生闻我名号，系念我国，植众德本，至心回向，欲生我国，不果遂者，不取正觉。[1]

此后，国王不断积聚功德，而于距今十劫之前，愿行圆满，成阿弥陀

①《佛说阿弥陀经》，《大正藏》第12册，第267页。

佛,在离此十万亿佛土之西方,报得极乐净土。

基于上述这些誓愿,在他成佛之后,任何人只要具足信愿行、如法念佛,就一定会得到他的接引,而往生至真至善至美的净土佛国。

阿弥陀佛属于大乘佛身观中的报身佛,是法藏比丘初发心修习,至十地之行满足,酬报此等愿行之果身,为万德圆满之佛身。

> 《佛说观无量寿佛经》中说:无量寿佛之身如百千亿夜摩天阎浮檀金之色,他的身高六十万亿那由他恒河沙由旬。眉间之白毫右旋宛转,毫相之大小犹如五倍须弥山之高广;其眼清白分明,眼之大小犹如四倍大海之纵广。其身有八万四千相,一一相中有八万四千好,一一好中有八万四千光明,遍照十方世界,摄取念佛之众生。①

此佛身,随顺众生种种机类应现,永不消失破坏。

> 二者依于业识,谓诸菩萨从初发意,乃至菩萨究竟地心所见者,名为报身。身有无量色,色有无量相,相有无量好,所住依果亦有无量种种庄严,随所示现,即无有边,不可穷尽,离分齐相,随其所应,常能住持,不毁不失。②

西方净土阿弥陀佛的报土,清净无垢,有观世音菩萨和大势至菩萨协助教化众生。

---

①《佛说阿弥陀经》,《大正藏》第12册,第343页。

②《佛说阿弥陀经》,《大正藏》第12册,第223页。

> 七重栏楯、七重罗网、七重行树，皆是四宝周匝围绕，是故彼国名曰极乐。……极乐国土有七宝池，八功德水充满其中，池底纯以金沙布地。四边阶道，金、银、琉璃、颇梨合成。上有楼阁，亦以金、银、琉璃、颇梨、车璩、赤珠、玛瑙而严饰之。池中莲花，大如车轮，青色青光，黄色黄光，赤色赤光，白色白光，微妙香洁。舍利弗！极乐国土成就如是功德庄严。……常作天乐，黄金为地，昼夜六时天雨曼陀罗华。其国众生，常以清旦，各以衣裓盛众妙华，供养他方十万亿佛；即以食时，还到本国，饭食经行。……彼国常有种种奇妙杂色之鸟——白鹄、孔雀、鹦鹉、舍利、迦陵频伽、共命之鸟。是诸众鸟，昼夜六时出和雅音，其音演畅五根、五力、七菩提分、八圣道分如是等法。其土众生闻是音已，皆悉念佛、念法、念僧。……彼佛国土无三恶趣。……彼佛国土，微风吹动，诸宝行树及宝罗网出微妙音，譬如百千种乐同时俱作，闻是音者皆自然生念佛、念法、念僧之心。①

此报土亦永不消失破坏。在此报土内修行的众生，分为上、中、下三品九生，通过修行均可最终成佛，而且不再转生到作为秽土的婆娑世界。进入阿弥陀佛净土的修行方式也很简单，除了正信、发愿外，众生只要专心念佛，死后既可来到阿弥陀佛净土。即使犯有逆罪之人，只要在弥留之际，产生往生西方之念，并专心念佛，亦可往生西方。

阿弥陀佛信仰特别强调阿弥陀佛加持的无上效力，加上修行方式简单，对于渴望摆脱世间诸苦和解脱成佛，而又畏难婆娑世界成佛之路的众生来说，无疑具有极大的吸引力。故而，从唐代开始，阿弥陀佛信仰就成为中国佛教信仰的一个主流。阿弥陀佛信仰的经典主要有《无量寿经》《佛说

①《佛说阿弥陀经》，《大正藏》第12册，第346—347页。

阿弥陀经》和《佛说观无量寿佛经》,依据这些经典产生了许多与阿弥陀佛有关的经变故事画。

根据绘画内容和形式,龟兹地区此类经变画可以分为两类,一类系依据《阿弥陀经》绘制的阿弥陀经变,保存在库木吐喇石窟第 11 窟、14 窟的主室正壁(图 209);一类则是依据《佛说观无量寿经》绘制的观无量寿经变,保存在库木吐喇石窟第 16 窟主室左侧壁和阿艾石窟主室正壁(图210)。

图 209　库木吐喇石窟窟群区第 14 窟主室正壁阿弥陀经变

图 210　阿艾石窟主室正壁观无量寿经变

库木吐喇石窟第 11 窟和第 14 窟的阿弥陀经变无论是绘制的人物，还是构图布局均完全相同。阿弥陀佛位于画面中央，两侧为观世音、大势至菩萨。佛和菩萨上方的华盖上摩尼珠闪烁。阿弥陀佛和观世音、大势至菩萨上方的空中，天花乱坠，各方诸佛端坐莲中前来赴会，楼阁漂浮在天空中，彩云烘托着的飞天持花盘供养。画面的左右两侧上方绘日、月。阿弥陀佛和观世音、大势至菩萨下方及周围，有众菩萨、天人和阿修罗、夜叉、龙王等天龙八部。

库木吐喇石窟第 16 窟主室左侧壁和阿艾石窟的主室正壁绘制的观无量寿经变布局和构图也完全相同，只是均有不同程度的残损。现以阿艾石窟所绘加以介绍。

阿艾石窟主室正壁画面为中堂式布局。画面中央为阿弥陀佛法会图。楼台上，主尊阿弥陀佛位于画面中央，结跏趺坐于莲台上，手作说法印。佛头光分出数条光芒，光芒上有云气，云气上绘一佛二菩萨赴会图，云气下绘有华盖。佛和菩萨上方绘有各种乐器，如筝、阮咸等，不鼓自鸣。佛两侧绘观世音菩萨和大势至菩萨，均结跏趺坐于莲台上，一手置膝上，一手作与愿印。阿弥陀佛和观世音、大势至菩萨周围绘供养天人及花树。楼台前的栏台上，伎乐翩翩起舞，仙鹤驻足。栏台两侧亭中各绘一坐佛，其旁有闻法天人。楼台、栏台间池水中有化生童子嬉戏。栏台以下画面脱落。两侧条幅仅左侧残存部分，为一唐装贵妇合十跪拜一楼阁。

库木吐喇石窟第 16 窟主室左侧壁中堂部分尚存各种悬浮的乐器，不鼓自鸣。水榭楼台中绘菩萨、歌舞伎乐和飞天。残存立轴条幅中，可见汉式宫廷建筑和汉装人物。条幅榜题为："佛从岐阇崛山中没王宫中见韦提夫人自武时""韦提夫人观见水变成冰时"。[①]（图 211）

---

①渡边哲信《西域旅行日记》，《新西域记》上卷，东京：有光社，1937 年，第 336 页。

此外,库木吐喇石窟第42窟右甬道内侧壁有“南无阿弥□佛”的题记,外侧壁有南无大慈大悲救苦观世音菩萨“□□□势至菩萨”的题记。第45窟右甬道外侧壁有“南无阿弥陀佛”“南无大势至菩萨”和“南无观世音菩萨”的题记。①(图212)

图211 库木吐喇石窟窟群区第16窟主室左侧壁日想观经变画

图212 库木吐喇石窟窟群区第45窟右甬道外侧壁阿弥陀佛经佛

①这些图像主要以笔者亲自田野调查收集为主,对于现已不存的图像,则参照以往学者出版的相关报告和画册中的照片。(参见格伦威德尔着,赵崇民,巫新华《新疆古佛寺》,北京:中国人民大学出版社,2007年;阿尔伯特·冯·勒柯克,恩斯特·瓦尔德施密特著,管平,巫新华译《新疆佛教艺术》,乌鲁木齐:新疆教育出版社,2006年;新疆维吾尔自治区文物管理委员会、库车县文物保管所、北京大学考古系《中国石窟　库木吐喇石窟》,北京:文物出版社,1992年。中国壁画全集编辑委员会《中国美术分类全集　中国新疆壁画全集　库木吐拉》,沈阳:辽宁美术出版社,乌鲁木齐:新疆美术摄影出版社,1995年;中国壁画全集编辑委员会《中国美术分类全集　中国新疆壁画全集　森木塞姆　克孜尔尕哈》,沈阳:辽宁美术出版社,乌鲁木齐:新疆美术摄影出版社,1995年;新疆龟兹石窟研究所《库木吐喇石窟内容总录》,北京:文物出版社,2008年。)除了直接与净土图像相关的图像外,库木吐喇石窟和阿艾石窟中也存在一些表现各种净土中的教主及胁侍菩萨的单尊像。鉴于他们的具体含义在不同的图像语境中往往有所不同,故而在本章中,仅列出与西方净土信仰直接有关的阿弥陀佛和大势至菩萨作为补充材料。

第三节　东方药师佛

据《药师琉璃光如来本愿功德经》介绍，药师琉璃光佛为东方药师净土的教主，此佛于过去世行菩萨道时，曾发十二大愿，愿为众生解除疾苦，使具足诸根，导入解脱，故依此愿而成佛，住净琉璃世界，其国庄严如极乐世界，

> 彼佛土纯一清净，无诸欲染，亦无女人及三恶趣苦恼之声。以净琉璃而为其地，城阙宫殿及廊宇轩窗罗网皆七宝成，亦如西方极乐世界功德庄严。①

日光菩萨和月光菩萨为药师佛的胁侍菩萨。该净土中的殊胜在于药师佛由愿力所生的功德对众生的益处。

> 愿我来世得菩提时，自身光明炽然，照耀无量世界，以三十

①《药师琉璃光七佛本愿功德经》，《大正藏》第14册，第413页。

> 二相、八十种好庄严,令一切有情如我无异;愿身如琉璃,内外清净无垢,光明过日月,幽冥众生悉蒙开晓;愿以智慧方便令诸有情皆得受用无尽;令行邪道者,皆安住菩提道中;行二乘之道者,亦皆以大乘之道安立之。[①]

即住于此净土的众生可获药师佛的开示,信守大乘菩提道,最终成佛。

此佛誓愿不可思议,若有人身患重病,死衰相现,眷属于此人临命终时昼夜尽心供养礼拜药师佛,读诵药师如来本愿功德经四十九遍,燃四十九灯,造四十九天之五色彩幡,其人得以苏生续命。

众生若想往生东方药师净土,只要遵守不杀生、不偷盗、不淫欲、不妄语、不饮酒、不着香华,不坐卧高广大床和不非时食等八项斋戒一年,就可种得善根,临终时得八大菩萨引路,抵达药师净土,在杂色众宝中化生。[②]

药师佛亦为报身佛,与阿弥陀佛信仰一样,为他力信仰。如果众生信仰他,不仅可得往生东方药师净土,不再退转,最终成佛;而且能解决现实中的各种苦难。其兼具现世和来世的两重性质,自然对有情众生的吸引力很大,从而成为宋元时期汉传佛教地区的流行信仰。

记载药师信仰的佛经是《药师经》。此经在佛教史上有多种汉文译本。主要有《佛说灌顶拔除过罪生死得度经》《药师如来本愿经》《药师琉璃光如来本愿功德经》和《新译药师琉璃光七佛本愿功德经》。最早的译本是东晋僧人帛尸梨密多罗译的《佛说灌顶拔除过罪生死得度经》。最流行的译本是唐代玄奘于永徽元年(650)所译的《药师琉璃如来本愿功德经》。《药

---

①《药师琉璃光七佛本愿功德经》,《大正藏》第 14 册,第 405 页。

②《药师琉璃光七佛本愿功德经》,《大正藏》第 14 册,第 406 页。

师经》经文不长，分为上、下卷。上卷主要讲释迦牟尼在毗舍离住乐音树，应文殊菩萨之请，为众菩萨、弟子、护法天人和僧侣大众，宣讲东方净土教主药师琉璃七佛，在修菩萨道时立“十二大愿”，拔除众生各种困苦危难之病源，救度众生往生东方琉璃光极乐净土世界以及东方极乐净土的美妙景象。下卷主要讲释迦牟尼给文殊菩萨和阿难弟子等讲解敬奉供养药师佛，解脱人世间“九横死”，往生东方极乐净土的方法和咒语。

依据这些经本绘制的经变画和单尊造像在龟兹地区也有发现。库木吐喇石窟第16窟主室右侧壁就绘制有药师经变。[①]

经变画残损严重，情节多不辨，但保存着汉文榜题。内容为“十二大愿”。尚存可见者：“第二愿者使我来世自身光明”“琉璃内外明彻净无瑕秽妙”“功德巍巍安住十方”“如日临世”“众生悉蒙开晓”“第三愿者……也”“……益”“无饥……想……”。[②]根据学者研究，该榜题文字系摘自东晋帛尸梨密多所译《佛说灌顶拔除过罪生死得度经》，而所绘壁画为药师经变。[③]

---

①库车地区出土了两件与药师信仰有关的汉文经本，均由大谷探险队获得。两件《药师经》抄本残件序号分别为第41、69号。第41号文书现存21行汉文，墨书竖写。除第1行上端有缺字外，其余各行均文字完整。经日本学者熊谷宜夫与诸译本对勘发现，此文书虽尾题为“药师经一卷”，现存文字却与东晋帛尸梨蜜多罗所译的《佛说灌顶拔除过罪生死得度经》第12卷的有关章节最为接近，相当于《大正藏》No.1331，第21卷536页上段第6行至中段6行。第69号文书现存15行汉文，墨书竖写。第1行首尾都有缺字，其余各行均是下端缺字。这15行文字，相当于《大正藏》No.1332，第21卷535页下段第28行至536页上段第11行。见龙谷大学佛教文化研究所《龙谷大学善本丛书一》，京都：法藏馆，1980年，“研究册”第78—79页和第120—121页。

②马世长《库木吐拉的汉风洞窟》，载新疆维吾尔自治区文物管理委员会、库车县文物保管所、北京大学考古系《中国石窟·库木吐喇石窟》，北京：文物出版社，1992年，第207页。

③马世长《库木吐拉的汉风洞窟》，载新疆维吾尔自治区文物管理委员会、库车县文物保管所、北京大学考古系编着：《中国石窟·库木吐喇石窟》，北京：文物出版社，1992年，第208页。鉴于该榜题文字的来源为东晋龟兹人所译，可能这一经本早在这一地区流传，与其相关的药师信仰可能在龟兹地区就已存在。这为我们探索汉传佛教净土在龟兹地区的传播与接受情况，提供了一个有益的视角，值得进一步发掘。

图213 阿艾石窟主室右侧壁药师佛

单尊的造像则发现在阿艾石窟主室右侧壁上,共绘有两身,附有榜题(图213)。两身均为立姿,内着僧祇支,束帛带,外披双领下垂式袈裟。左手作吉祥印并持药钵,右手持锡杖。在第二身药师左侧还绘有七身小坐佛和一身供养人像。此外,券顶的榜题里还有四条提及供养七佛。综合考虑,这些图像和榜题文字可能与药师七佛有关。①

①霍旭初《阿艾石窟题记考识》,《西域研究》2004年第2期,第50—59页。

第四节　永远的释迦佛——法华佛陀观

释迦牟尼在菩提树下成佛后，度化众生，创立了佛教。在他传教四十年后，在娑罗树下入灭。佛陀是个历史上的真实人物，他引导信众走上追求涅槃的圣道。

释迦牟尼去世后，佛教继续发展。然而随着距离佛在世时间的愈益遥远，信徒们对佛陀的思念愈益强烈。释迦牟尼的人格属性日益淡漠，而日益将其神化。这在佛教思想的发展中也有所反映，即佛陀观的变迁，其中佛身观的发展更是其核心问题。

部派佛教时期，不同的佛教派别对佛陀的不同认识开始理论化。他们的观点主要可以分为两大类。一类是主张佛身可以分为生身和法身。生身是释迦牟尼的肉体之身，和普通信众一样来自父母，有寿命的局限，仍然会产生头疼、遭人诽谤等烦恼。然而，佛的法身是不灭的。佛的法身是指佛所宣讲的代表真理的佛法。这一类以说一切有部为代表。另一类则认为，佛的色身无边无际，凡夫所见仅是佛的应化之身，佛寿也是无限的，佛身是无漏的。这一类以大众部为代表。

公元一世纪中叶,大乘佛教产生。[1]大乘的佛身观亦开始发展,先后发展出各种佛身观。

法华经认为释迦牟尼佛久远就已成佛,佛寿无量。

> 尔时世尊知诸菩萨三请不止,而告之言:"汝等谛听,如来秘密神通之力。一切世间天、人及阿修罗,……我实成佛已来无量无边百千万亿那由他劫。……自从是来,我常在此娑婆世界说法教化,亦于余处百千万亿那由他阿僧祇国导利众生。……如来如实知见三界之相,无有生死、若退若出,亦无在世及灭度者,非实非虚,非如非异,不如三界见于三界,如斯之事,如来明见,无有错谬。以诸众生有种种性、种种欲、种种行、种种忆想分别故,欲令生诸善根,以若干因缘、譬喻、言辞种种说法,所作佛事,未曾暂废。如是,我成佛已来,甚大久远,寿命无量阿僧祇劫,常住不灭。"[2]

并且分身度化十方世界的众生,是万佛之根本(本),其他的分身仅仅是他的化现之身(迹)。佛告大乐说菩萨摩诃萨:

> ……"大乐说!我分身诸佛——在于十方世界说法者,今应当集。"……尔时佛放白毫一光,即见东方五百万亿那由他恒河沙等国土诸佛,彼诸国土,皆以颇梨为地,宝树、宝衣以为庄严,无数千万亿菩萨充满其中,遍张宝幔,宝网罗上。彼国诸佛,以大妙音而说诸法,及见无量千万亿菩萨,遍满诸国,为众说法。南西

①吕澄《印度佛学源流略讲》,上海:上海人民出版社的,1979年,第81页。

②《妙法莲华经》,《大正藏》第9册,第42页。

北方、四维上下，白毫相光所照之处，亦复如是。……是时，诸佛各将一大菩萨以为侍者，至娑婆世界，各到宝树下。……尔时东方释迦牟尼佛所分之身，百千万亿那由他恒河沙等国土中诸佛，各各说法，来集于此；如是次第十方诸佛皆悉来集，坐于八方。尔时一一方，四百万亿那由他国土诸佛如来遍满其中。①

可以看出，《法华经》久远释迦的佛身观，实际上延续了部派佛教大众部的思想，且有着很大的发展。首先是即释迦佛寿无量，法身不灭，佛与佛时间上是同一的。第二，分身教化各方，佛与佛在空间上是统一的。从而，释迦牟尼佛成为永恒的宇宙佛。

《法华经·药王菩萨本事品》中提到，修行《法华经》的功德：

若如来灭后，后五百岁中，若有女人闻是经典，如说修行。于此命终，即往安乐世界，阿弥陀佛、大菩萨众，围绕住处，生莲华中，宝座之上，不复为贪欲所恼，亦复不为瞋恚愚痴所恼，亦复不为憍慢嫉妬诸垢所恼，得菩萨神通、无生法忍。②

这就使得久远释迦佛的信仰和西方阿弥陀佛的信仰联系起来，它是第16窟主室左侧壁绘制观无量寿经变的佛理依据。

药师佛在《法华经》中并未提及，但是作为东方净土的教主，不仅他的性质与西方净土阿弥陀佛相同，而且他还能消灾除病、延年益寿，满足信众的现实需求，与西方净土的信仰具有很大的互补性，两者皆可看作法华“本迹”思想在佛教艺术中的合理演绎。

---

①《妙法莲华经》，《大正藏》第9册，第32—33页。

②《妙法莲华经》，《大正藏》第9册，第54页。

库木吐喇石窟第16窟主室正壁的法华经变以及主室前壁的经变壁画对法华经佛陀观以及本迹思想进行了很好的阐释。

第16窟位于库木吐喇石窟窟群区南侧临渭干河的崖壁上,为一中心柱窟,由主室和后室组成,面宽375厘米、进深437厘米、高475厘米。主室窟室正中带有像龛的方形柱体,以及正壁前的长方形像台为礼拜的中心。其中柱体为塔的象征,像龛内原有佛像,为佛塔信仰和佛像信仰的统一。窟室各壁均绘有壁画,主要有法华经变、无量寿经变、药师经变和涅槃经变。

法华经变绘于主室正壁的上部,为绘塑结合。主室正壁上部龛中原塑有释迦牟尼像,像后影塑身光。佛像坐于两树下,佛头上方的券顶内飞天吹箫奏乐。表现的正是世尊在灵鹫山为诸菩萨、阿罗汉等说法的情景。当时:

天雨曼陀罗华、摩诃曼陀罗华、曼殊沙华、摩诃曼殊沙华,而散佛上及诸大众。[①]

佛龛外左右对称绘制文殊菩萨与普贤菩萨及胁侍人物。龛左侧绘骑狮文殊菩萨,其项饰璎珞,臂腕配钏,左足踏莲花,半结跏趺坐于狮子上。周围绘制三身胁侍菩萨。文殊菩萨及周围胁侍菩萨丰腴华美。文殊菩萨左下方绘制一身牵狮昆仑奴,昆仑奴及狮子均踏莲花。[②](图214)龛右侧绘制骑象普贤菩萨,其周围也绘制三身胁侍菩萨,普贤菩萨左侧绘制一身牵象奴,象奴通身黝黑,与象均踏莲花。[③]文殊和普贤周围云气环绕,飞天供养。

---

①《妙法莲华经》,《大正藏》第9册,第2页。

②此资料由德国柏林亚洲艺术博物馆提供。

③此资料由德国柏林亚洲艺术博物馆提供。

文殊和普贤是法华会上的两个大菩萨，文殊菩萨代表智、慧、证，普贤菩萨代表理、定、行，两者居于世尊两侧，体现了本尊理智、定慧、行证的圆满，正是他们协助世尊完成了法华经的宣化，并且在将来卫护和供养受持和诵读法华经的众生。①

文殊和普贤两侧下方各绘五身坐佛像，四周祥云围绕，天花飞舞。主室正壁上方的券顶除中脊和叠涩外，均绘有坐于莲座上的小坐佛。

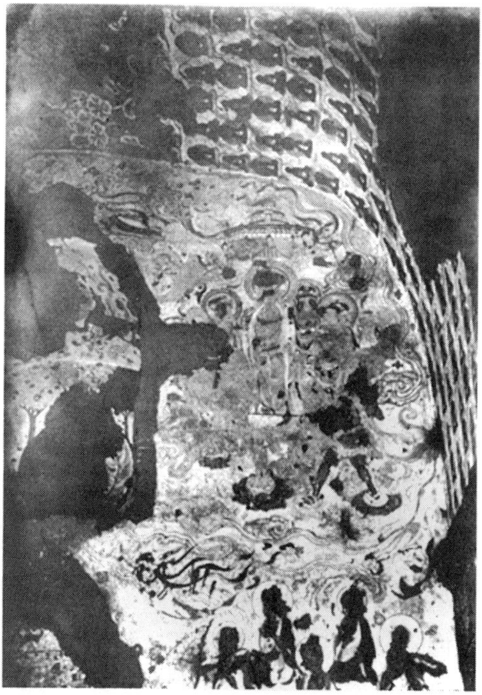

图214　库木吐喇石窟窟群区第16窟主室正壁法华经变(局部)

> 释迦牟尼佛所分之身，百千万亿那由他恒河沙等国土中诸佛，各各说法，来集于此；如是次第十方诸佛皆悉来集，坐于八方。②

第16窟主室正壁上绘制的法华经变主要依据《法华经·序品》绘制，除此之外画师也增加了一些其他品的内容。例如龛左侧骑着狮子的文殊菩萨和龛右侧乘象的普贤菩萨。文殊菩萨是法华会上重要的大菩萨之一，但是现存汉译《法华经》中，均没有提及他骑狮。赴法华会的菩萨中，没有

①《妙法莲华经》，《大正藏》第9册，第61—62页。

②《妙法莲华经》，《大正藏》第9册，第33页。

普贤菩萨，普贤乘象的情节出现于《法华经·普贤菩萨劝发品》。此种将骑狮文殊和乘象普贤对称布置的法华经变的图像在初唐时期就已出现于莫高窟第220窟和第331窟中。

根据学者的研究，在汉传佛教造像系统中，只有释迦牟尼佛和卢舍那佛以文殊和普贤作为胁侍，但是它们出现的时间有所不同。一般来说，包括释迦牟尼、文殊和普贤的所谓释迦三尊像出现在中唐以前，而包括卢舍那佛、文殊和普贤的华严三圣则出现在中唐以后。[①]库木吐喇石窟第16窟具有浓郁的盛唐风格特点，结合龟兹地区历史背景，其绘制时间可能是武周政权重新确立对龟兹地区控制的公元7世纪左右。因而，尽管该窟正壁龛内的塑像已无存，我们大致可以断定正壁上部绘塑内容为法华经变。

另外，法华经认为，真正的释迦牟尼佛早在久远就已断恶现善，成就佛道，不生不灭，其色身的示现，仅仅是释迦牟尼为度化众生中根机粗钝者而采取的方便之道、权宜之法，是将他们导向真正涅槃的手段。

> 佛亦如是，为菩时，教化我等，令发一切智心。而寻废忘，不知不觉。既得阿罗汉道，自谓灭度，资生艰难，得少为足。一切智愿，犹在不失。今者世尊觉悟我等，作如是言："诸比丘！汝等所得，非究竟灭。我久令汝等种佛善根，以方便故，示相，而汝谓为实得灭度。"[②]

---

①镰田茂雄《华严三圣像的形成》，杨曾文，方广锠《佛教与历史文化》，北京：宗教文化出版社，2001年，第362—369页；殷光明《从释迦三尊到华严三圣的图像转变看大乘菩萨思想的发展》，《敦煌研究》2010年第3期，第1—10页；潘亮文《敦煌唐代的文殊菩萨图像试析》，《敦煌研究》2013年第3期，第86—102页。

②《妙法莲华经》，《大正藏》第9册，第29页。

所谓真正的涅槃实际上是真如的抑恶现善——体悟与契入宇宙真理。

第 16 窟主室前壁门道上方绘有涅槃经变，也是古代龟兹地区绘制的最为精美的一幅涅槃经变。涅槃的释迦牟尼佛右胁而卧于画面的下方，宁静安详。画面上方及左右则绘出众弟子、菩萨及供养天人。弟子的表情神态各异，有的神态安详，合十礼佛，坦然面对佛的离世；有的则因为失去了导师的指导，哀伤悲痛，不能自禁。画面上方的飞天体态婀娜轻盈，遍散花雨。（图 215）

图 215　库木吐喇石窟窟群区第 16 窟主室前壁涅槃经变

第五节　宇宙主卢舍那佛——华严佛陀观

华严经学是大乘佛教的一个重要思潮。根据目前的研究,它约开始于公元1世纪,基本定型于公元3世纪末,以后又有所完善。大概从东汉末年起,华严类经陆续传入我国内地。南北朝时对华严类经的研究成为当时重要的佛教学术思潮。进入隋唐以后,华严经更是日益受到重视,一度成为显学,并以此建立了我国佛教史上的一个重要派别——华严宗,与此相关的造像也得到发展。随着唐朝在龟兹地区统治的确立和发展,华严思想及其造像也传入了这里。阿艾石窟开凿于盛唐时期,壁画中的卢舍那佛像反映出了这个时期华严佛陀观的一些重要内容。

卢舍那佛,梵文Locanabuddha,即报身佛,是表示证得了绝对真理,获得佛果而显示佛智的佛身。“卢舍那”的意思就是智慧广大,光明普照。卢舍那这个名字其实就是法身“毗卢遮那”的简称。释迦牟尼佛在立名时,把他的报身和法身立在同一个名中,表示法、报不二。佛有三身,法身即是最本质、最圆满的智慧,是无相可言的。法身佛就是宇宙的人格化,一切佛的智慧和宇宙本身平等不二,所以一切佛的法身根本无分别,都是摩诃毗卢遮那佛(汉译为大日如来)。它是过去、现在存在于不同空间的佛产生和存在的本原。永恒存在，是诸佛之母。[①]该法身相好庄严，清净常寂，普照十方。[②]

报身是佛的修行依因果感召而来的报应身，是修行圆满、大彻大悟的表现。阿弥陀佛、药师佛等都属于报身佛，卢舍那佛也是。释迦牟尼佛原本是莲华藏世界中，卢舍那座下的十地菩萨，也是卢舍那的化身、分身之一，他来到娑婆世界，依照法门修行而成就了卢舍那的报身。简而言之，毗卢遮那佛是法身佛，卢舍那佛是报身佛，释迦牟尼佛是应身佛。

阿艾石窟主室右侧壁绘有一幅卢舍那佛会让我们对盛唐时期汉传佛教卢舍那佛信仰在龟兹地区的传播情况有所了解。

此身卢舍那佛立姿，着通肩袈裟，左手作与愿印，右手作施无畏印，左肩绘一钟，右肩绘一鼓。左臂从肩至肘依次绘：一坐姿天人、阿修罗和白象。右臂从肩至肘依次绘：一天人上部、不明动物的身体后半部（仅见躯干、两条后腿及尾巴）。胸部绘一身菩萨及四身跪姿礼拜天人，菩萨似正在说法，这几身人物均位于天宫中。腹部上部绘大海，下部绘须弥山，须弥山上部两侧绘日、月，中部绘四条蛇，左右各两条。腹部下部绘奔马。股部绘画脱落，仅见两结跏趺坐人物的双腿。左膝处绘两身立姿供养胡人，一男一女。右膝绘两身披甲武士（均有头光）。膝盖以下的部位脱落。（图216）

阿艾石窟中的卢舍那佛身上绘有多个展现庄严法身以及法身特点的物象，包括绘于左右肩部的鼓和钟，绘于腹部下部的奔马。

鼓和钟的作用相似，为寺院行事报时所用，鼓在诵经时也用。它们还都具有警醒睡眠和冥昧的功能。华严经中记载，鼓和钟能发出妙音，给修行者劝勉。

---

①"去来今佛，一切悉等，为一法身。"《大正藏》第10册，第592页。

②《大方广佛华严经》，《大正藏》第9册，第399页和第736页。

图216 阿艾石窟主室右侧壁卢舍那佛

能击正法鼓,声震十方国,令得无上道,自觉法如是[①]。

发击大法鼓音声闻于一切世界,普照一切众生诸根心。[②]

阿僧祇宝鼓,妙音克谐,穷劫不绝。[③]

天中有鼓,名:甚可爱乐。彼天生已,此鼓发音而告之言:“诸天子!汝以心不放逸,于如来所种诸善根,往昔亲近众善知识。毘卢遮那大威神力,于彼命终来生此天。”[④]

十方一切诸妓乐,钟鼓琴瑟非一类,悉奏和雅妙音声,靡不从于掌中出。[⑤]

或时心欲一切言音,皆作法音,恒住不灭;或时心欲一切世界箫、笛、钟、鼓及以歌咏,一切乐声皆演法音。[⑥]

①《大方广佛华严经》,《大正藏》第9册,第423页。
②《大方广佛华严经》,《大正藏》第9册,第652页。
③《大方广佛华严经》,《大正藏》第10册,第175页。
④《大方广佛华严经》,《大正藏》第10册,第255页。
⑤《大方广佛华严经》,《大正藏》第10册,第72页。
⑥《大方广佛华严经》,《大正藏》第10册,第103页。

卢舍那佛两肩上绘制钟、鼓，表现卢舍那佛法界以度化六道众生为目标的特点。奔马则是对法身空寂，亦有亦无特点的譬喻。

> 诸法空寂无生灭，解达非有亦非无，譬如野马水月形，亦如幻梦镜中像，诸法无主悉空寂，因是得成慧灯光。①

卢舍那佛也是世界万物的起源，是卢舍那佛的愿力化现了无量的三界六道和万事万物。

> 重观普贤一一身分、一一肢节、一一毛孔中，悉见三千大千世界风轮、水轮、火轮、地轮，大海宝山、须弥山王、金刚围山，一切舍宅，诸妙宫殿，众生等类，一切地狱、饿鬼、畜生，阎罗王处，诸天梵王，乃至人、非人等，欲界、色界，及无色界，一切劫数，诸佛菩萨，教化众生，如是等事，皆悉显现；十方一切世界，亦复如是。如此娑婆世界，卢舍那如来、应供、等正觉，所现自在力。②

可以看出，阿艾石窟的卢舍那佛身上从上至下依次绘出了天界、阿修罗、人道、畜生道，袈裟的下部已脱落，可能绘有饿鬼和地狱道。这正是对有情娑婆世界的描绘。

娑婆世界也是卢舍那佛的度化对象。

> 一切见者两足尊，哀愍众生现神力，令此种种诸天乐，普发妙音咸得闻。于一毛端百千亿，那由他国微尘数，如是无量诸如

---

①《大方广佛华严经》，《大正藏》第9册，第436页。

②《大方广佛华严经》，《大正藏》第9册，第784页。

来,于中安住说妙法。一毛孔内无量刹,各有四洲及大海,须弥铁围亦复然,悉见在中无迫隘一毛端处有六趣,三种恶道及人天,诸龙神众阿修罗,各随自业受果报。于彼一切刹土中,悉有如来演妙音,随顺一切众生心,为转最上净法轮。刹中种种众生身,身中复有种种刹,人天诸趣各各异,佛悉知已为说法。①

卢舍那佛身体各部位绘制的六道多位于椭圆形中,正表现了卢舍那佛身放光明,照耀、度化众生的情况。

可以看出此时龟兹地区华严法身观,强调卢舍那佛的法身是世间万物的本源,并以光明照耀众生。

阿艾石窟是个方形窟,主室中部有一长方形石坛,可惜坛上造像不存。正壁绘西方净土变,两侧壁外端壁画脱落。左侧壁残存壁画从外至里依次绘坐佛、观音菩萨、观音菩萨和弥勒菩萨。(图217)右侧壁残存壁画从外至里绘坐佛、药师佛、文殊菩萨、卢舍那佛、药师佛和地藏菩萨。(图218)尽管目前无法判定石坛上的主尊尊格,但是从正壁绘制的西方净土变相可以看出,此窟中的卢舍那佛既没有绘于正壁,又是单尊,显然并非本窟最

图217 阿艾石窟主室左侧壁佛与菩萨

①《大方广佛华严经》,《大正藏》第10册,第198页。

图218　阿艾石窟主室右侧壁佛与菩萨

主要礼拜对象。说明这一时期，在龟兹地区华严佛陀信仰的影响还很有限。

第六节 千佛图像及其所反映的佛陀观

(一)千佛定义

根据学者们的研究,千佛内涵丰富,大体可以分为狭义和广义两个概念。①

狭义的千佛是指在某一个时间区间出现的一千尊佛。一般来说大致可分为过去、现在和未来的诸千佛。这些千佛有具体的名号,具体说来,其群体有比较确定的数量,有相应的佛经经典作参照,从艺术表现角度来讲,一般具有较固定的程序,如一般多横成行、纵成列密集分布于洞窟的某一壁或几壁,数量几十身乃至更多。

就汉译佛经而言,“千佛”一词大概始见于西晋竺法护译《贤劫经》的《千佛发意品》,第一位佛是拘留孙,最末一位佛叫楼至,这就是佛教所说

---

①贺世哲《关于北朝石窟千佛图像诸问题》,《敦煌研究》1989 年第 3 期,第 1—10 页;赖鹏举《丝路佛教的图像与禅法》,中坜:财团法人圆光佛学研究所,2002 年;梁晓鹏《敦煌莫高窟千佛图像研究》,北京:民族出版社,2006 年。沙武田《千佛及其造像艺术》,《法音》2011 年第 7 期,第 55—64 页。梁尉英《敦煌石窟贤劫千佛变相》,载敦煌研究院《1994 年敦煌学国际研讨会文集·石窟考古卷》,兰州:甘肃民族出版社,2000 年,第 26—53 页。

的“贤劫千佛”。①

“劫”,佛教最大的计时单位。一劫包含一千六百八十万年,这样的劫被称为是一个小劫,二十小劫共约三亿三千六百万年,为一个中劫,四个中劫——成劫、住劫、坏劫、空劫,共约十三亿四千四百万年,称为一个大劫。

过去之住劫,名为庄严劫;未来之住劫,名为星宿劫;现在之住劫,名为贤劫。据《千佛名经》等佛典记载,在过去的庄严劫和现在的贤劫内,相继有一千人成佛;未来的星宿劫内,也将有一千人成佛。过去世庄严劫一千佛,现在世贤劫一千佛,未来星宿劫一千佛,合成“三世三千佛”。

广义的千佛，涵盖所有数量多但缺乏具体名号的佛像群体，比较笼统,包括十方千佛、化佛、分身佛以及冠之以巨大数量词的佛群体。

龟兹地区千佛图像类型丰富，以往学者在其研究中已经注意到了这个现象,涉及图像既有狭义的千佛图像,也有广义的。多以狭义的千佛图像为主,但一般仅限于著录,很少对其进行细致的分类加以区分,更遑论对其图像来源、义理内涵进行论述。②

---

①《贤劫经》,《大正藏》第14册,第64页。

②宿白《新疆拜城克孜尔石窟部分洞窟的类型与年代阶段划分与年代》,宿白《中国石窟寺研究》,北京:文物出版社,1996年,第19—38页;马世长《克孜尔中心柱窟主室券顶与后室的壁画》,新疆维吾尔自治区文物管理委员会,拜城县克孜尔千佛洞文物保管所,北京大学考古系《中国石窟·克孜尔石窟2》,北京:文物出版社,1996年,第174—226页;李崇峰《中印佛教石窟寺比较研究·以塔庙窟为中心》,北京:北京大学出版社,2003年;丁明夷《记两处典型的龟兹石窟——森木塞姆与克孜尔尕哈石窟》,新疆龟兹石窟研究所《龟兹佛教文化论集》,乌鲁木齐:新疆美术摄影出版社,1993年,第356—378页;许宛音《台台尔石窟踏查记》,载新疆维吾尔自治区文物管理委员会,拜城县克孜尔千佛洞文物保管所,北京大学考古系《中国石窟·克孜尔石窟1》,北京:文物出版社,1989年,223—235页;阎文儒《新疆天山以南的石窟》,载《文物》1962年第7、8期,第41—59页;霍旭初、王建林《丹青斑驳·千秋壮观——克孜尔石窟壁画艺术及分期概述》,中国壁画全集编辑委员会《中国美术分类全集·中国壁画全集·克孜尔1》,天津:天津人民美术出版社,乌鲁木齐:新疆美术摄影出版社,1992年,第1—25页;贾应逸、祁小山《印度到中国新疆的佛教艺术》,兰州:甘肃教育出版社,2002年,第254—380页。新疆龟兹研究院(原新疆龟兹石窟研究所)近年来编著的多本石窟内容总录对这类图像进行了较为详细的记录,但并未对其内容进行辨识。

由于千佛是大乘佛教中的一个重要观念,学者们近年来,对其他地区的千佛图像进行了深入探讨。另一方面,龟兹石窟中也有丰富的千佛图像,且类型多样,加之多年来经过学者们对龟兹地区千佛图像的辨识和著录,相关资料的积累也已相当丰厚。故在以往前辈学者研究的基础上,深入探讨龟兹千佛图像的相关问题,恰逢其时。

(二)龟兹地区的千佛图像

龟兹地区目前属于上述两类性质的千佛图像主要发现于以下诸窟中。

1. 克孜尔石窟

第 97 窟为一中心柱窟,分为主室和左右后甬道。主室正壁上方绘舍卫城神变,前壁上方半圆端面绘菩萨兜率天说法,券顶中脊绘天相图,两侧券腹均绘菱格塔中坐佛,每侧券腹各绘 7 行,每行 9 幅。其余壁面均绘方格塔中坐佛,可惜大多已残毁。现存较多绘于主室右侧壁,该壁原绘 20 列,每列5 幅,现下部已不存。

第 126 窟也是中心柱窟,主室券顶绘菱格坐佛,原两侧券腹各绘 4 行,每行 6—7 幅不等,现仅右侧券腹保存较好。

第 172 窟原为一僧房窟,后改建为一个中心柱窟和长条形方形窟,千佛绘于长条形方形窟内。均为方格坐佛,左侧壁绘 4 行,每行 10 幅,右侧壁亦绘 4 行,每行 14 幅。

第 180 窟为中心柱窟,分为前室、主室和左右后甬道。主室正壁、左右侧壁各开一拱形龛,龛的顶部和侧壁均绘菱格坐佛,左、右、后甬道顶部中脊绘忍冬纹,其余壁面均绘方格坐佛。主室和左、右、后甬道保存较好。主室两侧壁龛外均绘方格坐佛 6 行,每行 5—7 幅,券顶绘 10 行,每行 5 幅。左、右甬道外侧壁均与后甬道端壁联为一体,各绘 5 行,每行 7 幅;内侧壁绘 5 行,每行 5 幅。后甬道正壁至券顶绘 5 行,每行 11 幅;前壁绘 5 行,每行 5 幅。

第 189 窟为穹窿顶方形窟,窟顶中央绘降服火龙的佛陀。其周边呈环形绘制多圈坐佛,坐佛着袈裟方式有袒右、通肩和双领下垂,交替排列,背景色亦有变化,但均缺乏规律。

第 190 窟为长条形方形窟,各壁均绘方格千佛,其中右侧壁保存较完整,尚存 5 行,每行 15 幅。

第 186 窟为中心柱窟,左右后甬道侧壁均绘方格塔中坐佛,左右甬道保存较好,外侧壁均与后甬道端壁相连,各绘 2 行,每行 6 幅;内侧壁亦绘 2 行,每行5 幅。

第 197 窟为中心柱窟,主室正壁有一立像龛,中心柱其余三壁均开拱形龛,左右甬道外侧壁下部绘一列本生故事,后室正壁塑绘佛涅槃。其余壁面基本遍绘方格坐佛(两侧券腹下端各绘一行菩萨)。其中主室侧壁和左右甬道侧壁保存较好。主室券顶原绘 16 行,每行 7 幅。侧壁原绘 10 行,每行 9 幅。甬道各侧壁绘 7 行,每行 5 幅;券顶两侧各绘 3 行,每行 5 幅。

第 27 窟为中心柱窟,主室正壁立龛周边有 9 行 62 个龛,原龛内也应有小佛像,其题材表现也应是千佛。

此外,第 107A、第 107B、第 193 窟等窟中也有千佛的图像。

2. 库木吐喇石窟

第 9 窟为中心柱窟,尚未完成,除立佛、卢舍那佛外,主要绘制千佛。主室正壁和后甬道正壁保存较好。主室正壁龛上方现存绘制小坐佛 10 列,每列约 25 身不等。后甬道正壁绘 5 行小坐佛,每行约 25 身。

第 11 窟为方形窟,千佛绘制于主室券顶。左侧券腹残存 11 行,右侧券腹残存 15 行,每行 32—33 身。第 14 窟形制与第 11 窟同,主室券顶两侧各绘 12 行,每行 37 身。

第 16 窟为中心柱窟, 千佛绘于主室券顶, 每侧券腹绘 17 行, 每行 34—36 身不等。

第 28 窟为中心柱窟,壁画主要保存在主室券顶,绘方格坐佛,左侧券腹存 5 行,每行 10 个。右侧券腹保存很少。

第 37 窟为方形窟,除主室券顶中脊绘纹饰等,余壁均绘汉式小坐佛。正壁保存较多,现存 18 行,每行 27 身。左右侧壁每壁绘 17—18 行,每行约40 身,现存三分之一。券顶中脊两侧各绘 13 行,每行 38 身。

第 42 窟为中心柱窟,券顶绘制成排小坐佛。两侧券腹各绘 8 行,每行约25 身。

第 46A 窟为中心柱窟，千佛绘制于主室侧壁和左右甬道内外侧壁。主室侧壁各绘13 行小坐佛，每行 15—16 身不等。左右甬道内侧壁绘 5 行,每行 9 身;外侧壁绘 5 行,每行 12 身。

第 58 窟为中心柱窟,主室券顶中脊两侧绘菱格塔中坐佛。每侧绘 7 行,每行绘 6 幅。

此外,第 15 窟、17 窟、55 窟和 56 窟券顶也绘有千佛图像,但大部分不存。

3. 森木塞姆石窟

第 48 窟为中心柱窟,主室两侧券腹绘菱格坐佛,每侧绘 4 行,每行 5 幅。此外,新 1 窟中也有千佛图像,但保存状况不好。

4. 克孜尔尕哈石窟

第 21 窟为中心柱窟,除天相图、本生故事外,大部分绘方格坐佛。主室两侧壁保存较好,下部绘 8 行,每行 8 幅,上方半圆端面绘 3 行,每行 7—9 幅。主室券顶至两侧券顶下沿绘 4 行,每行 15 幅。左右甬道内侧壁至券顶绘 8 行,每行 3—6 幅,外侧壁与后甬道端壁相连,下部绘本生故事,中上部至券顶绘 8 行,每行 9 幅。后甬道正壁下部绘本生故事,中上部至券顶绘8 行,每行 15 幅;前壁至券顶绘 8 行,每行 4—6 幅。

第 15 窟主室券顶也有千佛图像,但损毁严重。

5. 台台尔石窟

第 14 窟为中心柱窟,主室侧壁绘方格塔中坐佛,每壁 4 行,每行 7 幅。

此外,第17窟左右甬道外侧壁、后甬道正壁和两端壁也绘有方格塔中坐佛,但保存不多。

6. 阿艾石窟

为方形窟,主室券顶绘成列的小坐佛,两侧券腹各绘9行,每行19—22身,现仅右侧保存较多。

(三)千佛图像分类、源流

本章在对龟兹石窟中的千佛图像进行分类时,主要是以它所反映的佛学义理为判定的依据。鉴于龟兹千佛图像所反映义理图像的多样性和复杂性,仅凭此章难以阐明其全部内涵,故本章对其分类时,仅对龟兹石窟中出现的反映“三世三千佛”和“三世十方佛”性质的图像进行探究,其他图像拟另文加以介绍。[①]

1. 三世三千佛

根据台湾圆光佛学研究所赖鹏举研究员对丝路佛教图像的研究,北传佛教造像中占重要位置的千佛与“三世”二者互为表里,千佛造像重在阐释“三世”思想。[②]

他认为公元3世纪时,汉地就已经开始出现了三世佛的思想,随后河西地区开始出现与三世佛以及过去七佛有关的造像。公元5世纪时,鸠摩罗什译出的《妙法莲华经》中,这种思想得到了进一步的展开。“在以新的‘三世佛观’为核心结构下,加上当时流传有关千佛的经典,及僧肇在《物不迁论》及《涅槃无名论》中所发展出‘尽见过去灭度诸佛’的禅法,炳灵寺

①在对千佛图像类型进行判定时,由于龟兹地区此类图像往往缺乏文字题记,因而对其识别主要是以这群佛像所处石窟整体所反映的佛学思想内涵,同时结合它们的自身特点,比如这些佛像的所处位置、佛像间的关系、佛像的数量等因素。

②赖鹏举《丝路佛教的图像与禅法》,中坜:财团法人圆光佛学研究所,2002年,第118—138页。

169 窟的禅师们发展出目前北传所知最早的'千佛'禅法与造像。"[①]

这些千佛图像绘制的依据主要是《过去庄严劫千佛名经》《现在贤劫千佛名经》《未来星宿劫千佛名经》等佛经。

关于三世千佛,《过去庄严劫千佛名经》记载:

> 尔时释迦牟尼佛告大众言:"我曾往昔无数劫时,于妙光佛末法之中,出家学道,闻是五十三佛名。闻已合掌,心生欢喜,复教他人,令得闻持。他人闻已,展转相教,乃至三千人。此三千人异口同音,称诸佛名,一心敬礼;如是敬礼诸佛因缘功德力故,即得超越无数亿劫生死之罪。初千人者,华光佛为首,下至毘舍浮佛,于庄严劫得成为佛,过去千佛是也;其中千人者,拘留孙佛为首,下至楼至佛,于贤劫中次第成佛;后千人者,日光佛为首,下至须弥相佛,于星宿劫中当得成佛。"[②]

与三世千佛相关的佛经还有《未来星宿劫千佛名经》。据台湾学者陈慧宏研究,这部佛经和《现在贤劫千佛名经》以及《过去庄严劫千佛名经》,"原名《三劫三千佛名经》,……,后世将其分为三部。[③]"

根据陈慧宏对于河西佛教造像的研究,河西特别是莫高窟早期石窟中曾经流行过贤劫千佛和三劫三千佛两种千佛图像系统,两种图像特征上的相同点是他们均以数以百计的横竖成行成列的坐佛作为图像的主题;而差别则在于绘有三劫三千佛的窟中,一是没有了体现现在未来观念

①赖鹏举《丝路佛教的图像与禅法》,中坜:财团法人圆光佛学研究所,2002 年,第 36—42 页。

②《过去庄严劫千佛名经》,《大正藏》第 14 册,第 365 页。

③陈慧宏《敦煌莫高窟早期的千佛图》,台湾大学硕士论文,1994 年,第 48 页。

的有关造像,如弥勒造像。二是主尊或千佛造像一般为禅定坐佛。三是体现贤劫千佛佛法传承观念的说法图的不受重视。[①]

公元 6 世纪左右,属我国历史上北朝后期。这一时期,我国无论是北魏还是后来的西魏北周和东魏北齐政权,基于政治和文化上的需要,都与古代西域地区保持着密切的交往,互相频繁遣使。[②]这种情况在北齐政权更是如此,许多龟兹人因为擅长乐舞得到重用,北齐后主高纬在面临强敌时,甚至有战败做"龟兹王子"的想法。[③]北周武帝对于来自西域的宗教祆教的活动也亲自参与,可见其对西域的重视。[④]这一时期,也是千佛图像盛行于我国北方的时期。从高昌、河西乃至洛阳的广大地区均有绘制或雕刻的千佛图像。

随着龟兹地区与高昌、中原地区的交往,和千佛有关的观念及图像也传入了龟兹地区。

龟兹地区作为小乘说一切有部的基地,长期奉行"唯礼释迦"的佛陀观,龟兹石窟壁画题材以释迦牟尼的佛教故事为主,这就是对这种观念的最好阐释。此外,"三世佛"观念也在这里非常盛行。中心柱券顶绘制的因缘故事有很多表现过去佛的内容。方形穹窿顶窟顶部有些绘出一佛一菩萨题材,如克孜尔石窟 123 窟;一些中心柱窟,如 100 窟,左右甬道侧壁绘出过去诸佛,都是这种观念的反映。

如上所述,千佛图像的内涵就是三世思想。基于义理的相同,这种千佛图像很快就在龟兹地区得以传播。它与龟兹原有的三世学思想及佛像表现形式结合,产生了具有龟兹地区特色的三劫三千佛图像。

---

①陈慧宏《敦煌莫高窟早期的千佛图》,台湾大学硕士论文,1994 年,第 147—150 页。

②吴平凡、朱英荣《龟兹史料》,乌鲁木齐:新疆大学出版社,1987 年,第 160—161 页。

③〔唐〕李百药《北齐书》,北京:中华书局,2013 年,第 692 页。

④〔唐〕魏征等《隋书》,北京:中华书局,2012 年,第 149 页。

龟兹石窟中绘有表现三世三千佛类型图像的洞窟包括克孜尔石窟第27窟、97窟、107A窟、107B窟、126窟、180窟、186窟、193窟和197窟,库木吐喇石窟第28、58窟,森木塞姆石窟第48窟和新1窟,克孜尔尕哈石窟第15窟和21窟以及台台尔石窟第14窟和17窟。(图219)

图219 克孜尔石窟第97窟主室左侧壁塔中坐佛

这些千佛的图像,从形式来看主要有两类,一类为方格坐佛,这种类型的坐佛保存在克孜尔石窟第97窟主室及甬道侧壁, 第107A、107B后甬道、第180窟各壁、第186窟甬道以及第193窟。此外,库木吐喇石窟第28窟,克孜尔尕哈石窟第21窟,森木塞姆石窟新1窟甬道内也有这种方格坐佛。(图220)

它的特点是以一个方格坐佛为基本单位,纵横排列而成,坐佛间纵横均有界格。坐佛一般为结跏趺坐,手作禅定印,着通肩式或双领下垂式袈裟。背景为红色、绿色或白色,相邻间两个坐佛多有变化,但就千佛的整体而言缺乏清晰的变化规律。这种形式的千佛样式与吐鲁番地区吐峪沟石窟北凉时期开凿的第2窟主室券顶千佛的形式相同, 而与敦煌地区的石窟有所不同,其不同之处即敦煌地区千佛图像中的小坐佛间均无界格,反映出两地间的密切联系。但是就方格千佛图像的源头来讲,当是受到了河西地区的影响。(图221)

方格坐佛中有一种特殊的样式，即每一身佛像均为塔中坐佛。此种坐佛样式可见于克孜尔石窟第 97 窟主室及甬道侧壁，第 107A 窟左甬道侧壁及后甬道前壁及侧壁以及第 193 窟前室侧壁、券顶及门道的侧壁和券顶。

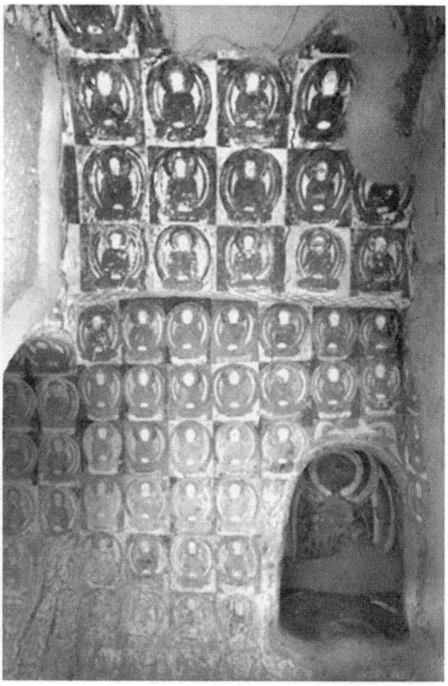

图 220　克孜尔石窟第 180 窟主室左侧壁

塔中坐佛是龟兹地区非常流行的一种题材。其出现也非常早。根据学者的研究，它在公元 4 世纪时就已在龟兹石窟中出现，如克孜尔石窟第38 窟。（图 222）此后一直在龟兹石窟中有所表现。在公元 7 世纪的第 188 窟和 205

图 221　吐峪沟石窟第 2 窟主室券顶千佛

图 222　克孜尔石窟第 38 窟右甬道外侧壁塔中坐佛

窟中，塔中坐佛成为主室窟顶因缘故事中的佛像样式。在一些小型石窟中也有发现，如台台尔石窟第 14 窟和 17 窟中。(图 223)以塔中坐佛作为千佛基本单位的千佛在龟兹石窟以东的石窟中发现很少。吐鲁番仅有几例，如柏孜克里克第 51 窟等，且时代均进入了回鹘时期。敦煌地区仅有第 205 窟一例。因而，很有可能此种样式的千佛当为龟兹地区的创造。

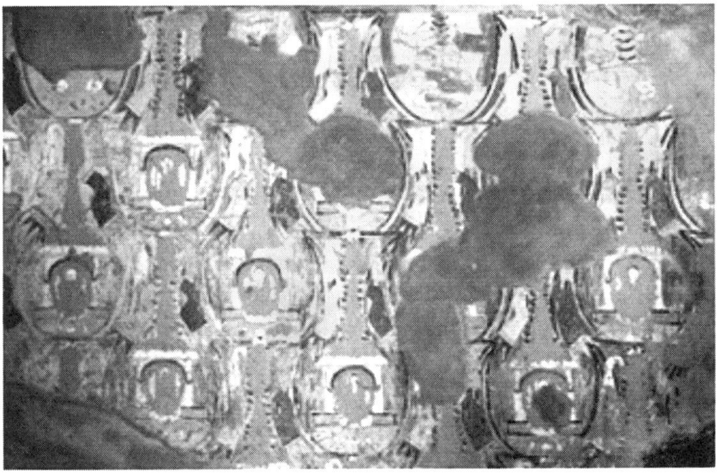

图 223　台台尔石窟第 17 窟后甬道右端塔中坐佛

另一类为菱格千佛，如克孜尔石窟第 97 窟、126 窟，库木吐喇石窟第 58 窟和克孜尔尕哈石窟第 15 窟以及森木塞姆石窟第 48 窟。此种形式当是由龟兹石窟中菱格故事画转变而来。

菱格故事画是龟兹石窟壁画艺术的一个重要特点。它以菱形格作为画面构图的基本形式,每个菱格内一般绘制一个故事,一般为该故事的高潮部分。这种菱格构图的故事画,一方面增强了画面的装饰感,另一方面也包含了大量的内容。根据学者的研究,菱格内的故事画一般多为表现释迦以及过去佛的本生、因缘和佛传故事,体现的就是对过去、现在佛的崇拜。

但是,随着表现三世三千佛图像的传入,龟兹地区这种菱格故事画的表现形式开始发生了变化,即开始忽略故事的情节,而仅仅绘出佛像。如克孜尔石窟第110窟为公元6世纪开凿的方形窟。该窟主室券顶的菱格坐佛旁边有时还绘出一些物象,但已无法辨别其故事内容。(图224)而公元7世纪开凿的克孜尔石窟第176窟及托乎拉克艾肯石窟第15窟主室券顶大部均绘菱格因缘故事,但是在其最下一列的半菱格中却绘出了菱格坐佛。(图225)上述千佛图像均体现出过渡性的特点。而在克孜尔石窟第126窟和森木塞姆石窟第48窟中,菱格故事画已经完全消失了,代之而起的是菱格千佛图像。(图226)

菱格千佛中,有些菱格中的坐佛为塔中坐佛,如克孜尔石窟第97窟主室券顶和库木吐喇石窟第58窟主室券顶。(图227)

龟兹石窟中的千佛图像,无论是方格千佛还是菱格千佛,由于没有题记的说明,这就给我们判断其具体属性造成了一定的困难。

图224　克孜尔石窟第110窟主室券顶菱格坐佛

图 225　托乎拉克艾肯石窟第 15 窟主室券顶菱格塔中坐佛

近年来，由新疆龟兹研究院与北京大学中古史中心以及中国人民大学西域历史语言研究所共同对库木吐喇石窟第 50 窟正壁龛内吐火罗语题记的解读发现，“虽然目前该龛仅能读出 38 个佛名，只是千佛名录的一小段，但通过这些资料的比较，可以暂时认为该龛榜题所见佛名次序与于阗语《贤劫经》以及译者匿名的汉译 A 本《现在贤劫千佛名经》(《大正藏》第 447a 号经)最相近，而位置可能相当于龟兹流行千佛名录的中央段落。以往龟兹文献研究者很少意识到龟兹佛典也具有此种佛名文献，但是该龛榜题以及克孜尔石窟出土德藏梵本 SHT840 和 SHT840a 的存在，证

图 226　森木塞姆石窟第 48 窟主室券顶菱格坐佛

明龟兹地区也流传过几种版本的《佛名经》。”①

图 227　库木吐喇石窟窟群区第 58 窟主室券顶塔中坐佛

尽管目前在龟兹地区壁画中辨识出的佛名仅仅与现在贤劫千佛有关。但我们并不能就此断定我们上面涉及的千佛图像表现的就仅仅是贤劫千佛。首先，目前龟兹石窟中识别出的佛名仅仅是原有题名的很少一部分，当时的壁画题名中是否包含有过去庄严劫和未来星宿劫的佛名，我们无法断定。其二，目前龟兹石窟保存有此类千佛图像的洞窟中，缺乏释迦弥勒时间观的图像，仅仅表现出对释迦及三世诸佛的信仰，这种情况与敦煌北朝晚期流行的三劫三千佛的图像特征极为相似，②因而笔者暂且将这种千佛样式归为三劫三千佛，准确判定只有寄希望于将来有更多的吐火罗题记或文书被发现和辨识。

2. 三世十方佛

十方诸佛观念是大乘佛教佛陀观的一个重要内容。这种观念早在部派佛教中的大众部中就以出现，佛教发展到大乘阶段后，这种观念成为所有大乘教派的基本观念。

大乘佛教认为，我们生活的世界，无量无边，不仅有我们生活的婆娑

---

①荻原裕敏《试论库木吐喇第 50 窟主室正壁佛龛千佛图像的程序》，《西域研究》2015 年第 3 期，第 39 页。

②陈慧宏《敦煌莫高窟早期的千佛图》，台湾大学硕士论文，第 147—158 页，1994 年。

世界,还存在无量的其它世界。这些世界的分布地域从空间方位上可分为东、西、南、北、东南、西南、东北、西北、上、下十个方向。十方有无数世界及净土,称为十方世界、十方法界、十方净土、十方刹等。其中之诸佛及众生,则称为十方诸佛、十方众生。

十方佛的观念至迟在公元2世纪就已经在中亚地区出现，而且已与三世佛观念结合起来。这种情况可以在公元2世纪由月氏僧人支娄迦谶译出的《佛说般舟三昧经·问事品》中可以见到。

> 飏陀和问佛言:“菩萨当行何等法得智慧,如巨海揽万流?……云何行,心一等念十方诸佛悉现在前?云何行,知四事之本无?云何行,便于此间见十方无数佛土,其中人民、天、龙、鬼、神及蠕动之类,善恶归趣皆了知?所问如是,当云何行?愿佛说之,释一切疑。”……佛告飏陀和:“有三昧名十方诸佛悉在前立,能行是法,汝之所问悉可得也。”飏陀和白佛:“愿为说之。今佛说者,多所过度安隐十方,为诸菩萨现大明相。”……“意善解便离欲,常念佛有威德,悉见知无数变,过去佛及当来,并现在人中尊,诸相好若干种。”①

公元4世纪时,龟兹地区也有这种思想的流传。我们可以从这一时期竺法护翻译一般认为是说一切有部佛传的《普曜经》和活跃在龟兹的高僧佛陀跋陀罗和鸠摩罗什的有关译经中看到。

《普曜经》中,多次提到十方佛,如:

---

①《佛说般舟三昧经》,《大正藏》第13册,第897—899页。

"精进如月初，目前不懈怠；游见十方佛，安得复睡眠？"[①]

佛言王："……身口心善，不犯十恶，修行十德，寿终生天。十方佛前，若在人间，豪贵富乐其命永长。"[②]

佛陀跋陀罗译《佛说观佛三昧海经》中关于三世十方佛有如下记载：

虽处母胎常入三昧，在母胎时见十方佛。[③]

生生之处恒常值遇普贤文殊，是法王子，为众行者梦中恒说过去未来三世佛法。[④]

汝今善持慎勿忘失。过去未来三世诸佛，是诸世尊皆说如是念佛三昧。我与贤劫诸大菩萨，因是念佛三昧力故，得一切智威神自在。如是十方无量诸佛，皆由此法成三菩提。[⑤]

鸠摩罗什译《思惟略要法》载：

三七日一心精进如说修行，正忆念《法华经》者，当念释迦牟尼佛于耆阇崛山与多宝佛在七宝塔共坐，十方分身化佛遍满所移众生国土之中，一切诸佛各有一生补处菩萨一人为侍，如释迦牟尼佛以弥勒为侍。一切诸佛现神通力，光明遍照无量国土，欲证实法出其舌相，音声满于十方世界。所说《法华经》者，所谓十

---

①《普曜经》，《大正藏》第3册，第495页。

②《普曜经》，《大正藏》第3册，第533页。

③《佛说观佛三昧海经》，《大正藏》第15册，第633页。

④《佛说观佛三昧海经》，《大正藏》第15册，第665页。

⑤同上，第689页。

方三世众生若大若小,乃至一称南无佛者,皆当作佛。惟一大乘,无二无三,一切诸法一相一门,所谓无生无灭毕竟空相。唯有此大乘,无有二也。①

与此相应,这一时期龟兹石窟中也出现了反映三世佛和十方佛观念的造像。如克孜尔石窟第47窟和48窟。第47窟和48窟均为公元4世纪开凿的大像窟。洞窟由主室和左右甬道及后室组成。

第47窟左甬道内侧壁中部龛内正壁塑出一身坐佛像,龛两侧壁各绘一身立佛,表现的应是三世佛造像。而在47窟左甬道内侧壁下部残存5身立佛和2身坐佛。中部龛外右侧残存1身立佛;龛外上部残存2身小坐佛,结合上面对左甬道内侧壁上部题材的判断,可以说这些壁画表现的应是十方佛的观念。

第48窟左甬道外侧壁下部残存立佛与佛塔,表示此佛应为过去佛。左右甬道内侧壁及后室前壁均开龛,龛内原应绘有佛像,龛内侧壁及龛外绘有若干立佛或小坐佛,表现的应是十方佛。后室前壁龛外上方绘出4身立佛,表现的则是过去四佛,即拘留孙佛、拘那舍牟尼佛、迦叶佛和释迦牟尼佛。

但是由于鸠摩罗什在龟兹活动的时间不长,随着他的东去,说一切有部势力重新得势,三世十方佛造像在龟兹石窟中不再出现。

公元7世纪,反映三世十方佛观念的千佛造像在龟兹地区的石窟中出现。这些石窟包括:克孜尔石窟第189窟,库木吐喇石窟第9窟、第11窟、第16窟、第37窟、第42窟、第46A窟和阿艾石窟。此外,库木吐喇石窟第15窟、17窟、55窟和56窟券顶也绘有此种千佛图像,但大部分已不存。

---

①《思惟略要法》,《大正藏》第15册,第300页。

根据影响其佛教思想的来源和图像样式的不同，这些千佛图像可以分为两类。一类千佛图像保存在克孜尔石窟第 189 窟窟顶，其风格为龟兹本土风格。环绕窟顶中心坐佛的方格千佛应当是受到吐鲁番吐峪沟石窟中千佛图像的影响，表现的是十方佛的境界。①但是在该窟主室前壁门上方绘有佛涅槃的题材，属于三世观念，反映出这种十方佛观与本地固有的三世佛信仰结合，展现出十方三世诸佛的境界。（图 228）

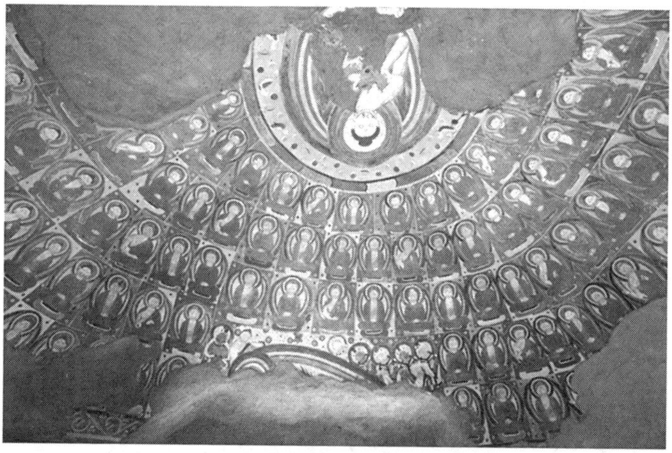

图 228　克孜尔石窟第 189 窟主室窟顶千佛

另外一种则属于汉地风格，这种千佛图像的特点是小坐佛间没有界格，但是有云气相连，具有光光相接的效果。

汉式千佛图像保存较好的洞窟有库木吐喇石窟第 11 窟、14 窟、16 窟、37 窟、第 42 窟和阿艾石窟。其中第 37 窟因各壁均绘千佛，主室坛基上佛像不存，无法揭示其内涵，第 42 窟主室正壁塑像已毁，无法辨明表现内容。其他各窟的千佛图像均应该属净土经变的部分内容。（图 229）

①如吐峪沟石窟第 44 窟窟顶亦绘有相似的千佛图像。根据赖鹏举先生的研究，吐鲁番此种千佛图像源自于阿富汗地区的卡克拉克石窟。详见赖鹏举《丝路佛教的图像和禅法》，中坜：财团法人圆光佛学研究所，2002 年，第 72—73 页、第 100 页。

图 229 库木吐喇石窟窟群区第 37 窟主室正壁千佛

图 230 库木吐喇石窟窟群区第 11 窟主室券顶千佛

依据其来源经本的不同，这些千佛图像可分为两类，一类是西方净土经变的一个内容；另一类属于灵山净土经变的一部分。

属于西方净土经变的石窟包括库木吐喇石窟第 11 窟、第 14 窟和阿艾石窟。（图 230）

其依据经典分别为《佛说阿弥陀经》和《佛说观无量寿经》。

库木吐喇石窟第 14 窟亦为方形窟，纵券顶，主室正中有一方形坛基。主室正壁绘阿弥陀经变。前壁下部坍塌，现仅存上部少许绘画，应为经变画，但内容不可辨识。左右侧壁壁画多不存。券顶绘汉式千佛。

《佛说阿弥陀经》记载：

阿难白佛言："无有诸天神教我，亦无诸佛教我令问佛也。我自从善心知佛意，问佛尔！每佛坐起行来出入，所欲至到、当所作为、诸所教勅者，我辄如佛意。今佛独当念，诸已过去佛，诸当来佛，若他方佛国，今现在佛，独展转相思念故，佛面色光明乃尔耳！”①

其人寿命欲终时，阿弥陀佛即自与诸菩萨、阿罗汉，共翻飞行迎之，则往生阿弥陀佛国，便于七宝水池莲华中化生。即自然受身长大，则作阿惟越致菩萨。便即与诸菩萨，共翻辈飞行，供养八方、上下诸无央数佛。即逮智慧勇猛，乐听经道，其心欢乐。所居七宝舍宅，在虚空中，恣随其意。在所欲作为，去阿弥陀佛近。②

阿艾石窟为方形窟。主室平面方形，宽340厘米、深460厘米、高250厘米，主室中央有一坛基。主室正壁绘一铺观无量寿经变图。左右侧壁绘药师佛、卢舍那佛以及观音菩萨、弥勒菩萨、地藏菩萨和文殊菩萨等。此外，佛与菩萨间的壁面有的还绘有若干小坐佛。券顶壁画脱落严重，仅保存右侧券腹部分，遍绘汉式小坐佛。

《佛说观无量寿经》记载：

尔时世尊放眉间光，其光金色，遍照十方无量世界；还住佛顶，化为金台，如须弥山。十方诸佛净妙国土，皆于中现。或有国土七宝合成；复有国土纯是莲花；复有国土如自在天宫；复有国土如颇梨镜；十方国土皆于中现。有如是等无量诸佛国土严显可观，令韦提希见……尔时世尊告韦提希：“汝今知不？阿弥陀佛去此不远；汝当系念，谛观彼国净业成者。我今为汝广说众譬，亦令未来世一切凡夫欲修净业者，得生西方极乐国土。欲生彼国者，当修三福：一者、孝养父母，奉事师长，慈心不杀，修十善业。二

①《佛说阿弥陀经》，《大正藏》第12册，第300页。

②《佛说阿弥陀经》，《大正藏》第12册，第309页。

者、受持三归,具足众戒,不犯威仪。三者、发菩提心,深信因果,读诵大乘,劝进行者。如此三事名为净业。”佛告韦提希:“汝今知不?此三种业,乃是过去、未来、现在三世诸佛净业正因。”①

属于灵山净土经变的千佛绘于库木吐喇石窟第16窟券顶。该窟主室正壁为塑绘结合表现的法华经变。左侧壁原绘有观无量经变,右侧壁原绘药师经变。主室券顶绘汉式千佛。后室壁画不存。(图231)

图231 库木吐喇石窟窟群区第16窟主室券顶千佛

《妙法莲华经》记载:

尔时佛放白毫一光,即见东方五百万亿那由他恒河沙等国土诸佛……彼国诸佛以大妙音而说诸法,及见无量千万亿菩萨,遍满诸国为众说法,南西北方四维上下,白毫相光所照之处,亦复如是。尔时十方诸佛各告众菩萨言:善男子,我今应往娑婆世

①《佛说观无量寿经》,《大正藏》第12册,第341页。

界释迦牟尼佛所，并供养多宝如来宝塔。……是时诸佛各将一大菩萨以为侍者，至娑婆世界。……尔时诸佛各于此座结加趺坐，如是展转遍满三千大千世界，而于释迦牟尼佛一方所分之身，犹故未尽。时释迦牟尼佛，欲容受所分身诸佛故，八方各更变二百万亿那由他国，皆令清净。……尔时东方释迦牟尼佛所分之身，百千万亿那由他恒河沙等国土中诸佛，各各说法来集于此，如是次第十方诸佛，皆悉来集坐于八方。尔时一一方四百万亿那由他国土，诸佛如来遍满其中。①

根据沙武田的研究，北朝以后，千佛造像在我国各地只有零星的表现。唯独敦煌是个例外，依然绘制有大量的千佛图像。②加之古代龟兹与敦煌石窟的距离较中原其他石窟区域要近，因而，龟兹石窟中出现的汉式千佛图像当是受到了敦煌石窟的影响。

①《妙法莲华经》，《大正藏》第9册，第32—33页。

②沙武田《千佛及其造像艺术》，《法音》2011年第7期，第57，59页。

第七节 汉传佛教大乘观念影响下龟兹本土佛陀观的变化

唐朝前期是龟兹佛教发展的一个繁盛期，一方面是龟兹本土传统佛教继续发展,反映在佛陀造像方面就是反映龟兹固有小乘说一切有部(根本说一切有部)佛陀观念的造像继续被塑绘;另一方面,则是与汉地大乘佛陀观念有关的佛陀造像大量出现，并且对本土传统佛陀观念造成了一定的冲击。

克孜尔石窟第123窟是一个中心柱窟。该窟有大量精美壁画被德国探险队剥走。依据德国人当时所拍的照片及洞窟内的现存壁画,我们可以知道这个洞窟主室正壁龛与龛外壁面塑绘结合表现的梵天劝请佛传故事。穹窿顶内壁面分为8个条幅,条幅内绘有交替排列的4身立佛和4身菩萨,应是对过去四佛的表现。[①]两侧壁绘的也是佛传故事。(图232)前壁门道左、右侧壁各绘1身立佛。门道上方绘四天王奉钵、鹿野苑说法、梵天劝请佛传故事。左甬道外侧壁绘2身立佛。后甬道右端壁绘1身立佛。左

①见图191。

图 232　克孜尔石窟第 123 窟主室右侧壁佛传

端壁绘 1 身立佛，中下部壁面残失。券顶绘七宝示现。(图 233)

尽管第 123 窟后甬道正壁壁画残失，但依据龟兹地区与其后室布局相似洞窟壁画内容、布局特点再结合第 123 窟后甬道残存壁画，我们可以对其作出某种推定。

关于七宝示现，可见于《长阿含经》。该经记载：

尔时，世尊入拘尸城，向本生处末罗双树间，告阿难曰："汝为如来于双树间敷置床座，使头北首，面向西方。所以然者？吾法流布，当久住北方。"……尔时，世尊自四

图 233　克孜尔石窟第 123 窟后甬道顶部七宝示现

> 牒僧伽梨,堰右胁如师子王,累足而卧。时,双树间所有鬼神笃信佛者,以非时花布散于地。尔时,世尊告阿难曰:“此双树神以非时华供养于我,此非供养如来。”……佛言:“止!止!勿造斯观,无谓此土以为鄙陋。所以者何?昔者,此国有王名大善见。
>
> ……尔时,大善见王七宝具足,王有四德,主四天下。何谓七宝?
>
> 一、金轮宝,二、白象宝,三、绀马宝,四、神珠宝,五、玉女宝,六、居士宝,七、主兵宝。①

从上引经文中可以看出,《长阿含经》中七宝的出现是与佛涅槃相关的。而据有关学者研究,克孜尔石窟中心柱窟的壁画几乎就是汉译《长阿含经》的完整变现②。此外,甬道中绘制立佛在龟兹地区其他龟兹系石窟中也有发现,如克孜尔石窟第100窟、163窟和玛扎伯哈石窟第9窟。在这些石窟的后甬道正壁上绘制有涅槃图或立佛。因而,我们可以推测,第123窟后甬道正壁绘制的可能就是涅槃图。根据笔者的研究,克孜尔石窟第100窟、163窟甬道的立佛表现的应是过去诸佛,因为这两窟右甬道外侧壁第一身绘制的均是燃灯佛。玛扎伯哈石窟第9窟后甬道正壁右起第2身也是燃灯佛。尽管龟兹地区与这两窟整体壁画布局接近的洞窟甬道中的立佛并不是都有确定身份的过去佛,依据洞窟的整体壁画风格和布局,我们仍然可以推测这些洞窟甬道中绘制的立佛表现的是过去佛,克孜尔石窟第123窟各甬道壁面所绘的立佛表现的也应为此义。

这样,我们综合全窟的壁画可以看出该窟从总体布局上,仍然与前期

①《长阿含经》,《大正藏》第1册,第21页。

②李崇峰《克孜尔中心柱窟主室正壁画塑题材及有关问题》,《佛教考古:从印度到中国》,上海:上海古籍出版社,2014年,第125页。

所反映的小乘说一切有部佛陀思想是一致的，但是壁画内容中也可以看到大乘法身观念的影响。

这种观念反映于主室侧壁、前壁及左甬道外端壁所绘的立佛上。此种在立佛头光、背光中绘小坐佛或立佛的造像，依据笔者前文的考证，应为大乘法身观念的反映，然而在一个以小乘思想为主的洞窟中怎么可能出现大乘的法身观念呢？

笔者认为此种现象，可以从两个方面加以阐释：

首先，根据一些学者的研究，说一切有部在公元 5 世纪以后发展成了新有部，新有部的一个重要特点就是具有大乘的趋向，其中佛陀观上的表现就是，声闻也可成佛；菩萨欲成佛，必须借助悲愿，以入恶趣救度众生为乐。

> 依声闻种性起暖顶善根，容可转生佛乘暖顶，是经长时方能起义。若起彼忍无向佛乘，以声闻乘加行最久，经六十劫自果必成。菩萨专求利他事故，为欲拔济无边有情，弘誓庄严经无量劫，故往恶趣如游园苑。若不尔者，无成佛义。起忍得一切恶趣非择灭，故起彼忍无向佛乘，断绝众多利他事故。若时菩萨已殖佛乘，顺解脱分为遮恶趣，展转坚摄施戒慧三，尔时无劳起余乘忍。故声闻暖顶可转向佛乘，起忍则无转成佛义。①

佛陀独具漏尽智通和随意神通变化，“已形同是超人的存在了”。②

佛陀造像艺术的发展也为说一切有部神圣化释迦牟尼提供了图像来源。公元 3 世纪前后，西北印度孕育出了大乘的法身观念，可见于龙树《十

①《阿毗达摩俱舍论》，《大正藏》第 29 册，第 682 页。

②李志夫《中印佛学对比研究》，北京：中国社会科学出版社，2001 年，第 672 页。

住毗婆沙论》:

菩萨如是以三十二相八十种好念佛生身已,今应念佛诸功德法,所谓“又应以四十,不共法念佛,诸佛是法身,非但肉身故”。诸佛虽有无量诸法不与余人共者有四十法,若人念者则得欢喜,何以故?诸佛非是色身,是法身故。如经说,汝不应但以色身观佛,当以法观。四十不共法者:一者飞行自在,二者变化无量,三者圣如意无边,四闻声自在,五无量智力知他心,六心得自在,七常在安慧处,八常不妄误,九得金刚三昧力,十善知不定事,十一善知无色定事,十二具足通达诸永灭事,十三善知心不相应无色法,十四大势波罗蜜,十五无碍波罗蜜,十六一切问答及记具足答波罗蜜,十七具足三转说法,十八所说不空,十九所说无谬失,二十无能害者,二十一诸贤圣中大将,二十五四不守护,二十九四无所畏,三十九佛十种力,四十无碍解脱,是为四十不共之法。今当广说。飞行自在者,诸佛飞行如意自在,如意满足速疾无量无碍。所以者何?佛若欲于虚空先举一足次举一足,即能如意;若欲举足蹑虚空而去,若欲住立不动而去,即能得去;若结跏趺安坐而去亦能得去;若欲安卧而去亦复能去;若欲于青琉璃茎真珊瑚叶黄金为须,如意珠台无量围绕,如日初出是宝莲花遍于空中,蹈上而去,若欲如日月宫殿、帝释胜殿夜摩天、兜率陀天、化乐天、他化自在天诸梵王等宫殿,随意化作如彼宫殿坐中而去即能成办。若更以余种种因缘随意能去,是故说言,随诸所愿皆能满足。是故诸佛能以一步,过恒河沙等三千大千世界。有人言:“佛能一念顷过若干百千国土。”有人言:“若知佛一步一念能如是去即可得量。”经中说诸佛力无量,是故当知:诸佛虚空飞行自在无量无边。何以故?若大声闻弟子神通自在以一念顷,能过百亿阎浮提、瞿陀尼、弗婆提、欝多罗越四大王天忉利天、夜摩天、兜率陀天、化乐天、他化自在天、梵天，一瞬中过若干念，积此诸念以成一日七日一月一岁，乃至百岁，一日过五十三亿二百九十六万六千三千大千世界，如是声闻人百岁所过，佛一念能过。复次，假令恒河中沙一沙为一劫，有大声闻神通第一寿命如是诸恒河沙大劫，于一念中过若干世界，积如是念以为日月岁数以自在力尽是诸大劫数所过国土，佛能一念中过。诸佛飞行自在如是速疾。于一切铁围山、十宝山、四天王处、忉利天处、夜摩、兜率陀、化乐、他化自在、梵世、梵众、大梵、少光、无量光、光音、少净、无量净、遍净、广果、无相、不广、不恼、喜见、妙见、阿迦尼咤天如是诸处，大风大水劫尽火等，及诸天、龙、夜叉、干闼婆、阿修罗、紧那罗、摩睺罗伽、诸天、魔及梵、沙门、婆罗门及得诸神通者不能为碍，是故说飞行无碍。又飞行自在如意所作出没于地能过石壁诸山障碍等，佛于此事胜诸圣人。又佛能以常身立至梵天，声闻人所不能及，有如是等差别。变化自在者，变化事中有无量力。余圣变化有量有边，诸佛变化无量无边。余圣于一念中变化一身，佛以一念随意变化有无量事。如大神通经中说，佛从脐中出莲花，上有化佛次第遍满上至阿迦尼咤天。诸佛变化所作众事，种种色种种形皆以一念。又声闻人能于千国土内变化，诸佛能于无量无边国土变化自在，又能倍是诸佛得坚固变化三昧。又诸佛变化，能过恒沙世界，皆从一身出。复次，佛能普于十方无量无边世界现生受身堕、地行七步、出家学道、破魔军众、得道转法轮，如是等事皆以一念作之。是诸化佛皆亦复能施作佛事，如是等诸佛所变化事无量无边。①

①《十住毗婆沙论》,《大正藏》第26册,第71—71页。

可见,大乘佛法身最重要的两个特点,一个是飞行自如,一个是变化无量。而后,犍陀罗地区直至河西的广大地区就发展出了佛身光中有立佛的佛法身造像样式。①此外,佛传舍卫城神变故事中也发展出了佛周围绘化佛的样式。②

正是在佛教义理和图像两者共同的发展下,龟兹石窟中出现了以身光中绘贤劫四佛和过去七佛表现小乘法身的图像。

此外,此种法身图像也见于森木塞姆石窟第33窟主室正壁、玛扎伯哈石窟第9窟主室侧壁,以及台台尔石窟第16窟主后室绘制的立佛中。不过其内涵有的已属大乘法身观,因为有些窟中已出现了十方佛和大乘涅槃的思想。(图234)此种受大乘观念影响所产生的佛陀造像,我们在上一章已有所涉及。我们在123窟中看到它在其他方面的发展。

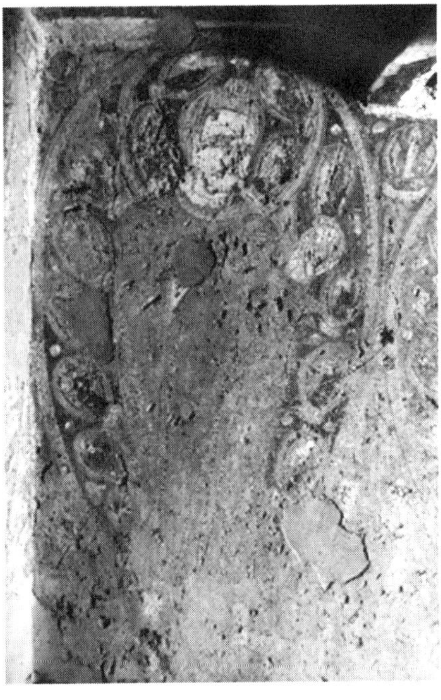

图234 台台尔石窟第16窟后甬道右端壁立佛

这一时期,汉传佛教对龟兹本土传统佛教的影响还表现在净土因素在龟兹风洞窟中的出现。它反映了大乘佛陀观对龟兹本土佛教的渗透。

库木吐喇石窟第58窟为一中心柱窟,现存主室和后室,后室

①赖鹏举《丝路佛教的图像与禅法》,中坜:财团法人圆光佛学研究所,2002年,第45—48页。

②张同标《中印佛教造像探源》,南京:东南大学出版社,2011年,第258—324页。

由左、右、后三甬道组成。主室平面呈方形，纵券顶。（图 235）主室正壁中下部开拱形的大龛，龛内正壁绘一棵圆冠形的树，树干上系有绿色的飘帛，下部似绘有方座，但已残损。树上残存树神形象，此外还绘有多种乐器，包括琵琶、鼓、腰鼓、锣、筚篥。乐器的空间饰以莲蕾。①龛外左右两端绘五髻乾达婆和帝释天夫妇。上部的半圆面绘一幅场面巨大的伎乐图，背景为菱格山形，人物形体较大，两侧共绘八身伎乐，中部的菱格内绘禅修的婆罗门与动物。（图 236）左右侧壁原绘说法图。前壁上方半圆端面绘补处菩萨兜率天说法，左侧壁面残存龙王形象。主室券顶中脊绘天相图，券腹绘菱格塔中坐佛。左右后甬道壁画全部脱落。

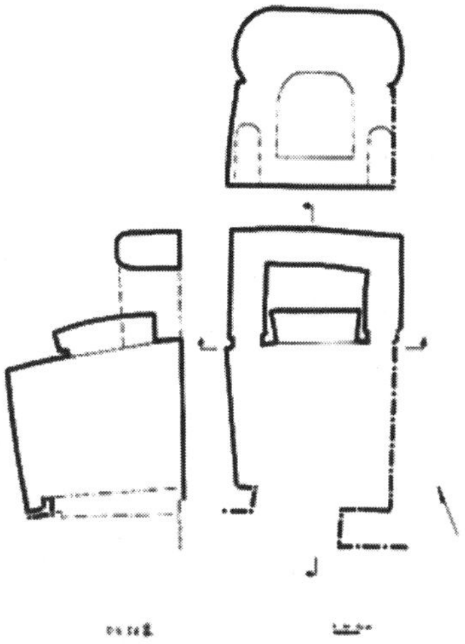

图 235　库木吐喇石窟窟群区第 58 窟平剖立面图

图 236　库木吐喇石窟窟群区第 58 窟主室正壁

①见图 208。

从保存的壁画看,本窟壁画无论是构图布局还是艺术风格,依然保持着龟兹本地特点,如主室正壁开龛,侧壁绘说法图,前壁上方绘补处菩萨在兜率天说法,券顶中脊绘天相图,券腹塔中坐佛为菱格构图。但是在作为洞窟中最重要的主龛的背景中绘出净土图像,券顶绘千佛,则说明此窟主尊已非人格化的释迦。

本窟主室大部分题材均属龟兹传统题材,表现释迦的各种事迹。按照佛教的教义,这些事件的发生地均在我们有情众生生活的婆娑世界。

有情世界的净土一般认为有两个,一个是未来弥勒下生时的人间净土,一个是法华经中所说的灵山净土。根据整窟的图像内涵,笔者以为第58窟可能反映的是永远的释迦佛说法的灵山净土。[①]

依据《法华经》的记载,释迦牟尼成佛以来,

> 甚大久远,寿命无量阿僧祇劫,常住不灭。[②]
>
> 常在此娑婆世界说法教化,亦于余处百千万亿那由他阿僧祇国导利众生。[③]

释迦牟尼佛示现涅槃,而实非涅槃。

> 尔来无量劫,为度众生故,方便现涅槃,而实不灭度,常住此说法。[④]

---

①方立天《佛教哲学》,北京:宗教文化出版社,2013年,第169页;方立天《方立天讲谈录》,北京:九州出版社,2014年,第167—170页;汪志强《印度佛教净土思想研究》,成都:巴蜀书社,2010,第5页。

②《妙法莲华经》,《大正藏》第9册,第42页。

③同上。

④《妙法莲华经》,《大正藏》第9册,第43页。

久远劫来的释迦牟尼佛，其常住国土就在这娑婆世界，如来常在此说法，

常在灵鹫山，及余诸住处。[1]

释迦牟尼过去久远，行菩萨道时，发愿度脱婆娑世界六道众生，成佛后，以清净心成就其净土。净土成就后，为使众生成佛，释迦牟尼佛于此娑婆世界示现法华净土。

其地琉璃，坦然平正，阎浮檀金以界八道，宝树行列，诸台楼观皆悉宝成，其菩萨众咸处其中。[2]

园林诸堂阁，种种宝庄严，宝树多花菓，众生所游乐。诸天击天鼓，常作众伎乐，雨曼陀罗花，散佛及大众。[3]

此法华净土，在世界劫难来临时，安稳快乐，不受影响：

众生见劫尽，大火所烧时，我此土安隐，天人常充满。[4]

依据《法华经》的记载，此法华净土，既无三界之秽恶，又不离三界而另存，就融摄我们所在的南阎浮提，这是此净土的殊胜之处。然而众生由于心识的不同，也是释迦牟尼佛为度化众生的需要，众生所见和释迦示现

①《妙法莲华经》，《大正藏》第9册，第43页。
②《妙法莲华经》，《大正藏》第9册，第45页。
③《妙法莲华经》，《大正藏》第9册，第43页。
④《妙法莲华经》，《大正藏》第9册，第43页。

的世界是不同的。六道众生所见为有漏的秽土世界,而证得智慧的菩萨所见和佛所示现的则为无量珍宝庄严的佛土。

这种差异体现了三界唯心,万法唯识,一切无非唯心所现的观念。灵山净土属唯识净土,唯识所变,故随其心净,则佛土净。众生只要敬信供养,即可得佛显现净土。

> 众见我灭度,广供养舍利,咸皆怀恋慕,而生渴仰心。众生既信伏,质直意柔软,一心欲见佛,不自惜身命。时我及众僧,俱出灵鹫山……余国有众生,恭敬信乐者,我复于彼中,为说无上法。①

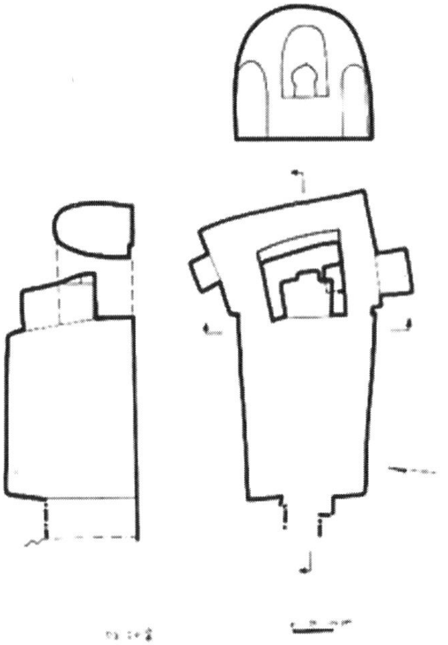

图237　库木吐喇石窟窟群区第50窟平剖立面图

该窟窟顶千佛当是对十方佛的表现,笔者前文中有所阐释。

同样描绘有净土场景的还有库木吐喇石窟第50窟。该窟亦为一龟兹式中心柱窟。(图237)中心柱正壁开龛,主室中脊绘天相图,主室正壁龛侧壁及顶、龛外壁面、左右侧壁及券腹,左、右、后甬道大部壁面均绘方格因缘。根据学者研究,正壁龛内绘制的因缘故事表现的是过去佛的供养事

①《妙法莲华经》,《大正藏》第9册,第43页。

图 238　库木吐喇石窟窟群区第 50 窟主室右侧壁故事画

迹，[1]其他壁面估计也是相同的内涵。（图 238）

此外，该窟左甬道外侧壁均开龛，龛正壁、左右侧壁下部均绘一列菩萨，应当也是对过去佛的表现。这些内容基本上还属于龟兹本土佛陀观的内涵。

但是，有意思的是，主室正壁龛的正壁以及左甬道内侧壁龛的正壁上绘出树冠、方座，作为佛的背景。（图 239）这在龟兹本土佛教中不见，而在同时期汉地佛教中常

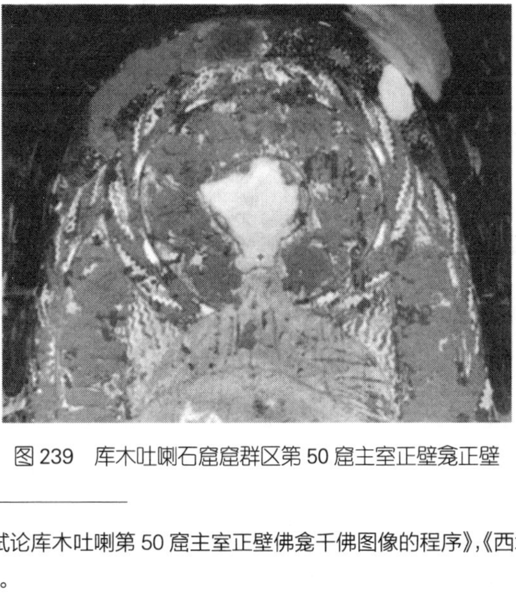

图 239　库木吐喇石窟窟群区第 50 窟主室正壁龛正壁

①荻原裕敏《试论库木吐喇第 50 窟主室正壁佛龛千佛图像的程序》，《西域研究》2015 年第 3 期，第 36—42 页。

见。主室前壁门上方半圆端面正中绘一佛二菩萨,两身菩萨下方各绘两身莲花童子作供养。(图240)这些图像在汉地净土图像中多见。尽管上述造像中的主尊尚无法确定。但本窟所反映的佛陀观念,远远不是小乘佛陀观所能涵盖,体现出浓厚的大乘佛陀观色彩,这与汉地佛教的传入是密不可分的。

图240　库木吐喇石窟窟群区第50窟主室前壁(局部)

第五章

公元 9—14 世纪龟兹地区的佛陀信仰

公元 9—14 世纪，龟兹地区开始了回鹘化的过程，此时期龟兹地区除前期佛陀观念继续延续外，大乘佛陀观念盛行。主要为人间净土中的弥勒佛、华藏世界主卢舍那佛。

第一节　历史及佛教概况

回鹘，又作回纥。其原居地在今蒙古高原的色楞格河和鄂尔浑河流域,另有别支游牧于天山一带。[①]早在漠北时期,回鹘已与佛教有所接触。《旧唐书·回纥传》记载:“初,有特健俟斤。死,有子曰菩萨,部落以为贤而立之。”[②]时间为唐武德至贞观年间(618—646)。菩萨即梵语Bodhisattva之音译,在佛教中指上求菩提,下化众生的有情众生。大约同时,活动在甘州和凉州间的回鹘别部——契苾部有个叫“沙门”的酋长,被唐朝任命为贺兰州都督。[③]此处的“沙门”,为我国古代对出家人的一般称呼。说明至迟在7世纪上半叶,回鹘人中已有人信仰佛教。8世纪中叶,回鹘牟羽可汗所立的《九姓回鹘可汗碑》中也提到了回鹘人信仰佛教的情况,“往者无识,谓鬼为佛;今已悟真,不可复事……应有刻画魔形,悉令焚爇;祈神拜鬼,并

---

①[唐]魏徵等撰《隋书》,北京:中华书局,2011年,第1879页;[北宋]欧阳修、宋祁撰《新唐书》,北京:中华书局,2011年,第6111页;林干《突厥与回纥史》,呼和浩特:内蒙古人民出版社,2007年,第158页。

②[后晋]刘昫撰《旧唐书》,北京:中华书局,2013年,第5195页。

③[后晋]刘昫撰《旧唐书》,北京:中华书局,2013年,第3291页。

摈弃而受明教。”[①]8世纪中叶至9世纪初，漠北回鹘的势力已扩展至龟兹。[②]这部分回鹘人生活在佛教文化高度发达的龟兹地区，很容易受到佛教的濡染。

公元840年左右，由于天灾人祸，雄踞漠北的回纥汗国被其宿敌黠戛斯所灭，部众四散。西迁的一支进入西域，建立了高昌回鹘王国。[③]西域回鹘人统治的疆域将高昌、焉耆、龟兹、于阗、疏勒等西域佛教文化中心都包括进来了，为日后的回鹘王国佛教的繁荣奠定了基础。“安西回鹘”是因回鹘西迁至原唐朝安西大都护府所在地而得名。可能因安西即龟兹，而又出现“龟兹回鹘”之名。后来“龟兹回鹘”并入“西州回鹘”。龟兹与高昌地区的回鹘政权实现统一。[④]《宋会要》载：

> 龟兹，回鹘之别种也。其国主自称狮子王，戴宝装冠，着黄色衣，与宰相九人同理国事。……或称西州回鹘，或称西州龟兹，又称龟兹回鹘，其实一也。[⑤]

又载：

> 西州进奉使易难具道本国主称号、服饰、习尚、风俗、城邑、

①程溯洛《唐宋回鹘史论集》，北京：人民出版社，1993年，第104页。

②吐鲁番出土的公元9世纪初中古波斯语摩尼教赞美诗残叶记录了这一时期回鹘的控制范围，其中就包括龟兹。王媛媛《中国波斯文〈摩尼教赞美诗集〉跋文译注》，《西域文史》第2辑，北京：科学出版社，2012年，第140—142页。

③〔北宋〕司马光等撰《资治通鉴》，第8173页。

④〔元〕脱脱等撰《宋史》，北京：中华书局，2013年，第14123页。

⑤〔清〕徐松辑《宋会要辑稿·蕃夷道释》“龟兹”条，成都：四川大学出版社，2010年，第130、131页。

道里,一如龟兹国。[①]

就是说,龟兹与高昌在回鹘时期,逐渐走向合一,融为一体,两地的佛教也趋向合流。原来的龟兹、高昌佛教均统摄在回鹘佛教的范畴内。

回鹘文化受汉文化影响很深,早在漠北时期,就吸收了很多汉文化的内容,对其文化加以改造。进入西域地区后,其统治中心的高昌自魏晋以来就是汉文化地区,其疆域的另一个重要地区——龟兹,也一直是中原王朝着力经营的地区,受汉文化影响也很深,这样就使得高昌回鹘文化原有的汉文化得以延续并有某种程度的加强,这一点在佛教的信仰上尤其突出。[②]进入宋代以后,高昌回鹘王国一直与宋、辽、敦煌归义军政权乃至以后的西夏都保持着密切的经济、文化和政治往来,[③]上述地区佛教在这一时期的变化也几乎同步在高昌回鹘地区发生着。

目前,在龟兹石窟中就发现了一批关于回鹘时期的洞窟,主要分布在库木吐喇石窟和森木塞姆石窟,尤以前者为多。在库木吐喇石窟已编号的112个洞窟中,有53个存有图像。就目前所能辨识的情况看,其中很大一部分的洞窟是回鹘时期开凿、改建或重绘的。这些洞窟主要是谷口区的第19窟,窟群区的第10、12、13、22、24、38、41、42、45、62、68、75和79窟,大约建造于9至12世纪间。这些洞窟,或者有回鹘供养人像,或者有回鹘文题记,在图像艺术风格上也较多体现出与吐鲁番柏孜克里克石窟相近的旨趣。

---

①[清]徐松辑《宋会要辑稿·蕃夷道释》"高昌"条,成都:四川大学出版社,2010年,第130页。

②高士荣,杨富学《汉传佛教对回鹘的影响》,《民族研究》,2005年第1期,第71—76页。

③荣新江《归义军史研究—唐宋时代敦煌历史考索》,上海:上海古籍出版社,2015年,第364—397页;陈溯洛《论回鹘与五代宋辽金的关系》,《唐宋回鹘史论集》,北京:人民出版社,1993年,第360—400页;杨富学《回鹘文献与回鹘文化》,北京:民族出版社,2005年,第469—486页。

第二节　弥勒佛

（一）弥勒菩萨到弥勒佛

原始佛教的经典中，“弥勒”的概念是有清楚的范围的。《长阿含经》中提到弥勒，仅说其是“未来佛”，将在

> 八万岁时人。……当于尔时，有佛出世，名为弥勒如来、至真、等正觉，十号具足。[①]

《杂阿含经》里，根本没有提及弥勒。至“阿含”系最晚的《增一阿含经》中，弥勒事迹才多了起来。弥勒出现的动机，有学者认为，“在历史上观察，弥勒是在佛入灭后，为对失去师主而其心不安的人所加一种补偿的表现，以之名为弥勒，虽则不甚明显，然而恐这是从弥陀罗神话脱化所产生的名称。然如以此为第一法相问题来看，既已承认过去佛，亦应承认未来佛，这

①《长阿含经》，《大正藏》第1册，第41页。

是必然的,如不立未来佛,过去佛的意义,可谓也就失去。”[1]

原始佛教、部派佛教承认的释迦之外的菩萨,即弥勒菩萨。弥勒是佛教史上唯一贯穿大小乘的菩萨。但部派佛教对其的认知,仅限于“未来佛”的地位,就是说,弥勒于现世还不是佛。弥勒尚不具备教化众生的能力与资格。小乘佛教认为:只有佛陀的“四双八辈”(四向四果)的圣贤弟子,才能“住持佛法”。

然而,佛教发展进入大乘阶段以后,随着大乘佛陀观的发展,关于弥勒的信仰也有了进一步的发展。陆续出现了一些与弥勒佛信仰相关的经典。

与弥勒佛信仰有关的汉译佛经主要有《弥勒下生经》《弥勒来时经》《弥勒下生成佛经》(鸠摩罗什译)、《弥勒大成佛经》《弥勒下生成佛经》(义净译)。经中详细描绘了弥勒下生时的南瞻部洲,国土丰饶,人民安居乐业,转轮圣王治世、弥勒下生成佛度化众生的种种盛况。其中关于弥勒佛的特点有详细的介绍。与此同时,关于弥勒菩萨的上生信仰也得到了进一步的完善,出现了专门的上生信仰经典《观弥勒菩萨上生兜率天经》。[2]

(二)弥勒佛的特点

“弥勒”是梵文 Maitreya 的音译简称,意思是“慈氏”。据说此佛常怀慈悲之心。窥基在《阿弥陀经疏》中解释说:

> 或言弥勒,此言慈氏。由彼多修慈心,多入慈定,故言慈氏,修慈最胜,名无能胜。[3]

---

①[日]木村泰贤着,演培法师译《小乘佛教思想论》,台北:台湾天华出版事业股份有限公司出版,1988 年,第 96 页。

②王红梅《古代印度弥勒信仰研究》,西北大学博士论文,2010 年,第 72 页。

③《阿弥陀经疏》,《大正藏》第 37 册,第 318 页。

他的名字叫阿逸多，即“无能胜”。弥勒生生世世修习“慈心三昧”，远离妄想杂念，专注于发慈悲心，以慈爱之行来关爱和救助众生，不食肉，直至成佛。

佛经记载，弥勒菩萨比释迦佛更早发心成佛。也比释迦佛早四十二劫学佛修行，但是释迦菩萨精进不懈，施头割肉。尤其是七昼夜瞻仰弗沙佛尊容，忘落一足及赞佛偈诵，使他超越九劫先弥勒成佛。

释迦牟尼在世时，弥勒也一同降生，家境富裕高贵，是释迦牟尼的弟子。[①]因为所发菩提心，以及过去累世的功德积累，释迦在众多弟子面前授记确定他为未来佛：弥勒十二年以后，将要到原来他出生的地方灭度，然后会往生兜率天内院。兜率天的五百万亿天子以天福力造宫殿，仙乐齐鸣，他以补处菩萨身份住于兜率天，为天人说法解疑。[②]弥勒后来先佛入灭。释迦涅槃前，将象征法身的袈裟托付迦叶，命他在鸡足山等候弥勒成佛时交给他。

佛灭五十六亿万年后，弥勒下生阎浮提，在龙华树下证得佛果成为弥勒佛，龙华三会，救度众生。

所在净土，

> 于未来世人寿八万岁时，此赡部洲，其地宽广，人民炽盛，安隐丰乐。村邑城廓，鸡鸣相接。女人年五百岁，尔乃行嫁。彼时诸人，身虽胜妙，然有三患：一者，大小便利；二者，寒热饥渴；三者，贪淫老病。有转轮王，名曰饷佉，威伏四方，如法化世。……极大海际，地平如掌，无有比坑砂砾毒刺。人皆和睦，慈心相向。兵戈不用，以正自守。[③]

①《长阿含经》，《大正藏》第 1 册，第 41 页。

②《佛说观弥勒菩萨上生兜率天经》，《大正藏》第 14 册，第 418 页。

③《阿毗达摩大毗婆沙论》，《大正藏》第 27 册，第 893 页。

弥勒佛父亲是饷佉王的辅国大臣,是婆罗门种姓,名叫善净,母亲名净妙。弥勒菩萨从其母右胁而出。长大后,身长为释迦牟尼佛的八十肘高,肩量二十五肘宽,面长十二肘半,三十二相圆满,八十种随形好庄严其身。弥勒佛住世弘法有六万年,入灭圆寂后正法住世亦六万年,像法两万年。一切可度之人在此之际均可得到解脱。

> 时有佛出世,名曰慈氏,……如我今者十号具足。……为有情宣说正法,开示初善中善后善,文义巧妙,纯一圆满,清白梵行。为诸人天正开梵行,令广修学。①

弥勒菩萨在龙华树下成佛。其树名龙华者,言其枝干高大如龙盘空,且能开灿烂之花,结丰硕之果。弥勒佛共在龙华树下有三次说法,第一次说法,即转第一次法轮,遇弥勒佛听经闻法受记度脱者,是为龙华初会,佛经记载有共九十六亿人证阿罗汉,弥勒第二之会,九十二亿人得阿罗汉;经若干时期,有若干众生,又闻弥勒佛说法而得超凡入圣者,是为龙华二会;到最后一会,则大转法轮,凡为弥勒佛所度之机,皆度尽无余,共九十四亿人皆得阿罗汉,是为龙华三会。②

弥勒佛净土内,转轮圣王以五戒、十善的德化来化导人民,人民过着长寿、繁荣、欢乐、和平的生活。与此同时,弥勒菩萨下生人间成佛度众生。理想的政治与完善的宗教,健康长寿的生活,是弥勒净土的典型特征。

此净土的形成,是弥勒过去世修菩萨行发愿而成,

> 使其作佛时,令我国中人民,无有诸垢瑕秽,于淫怒痴不大,

---

①《阿毗达摩大毗婆沙论》,《大正藏》第 27 册,第 893 页。

②《佛说弥勒下生经》,《大正藏》第 14 册,第 422 页。

殷懃奉行十善，我尔乃取无上正觉。①

同时也是弥勒

昼夜各三，正衣束礼，下膝着地，向于十方，说此偈言："我悔一切过，劝助众道德，归命礼诸佛，令得无上慧。②

精进修行的结果。

往生弥勒人间净土的方法之一是往生兜率净土。若要实现往生，必须

精勤修诸功德，威仪不缺，扫塔涂地，以众名香、妙花供养，行众三昧、深入正受，读诵经典，如是等人，应当至心，虽不断结，如得六通。应当系念，念佛形像，称弥勒名。如是等辈，若一念顷，受八戒斋，修诸净业，发弘誓愿，命终之后，譬如壮士屈申臂顷，即得往生兜率陀天上，于莲花上结跏趺坐。③

若有礼敬弥勒者，除却百亿劫生死之罪，设不生天，未来世中，龙华菩提树下，亦得值遇，发无上心。④

可以看出，其成佛途径，除仍然强调以自力为主外，也已出现了观像称名他力救度的方式。

与释迦牟尼佛相比，弥勒过去虽然值佛修行，却注重名闻利养，求名

---

①《弥勒菩萨所问本愿经》，《大正藏》第12册，第188页。

②《弥勒菩萨所问本愿经》，《大正藏》第12册，第188页。

③《佛说观弥勒菩萨上生兜率天经》，《大正藏》第14册，第419页。

④《佛说观弥勒菩萨上生兜率天经》，《大正藏》第74册，第611页。

利无厌倦；修行以善巧方便安乐之道，积集无上正等菩提，故而成佛较晚，且不为释迦弟子所敬重。但是其发愿在娑婆秽土成佛，不舍娑婆众生，其本愿行相比释迦更加难行，但却为娑婆众生提供了不退转的净土果报，而且他将所有秽土众生全部度化，其愿也宏也。

在我国，弥勒佛信仰发展到后来，未来佛的含义逐渐淡化，现在佛的含义增强。唐朝武则天造《大云经》称自己为弥勒佛下世；敦煌和四川等地流行造大弥勒像；许多起义也以弥勒佛下世相号召；宋朝布袋和尚的形象成为弥勒佛的形象，都是这种弥勒信仰发展的表现。这种弥勒信仰也随着汉传佛教的对外传播，对回鹘、西夏和辽等少数民族政权信仰产生影响。

龟兹石窟现存一幅弥勒下生说法图保存在库木吐喇石窟第45窟的主室前壁上方的半圆壁面上，其时代为公元10世纪后期[①]。

画面构图布局简洁，突出说法，而对其他场景没有过多描绘。正中绘一倚坐（或交脚坐？）弥勒佛形象，其头部上方绘龙华树冠，其两侧各绘三身闻法菩萨，菩萨头上方亦绘树冠。[②]（图241）

图241　库木吐喇石窟窟群区第45窟主室前壁弥勒上生经变

①贾应逸《印度到中国新疆的佛教艺术》，兰州：甘肃教育出版社，2002年，第335—339页。

②该幅壁画已被德国探险队剥走。画面描述系根据他们发表的照片进行的。（德）阿尔伯特·冯·勒柯克、恩斯特·瓦尔德施密特著，管平、巫新华译《新疆佛教艺术》，乌鲁木齐：新疆教育出版社，2006年，第661页。

不过，在库木吐喇石窟第 45 窟中，弥勒佛并非主尊，那么它的主尊又是什么？他被绘于这里又有何义理依据呢？

第 45 窟位于库木吐喇石窟窟群区泄窟群内的南侧崖壁上，前后左右近邻无洞窟。

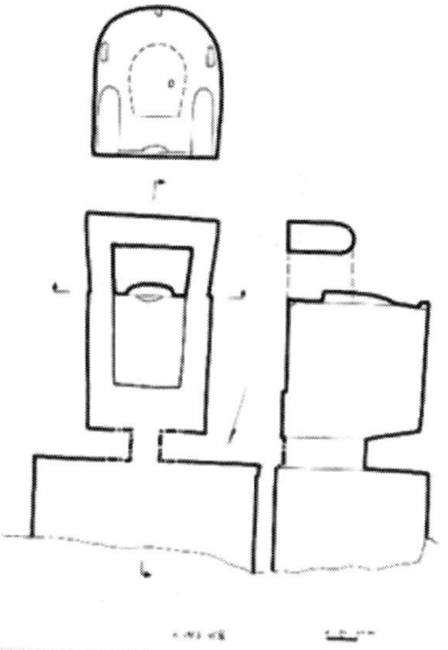

图 242　库木吐喇石窟窟群区第 45 窟平剖立面图

该窟为中心柱窟。现存前室、主室和甬道。主室平面呈长方形，纵券顶。（图 242）窟内各壁顶间无叠涩，原应有木构的栏台。主室正壁中部开莲瓣形龛，龛内原有塑像，现已毁无存。龛上壁面绘树冠、华盖、宝珠、飞天和菩萨。正壁下方两侧开左、右甬道。甬道口绘团花纹。正壁前地面中部有一低台。前壁下部壁画大多脱落，仅在门道外左侧壁上残存部分壁画。上下两层，为供养人。门道上方半圆壁面原绘弥勒说法图，被德国探险队剥去。东、西侧壁与券顶交接处原置木像台，上有影塑之身光和头光，每壁三身。影塑左右侧有安置小塑像的痕迹，排列形式为一佛一菩萨像。塑像均无存。两侧壁中绘毗卢遮那佛像，左右侧各绘小坐佛五排，现东壁残存二十七身、西壁残存二十三身，均漫漶，坐佛下绘纹饰。（图 243）

窟顶中脊壁画以团花图案为饰，部分被揭取。券顶东、西侧壁各绘小坐佛四排，每排八身，以上下错落的形式排列。东侧壁壁画有两处被攫走。（图 244）

甬道纵券顶。左、右甬道里端与后室相通，后室平面横长方形，横券顶。左、右甬道和后甬道三壁，皆绘佛与菩萨相间的立像。（图 245）甬道通

图 243　库木吐喇石窟窟群区第 45 窟主室右侧壁坐佛

图 244　库木吐喇石窟窟群区第 45 窟主室右侧券腹

顶绘莲花、朵云图案。左甬道内侧壁的榜题已被毁。右甬道外侧壁外起榜题为:“南无大势至菩萨”“南无阿弥陀佛”“南无观世音菩萨”;右甬道内侧壁的榜题里端侧被毁,里端为“南无释迦牟尼佛”。(文殊和普贤)后甬道正壁的榜题残损。后甬道前壁原绘涅槃图,被德国探险队攫去。

本窟的主尊应为在摩竭提国阿兰若法菩提场讲法的卢舍那佛。[1]本窟主室侧壁和券顶绘十方佛，侧壁和券顶交接部位绘三世佛，涵盖了对三世十方诸佛的信仰。弥勒为未来佛，是作为三世佛的一环，因而与整窟的理据是一致的。当然，该窟还涵盖了大乘涅槃观的内容，详见下文。

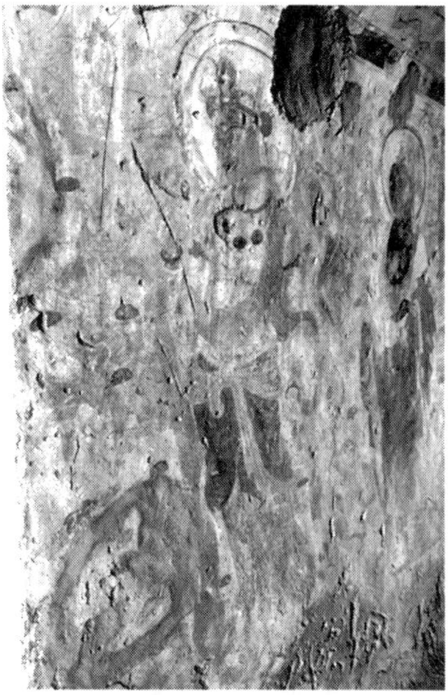

图 245 库木吐喇石窟窟群区第 45 窟右甬道外侧壁佛手菩萨

①苗利辉《库木吐喇第 45 窟造像内容考证》，《敦煌研究》2014 年第 2 期，第 36 页。

第三节　华严佛陀观的新发展

中唐以后,虽然华严思想在国家政权中的影响有所下降,但是却日益普及,以后更是与禅宗和净土互相融合,成为中国历史最有影响力的佛教思想潮流之一。这种情况也影响了当时虽身处边地,却一直与内地保持密切联系的高昌回鹘政权统治下的龟兹信众。

体现出龟兹地区汉传华严佛陀信仰第二阶段的造像包括:库木吐喇石窟第 9 窟右甬道外侧壁卢舍那佛造像、库木吐喇石窟第 13 窟主室正壁龛内卢舍那佛造像、库木吐喇石窟第 38 窟主室正壁龛内卢舍那佛造像、库木吐喇石窟第 45 窟主室正壁龛内卢舍那佛造像。

与第一阶段相比,这一时期龟兹地区华严佛陀信仰有以下几个特点:

首先,卢舍那佛成为一些洞窟的主尊,他所在的莲华藏世界净土成为表现的重点。

莲华藏世界海,《华严经》记载,它是卢舍那佛经历无数菩萨行而成就的。最底层为十重无数风轮,它的上面是香水海,香水海中有大莲华,其中的世界为莲华藏世界,卢舍那佛居于其中,其中又有无数的佛国净土。华藏世界周围是金刚轮山。

此世界海大轮围山内所有大地，一切皆以金刚所成，坚固庄严，不可沮坏；清净平坦，无有高下；摩尼为轮，众宝为藏；一切众生，种种形状；诸摩尼宝，以为间错；散众宝末，布以莲华；香藏摩尼，分置其间；诸庄严具，充遍如云，三世一切诸佛国土所有庄严而为校饰；摩尼妙宝以为其网，普现如来所有境界，如天帝网于中布列。诸佛子！此世界海地，有如是等世界海微尘数庄严。①

库木吐喇石窟第38窟为一中心柱窟，主室平面方形，纵券顶。（图246）主室正壁开一龛，龛内原有一立像，现已毁。仅左端残存部分。背光由内向外绘小坐佛，坐佛的项背光外沿绘火焰纹，再外边有一圈三角形的组合纹样。背光上方绘菩提树冠，树冠左侧绘一身天人，天人脚下有一身形体较小的飞天。龛前有像台，像台前的地坪上原有彩绘。（图247）

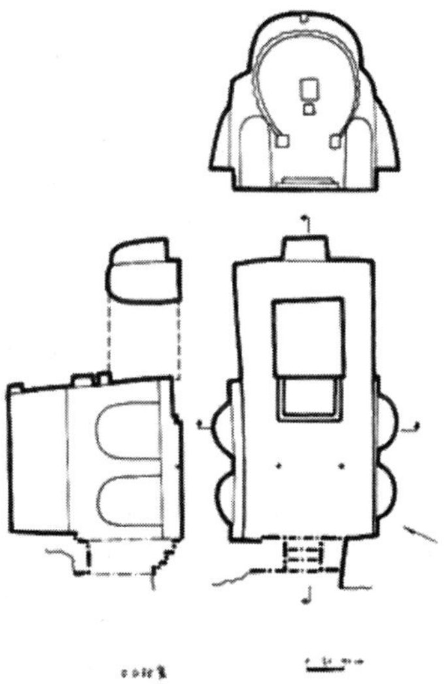

图246　库木吐喇石窟窟群区第38窟平剖立面图

左右侧壁各开两个莲瓣形的浅龛，龛前下部存通壁的像台。左侧壁内段龛外右上角存一块壁画，龛沿一周绘汉式衣着的菩萨小坐像，其上有菱形排列的坐佛4身。

主室券腹绘多列一佛二菩

①《大方广佛华严经》，《大正藏》第10册，第40页。

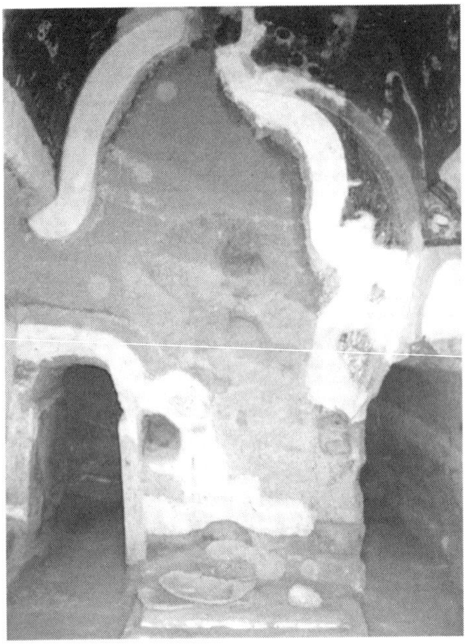

图 247 库木吐喇石窟窟群区第 38 窟主室正壁

萨，佛的头光上方均有菩提树冠和华盖。每侧 3 列，每列 5 幅,左侧存 2 列 9 幅,右侧存 3 列 8 幅,皆被烟炱覆盖。

后室由左右后甬道组成。左右甬道均为纵长方形，纵券顶。两甬道外侧壁原各绘立佛四身,间绘菩萨,内侧壁各绘小坐佛六排,每排十四身。后甬道龛内两侧壁原各绘小坐佛五排。龛顶绘莲花。龛外两侧绘一佛一菩萨，间有世俗装供养人三身。前壁原绘涅槃。甬道顶部绘三身飞天。①

库木吐喇石窟第 38 窟的主室正壁龛内原塑应为卢舍那佛,主室券顶绘横列的一佛二菩萨图,其中佛与菩萨均坐于云气上,诸佛皆面向正壁主尊,佛头上方均有华盖和宝树,菩萨头上方有不鼓自鸣的乐器。库木吐喇石窟第 13 窟与其相同。(图 248)库木吐喇石窟第 45 窟的券顶亦绘有类似图像,尽管与前两窟略有不同,如佛周围的菩萨、乐器等已大大简化。对照经本,可以看出上述图景正是对卢舍那佛所在莲华藏世界海的描绘。

库木吐喇石窟第 38 窟,主室两侧壁,各开两个莲瓣形龛,龛内塑像无存,原应该塑佛像。(图 249)此四佛像应该属于四方佛,其经典来源为《观佛三昧海经》和《金光明最胜王经》,是以四方佛代表三世十方诸佛,与主

①庄强华《库木吐喇内容总叙》,新疆维吾尔自治区文物管理委员会、库车县文物保管所、北京大学考古系编《中国石窟·库木吐喇石窟》,北京:文物出版社,1992 年,第 268 页。

图 248　库木吐喇石窟窟群区第 13 窟主室券顶诸佛净土

图 249　库木吐喇石窟窟群区第 38 窟主室左侧壁

尊共同构成显教五方佛。[①]

这种卢舍那佛融摄十方三世佛的情况，在库木吐喇石窟第 38 和 45 窟的壁画中也可看到。第 38 窟左甬道外侧壁绘燃灯佛是对三世佛系统的

①殷光明《敦煌显密五方佛图像的转变与法身思想》,《敦煌研究》2014 年第 1 期,第 7—20 页。

表现。[①]45 窟主室两侧壁各绘十列坐佛,表现的应是十方佛。主室前壁上方的弥勒龙华树下说法与右甬道内侧壁绘制的释迦牟尼佛，以及券顶两侧下沿分别塑出的三佛则是三世佛的表现。[②]

除了对三世十方佛的融摄,华严佛陀观也融摄了西方净土的佛陀观。

据《观无量寿经》记载,阿弥陀佛过去久远劫前为一国王。后发无上道心,出家为比丘,发四十八大愿,愿成就净土,度化众生。后愿行圆满,成阿弥陀佛,在婆娑世界十万亿佛土的西方,报得极乐净土,接引念佛之人前往。[③]

前往西方净土的众生,并未成佛,但以后不会退转。从而为众生成佛之路开辟了一条易行之道。

阿弥陀佛的图像在库木吐喇石窟第 45 窟的右甬道外侧壁可以看到,此外,该壁面上还绘有他的两个胁侍:大势至菩萨和观世音菩萨。

这种造像上反映出的卢舍那佛对三世十方佛和净土报身佛的融摄,也可以在华严义理中找到依据。华严思想认为,佛是遍一切处成正觉的,所有的佛土都是一佛即卢舍那佛所化,因为佛是“依真而住非国土”。[④]佛是遍一切处,仅是根据众生不同根机而示现化身。

> 是以一佛入一切佛,以一切佛入一佛,而不坏其相者之所住处。[⑤]
>
> 佛身无去亦无来,所有国土皆明现。显示菩萨所修行,无量

①苗利辉《龟兹地区燃灯佛授记造像研究》,《西域研究》2007 年第 3 期,第 53—63 页。

②苗利辉《库木吐喇第 45 窟造像内容考证》,《敦煌研究》2014 年第 2 期,第 34—39 页。

③《佛说阿弥陀经》,《大正藏》第 12 册,第 267 页。

④《大方广佛华严经》,《大正藏》第 10 册,第 33 页。

⑤《大方广佛华严经》,《大正藏》第 10 册,第 423 页。

趣地诸方便，及说难思真实理，令诸佛子入法界。出生化佛如尘数，普应群生心所欲，入深法界方便门，广大无边悉开演。[①]

此时期，上述反映华严佛陀思想的洞窟中也绘制了涅槃佛的壁画。如上面提到的库木吐喇石窟第38窟后甬道前壁就绘有此题材。库木吐喇石窟第45窟也绘有同样的题材。(图250)之所以出现这样的布局，主要有两个方面的原因：

一方面是华严思想认为涅槃与卢舍那佛法身本性是一致的，同为清净，遍于虚空，亦有亦无。

佛子！譬如，去、来、现在无量众生于中灭度，终无厌倦。何以故？一切诸法本性清净，是谓："云何于中而有厌倦？"[②]如来法身

图250 库木吐喇石窟窟群区第45窟后甬道前壁涅槃图

①《大方广佛华严经》，《大正藏》第10册，第21页。

②《大方广佛华严经》，《大正藏》第10册，第223页。

藏,普入世间中,虽在于世间,于世无所著。譬如清净水,影像无来去;法身遍世间,当知亦如是。如是离染着,身世皆清净,湛然如虚空,一切无有生。①

图 251 库木吐喇石窟窟群区第 9 窟右甬道外侧壁卢舍那佛

另一方面也可能与龟兹地区长期重视涅槃的传统有关。两者同绘于一窟,反映出此阶段华严佛陀观的变化,即卢舍那佛的清净法身,本性同于涅槃,是一切诸佛(三世十方佛和报身佛)的本体。

当然,唐代流行的宇宙主卢舍那佛的观念仍然流行,即强调卢舍那佛的法身,是世间万物的本源,并以光明照耀众生。反映此观念的卢舍那佛造像发现于库木吐喇石窟第 9 窟右甬道外侧壁外端。该窟主室正壁开龛,龛下壁面绘五身佛像。其余壁面则满绘小坐佛。该窟主尊很有可能也为卢舍那佛。整窟表现的应是卢舍那佛法身无处不在,充满一切世界,反映出此时华严思想在龟兹地区仍然很流行,尽管其已是尾声了。(图 251)

当然,这一时期,龟兹本有的惟礼释迦的佛陀观念仍然存在,许多表现这种观念的前期的洞窟仍然被沿用,就是明证。

①《大方广佛华严经》,《大正藏》第 10 册,第 260 页。

结 语

本书以龟兹地区的佛教造像中反映出的佛陀观作为研究对象，研究公元3—14世纪龟兹地区佛陀观念的流变。全书以时间为序展开论述，首先以文献记载与龟兹石窟壁画为基本材料，根据佛经的阐释，对公元3—4世纪龟兹地区流行的说一切有部佛陀观进行了记述，同时结合相关历史背景，对产生这种观念的原因进行了分析，可见这一时期，龟兹地区佛陀观主要受到了犍陀罗地区小乘佛教的影响，这种情况，在汉传佛教东传前一直是龟兹地区佛陀观的主流。其次，对公元4—5世纪的龟兹佛陀信仰情况加以介绍。这一时期，龟兹佛陀观的一个重大变化，是大乘佛陀观的一度兴起，与鸠摩罗什在龟兹的活动密切相关。这种影响尽管昙花一现，但是对公元7世纪以后，在汉传佛教影响下，龟兹本土佛教中大乘观念的兴起，提供了一定的思想来源。再次，对公元5—7世纪龟兹地区的佛陀信仰进行介绍。这一时期，说一切有部发展到根本说一切有部，也是龟兹地区佛陀观发展的一个繁盛时期。一方面，根本说一切有部的佛陀观在龟兹壁画中得到了完整的阐释，另一方面，壁画中出现的大乘佛陀观念因素，也是这一时期，龟兹地区大小乘佛陀观念互相斗争、互相融摄的反映。第四，对公元7—14世纪龟兹地区的佛陀观的流变情况进行研究。随着唐安西大都护在龟兹地区统治的确立，汉地佛教大乘佛陀观念在龟兹地区得以传播，不仅是活动在这个地区的汉族军民信仰，也对龟兹本地民众产生了影响，是龟兹地区民族变迁在宗教领域的反映。最后一章，对回鹘入主龟兹以后,龟兹地区佛陀观的变化进行论述。这一时期是在回鹘民族主导下,龟兹佛教的再发展时期。龟兹地区固有佛教传统有所延续,但是大乘化的佛陀观在这里占据主流地位，这种情况一直到龟兹地区的伊斯兰化后才告中断。回鹘民族的佛陀观是在吸收以往和同时代周边各地区和民族佛陀观的基础上而形成的,这充分证明了,在长期的龟兹地区佛陀观的发展过程中，活动在龟兹地区的古代各民族都不同程度地参与了这个过程,是各民族的共同努力创造出了丰富的龟兹佛陀思想。

研究表明:4 世纪早中期及其以前的龟兹地区流行的是小乘说一切有部的佛陀信仰,该派认为佛陀与声闻、缘觉是不同的,其不同不仅在于佛的相好、智慧远超声闻、缘觉;而且在于声闻、缘觉唯求自我解脱,而佛陀具备十八不共法,以自在而从事一切度化众生为其特征。

说一切有部认为,佛身可分为生身和法身,生身为父母所生,仍然是烦恼之果,仍然会灭尽。而佛所成就的十力、四无畏等功德法或佛陀之教法及保存佛法的法藏为佛的法身,法身是不灭的。过去有过去六佛,现在有释迦佛,未来有弥勒降世为佛。

公元 4—5 世纪是龟兹地区佛陀观发生重大变化的时代,这一时期由于鸠摩罗什大力推广大乘思想，大乘佛教的佛陀观念在龟兹地区得以传播,这些思想不仅体现于鸠摩罗什的有关著述中,也在保存于古代龟兹地区的佛教遗址中有所反映。

这一时期龟兹地区的大乘佛陀观念认为佛陀生身有灭,但法身不灭，佛的法身可以遍满虚空，可以讲经说法。十方三世诸佛皆是佛法身的化现。菩萨成佛时或阿罗汉修证后也可以获得这种法身。佛法身仍然是性空的,佛法身的实质涅槃清净实相。这些思想在克孜尔石窟第 47 窟、48 窟的壁画中有所体现。当然小乘系统的佛陀观念仍然存在,但囿于材料,此处就不加讨论了。

公元 5—7 世纪龟兹地区佛陀观以小乘说一切有部的思想为主,但同时也容摄许多大乘佛学的观念,这在文献材料和石窟造像中均有所反映。小乘说一切有部的佛陀生身有漏的思想得到进一步的强调,此时流行于该地的佛教部派可能是根本说一切有部;现在实有,过未没有。强调对过去佛的信仰以及神通神变,这在克孜尔石窟第123窟和第189窟造像中有所体现。此外达摩笈多于公元585年在龟兹活动期间,“王笃好大乘”的记载也说明了这一点。

公元7—9世纪是龟兹地区佛陀观念开始发生重大变化的时期,随着该地区纳入唐的版图,汉传佛教、于阗及本地原有大乘思想的影响,龟兹地区大乘佛陀观念影响急剧上升。一方面汉风洞窟中,大乘的众生皆有佛性、东西方佛净土思想、卢舍那佛法身思想普遍出现;即使在一些龟兹系石窟中,也开始出现大乘的佛陀观念,如库木吐喇石窟第58窟主室正壁龛正壁绘制菩提树,树枝间绘出不鼓自鸣的乐器。库木吐喇石窟第50窟主室前壁绘出一佛二菩萨,其下方绘出莲花中化生童子。克孜尔石窟一些晚期洞窟仅绘千佛。

公元9—14世纪,龟兹地区开始了回鹘化的过程,此时期龟兹地区除前期佛陀观念继续延续外,大乘佛陀观念盛行。主要为人间净土中的弥勒佛,华藏世界主卢舍那佛。

图版目录

主要参考文献

一、佛经、佛教辞典

1. 中华电子佛典协会,大正新修大藏经(CBETA 电子佛典集成版)。

2. 慈怡《佛光大辞典》,1989 年,北京:书目文献出版社。

3. 丁福保《佛学大辞典》,北京:文物出版社,1984 年。

二、古代文献

1. 〔北魏〕郦道元《水经注》,上海:上海人民出版社,1984 年。

2. 〔刘宋〕范晔《后汉书》:北京:中华书局,1965 年。

3. 〔北齐〕魏收《魏书》,北京:中华书局,2011 年。

4. 〔唐〕房玄龄等《晋书》,北京:中华书局,2012 年。

5. 〔唐〕李百药《北齐书》,中华书局,2013 年。

6. 〔后晋〕刘昫《旧唐书》,北京:中华书局,2013 年。

7. 〔北宋〕欧阳修、宋祁《新唐书》,北京:中华书局,2013 年。

8. 〔北宋〕司马光等《资治通鉴》,北京:中华书局,2013 年。

9. 〔元〕脱脱等《宋史》,北京:中华书局,2013 年。

10. 〔清〕徐松撰,刘琳等点校《宋会要辑稿》,上海:上海古籍出版社,2014 年。

三、佛教典籍

1. 〔东晋〕法显撰，章巽校注《法显传校注》，上海：上海古籍出版社，1985 年。

2. 〔梁〕释僧祐《出三藏记集》，北京：中华书局，1995 年。

3. 〔梁〕释慧皎《高僧传》，北京：中华书局，1992 年。

4. 〔东魏〕范祥雍《洛阳伽蓝记校注》，上海：古典文学出版社，1958 年。

5. 〔唐〕慧立、彦悰著、孙毓棠，谢方点校《大慈恩寺三藏法师传》，北京：中华书局，1983 年。

6. 〔唐〕慧超、杜环撰，张毅、张一纯笺释《往五天竺国记笺释》，北京：中华书局，1994 年。

7. 〔唐〕玄奘撰，季羡林等校注《大唐西域记校注》，北京：中华书局，1985 年。

8. 〔唐〕义净著，王邦维校注《南海寄归内法传注》，北京：中华书局，1995 年。

四、图录

1. 冯斐《龟兹佛窟人体艺术》，乌鲁木齐：新疆美术摄影出版社，1992 年。

2. 龙门文物保护管理所、北京大学《中国石窟·龙门石窟一》，北京：文物出版社，1991 年。

3. 新疆龟兹石窟研究所《克孜尔石窟内容总录》，乌鲁木齐：新疆美术出版社，2000 年。

4. 新疆龟兹石窟研究所《库木吐喇石窟内容总录》，北京：文物出版社，2008 年。

5. 新疆维吾尔自治区文物管理委员会、拜城县克孜尔千佛洞文物保管所、北京大学考古系《中国石窟·克孜尔石窟》,北京:文物出版社,1989—1997年。

6. 新疆维吾尔自治区文物管理委员会、库车县文物保管所、北京大学考古系《中国石窟·库木吐喇石窟》,北京:文物出版社,1992年。

7. [日]羽田亨著,耿世民译《西域文化史》,新疆:新疆人民出版社,1981年,第58页。

8. 张宝玺《甘肃佛教石刻造像》,兰州:甘肃人民美术出版社,2001年。

9. 张宝玺《北凉石塔艺术》,上海:上海辞书出版社,2006年。

10. 中国壁画全集编辑委员会《中国新疆壁画全集·克孜尔》三卷本,天津:天津美术出版社,乌鲁木齐:新疆美术摄影出版社,1995年。

11. 中国壁画全集编辑委员会《中国新疆壁画全集·库木吐拉》,乌鲁木齐:新疆美术摄影出版社,沈阳:辽宁美术出版社,1995年。

12. 中国壁画全集编辑委员会《中国新疆壁画全集·森木塞姆 克孜尔尕哈》,沈阳:辽宁美术出版社,乌鲁木齐:新疆美术摄影出版社,1995年。

13.《中国新疆壁画艺术》编辑委员会《中国新疆壁画艺术》第一卷,乌鲁木齐:新疆美术摄影出版社,2009年。

14.《中国新疆壁画艺术》编辑委员会《中国新疆壁画艺术》第二卷,乌鲁木齐:新疆美术摄影出版社,2009年。

15.《中国新疆壁画艺术》编辑委员会《中国新疆壁画艺术》第四卷,乌鲁木齐:新疆美术摄影出版社,2009年。

五、著作

1. [英]渥德尔著,王世安译《印度佛教史》,北京:商务印书馆,

1987年。

2. 北京大学考古学系、克孜尔千佛洞文物保管所《新疆克孜尔石窟考古报告》,北京:文物出版社,1997年。

3. 常书鸿《新疆石窟艺术》,北京:中共中央党校出版社,1996年。

4. 程溯洛《唐宋回鹘史论集》,北京:人民出版社,1993年。

5. 丁敏《中国佛教文学的古典与现代:主题与叙事》,长沙:岳麓书社,2006年。

6. 方立天《佛教哲学》,北京:宗教文化出版社,2013年。

7. 方立天《方立天讲谈录》,北京:九州出版社,2014年。

8. [德]A.格伦威德尔著,赵崇民、巫新华译《新疆古佛寺》,北京:中国人民大学出版社,2007年。

9. 郭良鋆译《巴利文佛教经典:经集》,北京:中国社会科学出版社,1998年。

10. [日]宫治昭著,李萍译《犍陀罗美术寻踪》,北京:人民美术出版社,2006年。

11. 贺世哲《敦煌图像研究:十六国北朝卷》,兰州:甘肃教育出版社,2006年。

12. 黄文弼《塔里木盆地考古记》,北京:科学出版社,1958年。

13. 霍旭初《龟兹艺术研究》,乌鲁木齐:新疆人民出版社,1994年。

14. 霍旭初《考证与辨析——西域佛教文化论稿》,乌鲁木齐:新疆美术摄影出版社,2002年。

15. 霍旭初《滴泉集:龟兹佛教文化新论》,乌鲁木齐:新疆美术摄影出版社,2008年。

16. [日]吉村怜著,卞立强译《天人诞生图研究东亚佛教美术史论文集》,北京:中国文联出版社,2002年。

17. 季羡林《季羡林学术精粹　第二卷》,济南:山东友谊出版社,

2006年。

18. 贾应逸《印度到中国新疆的佛教艺术》,兰州:甘肃教育出版社,2002年。

19. 赖鹏举《丝路佛教的图像与禅法》,中坜:财团法人圆光佛学研究所,2002年。

20. 李崇峰《中印佛教石窟寺比较研究:以塔庙窟为中心》,北京:北京大学出版社,2003年。

21. 李崇峰《佛教考古:从印度到中国》,上海:上海古籍出版社,2014年。

22. 李志夫《中印佛学比较研究》,北京:中国社会科学出版社,2001年。

23. 梁晓鹏《敦煌莫高窟千佛图像研究》,北京:民族出版社,2006年。

24. 林干《突厥与回纥史》,呼和浩特:内蒙古人民出版社,2007年。

25. 吕澂《印度佛学源流略讲》,上海:上海人民出版社,1979年。

26. [日]木村泰贤著,演培法师译《小乘佛教思想论》,贵州:贵州大学出版社,2013年。

27. 任继愈《中国佛教史》,北京:中国社会科学院出版社,1981年。

28. 荣新江《归义军史研究——唐宋时代敦煌历史考索》,上海:上海古籍出版社,2015年。

29. 王小甫《唐、吐蕃、大食政治关系史》,北京:北京大学出版社,2009年。

30. 汪志强《印度佛教净土思想研究》,成都:巴蜀书社,2010年。

31. 魏正中《区段与组合——龟兹石窟寺院遗址的考古学探索》,上海:上海古籍出版社,2013年。

32. 吴平凡、朱英荣《龟兹史料》,新疆大学出版社,1987年。

33. 新疆龟兹石窟研究所《森木塞姆石窟内容总录》,北京:文物出版社,2008 年。

34. 新疆龟兹石窟研究所《克孜尔尕哈石窟内容总录》,北京:文物出版社,2009 年。

35. 新疆维吾尔自治区文物局《新疆维吾尔自治区第三次全国文物普查成果集成:阿克苏地区卷》,北京:科学出版社,2011 年。

36. 薛宗正《安西与北庭——唐代西陲边正文研究》,哈尔滨:黑龙江教育出版社,1998 年。

37. 杨富学《回鹘文献与回鹘文化》,北京:民族出版社,2003 年。

38. 姚士宏《克孜尔石窟探秘》,乌鲁木齐:新疆美术摄影出版社,1996 年。

39. 释印顺《原始佛教圣典之集成》,北京:中华书局,2011 年。

40. 余太山《西域通史》,郑州:中州古籍出版社,1996 年。

41. 张同标《中印佛教造像探源》,南京:东南大学出版社,2011 年。

42. 中国社会科学院考古研究所《中国考古学中碳十四年代数据集(1965—1991)》,北京:文物出版社,1991 年。

六、论文

1. 晁华山《克孜尔石窟的洞窟分类与石窟寺院的组成》,北京大学考古系编:《纪念北京大学考古专业三十周年论文集 1952—1982》,北京:文物出版社,1990 年 6 月,第 341—370 页。

2. 陈慧宏《敦煌莫高窟早期的千佛图》,第 48 页,台湾大学硕士论文,1994 年。

3. 荻原裕敏《试论库木吐喇第 50 窟主室正壁佛龛千佛图像的程序》,《西域研究》2015 年第 3 期,第 39 页。

4. 丁明夷《记两处典型的龟兹石窟——森木塞姆与克孜尔尕哈石窟》,载新疆龟兹石窟研究所编:《龟兹佛教文化论集》,新疆美术摄影出版社,1993 年。

5. 董华峰、宁宇《南、北石窟寺七佛造像空间布局之渊源》,《敦煌学辑刊》2010 年第 1 期,第 99—109 页。

6. 高士荣、杨富学《汉传佛教对回鹘的影响》,《民族研究》2005 年第 1 期,第 71—76 页。

7. 宫治昭著,贺小萍译《宇宙主释迦佛》,《敦煌研究》2003 年第 1 期,第 25—32 页。

8. 郭忠生《女身受记》,载《正观》2000 年第 14 期。

9. 贺世哲《关于北朝石窟千佛图像诸问题》,《敦煌研究》,1989 年第 3 期,第 1—10 页。

10. 霍旭初《丹青斑驳　千秋壮观——克孜尔石窟壁画艺术及分期概述》,载段文杰《中国美术分类全集·中国新疆壁画全集·克孜尔 1》,天津:天津人民美术出版社;乌鲁木齐:新疆美术摄影出版社,1992 年,第 12—19 页。

11. 霍旭初《克孜尔石窟年代研究和碳十四测定数据的应用》,《西域研究》2006 年第 4 期,第 43—53 页。

12. 霍旭初《从龟兹壁画看说一切有部佛陀生身"有漏"思想》,《敦煌研究》2009 年第 4 期,第 61—69 页。

13. 季羡林《鸠摩罗什时代及其前后龟兹和焉耆两地的佛教信仰》,《孔子研究》2005 年第 6 期,第 29—41 页。

14. 季羡林《玄奘时代及其后两地的佛教信仰》,《延边大学学报》2006 年第 4 期,5—9 页。

15. 金维诺《龟兹艺术的风格与成就》,《西域研究》1997 年第 3 期,第 1—9 页。

16. 赖文英《论新疆阿艾石窟的卢舍那佛》,《圆光佛学学报》2010 年第 16 期,第 149—187 页。

17. 李进新《伊斯兰传入库车辨析》,《世界宗教研究》2003 年第 1 期,第 87—91 页。

18. 李静杰《卢舍那法界图像研究》,载《佛教文化》增刊 1999 年,第 1—51 页。

19. 李丽《龟兹地区中小型石窟调查》,巫鸿主编:《汉唐之间的宗教艺术与考古》,北京:文物出版社,2000 年,第 163—182 页。

20. 梁尉英《敦煌石窟贤劫千佛变相》,载敦煌研究院编:《1994 年敦煌学国际研讨会文集·石窟考古卷》,甘肃民族出版社,2000 年,第 26—53 页。

21. 李瑞哲《克孜尔石窟第 17、123 窟中出现的化佛现象——兼谈小乘佛教的法身问题》,《敦煌研究》2009 年第 2 期,第 37—44 页。

22. 李肖《古代龟兹地区矿冶遗址的考察与研究》,《新疆文物》,2003 年第 3—4 期,第 16—26 页。

23. 镰田茂雄《华严三圣像的形成》,载杨曾文、方广錩编:《佛教与历史文化》,北京:宗教文化出版社,2001 年,第 362—369 页;

24. 马世长《库木吐喇的汉风洞窟》,载新疆维吾尔自治区文物管理委员会、库车县文物保管所、北京大学考古系编著:《中国石窟　库木吐喇石窟》,北京:文物出版社,1992 年,第 203—224 页。

25. 马世长《克孜尔中心柱窟主室券顶与后室的壁画》,载新疆维吾尔自治区文物管理委员会,拜城县克孜尔千佛洞文物保管所,北京大学考古系编:《中国石窟·克孜尔石窟 2》, 文物出版社,1996 年, 第 174—226 页。

26. 苗利辉《龟兹地区燃灯佛授记造像研究》,《西域研究》2007 年第 3 期,第 53—63 页。

27. 苗利辉《库木吐喇第 45 窟造像内容考证》,《敦煌研究》2014 年第 2 期,第 34—39 页。

28. 苗利辉《克孜尔石窟佛陀神变故事画初探》,《西域研究》2019 年第 2 期,第 133—144 页。

29. 潘亮文《敦煌唐代的文殊菩萨图像试析》,《敦煌研究》2013 年第 3 期,第 86—102 页。

30. [法]乔治·皮诺著,廖旸译《库木吐喇新发现的吐火罗语题记:佛教发愿故事》,载新疆龟兹学会编:《龟兹文化研究》第一辑,天马出版有限公司,2006 年,第 68—94 页。

31. 荣新江《陆路还是海路?——佛教传入汉代中国的途径与流行区域研究述评》,《北大史学》,2003 年第 1 期。

32. 荣新江《唐代西域的汉化佛寺系统》,《丝绸之路与东西文化交流》,北京:北京大学出版社,2015 年,第 153—160 页。

33. 苗利辉《禅定僧:近来日本学者对克孜尔石窟图像的研究》,《新疆师范大学学报》2005 年第 2 期,第 98—101 页。

34. 沙武田《千佛及其造像艺术》,《法音》2011 年第 7 期,第 55—64 页。

35. 宿白《调查新疆佛教遗迹应予注意的几个问题》,《新疆史学》1980 年第 1 期。

36. 宿白《克孜尔部分洞窟阶段划分与年代等问题的初步探索》,《龟兹佛教文化论集》,乌鲁木齐:新疆美术摄影出版社,1993 年,第 92—93 页。

37. 谭树桐《丹青斑驳　尚存金碧——龟兹石窟壁画的欣赏》,《龟兹佛教文化论集》,乌鲁木齐:新疆美术摄影出版社,第 101—125 页。

38. 任继愈《国际汉学》第 2 辑,郑州:大象出版社,1998 年,第 291—310 页。

39. 许宛音《克孜尔新 1 窟试论》,《文物》1984 第 12 期,第 4—13 页。

40. 许宛音《台台尔石窟踏查记》,载新疆维吾尔自治区文物管理委员会，拜城县克孜尔千佛洞文物保管所，北京大学考古系编:《中国石窟 克孜尔石窟 1》,北京:文物出版社,1989 年。

41.王炳华《贵霜王朝与古代新疆》,载王炳华:《丝绸之路考古研究》,乌鲁木齐:新疆人民出版社,2010 年,第 317—321 页。

42. 王红梅《古代印度弥勒信仰研究》,西北大学博士论文,2010 年。

43. 武伯纶《新疆天山南路的文物调查》,《文物参考资料》1954 年第 10 期,第 76—77 页。

44. 王雁卿《云冈石窟七佛造像题材浅析》,载《2005 年云冈国际学术研讨会论文集　研究卷》,北京:文物出版社,2006 年,第 251—262 页。

45. 王媛媛《中国波斯文〈摩尼教赞美诗集〉跋文译注》,《西域文史》第 2 辑,北京:科学出版社,2012 年,第 140—142 页。

46. 新疆龟兹石窟研究所《克孜尔石窟后山区 220—229 窟勘察报告》,《新疆文物》1997 年第 3 期,第 18—32 页。

47. 新疆龟兹研究院《库车玛扎伯哈石窟调查简报》,《吐鲁番学研究》2010 年第 1 期,第 21—36 页。

48. 新疆龟兹研究院《台台尔石窟调查简报》,《吐鲁番学研究》2010 年第 1 期,第 6—20 页。

49. 新疆文化厅文物保护维修办公室《1989 年克孜尔千佛洞窟前清理简报》,《新疆文物》1991 年第 3 期,第 1—35 页。

50. 新疆文物考古研究所《1990 年克孜尔石窟窟前清理报告》,《新疆文物》1992 年第 3 期,第 13—60 页。

51. 闫飞《克孜尔石窟佛传故事图像研究》,华东师范大学博士学位论文,2017 年。

52. 颜松《库车出土窖藏古代钱币研究》,《新疆钱币》2012 年第 4 期,第 1—7 页。

53. 颜松《库车县出土唐代窖藏钱币》,《中国钱币》2016 年第 6 期,第

62—64 页。

54. 阎文儒《新疆天山以南的石窟》,《文物》1962 年第 7、8 期,第41—53 页。

55. 叶挺铸《宋兴福寺七佛塔考略》,载《东方博物》第三十八辑,杭州:浙江大学出版社,2011 年,第 43—53 页。

56. 殷光明《从释迦三尊到华严三圣的图像转变看大乘菩萨思想的发展》,《敦煌研究》2010 年第 3 期,第 1—10 页。

57. 殷光明《敦煌显密五方佛图像的转变与法身思想》,《敦煌研究》2014 年第 1 期,第 7—20 页。

58. 张广达、荣新江《有关回鹘西州的一篇敦煌汉文文献》,《北京大学学报(哲学社会科学版)》1989 年第 2 期,第 24—36 页。

59. 张平《龟兹地方铸币的发现与研究》,载《龟兹文明:龟兹史地考古研究》,北京:中国人民大学出版社,2010 年,第 157—166 页。

60. 张瑞良《"佛"概念之研究与深思》,《台大哲学论评》1982 年第五期,第 155—176 页。

61. 赵丽娅《新疆克孜尔石窟壁画中的耳饰形象初探》,《中国国家博物馆馆刊》2017 年第 8 期,第 66—75 页。

62. 庄强华《库木吐喇内容总叙》,载于新疆维吾尔自治区文物管理委员会、库车县文物保管所、北京大学考古系编:《中国石窟·库木吐喇石窟》,北京:文物出版社,1992 年,第 259—272 页。

外文

1. 渡边哲信《西域旅行日记》,载《新西域记》上卷,东京:有光社,1937 年。

2. 宮治昭《中国·新疆ウイグル自治区　キジル石窟—石窟構造·壁画様式·図像構成の関連》,《仏教芸術》179 号,東京:每日新聞社,1988

年,1、10、43—69 页。

3. 栗田功《ガンダーラ美術 I 佛伝》,株式會社二玄社,1998 年。

4. 龙谷大学佛教文化研究所编:《龙谷大学善本丛书一》,京都:法藏馆,1980 年。

5. 上原芳太郎《新西域記》上下卷,東京:有光社,1937 年。

6.《丝绸之路大美术》(日文),读卖新闻社,1996 年。

7. 松本荣一《敦煌画の研究:华严教主卢舍那仏图》,东京:东方文化学院,东京研究所,1937 年。

8. 中川原育子《キジル第 76 窟(孔雀窟)の復元的考察》,名古屋大学文学部美学美術史学研究室编《美学美術史研究論集》第 15 号,1997 年,71—94 页。

9. 中川原育子《クムトラGK 第一七窟の復元的研究》,《汎アジアの仏教美術》,東京:中央公論美術出版,2007 年,224—253 页。

10. Aurel M.,1928,Innermost Asia:Detailed Report of Explorations in Central Asia,Kan-Su and Eastern Iran.Vol. II,Oxford:Clarendon Press.

11. GRÜNWEDEL,Albert,1912,Altbuddhistische Kultstätten in Chinesisch-Turkistan,Königlich Preussische Turfan Expeditionen,Berlin:Reimer.

12. HOWARD,Angela F.,1991,In Support of a New Chronology for the Kizil Mural Paintings,in:Archives of Asian Art 44,pp.68—83.

13. Leung,Andrew K.Y.,2007,The Architecture of Central-Pillar Cave in China and Central Asia:A Typological Study,Ann Arbor:UMI Dissertation Service.

14. LE COQ Albert von,1907,Bericht über Reisen und Arbeiten in Chinesisch Turkistan,in:Zeitschrift f ü r Ethnologie 39,pp.509—524.

15. PINAULT,Georges-Jean,1993—94,Une nouvelle inscription koutchéenne de Qumtura:Légende de scènes bouddhiques de Pranidhi,in:Bulletin

d'études indiennes 11—12, pp.171—220.

16. STEIN, 4.A.F.Howard, The Imagery of the Cosmological Buddha, Leiden, 1986.

17. YALDIZ, Marianne, 1992, On the Interpretation of a Buddhist Mural from Qizil, Chinese Central Asia, in: Eastern Approaches, Essays on Asian Art and Archaeology, ed. T.S. Maxwell, Delhi: Oxford University Press, pp.45—52.

18. ZIN, Monika, 2005, The Identification of the Kizil Paintings I(1.Yaśa, 2.Mākandika), in: Indo-Asiatische Zeitschrift 9, pp.23—36 (= Sanskrit on the Silk Route, ed.Shashibala, New Delhi: Bharatiya Vidya Bhavan, pp.199—215).